工业 4.0

新数字格局下企业家精神与结构变革

泰萨莱诺（Tessaleno Devezas）　　久奥雷涛（João Leitão）

阿斯卡尔·萨里古洛夫（Askar Sarygulov）　编

周代数　靳志伟　译

中国金融出版社

责任编辑：石　坚
责任校对：李俊英
责任印制：陈晓川

北京版权合同登记图字 01－2018－3754
《工业 4.0：新数字格局下企业家精神与结构变革》一书中文简体字版专有出版权属中国金融出版社所有。

图书在版编目（CIP）数据

工业 4.0：新数字格局下企业家精神与结构变革 / ［葡］泰萨莱诺（Tessaleno Devezas），［葡］久奥雷涛（João Leitão），［俄］阿斯卡尔·萨里古洛夫（Askar Sarygulov）编；周代数，靳志伟译. —北京：中国金融出版社，2020.4

ISBN 978－7－5220－0491－4

Ⅰ.①工…　Ⅱ.①泰…②久…③阿…④周…⑤靳…　Ⅲ.①制造工业—研究　Ⅳ.①F416.4

中国版本图书馆 CIP 数据核字（2020）第 032501 号

工业 4.0：新数字格局下企业家精神与结构变革
Gongye 4.0：Xinshuzi Gejuxia Qiyejia Jingshen yu Jiegou Biange

出版
发行　**中国金融出版社**

社址　北京市丰台区益泽路 2 号
市场开发部　（010）66024766，63805472，63439533（传真）
网上书店　http：//www.chinafph.com
　　　　　（010）66024766，63372837（传真）
读者服务部　（010）66070833，62568380
邮编　100071
经销　新华书店
印刷　保利达印务有限公司
尺寸　185 毫米×260 毫米
印张　23.75
字数　494 千
版次　2020 年 4 月第 1 版
印次　2020 年 4 月第 1 次印刷
定价　78.00 元
ISBN 978－7－5220－0491－4
如出现印装错误本社负责调换　联系电话（010）63263947

致　谢

　　本书根据 2016 年 5 月 18 ~ 20 日在圣彼得堡彼得大帝理工大学举行的第三届"21世纪突破性技术及其在现有工业结构和社会经济领域的变革力量"国际会议的投稿文章编写而成，该学术会议受俄罗斯科学基金会的资助，项目号为 14 – 28 – 00065。

编者序

Tessaleno Devezas[①]   João Leitão[②]   Askar Sarygulov[③]

一、各方论点

19 世纪初，人类文明在财富创造方面进入新时代——工业生产，即所谓的工业革命。主流经济学家告诉我们，自这一重大变革开始后，人类技术支持并促进了工业生产方面一系列颠覆性变革。遵循这一思路，18～19 世纪的第一次工业革命以采用水、蒸汽作为动力的机械制造设备为标志。19 世纪、20 世纪之交的第二次工业革命则是基于引进电力的大规模生产和密集劳动分工。第三次工业革命发生在 20 世纪 60～90 年代，其主要推动力是使用电子和信息技术（数字革命）进一步实现生产制造自动化。这三次革命分别被称为工业 1.0、工业 2.0 和工业 3.0。

如今，大多数经济学家认为我们正迎来第四次工业革命，其主要特征是运用信息—物理系统，或通过信息网络（物联网、3D 打印、人工智能、生物工程、云计算等）将实物和人同信息处理/虚拟物体联系起来。该术语是作为德国工业高科技战略的某类项目在 2011 年著名的汉诺威工业博览会（Hannover Fair）上被首次提及。2012 年，（德国）工业 4.0 工作小组正式提出工业 4.0，该工作组于 2013 年 4 月汉诺威工业博览会发布最终报告。最终报告定义了工业 4.0 的环境，包括灵活的大规模生产（自动化技术的进步）条件下的产品高度定制化，要求采用自组织系统（自优化、自配置、自诊断等）方法实现客观与虚拟世界的恰当连接。

2015 年 1 月，在瑞士达沃斯召开的 2015 世界经济论坛（WEF）年会上正式采用该术语，会后出版了由世界经济论坛创始人兼执行主席 Klaus Schwab 签署的《第四次工业革命》（*The Fourth Industrial Revolution*）。2016 年 1 月，世界经济论坛发布了题为《未来就业：第四次工业革命的就业、技能和劳动力策略》（*The Future of Jobs: Employment, Skills, and Workforce Strategy for the Fourth Industrial Revolution*）的重要报告。

---

① Tessaleno Devezas，贝拉英特拉大学。
② João Leitão，贝拉英特拉大学。
③ Askar Sarygulov，圣彼得堡国立建筑与土木工程大学。

除看到工业革命的交替外，演化经济学希望在世界经济长期波动，即著名的社会经济长波或康德拉季耶夫波（Kondratieff Waves，以下简称康波）角度下，不断探索工业变革的交替。这种观点也被称为新熊彼特经济学派（Neo - Schumpeterian Economic School），其观点为全球经济是一个非均衡的开放复杂系统，拥有内生的自我管理机制，这是自组织复杂系统的特点。这类机制存在于基础创新阶段中，在经济衰退期集中出现，持续约半个世纪。根据熊彼特学派创造性破坏概念，这种创新涌现的下行波段会引发经济扩张时期的上行波段，在此期间内大量激进的新技术相互影响、形成合力，催生出全新的技术领域。

因此，这种经济思想浪潮主张自 18 ~ 19 世纪之交的工业革命以来至少会产生四条康波（该学派的专家认为有五条波线），并提出我们目前正进入第五条康波的扩张时期（或一些学者认为的第六条康波）。每条康波都定义了清晰的技术领域，由该时期主要的基础创新决定，这种观点同主流经济学家的连续工业革命的观点并无太大差异。

然而，无论我们采取何种经济学派的观点，事实上，我们正在见证全新的社会经济范式的诞生，或许是人类文明经历的最重要的全球变化。现在情况大不相同，创新的概念本身就已发生了巨大变化，意味着财富生产也有所不同。之前的工业革命或相应康波时期，我们见证了基于新人工制品的大型物化工业领域的诞生，催生了一大批就业岗位和职位。今天财富生产方式不再基于人工制品的大规模生产，而是逐渐与材料消耗脱钩，更多的是基于无形创新和资产。数百万就业岗位正以前所未有的速度消失，新的就业岗位诞生，朝着市值十亿美元的独角兽企业发展，企业管理需要的高技能专业人士的数量有所减少。

总之，我们现在的世界与过去大不相同，是一个建立在虚拟信息—物理系统的世界，需要对生产方式、贸易、教育和社会组织进行深远的结构性变革。政府人员、企业家、商务人士和普通人需要在新的数字版图下，适应这个美丽新世界。

二、奠定基础

本书部分章节的作者参与了《宏观体系经济技术革新的结构性与周期性范式 (21 世纪上半叶的世界和俄罗斯)》[*Structural and Cyclical Paradigm of Economic and Technological Renewal of Macro-systems（World and Russia in the first half of the XXI century*）] 课题。该课题由俄罗斯科学基金会（项目号 14 - 28 - 00065）支持，莫斯科国立大学 Askar A. Akaev 领导。截至目前，科研团队得出了以下结论：

——古典长康德拉季耶夫波有缩短的趋势，库兹涅茨波正逐渐成为创新发展的决定性因素。

——长经济波是非对称的，且不会同时发生。

——经济结构在经济周期形成过程中发挥重要作用，因此对促进经济增长至关重要。

——同理，经济结构影响创新激励，对竞争性工业部门的形成产生影响。

——结构失调导致的经济体系损失不仅可与周期危机导致的损失按照相同单位度量，且因结构改革的惰性，前者规模远超后者。

——需建立监控体系，持续发现结构性变化，评估其强度，计算结构发展失衡。

——此类监控体系需考虑技术过程的影响及其不均匀的性质，结构通用性（或非通用性）可影响新技术在行业内扩散的速度，从而预先决定经济增长的整体速度。

——新突破性技术和基础创新并未成为投资者关注的对象，各国经济正处于结构调整的不同阶段，这决定了各国经济和技术革新不同步的特征。

——新技术平台正在形成，最终将塑造全新的制造业（工业4.0）。

该项目的一个重要目标是思考21世纪可预见的突破性技术在塑造新工业结构、改变环境、社会、经济版图中发挥的作用。出于这点考虑，研究团队于2016年5月18~19日在圣彼得堡彼得大帝理工大学（Peter the Great Saint-Petersburg Polytechnic University）召开了第三届21世纪突破性技术及其在现有工业结构和社会经济领域的变革力量国际会议（*Third International Conference Breakthrough Technologies of the 21st Century and Their Transformative Power on the Existing Industrial Structure and Socioeconomic Realm*）。会议主要讨论的话题为：

——新兴颠覆性技术、材料和能源。

——工业和结构变化。

——环境影响。

——技术集群。

——创业活动。

——数字经济。

——新技术的社会影响和未来就业。

本书收录了此次会议的部分成果，以及为本书专门撰写的文章。本书是施普林格（Springer）创业、结构变化和工业动态（*Entrepreneurship，Structural Change and Industrial Dynamics*）新系列中首次收录的书籍。通过研究创新和创业活动变革路径中的结构性和技术性决定因素，该系列成果旨在传播关于创业、结构变化和工业动态等仍待进一步研究的课题。

三、关于本书

本书分为三部分：第一部分是结构变化与周期，第二部分是技术变革，第三部分是创业发展。

第一部分介绍了知名学者提出的各种方法。这些方法建立在技术、经济周期和波动以及创新变革理论基础之上，遵循了新熊彼特理论。这些作者指出，需要加深对长期趋势和结构性变革的理解。这些趋势与变革不仅与宏观经济状况有关，而且与正在经历快速变化的不同行业的结构特征有关。在基于连接性和互操作性维度趋同的新范式下，这些行业正经历快速变革。

下面对本书三个主要部分的内容进行综述。在第一部分的"突破性技术的经济潜力及社会影响"一章中，Askar Akaev 和 Andrey Rudskoi 特别关注了新突破性技术，即所谓的 NBIC（N-纳米，B-生物，I-信息，C-认知）技术所发挥的作用。这主要是因为技术融合产生的强大的协同效应。作者将其应用于美国经济，美国经济运用了 NBIC 技术约 10% 的生产力。作者通过原始数学模型表明，使用此类技术可确保经济增长 1% 以上。文章也涉及运用 NBIC 技术对社会产生的影响，运用高效新型信息技术可以消除取代高技能和高薪工作岗位产生的社会影响。

在"欧元区结构及技术僵局：若事实如此，那未来将走向何处？"一章中，Askar Akaev、Yuri Ichkitidze 和 Valentin Sokolov 分析了欧洲经济的结构性、周期性失衡。作者揭示了自 2009 年以来，欧元区和美国的均衡并不稳定，在内部或外部价格微弱波动的影响下，这种不稳定性会增大。为更好地描述假设分叉过程的特征，作者构建了多个非线性动态模型，旨在描述经济系统可能存在的五个阶段，以及欧元区经济正进入非常重要的分叉阶段。此外，作者也明确了分叉过程引起的结果，以决定未来欧洲乃至全球经济发展的特征。

在"论经济周期的不对称性"一章中，Valentin Sokolov、Tessaleno Devezas 和 Svetlana Rumyantseva 简单回顾了经济周期理论，概述了其动态行为的关键参数，并提出了非对称经济周期模型。该模型基于"经济周期是非均衡过程，符合复杂的开放式系统的特征"这一假设。该模型构筑过程中使用了两种不同的跷跷板式正弦函数：一种是加法，另一种是乘法。文章通过研究 GDP 周期性变动对模型进行经验验证，并发现了全球范围内的不对称性。文章还对一些国家能源生产和失业率的不对称性进行了分析。

在"宏观经济结构变化评价的现代趋势"一章中，Igor Yevsikov、Konstantin Korovin 和 Askar Sarygulov 概述了全球金融危机背景下结构性异速增长的显著现象，尤以金融和银行领域为甚。作者提出了基于吸引子理论（使用比例因子和沃尔德非线性模型）的评价结构性变动的新方法。实证结果为构造变动监测系统奠定了基础，该系统也可用于结构性变动管理。

在"基础创新的分布与集群"一章中，Michael Bolotin 和 Tessaleno Devezas 提出了研究当代基础创新分布的新方法，并认为该方法是推动经济增长的主要动力。文章对统计数据进行了回顾分析，并基于随机过程理论证明基础创新服从泊松分布。在新的实证方法下，作者并未采用其他作者之前使用的小型数据集，而是使用了统一的超级采样时间序列数据。通过实证分析，用强有力的证据表明创新服从泊松分布。主要研究结果揭示，基础创新表现形式的长期变化频率低于长波理论预期。因此，长期来看，基础创新的变化并非是严格的周期性的。在研究全球经济波段变动的影响因素时，作者建议探究其与创新扩散而非创新集群的相关性。

在"创新发展下的金融不稳定：演变过程模型中的原因与调控"一章中，Yuri Ichkitidze 运用进化过程模型研究尚未被彻底研究的金融不稳定性。作者提出了一些经验事实，证明马尔可夫的转换模型更能描述股票价格变动。此外，文章运用价格形成均衡模型，表明股票市场的暂时价格趋势是一个进化的过程，市场价格和公允价格均衡的对偶性是产生这种趋势的条件。文章主要结果揭示，金融不稳定性的原因是资本聚集和缺少投资机会（与可获得的金融资源相比），其表现形式为反复发生的金融泡沫和危机。

第二部分中有大量文章研究技术变革这一广泛的话题，涵盖了从创意产生到创新投入市场的非线性复杂过程。然而，这些文章对文学作品中的一个警告作出了回答，即在广泛关注可再生能源、新材料、增材制造技术、私人航天、生态效率和可持续性时，我们缺乏对跨国互联和长期趋势的地缘战略和宏观视角分析，而这些可以引领非线性创新和创业过程。

在"从化石燃料向可再生能源转型面临的挑战"一章中，Unurjargal Nyambuu 和 Willi Semmler 主张，实现气候稳定需要改变能源技术。此外，作者指出，虽然存在一定成本，但再生能源的生产无任何外部性，且可以无限供应。这引发了对化石燃料和清洁能源成本、价格趋势，以及其行业表现对股票价格影响的研究。文章提出了增长模型，解释了化石燃料的逐步退出、可再生能源逐步进入的变动。考虑到从化石燃料到可再生能源的转变，文章还对就业产生的影响进行了讨论，并对未来的产业政策提供了指导意见。

在"可再生能源转型竞赛？"一章中，William Thompson 和 Leila Zakhirova 主张，在过去 500 年，能源转变的历史模式表明，系统性领导权过渡与主要能源来源的转变有关。本着这一推理过程，作者提出了一个重大问题：什么将成为下一种推动全球经济的主要能源来源？作者认为，美国和中国转向非化石燃料对确保经济福祉、应对气候变化行动至关重要。然而，这两个国家由于不同原因，对可再生能源或非化石能源的接受程度，并未达到能源转变的程度。

在"基于铜和铝的金属基/纳米碳复合材料研究"一章中，Oleg Tolochko, Vesselin Michailov 和 Andrey Rudskoi 提出了最近发现的碳纳米结构，如碳纳米纤维（CNFs）、纳米管（CNTs）和石墨烯。这些材料有望成为下一代高性能结构和多功能合成材料的成分。作者研发了一种用铝和铜模板合成材料的新方法。这一研究为解决在金属模板中实现碳纳米材料完全分散这一难题提供了解决办法，这一问题是制造上述强导电或导热材料所面临的最大挑战之一。研究还揭示了这种非连续增强的新材料可成功用于工业生产。

在"增材技术——数字定制化制造的基础"一章中，Anatoliy Popovich，Vadim Sufiiarov 和 Alexey Grigoriev 研究了时下热门的增材制造（AM）技术，即 3D 打印，特别关注首台聚合物机器在生产具有高性能功能金属部件和 3D 生物打印的发展。作者提出并描述了运用增材技术设计并生产钛合金人工髋关节的方法。研究聚焦含6% 铝和 4% 钒的钛合金粉末，这两种金属是基于气体和等离子雾化的选择性激光熔化技术的原材料。文章展示了选择性激光熔化技术对样本质量影响的实证结论。此外，文章也揭示了加热前后密室材料的微结构和相对成分的变化。研究结果为制造、生产符合全数字化生产概念的定制化产品开辟了新的研究途径。

在"私人航天及其在宇宙探索中的作用"（*Private Astronautics and Its Role in Space Exploration*）一章中，Alexander Zheleznykov 和 Vadim Korablev 描述了私人航天活动的现状，这些活动出于应用或科研目的，与运载火箭、宇宙飞船和卫星等太空能力发展的非国家投资有关。作者呈现了不同场景，表示如果 2015 年私人航天对世界太空活动的贡献率为某一水平的话，到 2020 年，这一数字将达到 15%~20%，到 2030 年将增加到 40%，但前提是国际政治环境不会发生显著恶化。主要太空大国之间关系发生任何危机，都会影响私人航空的发展。遵循作者的愿景，形势的有利发展将使勇敢的企业家成为太空活动领域的主要参与者。

在"即将到来的技术革命中的 MANBRIC 技术"一章中，Leonid Grinin，Anton Grinin 和 Andrey Korotayev 基于生产原则和生产革命理论，分析了康德拉季耶夫波同主要技术变革之间的关系。作者对第六康德拉季耶夫波/第四次工业革命作出假设。按照这一思路，他们表明，第六康德拉季耶夫波的技术突破可被视为第四次工业革命和电子科技革命的最终阶段。作者假设，21 世纪三四十年代的第六康波将和电子科技革命的最终阶段重合，即自管理系统。作者认为，这个时期以医疗技术（如 MANBRIC 技术——医疗、增材、纳米、生物、机器人、信息、认知技术）的突破为特征，能够将其他一系列技术融入由创新技术构成的单一系统中。

在"全球材料消耗模式实证研究"一章中，Tessaleno Devezas，António Vaz 和 Christopher Magee 将 1960—2013 年世界范围内 98 种重要工业材料分为 9 个类别，对其生产进行了调查。作者提出了这样一个问题：是否可以在保持全球经济增长的同时，减少维持当今经济增长率所必需的材料资源数量？在尚未成熟的去物质化理论和去耦概念框架下，作者发现 21 世纪第一个十年一些关键材料的消耗在增加，但在近几年却有下降的趋势，前者是因为中国过去 30 年现代化造成的。实证结果并未支撑人类社会正在经历全球去物质化这一结论，但发现的一些模式表明我们有理由保持乐观。

第三部分在折中的基础上研究了企业精神发展问题，试图将技术企业精神、国际企业精神、家族企业、创新和企业精神网络、进入、退出、流动性决定因素、合作竞争和共同创新等不同但互补的观点进行融合。

在"技术创业的挑战：管理生物制药企业中专业间的冲突"一章中，Călin Gurău 调查了生物制药企业，这些企业是拥有多种专业文化知识组织的典范。生物制药新企业取得成功需要商务人士和科学家两个主要专业团体进行合作，然而这两个团体有不同的价值观，这就决定了企业内部矛盾和冲突。作者试图发现这两类专业亚文化之间现有的冲突。因此，作者对经理人—企业家为调和组织内部不同群体的利益、要求和愿景所采取的冲突管理措施进行了分析。研究结果表明，大多数组织采取了混合措施。然而，尽管冲突管理矩阵有理论限制性，实践者仍可运用该矩阵判断其组织类型、发现调和现有内部冲突的最佳做法。

在"跨国公司创业中的认知差距：知识转移工具的作用"一章中，Davide Gamba，Mara Brumana，Tommaso Minola 和 Lucio Cassia 解决了本书的核心问题，即工业 4.0。作者将工业 4.0 定义为通过使用大量新技术工具改变经济环境的浪潮，并使知识以与过去大相径庭的方式进行传播。考虑到这种变化，作者分析了跨国企业内部知识分享过程相关的认知差距及其对业绩的影响。其主要结果概述了不同类型的知识传播机制所发挥的作用，使当前跨国公司知识传播的新近做法情境化成为可能。

在"家族企业与创业：能力与组织行为"一章中，Serena Cubico，Giuseppe Favretto，Piermatteo Ardolino，Stefano Noventa，Diego Bellini，Giovanna Gianesini 和 João Leitão 将家族企业作为分析对象，家族企业在第二代及后代接管企业后面临不同的成长和发展阶段。作者进行了量化研究，旨在深入了解能力和家族企业成功的相关性以及他们如何影响组织行为和家族变动。实证结果强调了家族企业作为独特背景对研究组织行为的重要性，并确定了家族文化和亲属关系是如何影响家族企业的。

在"创新和创业网络评价指标"一章中，Luís Farinha 和 João J. Ferreira 试图构建基于创新精神支柱的、衡量三重螺旋和四重螺旋（学术界—企业—地方政府和公民社会）地区性变动的模型。作者对当前大量最新研究进行了综述，并对其进行了客观评估，旨在制定并提出合作动力背景下的综合研究框架。作者提出区域螺旋记分牌（RHS）用于研究地区合作动力，该方法将不同背景整合到一起，并确定了未来研究挑战的关键业绩指标。

在"企业进入、退出及流动的决定因素和相互依赖性"一章中，Rui Baptista 和 Murat Karaöz 提出了一种创新方法，同时对称地研究进入和退出现象，以及考虑流动因素后两种现象之间的反应延迟。作者选取了葡萄牙 1986—1993 年的数据和 320 个 6 位数字行业，分为成长、成熟、衰退三类。主要结果表明，成长型行业经历的进入、退出以及现有企业市场份额的变化明显多于其他行业。尽管"衰退行业经历的进入现象较少"这一论点获得了支持，但作者建议，其对退出等式的积极影响支持较弱。总而言之，结果表明进入、退出和现有企业流动会对未被注意的常见因素作出反应。此外，估计结果表明进入、退出和现有企业流动之间存在相互依赖关系。

最后，在"合作竞争与共同创新：制造业和服务业的供应商表现是否不同？"一章中，Dina Pereira，João Leitão 和 Tessaleno Devezas 分析了公司在发明共同创新产品和服务方面的行为，揭示其以开放式创新为目标的创新表现和合作竞争变化。出于这一目标，他们使用了参与 2008 年欧洲共同体创新调查（CIS）的 3682 家制造业公司和 1221 家服务业公司的数据。作者根据企业技术密集程度分类，按不同领域对制造业公司和服务业公司分别进行了分析。结果表明，制造业公司和服务业公司发明共同创新产品和服务的能力方面（如竞争公司之间或同其他研发利益相关知识作出合作竞争安排）存在重大影响，公司将创新产品和服务投入市场的能力也同样不容小觑。实证证据还表明，企业和内部研发活动对发明共同创新产品和服务的能力具有重大影响。

在当今全球市场和产业相互连通的情况下，本书是在高风险和不确定性的情况下出版的。因此，理解工业 4.0 的四个主要特征至关重要：（1）垂直网络（如智能生产系统、智能工厂、智能产品和智能物流）；（2）水平整合（新一代全球价值创造网络）；（3）整个工程（拥抱整个产品生命周期）；（4）指数技术加速（旨在降低成本和规模，实现市场大规模应用）。提高对工业 4.0 的理解，可以使其成为更好应对结构性变革、管理经济周期、增强竞争力、确保技术变革、降低风险、步入第四次工业革命（建立在急剧增长的新技术基础上，但在资源层面实现必要均衡）的关键元素。

最后，向政策制定者传达一条信息，要想实施可持续增长战略，消除结构性失衡和社会不平等，（重新）制定可持续性、具有生态效益、平等、负责生产和公平贸易的智能产业政策迫在眉睫，使 Louis Armstrong 永垂不朽的杰作《多美好的世界啊》成为现实。

译者序

周代数　靳志伟

迄今为止，人类历史经历了三次工业革命。18世纪60年代的第一次工业革命将人类从农业社会带入工业社会；19世纪末以发电机、内燃机发明为代表的第二次工业革命将人类带入"电气时代"；20世纪下半叶，计算机的发明与信息技术的广泛应用开启了第三次工业革命并将人类带入"信息时代"。纵观人类科学技术发展史，近代世界经济政治中心的变迁史也是全球科技创新中心的更迭史，历史上抢占科技革命制高点的国家都成为全球经济中心（如第一次产业革命中的英国，第二次产业革命中的德国和美国，第三次科技革命中的美国）。克劳斯·施瓦布在2015年世界经济论坛上提出，在以人工智能技术、量子技术为代表的新兴科技浪潮驱动下，第四次产业革命（the Fourth Industrial Revolution）正以前所未有的态势席卷而来，其生产创新模式又被称为基于自组织系统（自优化、自配置、自诊断等）、以自动化生产和智能化决策为特点的工业4.0（Industry4.0）。

《工业4.0：新数字格局下企业家精神与结构变革》主要探讨了数字化背景下产业变革和创新创业活动中的结构性和技术性决定因素，其中既有遵循新熊彼特主义（Neo-Schumpeterism）的长波经济周期、创新变革和技术扩散理论研究，又有针对可再生能源、新材料、增材制造技术、私人航天的非线性创新和创业过程和技术变革趋势的探究，也有针对技术创业冲突、跨国公司知识传播、家族企业创新精神网络、创新和创业网络评价指标的分析。

当前，我们已经处于创新技术变革的第四次浪潮中，新数字工业技术的兴起引领着工业4.0转型。本书从技术扩散、产业变革、创业创新网络等视角全方位、多层次地解构工业4.0浪潮下创新创业精神与产业结构变革，形成一系列值得关注的结论。例如，书中第一部分第三篇文章建立了经济循环动力学模型，考察了经济波动的周期性、幅度和不对称性，发现全球各国经济循环过程存在显著的异步性，发展中国家经济周期中危机、萧条、恢复和增长这四个阶段的持续时间长于发达国家，发展中国家的经济周期的振荡幅度高于发达国家，科学和技术进步对发达国家经济周期的持续时间有更大的影响。再如，书中第二部分第六篇预测21世纪30～40年代的第六次康波（the Sixth Kondratieff Wave）的技术突破将是第四次工业革命和电子科技革命的最终阶段，这个阶段以信息医疗技术（如MANBRIC技术—医疗、增材、纳米、生物、机器人、信息、认知技术）的突破为特征。相信本书对于从事技术创业和创新研究的学者、创业者和决策者有一定的参考意义。

本书翻译历时一年，翻译的过程也是我们向英文原版作者学习请教的过程。针对书中大量的技术和专业词汇，我们力求准确，但仍不免漏误。感谢中国金融出版社的刘钊、石坚等同仁的指导，感谢贾超颖、施晓娟、张佳琪、李淘等同学在部分章节译校过程中的帮助和付出。

目　录　　»　»　»　　　　　　　CONTENTS

第一部分

结构变化与周期

突破性技术的经济潜力及社会影响

Askar A. Akaev[①]　　Andrey I. Rudskoi[②]

摘要： 自 2008 年以来，世界经济一直处于系统性的结构和技术危机中。基于硅半导体微电子技术的经济潜力已经耗尽，专家们眼下正试图寻找新的突破性技术，为社会发展作出贡献。本文将会聚（NBIC）技术视作这种突破性技术，包括纳米科技、生物技术、信息科技和认知科学，特点是强大的协同作用。美国经济使用了会聚技术能力的 10%，我们以美国经济为例，基于原创的数学模型，估算出类似科技的使用能确保一个百分点或更多的经济增长。基于美国国家纳米技术计划中期预测的数据，我们对产品革新的动态变化以及美国和全球新增的岗位数量做了长期预测，描绘了会聚技术的经济潜力。同时也分析了会聚技术的使用带来的社会影响，特别列出了高技能高薪资的工作被更有利可图的信息科技替代过程所带来的社会影响。

关键词： 会聚技术　基础创新　社会进步　非线性模型

一、第五个康德拉季耶夫周期（1982—2018）全球经济放缓

众所周知，经济增长目前在很大程度上依赖于科学技术的进步。诺贝尔经济学奖得主 Robert Solow 证明了科学技术促进了经济增长（Solow, 2000），如今超过四分之三的经济增长率都是来源于技术进步。在 20 世纪确实观察到了前所未有的全球经济增长，主要来自突破性创新推动的科技革命，如图 1 所示。

1948—1973 年，全球国内生产总值（GDP）年均增长率达到 4.9%。20 世纪 70 年代世界经济危机之后进入了萧条期，GDP 年均增长率在 1973—2001 年降至 3.1%。从 2001 年的危机中恢复过来后，世界经济有了发展的势头，2003—2007 年每年平均增长 3.6%。但应该注意的是，这些增长大多来源于快速发展的金砖（BRIC）经济体。2007—2008 年全球金融经济系统危机导致了另一次全球经济放缓。因此，在 2013 年，全球 GDP 增长只有 3.1%，是自 2009 年全球金融危机严峻时期结束以来的最低增长率。2014 年，全球 GDP 增长达到了 3.3%，2015 年的期望增长大约在 3.5%。因此，在过去高水平增长结束后，全球经济已经进入了低增长率时期，危机重现并加深，不

---

①　Askar A. Akaev，莫斯科国立大学。

②　Andrey I. Rudskoi，圣彼得堡彼得大帝理工大学。

确定性增加。

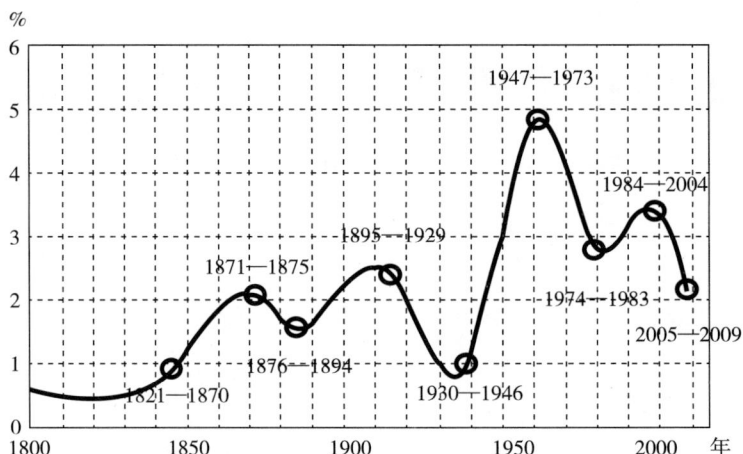

资料来源：世界银行（2010）、Maddison（2010）。

图 1　1800—2009 年全球 GDP 年均增长率的相对变化

2000—2001 年的全球经济危机对信息科技和知识经济领域造成影响，引发了对 21 世纪科技进步前景及对经济发展影响的讨论。主要有两种观点：有的科学家认为科学技术的进步仍在加速，因此很有可能再次出现突破性技术刺激经济，达到空前的增长，同时为电力产业、生态和社会领域目前面临的问题提供解决方案，在全球范围内实现生活水平的可持续提升（Yakovets，2004）。其他人基于 20 世纪 70 年代科学技术发展从突破性到渐进性的转变，对现代科技进步的未来持怀疑态度，认为上述转变将导致 21 世纪，至少是上半叶的科技发展逐渐减速（Hirooka，2006；Chernov，2006）。他们指出在过去三十年里科学技术没有取得突破性进展，技术进步已经在减速了。

Gordon 在发表的论文（2013）论证得出，过去 250 年经济的飞跃在人类历史上是不可多得的，指出美国未来经济发展面临的六个难关：（1）1946—1964 年逢婴儿潮出生的一代退休引发的人口问题；（2）受教育水平降低；（3）收入差距增大；（4）业务外包的扩张，因此美国的工人不得不与发展中国家的廉价劳动力竞争；（5）环境及能源问题日益严峻；（6）巨额家庭债务及政府赤字。

据 Heinberg（2011）所说，即将发生的廉价石油的短缺导致上述新的经济现实。我们不这么认为，因为全球石油探明储量能用到 21 世纪末，且石油生产工程正稳步发展。不过需要指出，高昂的石油价格的确是阻碍全球经济从 2008—2009 年经济危机中恢复的主要因素之一。

因此，人类于 20 世纪末踏入信息时代，将于 2050 年迎来信息时代的顶峰，与此同时，长达 300 年的工业文明也将画上句号。我们期待取得突破性进展的信息技术在与下一个十年（2015—2025 年）大规模使用的会聚技术结合后能刺激经济增长。这也是我们在此探讨这一可能性的原因。

二、康德拉季耶夫—熊彼特创新周期经济发展理论

科学技术的进步以及创新的进程都是非均衡的，是有周期的（熊彼特，1982；Hirooka，2006），这导致了经济发展的周期性。由俄罗斯伟大的经济学家康德拉季耶夫（Nikolai Kondratiev）提出的经济长周期或长波理论是 20 世纪的核心研究焦点之一（Kondratiev，2002）。早在 20 世纪 20 年代，康德拉季耶夫就开始研究全球经济发展模式，发现经济发展的长周期为 50 年，这被称作康德拉季耶夫经济长周期（Kondratiev Long Economic Cycles，KEC）。他勾勒出了经济周期的上升阶段与技术发明和创新性实际应用（创新产品和技术）的波动之间的关系。此类关系如图 2 所示。

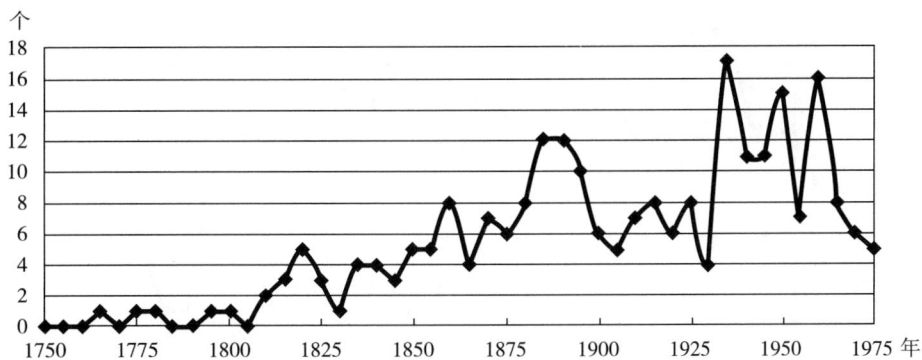

资料来源：西尔弗伯格 . 打破长波：基本创新的熊彼特聚类的泊松回归方法 [J]. 剑桥经济杂志，2003，27（5）：688 - 690.

图 2　技术进步（每 5 年创新的数量）

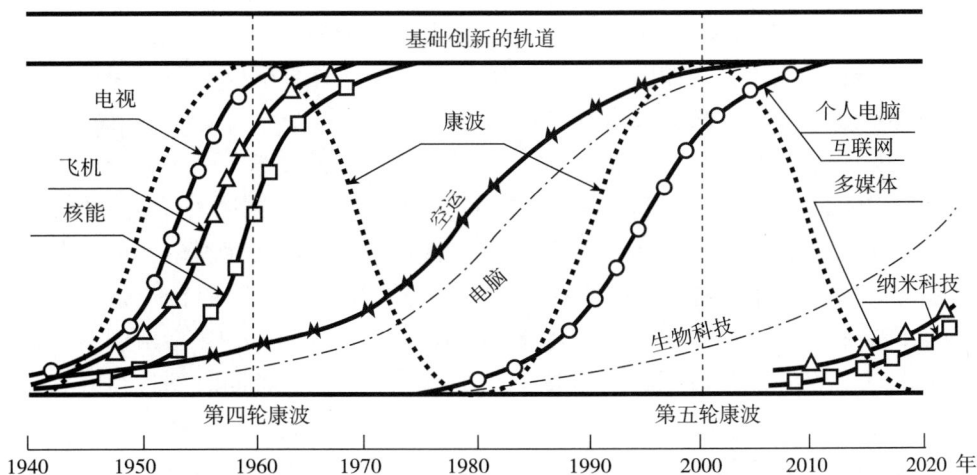

资料来源：个人阐释。

图 3　康德拉季耶夫经济活动周期上升阶段的创新传播情况

第四个康德拉季耶夫经济长周期中的基础创新是 20 世纪技术革命中的突破性成就，如图 3 所示，核能、量子电子学以及激光技术，计算机及生产自动化，喷气式飞

机和火箭引擎，覆盖全球的卫星通信及电视，以上均为第四个康德拉季耶夫经济周期中（KEC）的主要创新。值得一提的是，上述所有技术的研发和广泛使用都是史无前例的。自然，第四次技术浪潮（Technological Mode，TM）带来 1948—1973 年 4.9% 的经济增长在人类历史上也是空前的（见图 1）。第五次技术浪潮（TM）的核心是微电子学、个人计算机、信息技术以及生物技术，是第四次技术浪潮主要创新的衍生品。因此，第五次技术浪潮的经济效率要低得多，全球经济增长率降至 3.1%（见图 1）。

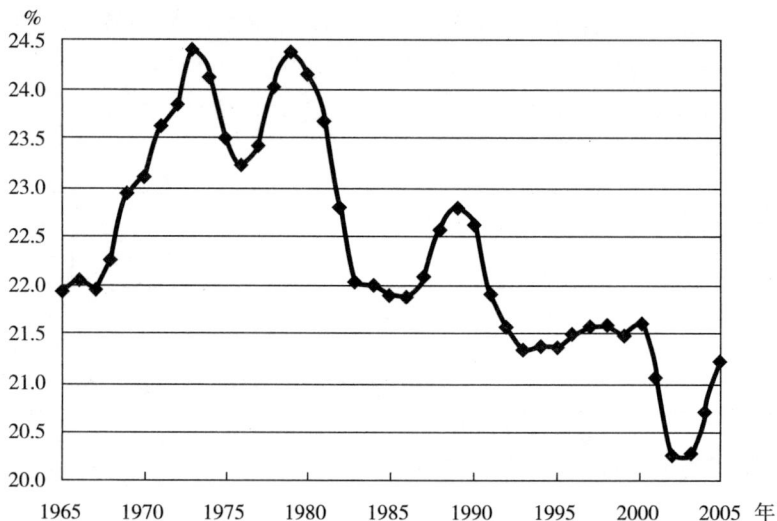

图 4　固定资产投资总额动态变化（占全球 GDP 百分比）

　　经济运行的趋势与创新技术的数量和有效性的下降相一致，这一事实已由同期全球 GDP 中投资总额占比减少及由美元 GDP 增长比美元投资得出宏观经济投资的有效性下降这两个结论证实，分别如图 4 和图 5 所示。在第五个康德拉季耶夫周期开始的时候（20 世纪 80 年代）全球进入信息时代，第六个康德拉季耶夫周期结束的时候（大约在 2050 年）信息时代将达到顶峰。也许到那时会有新的技术革命带来突破性的创新（Yakovets，2004），这可能会开启一个与 20 世纪中期类似的长期技术和经济增长。

　　熊彼特用创新的长波理论加强了康德拉季耶夫的经济长周期理论，把后者与经济发展的创新理论相结合（熊彼特，1939）。Hirooka（2006）证明创新与康德拉季耶夫长周期之间有很强的相关性。基于对大量实际数据的分析，Hirooka 指出创新的传播与康德拉季耶夫周期上升阶段严格同步发生，如图 3 所示，二者同时到达顶峰状态。由于自我组织机制，各种重要的创新在经济萧条的时候会形成集群。Mensch（1979）发现了这一现象，将其称作萧条的触发效应。换句话说，经济的萧条迫使企业寻求生存机会，因此驱动了创新的进程，即萧条触发创新进程。重要创新的集群生成了新产业，由此带来另一个康德拉季耶夫周期。创新的协同效应和集群内的互动能带来集约型的累积增长，这就是经济发展的主要驱动力。

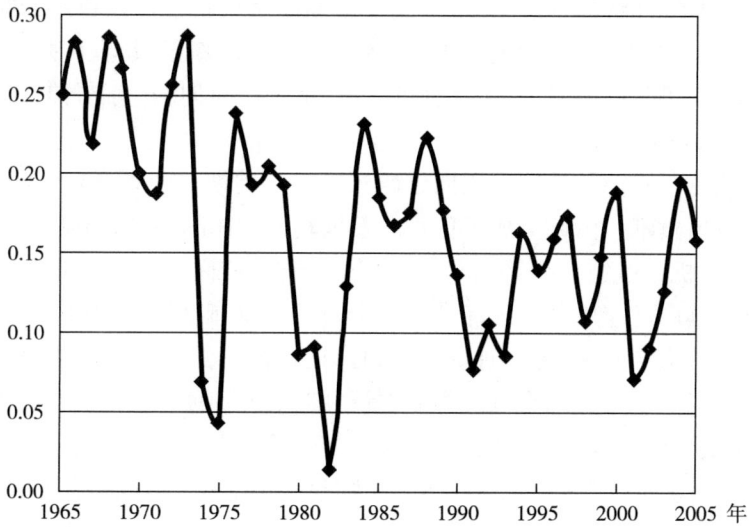

资料来源：世界银行（2010）。

图 5　投资效率的动态变化

三、Hirooka 的创新范式

Hirooka（2006）深入研究了创新的传播进程，指出可通过 Verhulst 对数函数表示：

$$\frac{\mathrm{d}y}{\mathrm{d}t} = ay(y_0 - y) \tag{1}$$

其中，y 表示在时刻 t 对产品的需求；y_0 是整个市场的极限值，a 是常数。该方程的解为该等式描述的非线性对数曲线（见图 6）。

$$y = \frac{y_0}{1 + c\exp(-ay_0 t)}, c = \mathrm{const} \tag{2}$$

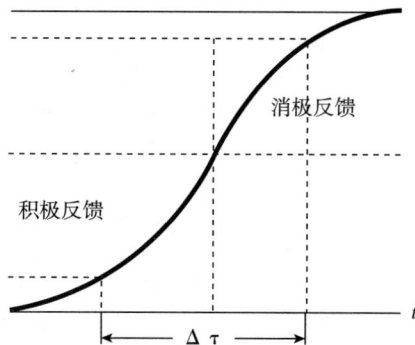

资料来源：自己的阐释。

图 6　创新扩散的对数曲线

创新产品在市场中扩散的时间通常用 $y_{\min}/y_0 = 0.1$ 和 $y_{\max}/y_0 = 0.9$ 之间的时间段 Δt 表示，能相当准确地反映扩散的实时情况（Hirooka，2006）。

创新扩散的非线性特征（2）意味着每个创新的发展轨迹都在特定的时间段达到顶峰，即创新生命周期的结束。这让我们能够识别任一创新及其当下所处的发展阶段。Hirooka（2006）发现第一次工业革命期间（18 世纪）的创新生命周期为 90 年，逐渐减少到如今的 25～30 年。

有的创新从一个康德拉季耶夫周期延伸到另一个周期（见图 3），为新基础架构和新网络的出现作出贡献，由此形成了更长的发展轨迹，Hirooka 称为基础轨迹（Infratrajectory）（如计算机、航空、生物科学等）。这些创新被称作主流创新：首先，它们创造了新的市场，其广泛应用紧接着带来了经济中新的基础架构。基础轨迹形成了特殊的集群，每个集群有自己的核心创新。例如，在目前的第五个康德拉季耶夫周期中，计算机技术构成了一个重要的集群。主流创新也带来了各种各样的新应用及制度上的改变，为接下来的康德拉季耶夫周期拓展了市场。接下来的第六个康德拉季耶夫周期中的主流创新将基于信息通信技术，会聚纳米、生物和认知技术，形成强有力的基础轨迹。

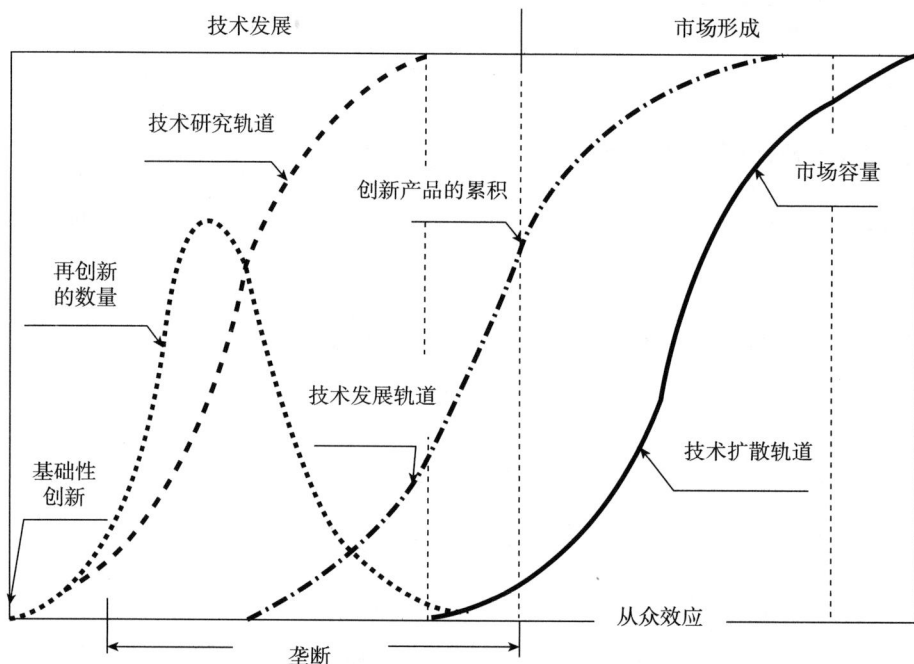

资料来源：Hirooka（2006）。

图 7　包含三个轨迹的创新范式的结构

Hirooka（2006）还发现了创新范式，包含如图 7 所示的三个对数轨迹：科技、发展和扩散。科技轨迹是一系列与创新有关的核心科技，这些创新来源于重大技术发明或科学发现。发展轨迹（创新发展）是一系列通过核心科技生产出的创新产品。发展轨迹在创新范式中扮演着非常重要的角色，因为它把学术机构的技术知识传输给了产业，让风险企业能创建起来，针对创新产品的工业发展及其市场营销。风险企业在发展轨迹前半部分的头 10～15 年有更多的机会，因为技术轨迹一完结集约型营销就开始了，会持续 25～30 年的时间直到市场饱和。

Hirooka（2006）是第一个研究技术轨迹的学者，指出技术轨迹由对数曲线描述，持续时间约为30年，源于一些重大发现和技术发明。因此，创新范式的结构是瀑布式的，三条对数轨迹相互隔开，间隔距离视实际情况而定。因此，基于已经存在的以电子学为例的技术轨迹（见图8），创新范式让我们能够准确预测创新产品市场扩散的轨迹（Hirooka，2006）。因为电子学的轨迹早了25～30年，所以在新产品上市之前很容易能画出轨迹。因此，Hirooka（2006）分析了未来最有前景技术的发展轨迹，极有可能构成第六个康德拉季耶夫周期的技术集群：多媒体、纳米技术、生物技术、基因编辑和人类器官再生、超导体，还有量子计算机。他画出了上述所有技术的发展轨迹，发现它们都将在2010—2015年达到顶峰，同期会有它们在市场中的集约式扩散和第六个康德拉季耶夫周期的起始点，上涨阶段在2020—2030年。

尽管第六个康德拉季耶夫周期中所有的创新技术都是从之前的周期中发展而来，但没有一项是突破性的，第四次技术浪潮正是因为突破性技术才能带来最强有力的康德拉季耶夫经济波。因此，许多经济学家认为在即将来临的第六个KEC中，增长率不太可能超越之前的第四个和第五个KEC。然而，他们中的大多数都忽略了NBIC技术会聚起来可能产生强大的协同效应，基于此，第六次技术浪潮能比第五次技术浪潮引发更大的全球经济增长。尽管如此，它也不可能与第四次技术浪潮的强度一样。

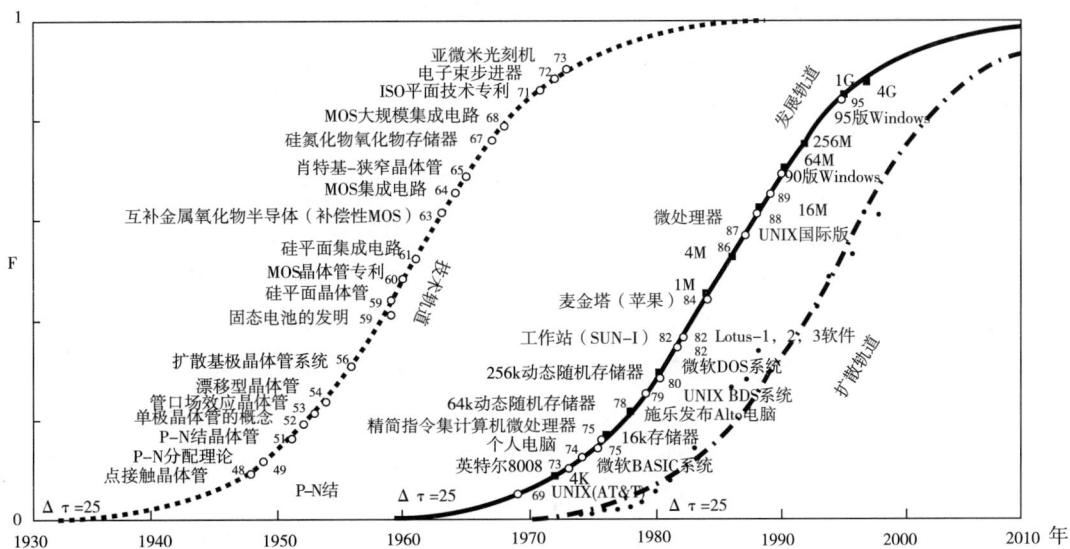

资料来源：Hirooka（2006）。

图8　电子学的创新范式

四、根据康德拉季耶夫的经济理论预测第六次长波的上升阶段

采用Hirooka（2006）的创新方法（见图7），我们将尝试预测第六个康德拉季耶夫经济周期（KEC）上升阶段的起点。我们明确知道纳米技术发展轨迹的起点：1985年标志着富勒烯的发现和合成，这是一种由60个碳原子构成的空心球体碳化合物 C_{60}，

被认为是第一个纳米结构。发明于 1986 年的原子力显微镜（Atomic Force Microscope，AFM）能成像并操纵单个的原子。原子力显微镜是创造及测度新纳米结构的主要工具（Williams 和 Adams，2007）。行业领先的国家在上述领域尽了最大努力，达成巨大的成就。在创造新纳米结构的领域，与碳相关的成就有：（1）1991 年，碳纳米管的发现让很多行业有了巨大潜力；（2）2004 年发现了石墨烯，厚度只有一个原子的碳膜，很可能是纳米电子学极有前景的材料。总之，纳米材料或智能材料的独特性质让它们几乎能被用在人类活动的所有领域，由此带来创新和突破（Rudskoi，2007）。

此外，纳米工具持续发展，不断进步，以至于发明出了不可或缺的纳米工具，比如用于高精度在线成像并操纵纳米粒子的计算机化的扫描探针显微镜（Scanning Probe Microscopes，SPM）；用于三维夹取和操纵纳米结构的光学镊子。有压电电动机的纳米操纵器让任一方向的流畅可控操纵成为可能。总的来说，我们能论证纳米工具已经发展到完美的水平，为研究者和科学家带来绝佳的机会创造新的纳米结构、测度它们的性质并发现新的实际中的应用。纳米工具的工业化应用促成了纳米粒子和纳米材料的大量生产，满足了市场需求（Williams 和 Adams，2007）。

由此可见，纳米科技（纳米材料和纳米工具）的发展轨迹正顺利延伸。根据 Hirooka（2006）的方法（见图 7），轨迹大约会在 2016 年达到饱和（距 1986 年 AFM 的发明过去了 30 年），随后不久，技术轨迹将带来市场中大规模创新纳米产品的扩散。这将使发达国家的经济好转，随后扩散至全球经济。Akayev 等（2009）证实了基于熊彼特—康德拉季耶夫（Schumpeter – Kondratiev）的创新经济发展周期理论，目前的经济减速将持续下去，直到 2016—2018 年，自此开启第六个 KEC 的上升阶段。

因此，我们认为发达国家在经历不稳定时期之后，将在 2014—2015 年开始恢复；在 2017—2018 年这些国家会看到第六次长波带来的情况好转，这是基于第六次技术浪潮的有利影响，其核心影响与 NBIC 会聚技术有关。因此，这些经济体的政府需要将所有的资源和精力投入 NBIC 集群上，它们构成了第六次技术浪潮，也就是全球经济的新结构。2014—2020 年被认为是拥抱基于 NBIC 技术的新一波主要创新的绝佳时期（Akayev 和 Rudskoi，2013）。

目前，纳米技术产业每年增长 24%。根据美国国家科学基金会预测，纳米产品和纳米技术的潜在全球市场在 2015 年会达到 1.1 万亿美元。占比最大的领域是纳米材料（31%）、纳电子学（28%）和药学（17%）。两百万份专业领域的职位将随着一个新的高科技产业的建立而出现（Roco，2011）。因此，纳米产品的供应将增多。基于 NBIC 技术的新产业有望取得进展，驱动第六个全球经济发展长波。

五、预测 NBIC 技术的经济潜力

Akayev 和 Rudskoi（2013）介绍了 NBIC 技术的性质，这些技术由纳米、生物、信息和认知科学技术的集约型相互渗透和影响而形成。科学家已经关注这一现象很长时间了，该现象被称作 NBIC 会聚技术（Roco 和 Bainbridge，2003）。由于会聚，NBIC 技

术产生了相当可观的协同效应。就期望的全球社会经济变化而言，NBIC 会聚被看作是一个突破（Bainbridge 和 Roco，2006）。NBIC 会聚或相互合作带来的协同效应非常强大，以至于它对全要素生产率增长的贡献对第四个 KEC（1948—1973）全球经济增长产生了显著的影响（4.9%）。

如何评估这一协同影响？让我们考虑一下由 Mankiw 等人（1992）提出，纳入有形资本和人力资本因素的经济增长的新古典模型：

$$Y(t) = K^a(t)H^\beta(t)[A(t)L(t)]^{1-\alpha-\beta} \tag{3}$$

其中，$Y(t)$ 表示当前的国家收入（GDP）；$K(t)$ 表示可再生有形资本的水平；$H(t)$ 表示可再生人力资本的水平；$L(t)$ 表示经济中的原始劳动力水平；$A(t)$ 表示哈罗德中性技术进步；α 和 β 是生产函数的参数。实证分析表明经济合作与发展组织（OECD）中的发达国家 $\alpha = 0.14$，$\beta = 0.37$，然而不生产石油的发展中国家 $\alpha = 0.31$，$\beta = 0.28$（Mankiw 等，1992）。

式（3）变换形式后可得：

$$q_Y = aq_k + \beta q_H + (1 - \alpha - \beta)(q_A + q_L) \tag{4}$$

其中，$q_Y = \dfrac{Y}{Y}$；$q_k = \dfrac{K}{K}$；$q_H = \dfrac{H}{H}$；$q_L = \dfrac{L}{L}$；$q_A = \dfrac{A}{A}$

由于全要素生产率可以被解释为对劳动力和资本要素的经济增长的协同效应的指标。式（4）可化为评估公式：

$$q_Y^{syn} = (1 - \alpha - \beta)q_A \tag{5}$$

因此，OECD 国家的评估公式为 $q_{YHD}^{syn} \cong 0:49q_A$，但对不生产石油的发展中国家而言，这个值较低，$q_{YHD}^{syn} \cong 0:49q_A$。

因此，协同效应的评估或其对经济增长的贡献意味着计算技术进步的增长率 q_A。继 Akayev 和 Rudskoi（2013）之后，我们考虑用一个模型来计算整个经济的平均技术水平 $A(t)$ 的增长率，适用于新引入的主要创新技术的相对经济效率，使用 Dubovsky（1989）的方程：

$$q_A = \frac{A}{A} = s(t)\xi(t)\left(\frac{a}{A} - 1\right) \tag{6}$$

其中，$s(t)$ 表示储蓄率（$s = I/Y$，I 为总投资，Y 为 GDP）；$\xi(t)$ 为已投资本的回报率（$\xi = Y/K$，K 表示有形资本）。

储蓄率 $s(t)$ 通常随着缓慢变化的趋势进行周期性变化。因此，在第一次近似中，它可被看作常数 $s(t) = s_0$。

此前我们已经指出，进一步主要创新的扩散将基于对数法则（2），表现形式如下：

$$a = \frac{a_0(1 + c)}{1 + c\exp[-d(t - T_0)]} \tag{7}$$

其中，T_0 是指新一代基础技术集群兴起的一年时间；a_0、c、d 都是常参数。长期来看，式（6）中已投资本的回报率 $\xi(t)$ 在一个 KEC 中也可被看作是一个常数。然而，在 KEC 中，它与自身趋势显著不同。与 KEC 步调一致，在 KEC 中的上升期，它上升；在经济放缓和萧条的时候，它下降。美国经济的 $\xi(t)$ 方程能被如下正弦曲线表示（Akayev 和 Rudskoi，2015）：

$$\xi(t) = \xi_0 + \xi_1 \sin\omega(t - 1987) \tag{8}$$

其中，$\xi_0 = 0.34$；$\xi_1 = 0.03$；$\omega = \pi/15$。

取不同的创新技术效率系数 ρ（$\rho_1 = 0.9$；$\rho_2 = 1.05$；$\rho_3 = 1.2$），式（6）可得到不同数值的解。式（6）中所有常数参数的估计和计算技术最初是由 Akayev 和 Rudskoi（2015）提出的。技术突破的增长率的计算如图 9 所示。之前，我们评估了效率系数对于 NBIC 技术：$\rho = 1.2$。为了进行比较，我们计算了低 NBIC 技术效率的技术突破（$\rho = 0.9$）。然而，预测曲线（见图 9）显示，技术突破的增长率将高于第五次 KEC 中经济进步的增长率。这主要是源于协同效应的显著增加。

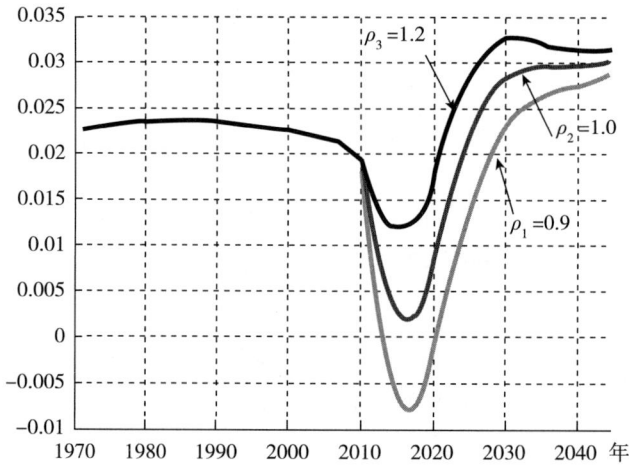

资料来源：个人阐释。

图 9　第五次和第六次（预测）KEC 中技术突破的增长率动态变化（q_A）

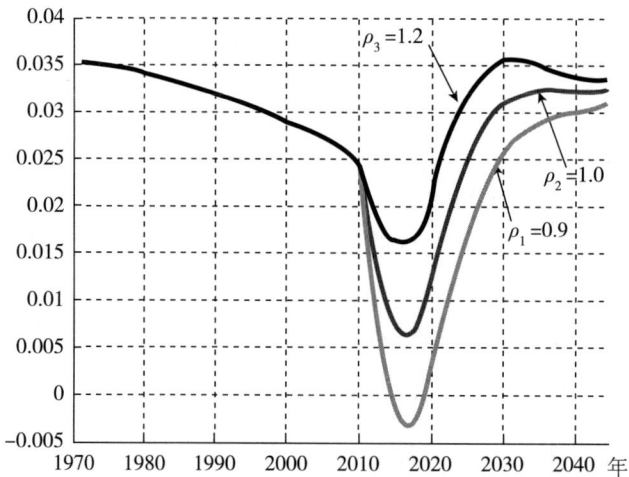

资料来源：个人阐释。

图 10　第五次和第六次（预测）KEC 中经济发展的增长率动态变化（q_Y）

因此，NBIC 技术聚在一起的强大影响确实产生了很大的协同效应，在 2030 年之前第六个 KEC 的上升浪潮期间将技术进步加速到 3.3%，这比 1980—2009 年要高得多。图 10 显示了美国经济到 2050 年的预期增长率。从图 10 中可知，我们保留了 NBIC 技术的预期效率系数 $\rho = 1.2$，美国经济增长将在 21 世纪 20 年代达到 20 世纪 90 年代的繁荣水平，接着会稳定在年增长 3.4% 的水平直到 2050 年。美国经济在 20 世纪 80 年代第五个 KEC 的上升期间有过相似的增长。然而，当时的增长是源于劳动力的增加（$q_Y = q_A + q_N$）。从图 11 中 q_Y 和 q_A 的对比可知，第六个 KEC 中 q_N 的影响会小很多。该图表示了三个增长率 q_A、q_Y、q_Y^{syn} 的动态变化。

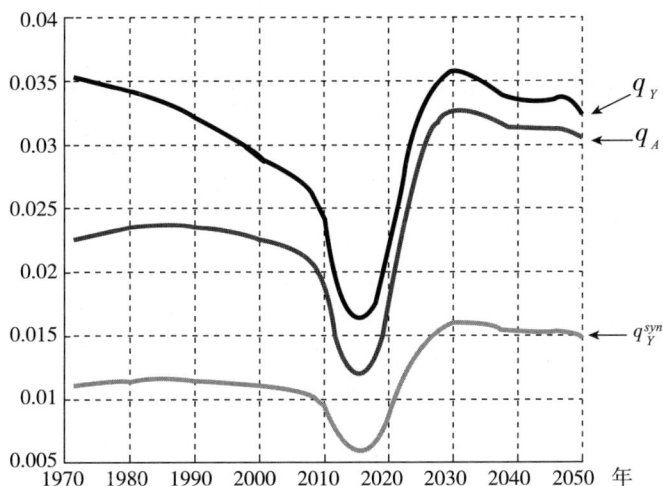

资料来源：个人阐释。

图 11 $\rho = 1.2$，到 2050 年美国经济、技术进步（q_A）和协同效应（q_Y^{syn}）的期望增长率（q_Y）

根据 NBIC 技术效率系数不同的可能取值，图 12 描绘了协同效应，与第五次技术浪潮的主要技术相比较。对图形的分析证实了第六个 KEC 的协同效应比第五个的大 1.4 倍，在第六次技术浪潮中主要技术的期望效率系数 $\rho = 1.2$。值得注意的是，尽管 21 世纪 30 年代 NBIC 技术的效率与第五次技术浪潮的主要技术相比更低（$\rho = 0.9$），但 NBIC 技术的协同效应将超越第五次技术浪潮主要技术带来的影响（见图 12）。

根据熊彼特—康德拉季耶夫创新周期性经济发展理论和 Hirooka 的创新范式，我们预计经过动荡阶段后发达国家的经济将在 2014—2015 年明显增长，其后将是 2017—2018 年第六个康德拉季耶夫经济周期的上升阶段（第六个 KEC，2018—2050）。第六个 KEC 中大多数主要创新将会是 NBIC 技术（纳米、生物、信息和认知技术），它们将构成第六次技术浪潮的核心。我们预测世界经济的下一个上升期将会在 21 世纪 20 年代第六个 KEC 的上升阶段。NBIC 技术有纳米、生物、信息和认知技术共同产生的强大的协同效应。这些加速了技术进步，将带来超越第五个 KEC 上升阶段（1982—2006）的增长。因此，这将扭转世界经济从第五个 KEC（1982—2013）以来的放缓态势，开始增长。从美国经济中已经可见端倪，技术进步从 20 世纪 80 年代的 2.2% 将增长到 21 世纪 30 年代的 3.3%。

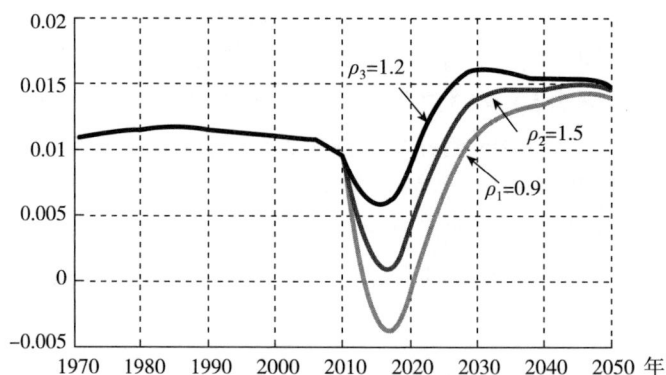

资料来源：个人阐释。

图 12　第六次 KEC（2018—2050）NBIC 技术对美国经济增长率的协同效应期望曲线

上面我们计算了由 NBIC 技术的广泛推出引发的技术进步和美国经济的预期增长率。现在我们将考虑 NBIC 技术经济潜力的其他重要特性的长期预测：新创新产业和经济部门的就业岗位以及创新产品的产出。Roco（2011）分析了初始阶段（2000—2010）的 NBIC 技术发展指标及其 2020 年之前的发展愿景。作者将国家纳米技术倡议（National Nanotechnology Initiative，NNI）视为美国和全球开发和应用纳米级科学技术的驱动力。显然，NNI 对美国纳米技术的建立和发展产生了决定性的影响，美国已成为这一未来经济领域无懈可击的领导者。它帮助美国经济在 2008—2009 年经济萧条后复苏，并迎上第六个 KEC 的上升阶段。这种增长是由 NBIC 技术推动的。

NNI 也被广泛认为是政府机构支持科学及工程研究的新型高效协调机制。受到 NNI 的激励，其他国家和地区如日本（2001）、韩国（2001）、欧盟（2002）、德国（2002）和中国（2002），很快宣布在该领域开展条理清晰且可持续的研发项目。2001—2004 年，60 多个国家开展了国家级的项目。然而，第一个且规模最大的项目还是 NNI。2000—2010 年，包括 2010 年的 18 亿美元，它的累计资金已经达到 135 亿美元。NNI 成为美国民用科技投资中的第二大项目，仅次于太空计划。21 世纪的头十年，美国 NBIC 技术领域的研发资金总数显著超过了其他国家：德国（15.5 亿美元）、日本（8.747 亿美元）、法国（7.269 亿美元）、俄罗斯（7.114 亿美元）。发展中国家 NBIC 技术的领军者是中国（大约 6 亿美元）。Mihail Roco 推测 NBIC 技术研发资金的投入将在第二个十年收获每年 25% 的稳定增长。

根据 Roco（2011），到 2020 年，纳米技术将广泛应用于工业、医药、信息和通信技术，以及自然资源的可持续利用。此外，在同一时期，简单的纳米级组件将转变为复杂的活性纳米系统，无源纳米结构和纳米组件也将转变为活性纳米结构和纳米系统。

Roco（2011）预测了全球涉及 NBIC 技术其中一个领域的研究人员和工作人员的数量动态，并预测创新产品的增长率：

（1）2008 年，研究人员和工作人员的数量估计约为 40 万，其中 150000 人在美国。2015 年，预计全球将有 200 万名纳米技术工作人员，其中包括美国的 800000 人。到 2020 年，研究人员和工作人员的数量预计将达到 600 万，其中 200 万人将在美国。

（2）此外，在 2008 年，以纳米技术为主要成分的产品价值达到约 2000 亿美元，其中近 800 亿美元来自美国。到 2015 年，全球的纳米产品价值预计将达到 1 万亿美元左右，其中 0.4 万亿美元将在美国。到 2020 年，全球的纳米产品价值估计为 3 万亿美元，其中 1 万亿美元将在美国。

因此，由于连续引入新产品，市场每 3 年翻一番。新兴产业的增长率每年达到 24%。专家们预测，在最近的 5 到 10 年，增长率也是一样的。在三个点（$T_1 = 2008$，$T_2 = 2015$ 和 $T_3 = 2020$）中推断可用数据并基于对数曲线，我们获得了新增岗位数量（见图 13）和 NBIC 技术领域的创新产品产出（见图 14）。建立预测对数曲线，根据式（7）我们将拐点位于 2025 年这一事实纳入了考虑。图 13 显示，2040—2045 年，NBIC 技术行业将在全球范围内提供约 1800 万个新工作岗位，其中包括美国的 700 万个工作岗位，但这并不是一个很大的数字。

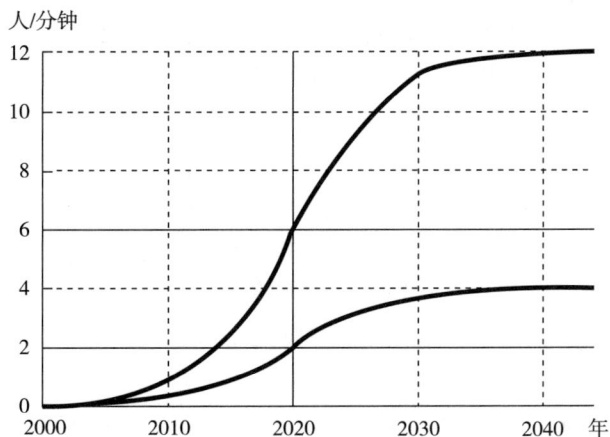

资料来源：个人阐释。

图 13　NBIC 领域新增岗位数量的动态变化

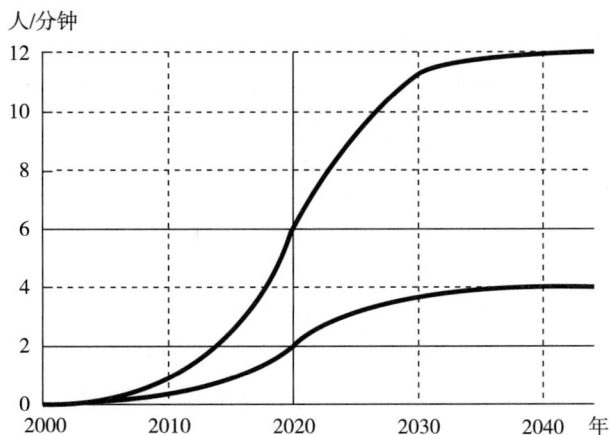

资料来源：个人阐释。

图 14　NBIC 领域创新产品产出的增加

六、第六个 KEC 的主流创新和技术会聚

新的创新范式有助于开发创新产品和建立新的产业。然而，为现有行业提供一系列创新极为重要，这将扩大这些行业的附加值，并确保整个经济体有更高的生产率。技术从新兴产业向传统产业的转变导致技术的会聚和创新范式的演变。因此，我们可以确定主要创新发展的两个方向：一是建立一个新的产业来生产创新产品。二是对传统行业的渗透，通过技术会聚触发新产品的生产力和发明。如果这些创新具有普遍性并渗透到许多经济领域，那么这些创新就能够促进经济增长。在第四个和第五个康德拉季耶夫周期，这种通用创新是计算机和电子产品（微处理器）。最突出的例子是电子学和金属切割机的融合，这导致了高精度高效数控金属切割机的发明。

应该强调的是，汽车工业采用电子产品后得到了显著改善。如今的汽车行业用电子元件检查发动机，控制驱动等。总的来说，微处理器已经彻底改变了从金属切割机到汽车和飞机等所有行业的生产技术。1973 年推出的第一款微处理器 Intel 8088 是一款简单的改良芯片，可以说是基于极其强大和廉价的微电子技术的信息时代的开创者。Intel 8088 是 1981 年第一台商用 IBM PC 的基础。计算机与钢铁、水泥、化学品等行业的技术会聚使这些行业实现了质的飞跃。因此，创新将通过技术会聚和制度变革的机制来影响整个经济及其制度。不同制度应该在每个阶段完成对应任务，这一点很重要。因此，第六个 KEC 的主要技术在传统工业中的使用应当成为关注的焦点，并且优先考虑对该过程的刺激。如今，纳米技术的使用仅限于家庭、医疗、农业和电力工程领域，即传统工业。

以 NBIC 技术与 3D 打印技术的融合为例能看出第六个 KEC 富有成效的技术会聚。后者被称为增材制造，已经彻底改变了制造、技术、设计和医药行业，因为它更便宜，便于使用，环保且无浪费。3D 打印广泛应用于生产飞机支撑元件和航天器发动机的主要部件。美国国家航空航天局的专家预测，在不久的将来，可以在失重状态下应用 3D 打印，使用机器建造直径数十米、长度达数百米的建筑物。用于 3D 打印的原材料可包括各种粉末、纤维、矿物质和其他材料。在短期内，我们能看到 3D 打印在医学中的惊人用途：印刷人体器官，椎间软骨印刷等。NBIC 技术的独特属性将让制造各种定制和个性化产品的 3D 行业的建立成为可能。此外，产品多样化是可持续经济发展的先决条件。

上面提到过，计算机早在第四个 KEC 的时候就成为主流创新，为数码世界、软件、微电子学、互联网和多媒体等注入生命，这些创新互相影响、相互加强、彼此支持。上面列出的所有内容都是信息通信技术（ICT）领域的基础。Hirooka（2006）计算并构建了如图 15 所示的 ICT 创新范例。信息通信技术是 20 世纪最伟大的成就，是 21 世纪经济发展的主要资源之一。在 21 世纪初，全球 ICT 市场超过 1 万亿美元，并且在每年 10% 的范围内稳定增长。这个市场的这些增长率预计将至少维持到 2020 年。如图 15 所示，它们的生命周期将持续到 21 世纪 30 年代。

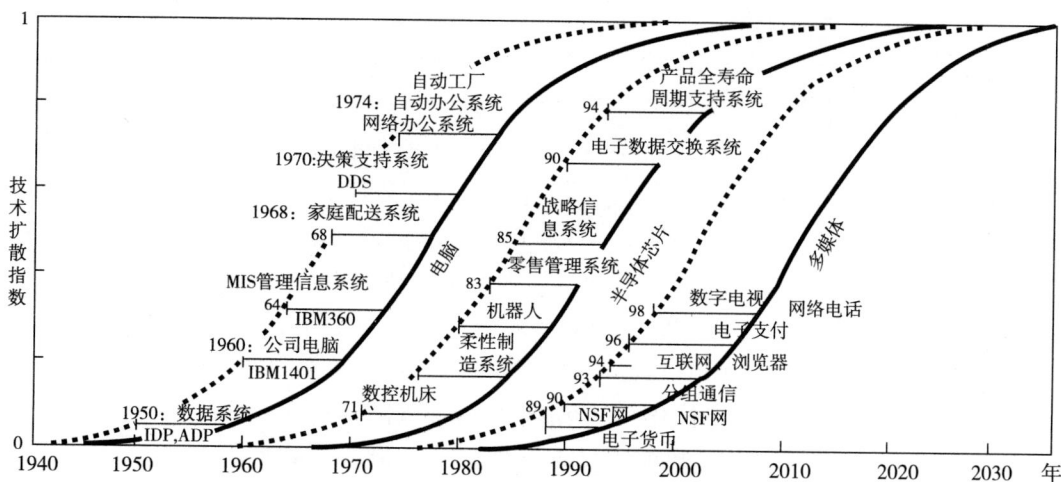

资料来源：Hirooka（2006）。

图 15　信息通信技术的发展

信息通信技术正在成为连接第五次和第六次技术模式以及全球经济第五次和第六次康波周期的主流技术和基础设施。ICT 不仅改变了传统技术的性质，而且还对传统技术进行了彻底的改造。这与 ICT 提供的使用最强大的超级计算机和相关软件来处理海量信息的机会和能力有关。这些计算机技术有助于基因工程技术的成功，这些基因技术曾彻底改变传统农业。

信息通信技术的革命已经发生。计算机技术已经彻底改变了电信行业。互联网和网络已成为当今全球社会的骨干力量。互联网不仅仅是当前的技术创新，更是整个信息时代的关键技术。互联网已成为提高生产力和竞争力的基本手段，有助于建立新的网络业务并为经济建立起新的秩序。在经合组织（OECD）国家，私人公司使用互联网已经很普遍，例如在调研的 25 个国家和地区中，超过 89% 的公司可以访问互联网，超过一半的公司拥有自己的网站。随着 WiFi 协议和移动互联网的发展，发达国家最近正向智能物联网方向发展。20 世纪 90 年代中期美国兴起了新经济，到 90 年代后期世界其他经济体的动态部门中新经济也开始传播。例如，1985—1995 年，美国的劳动生产率每年平均增长 1.4%，而从 1996 年到 2000 年，这一增长翻了一番达到 2.8%。

由于 20 世纪 80 年代至 90 年代的创新突破，信息经济和技术指标占据了主导地位，发达国家进入了后工业时代。Jorgenson 和 Motohashi（2005）的研究显示，信息通信技术在 21 世纪中叶为发达国家的 GDP 贡献了 20% ~40% 的增长，占总要素生产率增长的 70% ~80%。全球信息通信技术的成本年均增长 5% ~6%。信息通信技术成本占公司收入的 9% ~20%，占其资本的 5%。发达国家的信息通信技术成本占 GDP 的 7% ~10%（瑞典 9%，英国 8%，美国 8%，日本 7%），而在发展中国家的占比较小（印度 3%，巴西 5.5%，俄罗斯 3%）。

对信息通信技术产品和服务的投资带来了资本深化和更高的劳动生产率。但是，这并不是所有国家的常态。经济学人智库（EIU）进行的全面实证研究表明，只有具备一定的优势时，信息通信技术才能为经济增长作出贡献（EIU，2003）。信息通信技术必须先达到关键水平，才能对国家经济产生重大影响。因此，信息通信技术基础设施高度发达的国家往往会经历更快的经济增长，比如斯堪的纳维亚国家（丹麦、挪威、芬兰和瑞典）。1996—2006 年，它们对劳动生产率的提高贡献最大。信息通信技术发展指数较低的国家，尤其是发展中国家，其信息通信技术效应为零或为负。

显而易见，信息通信技术如今在新的康德拉季耶夫经济浪潮和创造更高的经济增长率中起主导作用，紧随其后的是在纳米技术、生物技术、基因工程、新材料、替代能源和航空航天工程领域取得的成就。信息通信技术带动了基于会聚技术创造的创新产品和服务的增长，以及它们的制造与销售的增长。发达国家利用信息通信技术来确保制造过程的高度自动化和最优化，以减少功率和材料消耗。该领域的多数杰出成就都属于美国。与 1997 年相比，机械工程领域的能耗在 2003 年减少了一半。同一时期，加工业的能耗下降了三分之一，美国 GDP 下降了 15%。在该时期，机械工程中的材料消耗下降了 25%，加工业中的材料消耗下降了 20%，GDP 下降了 10%（Smith 和 Lum，2005）。

随着各国越来越多地融入全球经济，信息和通信技术加速了经济发展，这也有助于提高人口的生活水平和经济活动。此外，信息通信技术可以通过促进发达国家积累的科学、技术和组织各方面成就的应用，帮助发展中国家提高教育普及率和教育质量。虽然如此，发展中国家也需要首先建立自己的信息通信技术基础设施，以此达到能带来经济增长、技术借鉴和 NBIC 技术及创新产品使用的优势点。

七、NBIC 技术革命的社会影响

2008—2009 年资本主义的发展经历了一场广泛而深刻的经济危机，被称为 21 世纪的第一次全球资本主义危机，由于所遭受的损失惨重，它被称为经济大萧条。这场危机引发了一场讨论，涉及资本主义国家走出停滞状态需要多长时间，以及是否能恢复长期可持续增长和经济的繁荣。学识渊博的研究者所关注的问题是资本主义是否有未来？这也是由著名历史学家和社会学家 Wallerstein，R. Collins，M. Mann，G.，Derlugy-an K. 和 Calhoun 撰写的最近出版的书的标题。Collins（2015）强调了导致现代资本主义崩溃的主要机制：新的信息技术不断取代高技能和高薪工作，这些技术正在变得越来越具有成本效益。

在这方面，Collins（2015）提出了以下极为重要的问题：未来当西方国家和全球各地三分之二的受过教育的中产阶级失业时，这样的境况将面临怎样的政治和社会后果？全世界数以百万计的人们仍然记得"2011 年阿拉伯之春"事件，当时从欧洲大学毕业却失业的年轻人在一些中东和北非国家迅速赶走了专制政权。与 Wallerstein 一起预测苏联共产主义在 1970 年消亡的 R. Collins 现在关注的问题是资本主义作为一个系统还能运作多久以及作为这个系统基础的中产阶级在面对生活水平不可避免地下降时会作何反应？然而，他没有对这个问题给出明确的答案：我们是否应该期待 21 世纪又一次伟大的资产阶级革命？即使对这些问题所有可能的建设性方法进行详细分析，也无法改变未来的发展趋势，21 世纪的高科技将不可避免地导致中产阶级的高失业率。

但中产阶级的实际情况如何呢？让我们从即将到来的 NBIC 技术革命看一看。众所周知，19 世纪至 20 世纪的资本主义导致了体力劳动的机械化和自动化，但与此同时，增加了受过教育的中产阶级在不同管理层面的管理职位数量。这也就导致了生产力和家庭平均收入的增长，尽管企业的雇员人数正在稳步下降。比如说，美国制造业的产量增加了 1.46 倍，生产率在 1987—2010 年增加了 2.15 倍，同期的就业率下降了 1.5 倍（Sherk，2010）。然而，进入 21 世纪后，情况开始发生巨大变化。计算机技术实现了许多日常任务的自动化，从而减少了传统的白领工作。从 20 世纪 80 年代开始，计算机越来越多地用于解决会计、办公室日常文书以及工厂的全面生产工作——那些确保就业和中产阶级的舒适收入的工作类型。因此，失业和收入不平等只会随着计算机性能的提升而增多和扩大。

对经济中的创新部门而言，就业机会也将减少。在即将到来的第六个 KEC（2018—2042）的上升阶段，新的经济部门可以使用以下与总劳动生产率（a），物质资本（$K_{i\varepsilon}$）和就业动态变化相关的公式：

$$(L_{i\varepsilon}):a(t) = v(\frac{K_{i\varepsilon}}{L_{i\varepsilon}})^{\theta} \tag{9}$$

其中，ν 表示比例系数；θ 表示资本中工人知识的弹性存量。

式（9）描述了 Arrow（1962）提出的技术进步模型。在这个模型中，技术进步（总生产力）取决于生产中涉及的固定资本量，取决于知识量和员工在工作中获得的技能。Arrow（1962）假设航空业的 θ 值大约或等于 0.7。对于许多传统行业 $\theta = 0.32$。因此，式（9）可推出以下内容：

$$K_{i\varepsilon} = (\frac{a}{v})^{\frac{1}{\theta}} L_{i\varepsilon} \tag{10}$$

资本对劳动的边际替代率可写为：

$$\frac{\partial K_{i\varepsilon}}{\partial L_{i\varepsilon}} = (\frac{a}{v})^{\frac{1}{\theta}} \tag{11}$$

因此，我们能总结出技术进步越大，就会有更多的劳动力被资本替代。

对式（10）取对数，可用增长率表述出下列等式：

$$\frac{\dot{K}_{i\varepsilon}}{K_{i\varepsilon}} = \frac{\dot{L}_{i\varepsilon}}{L_{i\varepsilon}} = \frac{1}{\theta}\frac{\dot{a}}{a} \tag{12}$$

如第五段中所说，在接下来的几十年里，技术进步的速度（$q_a = \dot{a}/a$）将带来显著增长。对有形资本累积率而言（q_{Ki}），由于 NBIC 技术不如第五次技术浪潮时的平台技术资本密集，所以有人认为第六次 KEC 期间的累积率会下降。

这个结论源于实际情况。如今，全球投资增长缓慢是许多专家关注的问题。早些时候，当各经济体走出投资低潮、接触新设备时，新技术和新业务开始快速增长。但今时不同往日，专家们相信这是因为生产的本质正在发生变化。强大的软件和处理大量数据的能力减弱了对传统仪器的需求。云计算的发展减弱了对高性能计算机和服务器的需求。另外，正如上文提到的，NBIC 技术是低资本密度的。因此，企业眼下正加大对无形资产的投资，这意味着下降的有形资本累积率。结合技术进步增长率（q_a）的上升和有形资本累积率（q_K）的下降这两个趋势（见式 12），我们能得出新产业的新增岗位（q_L 等式）数量将会有显著放缓。这一过程如图 16 所示。目前，这一趋势已经出现在德国。主要原因在于信息技术已经被过度广泛地用在了生产过程中。

计算机技术从先进的工业机器人到自动翻译服务的惊人创新，在很大程度上归咎于过去 10～15 年缓慢的就业增长（Brynjolfsson 和 McAfee，2013）。事实上，强大的创新技术不仅在制造业、办公室工作和销售方面得到了广泛的应用，而且在法律和金融服务、教育和医学等领域也越来越普遍，成为当今中产阶级的主要关注点。此外，不断增长的技术进步消除就业机会的速度高于创造就业机会的速度，导致美国平均可用收入停滞不前，加剧了社会不平等。

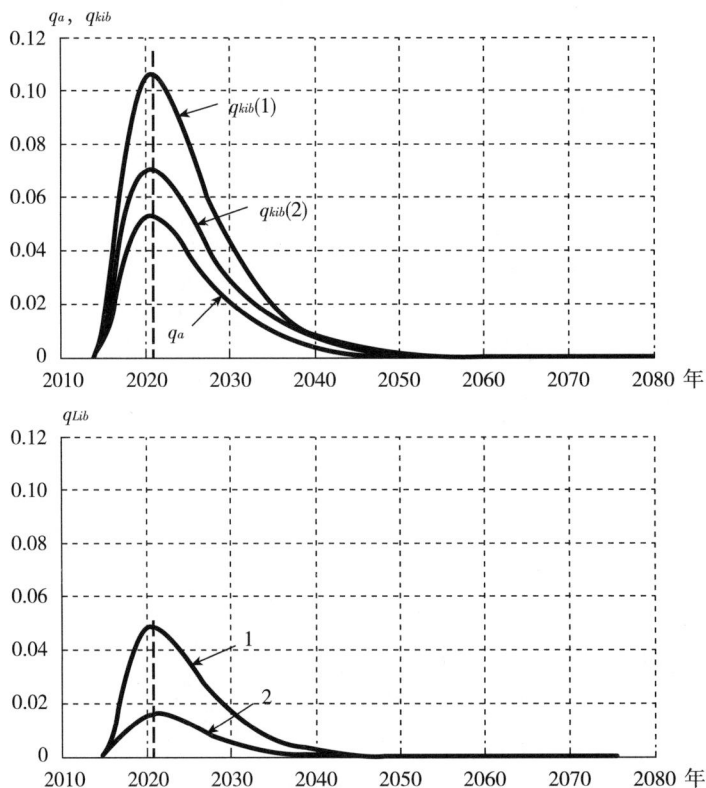

资料来源：个人阐释。

图 16　资本累积率（q_K）放缓对经济创新部门新增岗位数量的影响

Brynjolfsson 和 McAfee（2013）也认为，技术进步有助于提高生产率，但同时也消除对多种工作的需求，从而淘汰了数百万个工作岗位。生产率增长之后是 GDP 的增长，但平均收入不再增长，如图 17 所示。收入不平等现象也在增加。这个过程始于 20 世纪 80 年代，但刚进入 21 世纪时发展得更快。作者称这一过程为"巨大的分离"，并得出结论：人们没能与发展速度如此之快的技术保持同一步调，以至于我们的技能和组织结构与技术的水平不相符。

因此，世界正在经历下一阶段的劳动力市场演变，向高科技和知识型经济转型，转型之后主要劳动力集中在 SIEM 部门（科学、信息、工程和数学）。对计算机技术、软件开发、计算机系统、网络、数据库分析以及机器人应用的高技能工作的需求将会增加，但能力要求在平均水平的工作将会被淘汰。麦肯锡全球研究所的专家预测在 2020 年之前全球 SIEM 部门将有 4000 万的高素质人才需求（McKinsey Global Institute Analysis 2013）。对低技能的劳动力而言，人员数量将比工作场所数量超出 1 亿，这将导致失业率的增加和发达经济体的分层。目前，高技能人员的收入比平均人员高了大约 3 倍。

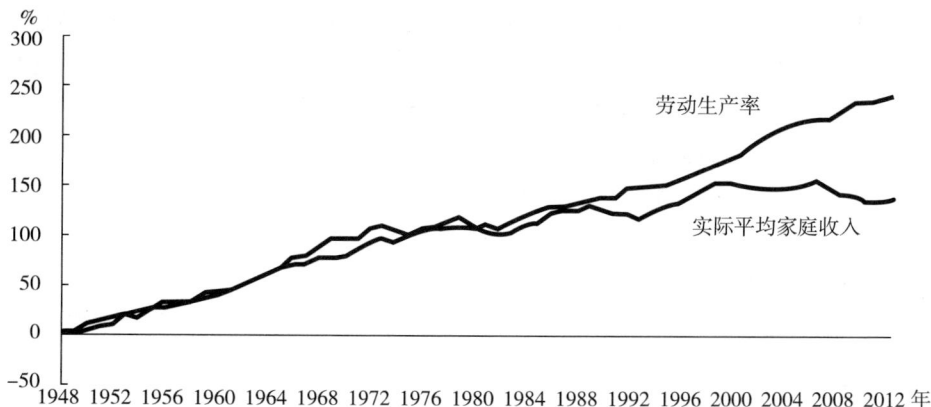

注：EP′sl analysis of Current Population Survey Annual Social and Ecomomic Supplement Historical Income Tables，(Table F·5) and Bureau of Labor Statistics，Productivity-Major Sector Productivrity and Costs database.

图 17　美国劳动生产率和实际平均家庭收入增加的动态变化

在信息通信技术、人工智能、智能机器人、新技术数据处理和云计算的影响下，通常的工作环境在不久的将来会发生根本性的变化。这些技术的快速发展将大量削减中产阶级的工作。福雷斯特分析师 John Gaunder 通过对成熟公司和初创公司的分析，公布了他对该问题的研究结果。他预计到 2025 年，在美国机器人将取代目前的 2270 万个工作岗位和 16% 的员工。由于 NBIC 技术的会聚，我们正在接近智能机器人和智能计算机的创建。家用人形机器人（安卓）的广泛使用将开始于 2017—2018 年。例如，在日本，机器人通常被认为是应对老年人口增多的唯一手段：机器人的程序将包括做饭、做家务以及逗老年人开心。日本人也广泛使用机器人处理海啸造成的核电站福岛事故的后果。

目前，机器人技术的高科技部门是发达国家和全球生产中最具活力且发展最快的工业部门之一。具有原始智能形式的机器人现在广泛应用于核电、石油和天然气产业，它们在大型仓库中分拣、运输货物，尤其是危险货物。如今，智能车都在城市街道上独立驾驶。机器人在医疗和制药领域的应用也令人印象深刻。例如，根据美国 2011 年的数据，85% 的前列腺癌患者的手术使用了外科医生机器人达芬奇。目前，美国有超过两千台手术机器人投入使用，欧洲有 600 多台。因此，患者本身赞成机器人手术，因为它为他们提供了新的生活质量标准。

在未来几十年，我们可能会看到人和机器人、人类和计算机协同工作，相互补充。但随后将迎来计算机和机器人在许多工作场所取代人类的时代，这个场景在 21 世纪 20 年代和 30 年代可能会变得司空见惯。事实上，在 2025 年会有全新的智能机器人，它们可能会在许多人类工作场所取代人类。在 2020—2025 年，还将出现具有人工智能的计算机，能够使用先进的数据处理方法及对人类语言的分析。这些能够访问与应用领域相关的大量数据的计算机将能够提供比高素质专家的建议更多的适用建议。在 20 世纪 30 年代，将出现第一台认知计算机，旨在模仿人类大脑工作，之后技术转移将更加密集。所有这些都可能导致 2025—2045 年中产阶级的双重减少。因此，在 20 世纪 30 年代，NBIC 技术成就的广泛使用将为大多数发达资本主义国家带来巨大的社会问题。

为了评估 21 世纪上半叶即将到来的技术转移导致中产阶级失业的动态变化和规模，我们考虑了各领域人类活动中低技术工人技术替代的类似动态变化。与此同时，我们使用了麦肯锡全球研究所分析（2013）中的研究结果，如图 18 所示。

如图 19 所示，曲线表明了不同行业的技术替代：它们都与下降的对数曲线非常相似。因此，人工劳动的技术转移遵循相同的对数法则，该法则最初由 Fisher 和 Pry（1971）引入，用于替代另一种技术。

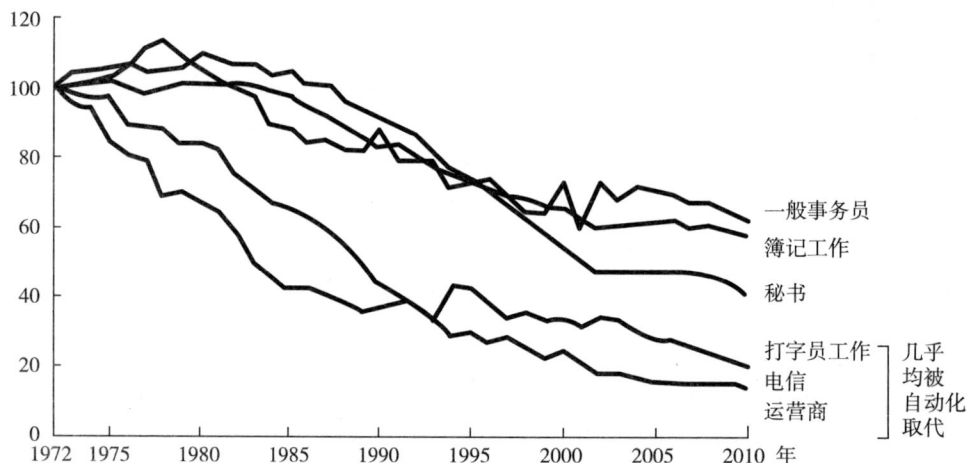

资料来源：US Bureau of Labor Statistics 1972—2010；McKinsey Global Institute Analysis.

图 18　由技术替代引起的特定职业岗位减少的动态变化

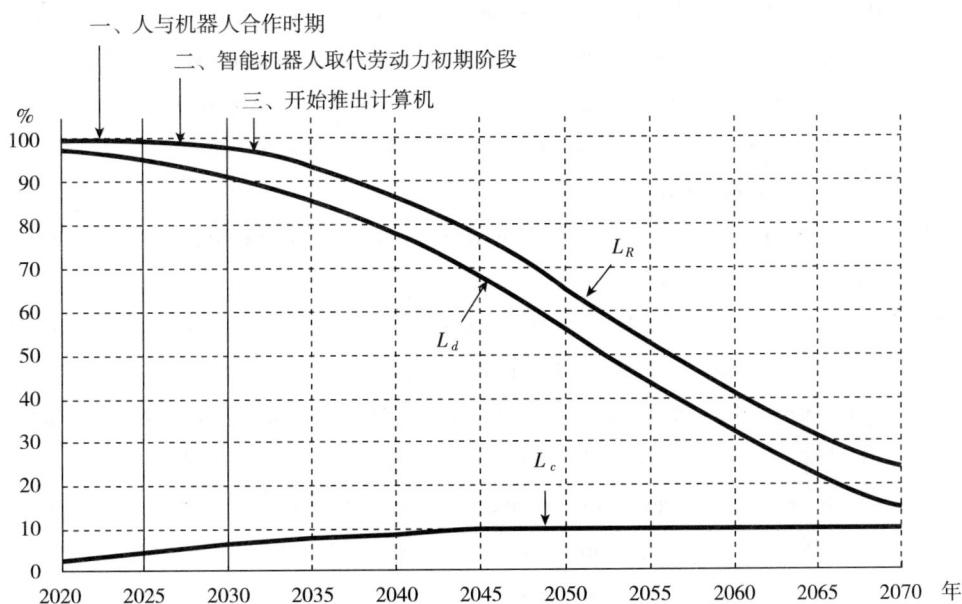

一、人与机器人合作时期

二、智能机器人取代劳动力初期阶段

三、开始推出计算机

资料来源：个人阐释。

图 19　中产阶级职业的技术替代与新工作机会的演化关系

技术替代参数表明了先前在图 19 中呈现的所有曲线在对数模型中的替代率，计算出该参数后，我们发现它们彼此非常接近。在计算平均值后，我们计算并绘制了向下的对数曲线（见图 19），其特点是基于 2025 年后它将处于活动状态的假设，对中产阶级下层的工作进行技术替代。可以看出，在 2040—2045 年，中产阶级就会减少一半。当然，与此同时，NBIC 部门将创造新的就业机会，如图 19 所示。

参考文献

［1］Akayev, A. A. , & Rudskoi, A. I. （2013）. Analiz i prognoz vliianiia shestogo tekhnologicheskogo uklada na dinamiku mirovogo ekonomicheskogo razvitiia ［Analysis and forecast of the impact of the sixth technological mode on the global economic development dynamics］. In *Mirovaia dinamika：zakonomernosti，tendentsii，perspektivy* ［World dynamics：Patterns, trends and prospects］ （pp. 142 – 166）. Moscow：Librokom.

［2］Akayev, A. A. , & Rudskoi, A. I. （2015）. Ob odnoj matematicheskoj modeli dlya prognoznyx raschetov sinergeticheskogo effekta nbic texnologij i ocenki ego vliyaniya na ekonomicheskij rost v pervoj polovine xxi veka ［About a mathematical model for predictive calculations of synergies of NBIC technologies and assessment of their impact on economic growth in the first half of the 21st century］. DAN ［*The proceedings of the Russian Academy of Sciences*］, 461 （4）, 383 – 386.

［3］ Akayev, A. A. , Pantin, V. I. , & Ayvazov, A. E. （2009, December 10）. *Analiz dinamiki dvizheniya mirovogo ekonomicheskogo krizisa na osnove teorii tsiklov. Doklad na pervom rossijskom ekonomicheskom kongresse* ［Analysis of the global economic crisis dynamics on the basis of the theory of cycles. Report on the First Russian Economic Congress］. Lomonosov Moscow State University.

［4］ Arrow, K. J. （1962）. The economic implications of learning by doing. Review of Economic Studies, 24, 155 – 173.

［5］ Bainbridge, W. S. , & Roco, M. （2006）. *Managing nano-bio-info-cogno innovations/converging technologies in society.* Dordrecht: Springer.

［6］ Brynjolfsson, E. , & McAfee, A. （2013）. How technology is destroying jobs. MIT Technology Review, July/August 2013. See also: http://www. technology-review. com/featuredstroy/515926/how-technology-is-destroying-jobs/Chernov, A. I. （2006）. Chto proiskhodit s sovremennym NTP? ［What is happening to modern NTP?］. EKO, No. 4, 38 – 52.

［7］ Collins, R. （2015）. *Srednij klass bez raboty: vykhody zakryvayutsya/Est li buduschchee u kapitalizma?* ［The unemployed middle-class: The ways out are closed/Does capitalism have a future?］（pp. 61 – 112）. Moscow: Publishing House of the Gaidar Institute.

［8］ Dubovsky, S. V. （1989）. *Nestantsionarnii NTP v globalnom modelirovanii/Sistemnoe modelirovanie: modeli I metodi* ［Unsteady STP global modeling/system modeling: Models and methods］（Vol. 20, pp. 20 – 50）. Moscow: VNIISI.

［9］ EIU. （2003）. http://www. microsoft. com/Rus/Government/analytics/EUI/part1. mspx Fischer, J. S. , & Pry, R. H. （1971）. A simple substitution model of technological change. *Technological Forecasting and Social Change*, No. 3, 75 – 88.

［10］ Gordon, R. J. （2013）. Zakonchen li ekonomicheskii rost? Shest' prepiatstvii dlia innovatsionnogo razvitiia （na primere SShA）［Is U. S. economic growth over? Faltering innovation confronts the six headwinds］. *Voprosy ekonomiki*, No. 4, 49 – 67.

［11］ Heinberg, R. （2011）. *The end of growth: Adapting to our new economic reality.* Gabriola Island: New Society.

［12］ Hirooka, M. （2006）. *Innovation dynamism and economic growth. A nonlinear perspective.* Cheltenham: Edward Elgar.

［13］ Jorgenson, D. , & Motohashi, K. （2005）. Information technology and the Japanese economy. *Journal of the Japanese and International Economies*, 19 （4）, 460 – 481.

［14］ Kondratiev, N. D. （2002）. *Bol'shie tsikly kon'iunktury i teoriia predvideniia* ［The great cycles of conjuncture and theory of prediction］. Moscow: Ekonomika.

［15］ Mankiw, G. , Romer, D. , & Weil, D. A. （1992）. Contribution to the empirics of economic growth. *Quarterly Journal of Economics*, 107 （2）, 407 – 437.

［16］ McKinsey Global Institute Analysis. （2013）. Disruptive technologies: Advances that will transform life, business, and global economy, May 2013.

[17] Mensch, G. (1979). *Stalemate in technology—Innovations overcame the depression.* New York: Ballinger.

[18] Roco, M. C. (2011). The long view of nanotechnology development: The National Nanotechnology Institute at 10 years. *Journal of Nanoparticle Research*, No. 12, 427 – 445.

[19] Roco, M. C., & Bainbridge, W. S. (2003). Converging technologies for improving human perfomance, WTEC.

[20] Rudskoi, A. I. (2007). *Nanotekhnologii v metallurgii* [Nanotechnology in metallurgy]. St. Petersburg: Nauka.

[21] Schumpeter, J. A. (1939). *Business cycles.* New York: McGraw-Hill.

[22] Schumpeter, I. (1982). *Teoriia ekonomicheskogo razvitiia* [The theory of economic development]. Moscow: Progress.

[23] Sherk, J. (2010). Technology explains drop in manufacturing jobs. http: // www. heritage. org/research/reports/2010/10/technology-explains-drop-in-manufacturing-jobs Smith, G. M., & Lum, S. K. S. (2005). Annual industry accounts. Revised estimates for 2002 – 2004. In: *Survey of current business*, December 2005 (Vol. 85, No. 12). BEA.

[24] Solow, R. (2000). *Growth theory.* Oxford: Oxford University Press.

[25] Williams, L., & Adams, W. (2007). *Nanotechnology.* McGraw-Hill, New York.

[26] Yakovets, I. V. (2004). *Epokhal'nye innovatsii XXI veka* [Epochal innovations of the 21st century]. Moscow: Ekonomika.

欧元区结构及技术僵局：若事实如此，那未来将走向何处？

Askar Akaev[1]   Yuri Ichkitidze[2]   Valentin Sokolov[3]

摘要：尽管 2007—2009 年大衰退的急剧阶段已经过去了六年，欧元区经济也没有出现强劲增长，这表明欧洲经济出现了严重的结构性和周期性失衡。实证数据表明，自 2009 年以来，欧元区和美国都面临着不稳定均衡，内部或外部很小的价格冲击都容易带来动荡。为了检测分叉过程，即向变态状态的过渡，我们专门设计了非线性动力学模型，描述了经济系统的五个可能阶段，特别是表明了欧元区经济正在进入一个非常重要的分叉阶段，其后果对于确定欧洲和全球未来经济发展的性质至关重要。

关键词：分叉　宏观经济演变　经济动态　结构性转变及周期性变化

一、引言

克服全球经济危机，目前是来自世界各地的政治家，经济学家和学者关注的主要焦点。在日常认知中，这次危机被当作一场突然爆发的疾病，影响了全球经济。目前的危机并不奇怪，而是市场经济可预知的时间，在过去的 200 年当中，有五次周期明显的危机，包括 20 世纪 30 年代的大萧条和如今的大衰退。市场经济的这一特性由康德拉季耶夫（Kondratiev）（1926）于 20 世纪 20 年代首次发现，同时描述了它的基本性质。熊彼特（1939）和 Mensch（1979）的工作进一步发展了康德拉季耶夫的理论。Hirooka（2006）的研究也值得探讨。

众所周知，康德拉季耶夫周期的结构非常简单。每个周期包括两个阶段或波段：上升和下行。上升阶段是良好市场条件长期统治世界经济的时期，在这个阶段它动态发展，能轻易克服短期的小型危机。下行阶段是市场状况不佳的时期，此时尽管有短暂的上升，但仍是经济萧条和低商业活跃度占主导，导致世界经济经历不稳定的发展，伴随着下降和深度危机。对于交错周期，上升之前是危机和萧条期。

在每个康德拉季耶夫周期的发展过程中，无论是在国民经济规模上还是在世界资本主义规模上都存在着强烈的结构性差异，这反过来又造成了结构性危机，并在此过

---

① Askar Akaev，莫斯科国立大学。
② Yuri Ichkitidze，国立研究大学高等经济学院。
③ Valentin Sokolov，圣彼得堡国立经济大学。

程中对进一步的经济发展产生了重大影响（Menshikov 和 Klimenko，1989）。自 20 世纪 70 年代以来，影响世界经济的结构性危机和漫长的萧条刺激了对结构性不稳定的演变及其对经济发展影响的研究（Entov，1987）。1974—1976 年和 1980—1982 年短期世界经济危机表明，结构性危机大大增加了周期性危机的破坏力，这促进了高价的加速增长和助长了世界经济关系中不断增长的不稳定性（Entov，1987）。

在德国的环境下，Mensch（2006）证明了 1971—1974 年发生的结构性不稳定是造成 1975—1976 年生产和就业深度危机的原因。Mensch（2006）提出的结构分析表明，1971—1974 年其他发达国家也存在结构性不稳定。因此，20 世纪 70 年代的结构性危机与第四个康德拉季耶夫周期的萧条阶段同时发生，引发了深刻的经济危机，并为世界范围内的第五个康德拉季耶夫周期铺平了道路。因此，经济各个部分的结构性不稳定与基础创新的突破密切相关，根据 Mensch（2006）为这个现象提出的规律，创新克服了萧条。因此，基础创新开始的最佳时机是萧条。这就是为什么这个作者将萧条期创造为结构转型时期。

为了解释 20 世纪 70 年代的结构性危机，Mensch 提出了变态理论。他将变态模型的基础应用于美国和德国的时间序列（Wold 和 Mensch，1985）。经过定性分析，他得出如下结论，世界经济结构性危机的开始意味着欧洲国家经济的剧烈变化，这些变化比通常的周期性衰退影响更大。实际上，1979 年在欧洲共同体内引入单一货币制度是朝着统一的经济空间迈出的重要一步，带来了货物、服务、资本、技术和人员的自由流动；如今欧元区包括 27 个欧盟成员国中的 19 个成员。自 2009 年大衰退开始以来，欧元区经济并没有出现强劲增长，这标志着整个欧洲经济的结构性和周期性失衡。在这方面，我们能自信地指出，2009 年欧美经济进入了分叉阶段——经济发展非常不稳定。此外，我们开发了非线性动力学模型，用于检测分叉过程，即向变态状态的过渡。

二、分叉及结构性失衡的一些证据

为了确定动态系列中的分叉周期，基于对数曲线的积分，我们使用了趋势平稳的模型。该模型完全符合 Mensch 的理论，以及已建立的 Markov 转换过程模型（Hamilton，1989、1996、2008；Timmermann 2000；Taylor，2008），适用于描述非线性系统动力学。基于此，我们能从动态行中找出长期循环，而动态行在差异—静态模型的框架内（Box 和 Jenkins，1976）被视为环境的简单偶然并发；我们能在描述结构变化时，考虑描述演变的系统的历史阶段，也就是顺序变量时间间隔。从计量经济学的角度来看，使用该模型是合适的，因为它在 0.01 显著性水平上拒绝了单位根的假设，Fisher 的标准也证实了对于给定数量的参数的模型的统计有效性。然而，对于预测目的而言，使用该模型并不那么容易理解：在分叉间隔，即使不显著的噪声也会导致趋势参数估计发生实质性变化，尽管该模型在计量经济学中没有广泛使用，但是已被一些作者（Kapitsa，2000；Kwasnicki，2013；Modis，2013；Taagepera，2014）包括我们使用，把它当作动态序列分析中的权宜之计。

自 1960 年以来，美国和欧元区 GDP 可比价格对数动态变化如图 1 所示。使用下列模型：

$$Y_t = \sum_{i=1}^{k} a_i \cdot L_{i,t} + d + \varepsilon_t$$

其中，$L_{i,t} = \dfrac{1}{1 + b_i \cdot e^{-\rho(t-t_0)}}$ 是对数算子，$k = 2$[①] 时美国 GDP（Y_t^{US}）及欧元区 GDP（Y_t^{EU}）二者的对数均为趋势平稳型，可表示成

$$\begin{cases} \hat{Y}_t^{us} = 1.854 \cdot L_{1,t} + 0.7069 \cdot L_{2,t} + 7.038 \\ \hat{Y}_t^{eu} = 1.9688 \cdot L_{1,t} + 0.4119 \cdot L_{2,t} + 7.16 \end{cases}$$

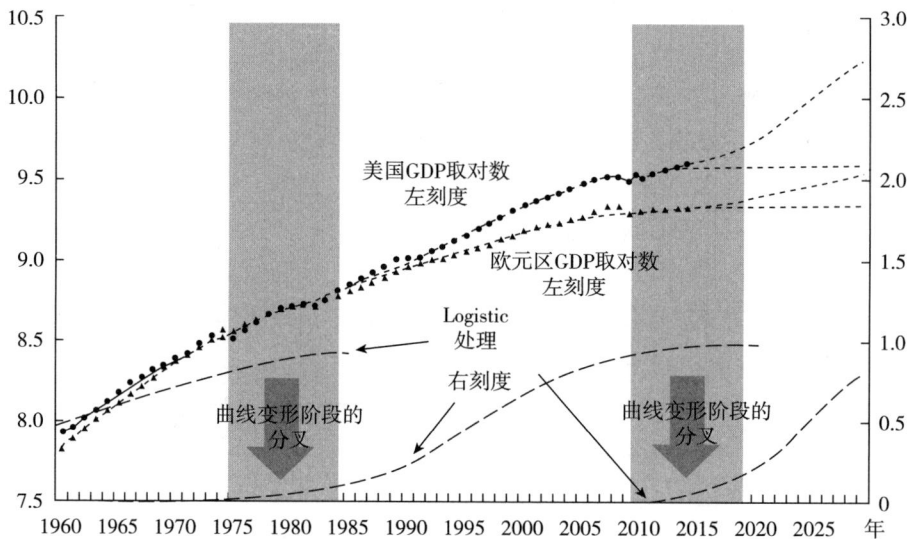

资料来源：个人阐释。

图 1　美国和欧元区 GDP 动态变化、长周期和分叉阶段

对应的对数算子分别为：$L_{1,t} = \dfrac{1}{1 + 1.2364 \cdot e^{-0.1052t}}$，$L_{2,t} = \dfrac{1}{1 + 10.5846 \cdot e^{-0.1818(t-24)}}$，所有的模型参数都由最小二乘法得出。消除趋势后，美国 GDP 和欧元区 GDP 残差的自相关系数分别为 0.65 和 0.75。Dickey – Fuller 平稳性测试让我们能在 0.01 显著性水平下拒绝单位根的假设。该模型中对数趋势的交叉（类似于 Mensch 的变态）对应于系统分叉的时期，因为发展进一步的轨迹与减速的惯性发展或增加新的对数趋势相关联。观察图 1 可知，第一次交叉在 1970—1980 年，而 2008 年的危机为第二次交叉提供了必要的条件。万一惯性发展的情况持续下去，21 世纪 20 年代的年均增长率将处于 0.5% ~ 1.5%，如果有新的对数趋势出现，增长率会上升到

---

① 当 $k = 1$ 时，观察到的美国与欧元区的自相关系数分别为 0.83 与 0.88，系数与 Dickey – Fuller 测试结果一同表明了残差序列是非静态型的。

2%～3%。分叉期会持续到前景转好：要么是新趋势变得显而易见，要么是惯性轨迹无法预料的延期带来发展潜力的严重缩水。

这个模型不仅仅是动态序列的定量描述，还揭示了经济发展的演化路径。显然，技术浪潮对经济的长期增长产生了决定性的影响（Glazyev，1993；Perez，2004；Hirooka，2006）。新的突破性 NBIC 技术（更多细节见 Hirooka，2006；Akaev 和 Rudskoy，2014）将成为2020—2040年经济增长的源泉。然而，创新过程不仅定义了经济状况，也是一个内生变量。创新结果取决于投资量和制度环境条件；它创造了多个均衡，这使给定的 GDP 轨迹不仅是情景，而且是动态吸引子。当系统失去惯性时，必须作出相当大的努力才能恢复其发展。甚至从现在开始，欧元区的投资增长率就会落后于 GDP 的增长率（2010—2015年欧元区国内生产总值的投资份额从24%降至20%，而美国则从13%增长到17%），欧元区的惯性吸引子看上去非常真实。毫无疑问，2011年的金融危机对投资的减少产生了相当大的影响。最近的研究（De Grauwe 和 Ji，2013；Panizza 和 Presbitero，2014）表明，金融体系不稳定已经让欧元区经济陷入了糟糕状态。

与长期轨迹相比，美国和欧元区经济体的年增长率，以及指定的系统吸引子如图2所示。总的来说，我们能够观察到在2008年金融危机之后美国经济的增长率（一年2%～3%）符合创造新的长期轨迹的目标，只需要尽可能长时间地保持这样的发展速度即可。欧元区的情况却不是如此，目前每年1.5%～2%的增长不足以改变现有的惯性趋势。

此外最突出的是，在商业周期开始时，欧元区的经济增长率远远落后于美国的增长率（见图2），相应的增长发生在经济衰退阶段之前。这是由于外部需求在决定欧元区经济发展方面所起的作用；内部激励（消费者或投资需求）相当薄弱，因此，增长出口是最重要的增长因子（Anaraki，2014；Fojtikova，2014）。

让我们更详细地看一下美国和欧元区实际 GDP 动态变化的短期趋势。与技术、技术和制度环境投资所定义的长期趋势不同，短期趋势更依赖于具体的经济激励。影响未来3～5年宏观经济动态的短期冲动主要来源于财政和货币政策以及国内和国外需求。这些来源对长期趋势的影响很小；它们更可能有蕴藏的潜力，可由科技发现激发，但对科学技术没有影响。

然而，活跃的短期趋势对于保持长期创新潜力是必要的（例如，即使有足够的资金和有效的制度环境，企业长期缺乏对科学研究结果的需求也会导致科学研究工作强度的下降），因此在短期和长期经济趋势之间存在交叉（相互）的影响。正是这种耦合定义了分叉期间新的长期趋势的特定起源机制，除了创新潜力，强烈持久的短期趋势是必要的，否则，要克服与惯性吸引子相关的影响将是非常困难的。

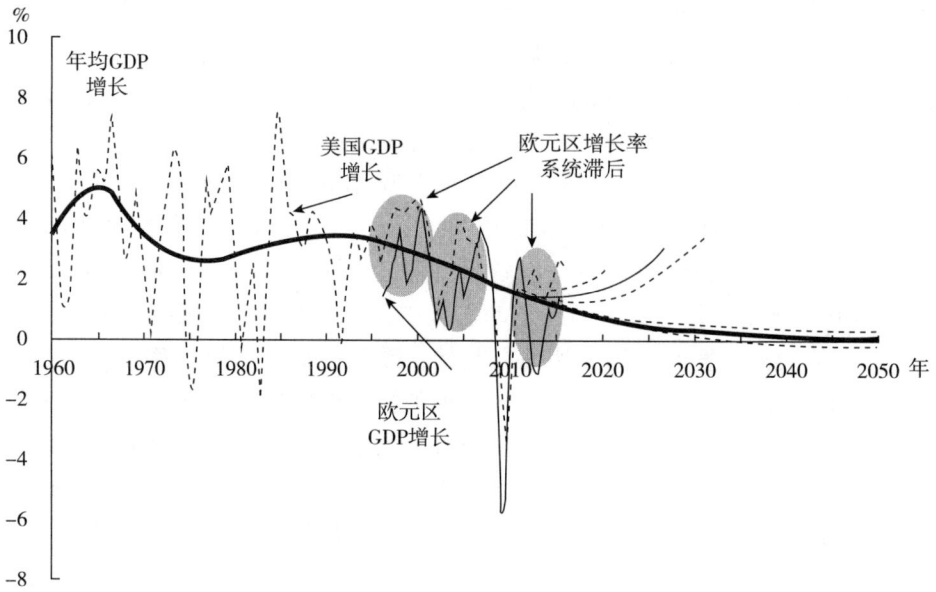

资料来源：个人阐释。

图 2　每年 GDP 增长率、长周期和分叉阶段

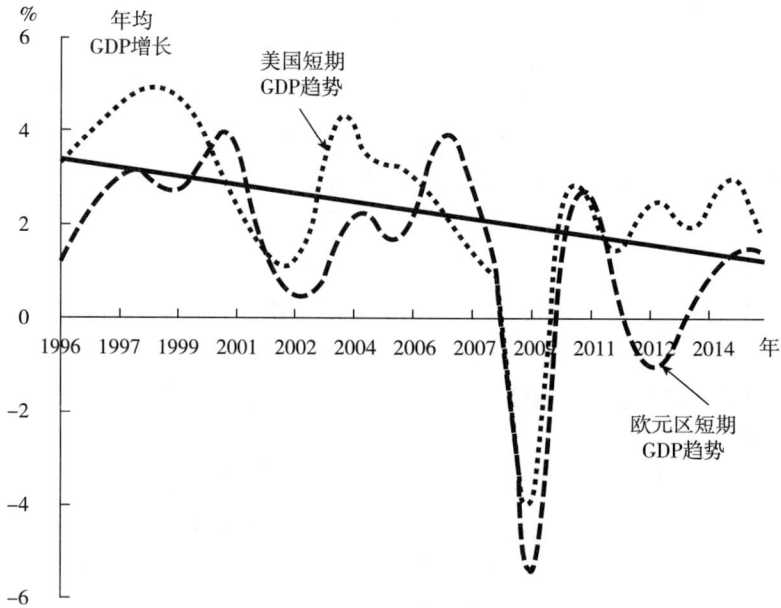

a

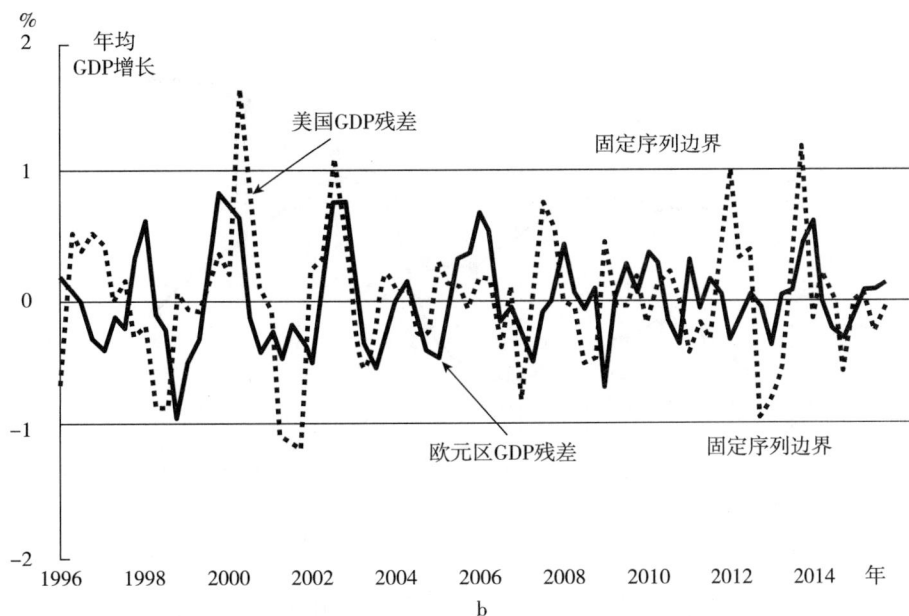

资料来源：个人阐释。

图 3 a 美国和欧元区 GDP 动态变化短期趋势

b 美国和欧元区 GDP 动态变化中分离趋势后的残差

美国及欧元区 GDP 动态变化的短期及长期趋势以对数曲线的形式展示在图 3a 中。欧元区经济周期几乎是美国的一半（3～5 年 vs. 6～8 年），这显示出欧洲冲动的疲软。

最近观察到的一个趋势（仍在持续）开始于 2012 年底，年增长率达到最大值 2%（美国 3.5%）后开始逐渐下降。这还不足以改变长期的趋势，因为如图 3b 所示，要求的最低冲动为 1～2 年内额外增长 1%～1.5%，这一数据对应年增长 3%～3.5% 的 GDP。通过乘数它不仅会影响短期新轨迹的生成，也会影响长期趋势。总的来说，基于对图 2 和图 3 的分析可得，目前只有美国在形成短期活跃的增长轨迹，这是向长期新轨迹转型所必需的（Akaev 等，2014），然而欧元区正被动地看着新科技浪潮的形成。这用 Mensch 的话解释了欧元区的僵局；在当前条件下，欧元区在分叉期无法克服惯性轨迹。失业率的动态变化印证了这一点（见图 4）；与美国不同，欧元区没有完全开发出经济增长的短期潜力。

上述提到的趋势不能与结构变化分开来单独分析。这主要与欧元区在 1995—1998 年发展期能观察到的结构性失衡有关。之后，2000—2008 年的增长期伴随着财政激励措施，包括欧盟的货币一体化和某些国家的政府采购，这使较贫穷的欧元区国家获得了大量的资本流入（Hein 等，2011；Perez-Caldentey 和 Vernengo，2012）。在这一背景下，欧元区国家生活水平走向趋同，商业周期的均衡有了先决条件。

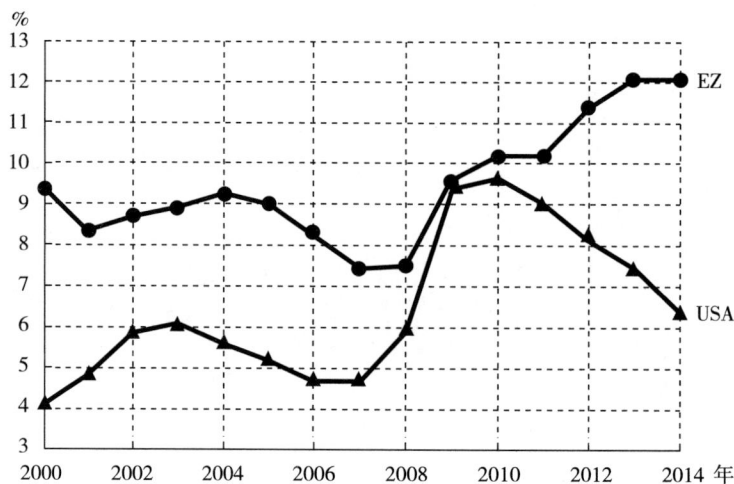

资料来源：个人阐释。

图 4　自 2000 年以来欧元区和美国的失业率动态变化

尽管如此，发展模型没有忽略产业的全球失衡。2011 年后，在财政激励的干扰下，一些欧洲国家的失业率超过了 15%，比如希腊、葡萄牙、爱尔兰、西班牙和意大利（构成了欧元区人口的 30%）。这不仅严重限制了消费需求，也限制了长期创新的能力。由产业结构报告可知（Pashev 等，2015），像希腊和葡萄牙这样的国家是欧元区内最封闭的国家；它们的产业发展在最大程度上依靠自身的资源和努力工作，而技术结构在欧元区创新型增长中潜力最小。在意大利和西班牙，创新性低的部门仍然在产业中占据基础位置，爱尔兰有限的高科技集群没能在保持经济活力上产生什么可观的影响，除此之外，只内生了很小一部分的出口（Foster 等，2013）。

当服务业不再能满足劳动力市场的需求时，似乎没有明确的产业政策，欧元区就无法消除产业之间的不平衡，也无法克服经济发展速度存在差异这个难题。关键的体系限制是竞争力和投资流量的下降（Zemanek 等，2009）。在塞浦路斯、希腊、葡萄牙和意大利等国家，2011 年危机后投资份额占 GDP 的比例最终下降到 10%～16% 的临界低水平，与德国、法国、比利时和奥地利 19%～23% 的情况形成鲜明对比。在减少行业份额的背景下（从 1995 年占 GDP 的 29% 到 2014 年下降到 24%），芬兰、希腊、爱尔兰、意大利、荷兰和葡萄牙的高科技出口份额的严重减少（见表 1）。总而言之，这些因素有助于加剧失衡；为了解决这个问题，需要通过以投资吸引力为导向政策来加强周边国家的创新能力（Botta，2014）。

结构转变与先前显示的循环过程之间的联系，表征了系统变态的状态；只有进化的方法才能解释作为前期发展的自然结果的一种形式如何阻止系统不断发展。在欧元区的经济情况下，我们面临 1999—2009 年整合过程造成的结构性失衡，这阻碍了制度形成统一的商业周期。现在，在统一货币的政策条件下，同步只发生在中部国家，而在周边国家，商业周期出现偶然性下降（Lehwald，2013；Bekiros 等，2015）。它限制了协同效应并产生了停滞的集群，这种机制带来了长期发展潜力的损失。

三、分叉过程的非线性模型

为了识别分叉过程，即向变质状态的转变，Akaev（2007）开发了一个非线性动力学模型，推导出一个描述长期经济增长和商业活动周期性振荡的联合相互作用的一般微分方程。该等式包含投资的内置加速器，可维持经济中的非阻尼振荡。Akaev 还提出一种使用 Krylov-Bogolyubov-Mitropol'skii（Bogolyubov 和 Mitropol'skii，1962）的平均方法分离快速振荡商业周期和长期增长的缓慢变化趋势轨迹的算法。

表1　　　　　　　　　　高科技出口的变化（占工业品出口的百分比）

Year	Austria	Belgium	Cyprus	Estonia	Euroarea	Finland	France
2000	14.6	10.73	1.67	29.93	20.02	27.36	24.6
2005	13.74	8.86	16.97	14.66	17.14	25.06	20.27
2013	13.72	11.36	7.15	10.5	15.85	7.21	25.84
Year	Germany	Greece	Ireland	Italy	Latvia	Luxembourg	Lithuania
2000	18.63	13.75	13.75	9.48	3.96	16.56	4.46
2005	17.42	10.58	10.58	7.98	531	11.86	6.15
2013	16.08	7.54	7.54	7.25	13.01	8.1	10.33
Year	Malta	Netherlands	Portugal	Slovenia	Slovak Republic	Spain	
2000	71.74	35.81	6.23	4.91	3.63	7.99	
2005	52	30.89	8.88	4.93	7.44	7.26	
2013	38.55	20.41	4.26	6.22		7.67	

资料来源：世界银行。

描述趋势增长曲线附近商业活动周期性振荡的非线性微分方程可表示如下（Akaev，2008）：

$$\frac{d^2 y}{dt^2} - \left[\sigma_0 - \frac{4}{3}æ\lambda\nu^3\left(\frac{dy}{dt}\right)^2\right]\frac{dy}{dt} + \omega_0^2\left[1 - \frac{s(1-s)}{æ}i\right]y = \varphi(t) \tag{1}$$

其中，$\sigma_0 = -[\lambda + æ - æ\lambda\nu - \lambda(1-s)\beta/\gamma]$；$\omega_0^2 = \lambda æ$；$y = Y - \bar{Y}$；$Y(t)$ 表示当下的产量（目前的 GDP 水平）；$Y(t)$ bar 表示 GDP 水平，与长期增长轨迹相对应；$\varphi(t)$ 为准周期函数，表示外界驱动力的影响；ν 表示加速器的作用；λ 表示供给对需求的反应延迟率；s 表示储蓄率；$æ$ 是从实际发生资本投资对决定进行诱发性投资那一刻的反应延迟率；β 表示劳动力产出的弹性系数；γ 是 Okun 参数；i 表示利率。

描述经济增长轨迹的微分方程如下所示（Akaev，2008）：

$$\frac{d^2 \bar{Y}}{dt^2} + \bar{\sigma}_0 \frac{d\bar{Y}}{dt} + \bar{\omega}_0^2 \bar{Y} = \lambda\left(\frac{d\bar{A}}{dt} + æ\bar{A}\right) \tag{2}$$

其中，$\bar{\sigma}_0 = \lambda + æ - æ\lambda\nu$；$\bar{\omega}_0^2 = \lambda s æ$，$\bar{A}$ 表示独立投资的趋势分量 $A(t) = \bar{A}(t) + \varphi(t)$。

应该注意的是，在导出关于周期振荡的式（1）时，考虑到出现在衰退时期的周期性失业，这让我们能考虑到实际经济系统中的就业不足，而大多数现有模型只考虑了充分就业。众所周知，失业率的变化与 Okun 定律的实际产出波动有关：

$$\frac{Y_F - Y}{Y_F} = \gamma(u - u^*)$$

其中，Y_F 表示充分就业时的潜在产出；Y 表示周期性失业时的实际产出；u^* 表示自然失业率，与充分就业相关；u 表示实际失业率；γ 为 Okun 参数。

式（1）的解不仅定义了产出的振荡，还同时定义了就业的振荡。由于周期性失业有负面的经济和社会后果，显然经济政策的目标应该是降低周期性失业率，从而抑制产出的波动。因此，降低总产出振荡幅度的同时我们也降低了周期性失业率。

由于产出水平对其生产所需的资本量产生影响，产出的波动会影响所需资本的数量，从而吸引净投资。因此，如果产出流发生变化，可用的所需资本就会发生变化，发生或正或负的投资，那就是总可用资本（基本和经营）的衍生物：

$$\dot{K} = I - \mu K$$

其中，μ 表示退休率；I 表示实际的资本投资；K 表示可用资本。

推导式（1）和式（2）时也使用了上述等式。

我们来考虑一下式（1）所描述的系统动态变化。如果我们引入了变量 $x = d_y/d_t$，式（1）就变成了两个一阶微分方程：

$$\dot{y} = x; \dot{x} = \left(\sigma_0 - \frac{4}{3}æ\lambda^3 x^2\right)x - \omega_0^2\left[1 - \frac{s(1-s)}{æ}i\right]y + \varphi(t) \tag{3}$$

对研究目的而言，这已经足够我们通过定性分析研究给定动态体系的相位图，因此我们假设 $\varphi(t) = 0$。考虑到外部力量的影响，此处还能通过定性的方法进行深入的研究，例如在 Krylov – Bogolyubov – Mitropolsky（Bogolyubov 和 Mitropol'skii，1962）之后求平均值。由于 $s(1-s)i/æ \ll 1$，这项在随后的分析中可以忽略不计。因此建立了如下的自控动力系统，能表示成如下标准微分方程的形式：

$$\dot{y} = x; \dot{x} = \left(\sigma_0 - \frac{4}{3}æ\lambda^3 x^2\right)x - \omega_0^2 y \, or \, \dot{x} = P(x,y); \dot{y} = Q(x,y) \tag{4}$$

正如式（4）所示，动力系统的静止状态（$\dot{x} = \dot{y} = 0$）发生在相位平面坐标原点：$x = 0$，$y = 0$ 处。因此，零点（$x = 0$，$y = 0$）是动力系统的特殊点或均衡点。

为了研究均衡点的行为和稳定性，使用了第一次迭代的稳定性分析方法（Kuznetsov 等，2005）。因此，对应于系统方程（4）的 Jacobian 矩阵在零点附近线性化，如式（5）所示：

$$J_0 = \begin{vmatrix} P'_x(0,0) & P'_y(0,0) \\ Q'_x(0,0) & Q'_y(0,0) \end{vmatrix} = \begin{vmatrix} \sigma_0 & -\omega_0^2 \\ 1 & 0 \end{vmatrix} \tag{5}$$

自此，$J_0 = \omega_0^2$；$S_0 = \sigma_0$。

其中，S_0 是 Jacobian 矩阵的轨迹。线性化系统的特征方程式如下：$p^2 - S_{0p} + J_0$。特征方程根如下：

$$p_{1,2} = \frac{1}{2}(S_0 \pm \sqrt{S_0^2 - 4J_0}) = \frac{1}{2}(\sigma_0 \pm \sqrt{\sigma_0^2 - 4\omega_0^2}) \tag{6}$$

因此，相位轨迹的行为以及临界点附近的相位图的模式由特征方程 $p_{1,2}$ 的根定义，该特征方程通过轨迹线 S_0 和 Jacobian 矩阵 J_0 的行列式表示。考虑到 σ_0 和 ω_0^2（1）的表达式，我们从式（6）得到以下表达式：

$$p_{1,2} = -\frac{1}{2}\left[\lambda + æ - æ\lambda\nu - \lambda(1-s)\frac{\beta}{\gamma}\right] \pm \frac{1}{2}\sqrt{\left[\lambda + æ - æ\lambda\nu - \lambda(1-s)\frac{\beta}{\gamma}\right]^2 - 4\lambda æ} \tag{7}$$

特征方程根的分类与相应的均衡类型见表 2。

观察表 2 可知，对于低的加速器功率值 ν（精确来说 $\nu \leq 1.05$），系统的均衡状态非常稳定，具有渐近稳定性。这意味着如果外部冲击打破了系统的均衡状态，它将随着时间的推移逐渐收敛到平衡状态，即没有发展。因此，系统将保持原始的均衡状态。经济增长率自然保持不变。

在值 $\nu = 1.05$，即在 $\sigma_0 = 0$ 的点，特征方程的根将是纯虚数（$p_{1,2} = \pm\sqrt{\lambda æ}i$），临界点将是中心类型。在这种情况下，系统将变为粗体系，因此它会在结构上不稳定并且对小的波动非常敏感。由于在 $\sigma_0 > 0$（$\nu > 1.05$）时平衡状态失去稳定性，这里清楚地表明产生了新的稳定限制周期，即 $\sigma_0 = 0$ 是分叉点。为了证明这一可能，我们将使用下面阐述的定理（Arrowsmith 和 Place，1986）。

定理：若点 $O(0, 0)$ 对参数 σ_0 的所有取值而言都是动力系统（4）的特殊点，则有对应线性系统特征方程根 $p_1(\sigma_0)$ 和 $p_2(\sigma_0)$ 在 $\sigma_0 = \sigma_0^*$，$\mathrm{Re}p_1(\sigma_0) = \mathrm{Re}p_2(\sigma_0)$，$\frac{d}{d\sigma_0}(\mathrm{Re}p_1(\sigma_0))|_{\sigma_0=\sigma_0^*} > 0$ 等式时为纯虚数，且当 $\sigma_0 = \sigma_0^*$ 时点 $O(0, 0)$ 渐近稳定。因此，$\sigma_0 = \sigma_0^*$ 是系统（4）的分叉点。容易发现 $\sigma_0 = 0$ 时定理的所有条件都成立。

因此，在参数 σ_0 从左向右穿过 0 这个临界值时就发生了分叉，称作 Andronov - Hopf 分叉（Kuznetsov 等，2005）：稳定焦点不再稳定，开始有 ~ $\sqrt{\sigma_0}$ 小振幅的有限周期。像这样的稳定性丧失被称作稳定性软丧失。这样一来，稳定性的丧失变成了一个周期，均衡变得不稳定。结构性稳定也是通过相似的方式丧失的。

表 2 根的分类及均衡状态

加速器功率变化间隔	方程特征根	平衡态
$0 < \nu \leq \frac{1}{\lambda æ}\left[\lambda + æ - 2\sqrt{\lambda æ} - \lambda(1-s)\frac{\beta}{\gamma}\right]$ $[0 < \nu \leq 0.05]$	负实部（$\sigma_0 < 0$）	稳定节点
$\frac{1}{\lambda æ}\left[\lambda + æ - 2\sqrt{\lambda æ} - \lambda(1-s)\frac{\beta}{\gamma}\right] < \nu < \frac{1}{\lambda æ}\left[\lambda + æ - \lambda(1-s)\frac{\beta}{\gamma}\right]$ $[0.05 < \nu < 0.05]$	复合负实部（$\sigma_0 < 0$）	稳定焦点

续表

加速器功率变化间隔	方程特征根	平衡态
$\nu = \dfrac{1}{\lambda æ}\left[\lambda + æ - \lambda(1-s)\dfrac{\beta}{\gamma}\right]$ $[\nu = 1.05]$	虚根$(\sigma_0 = 0)$	分叉点
$\dfrac{1}{\lambda æ}\left[\lambda + æ - \lambda(1-s)\dfrac{\beta}{\gamma}\right] < \nu < \dfrac{1}{\lambda æ}\left[\lambda + æ + 2\sqrt{\lambda æ} - \lambda(1-s)\dfrac{\beta}{\gamma}\right]$ $[1.05 < \nu < 2.05]$	复合正实部$(\sigma_0 > 0)$	不稳定节点
$\nu \geqslant \dfrac{1}{\lambda æ}\left[\lambda + æ + 2\sqrt{\lambda æ} - \lambda(1-s)\dfrac{\beta}{\gamma}\right]$ $[\nu \geqslant 2.05]$	正实部$(\sigma_0 > 0)$	不稳定节点

资料来源：个人阐释。

接着，当功率 $\nu > 1.05$ 时，系统中任何小的波动都会停止衰减，开始增长，直到它们稳定在 $\sim\sqrt{\sigma_0}$ 水平，这是非线性效应导致的（Kuznetsov 等，2005）。在有限周期的改变之前是转换过程。在 $\sigma_0 \ll 0$ 处，振荡是准谐波。在 $\sigma_0 \sim 1$（$\nu \sim 1.3$）处，振荡将是严重非线性的，即非谐波。因此，具有非线性加速器的经济系统（4）是经典的自振荡系统，其中正反馈是非线性加速器的一部分，加速器功率 ν 是增益。如果增益足够大（$\nu > 1.05$），系统中会发生自支撑振荡过程，其主要参数由系统参数决定，与启动条件无关。

我们估计了非线性模型的三个关键参数（λ、$æ$、ν）的数值，描述了欧元区国家商业活动的周期性振荡：

其中，$\lambda = 5$ 是供给对需求的反应延迟率；$æ = 0.9$ 从实际发生资本投资对决定进行诱发性投资那一刻的反应延迟率；$\nu = 1.1$ 是加速器的功率。

图 5 显示了参数 s 的结果，在我们的非线性模型动态中为欧元区计算的储蓄率，即国民总储蓄与 GDP 之比（按当前市场价格计算的国内生产总值）[1]。

参数 β（劳动力产出的弹性）的值通过生产函数参数的估计来确定

$$\tilde{Y} = \chi \cdot K^a \cdot L^{1-a}, \beta = 1 - \alpha$$

其中，Y 为 2005 年市场价格下的国内生产总值[2]；

K 为 2005 年价格下净资本存量[3]；

L 为就业[4]；

$\chi = 0.14$；$\alpha = 0.51$；$\beta = 0.49$[5]。

---

[1] 数据来源：http://ec.europa.eu/economy_finance/db_indicators/ameco/zipped_en.htm.

[2] 数据来源：http://ec.europa.eu/economy_finance/db_indicators/ameco/zipped_en.htm.

[3] 数据来源：http://ec.europa.eu/economy_finance/db_indicators/ameco/zipped_en.htm.

[4] 数据来源：http://www.imf.org/external/pubs/ft/weo/2014/02/weodata/weoselgr.aspx.

[5] 数据来源：http://ec.europa.eu/economy_finance/db_indicators/ameco/zipped_en.htm.

欧元区 GDP 的动态情况如图 6 所示。

对于参数 γ（Okun 参数）的估计，我们使用近似公式，在假设自然失业率水平保持稳定的情况下有效：

$$\frac{\Delta Y}{Y} \approx k - \gamma \cdot \Delta u$$

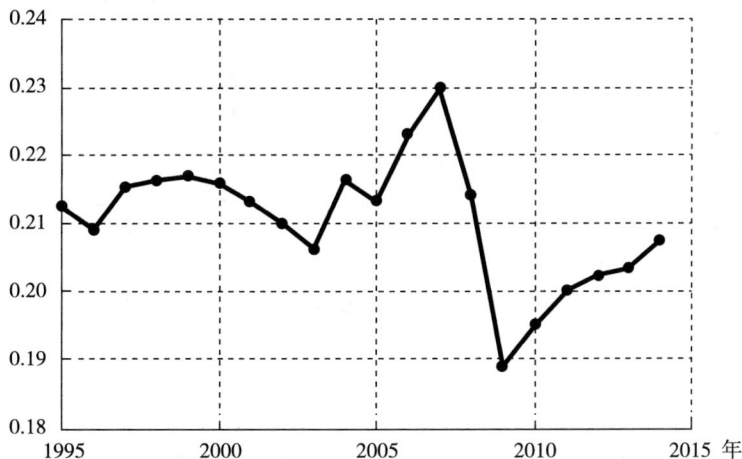

资料来源：个人阐释。

图 5　分叉过程的非线性模型中欧元区储蓄率的动态变化

其中，Y 表示 2005 年市场价格下的国内生产总值；ΔY 表示 GDP 的变化量；Δu 表示实际事业水平的变化；$k = 1.46$；$\gamma = 2.13$。

图 7 显示了在这些假设下用非线性模型获得的 GDP 增长率的结果。

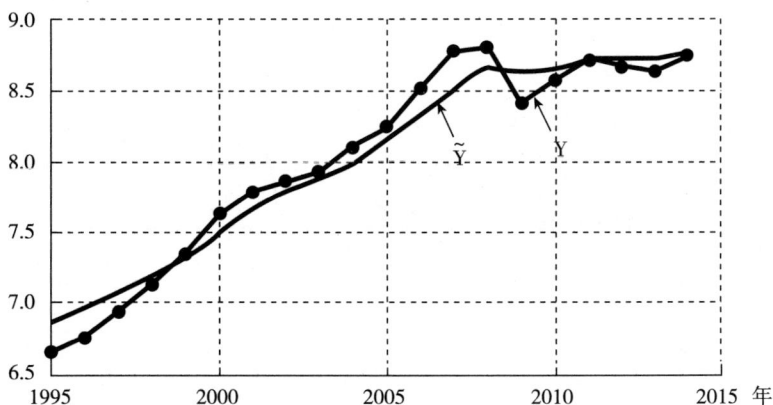

图 6　分叉过程的非线性模型中欧元区 GDP 动态变化

资料来源：个人阐释。

图 7 分叉过程的非线性模型中欧元区 GDP 增长率

因此，对于 σ_0 的最终计算，我们可以假设以下参数值

$\lambda = 5$；$æ = 0.9$；$\nu = 1.1$；$s = 0.21$；$\beta = 0.49$；$\gamma = 2.13$。

表达式（1）之后的计算得到结果 $\sigma_0 = -0.041$，也就是说实际上等于零。

利用所提出的动态变化中的参数 s，可以追踪 σ_0 随时间的变化，如图 8 所示。

从图 8 中可以看出，最接近于零的水平发生在 2009 年，这意味着分叉在今年发生；在接下来的几年里，σ_0 的价值略有下降。这意味着到目前为止，欧元区经济仍处于衰退之中。

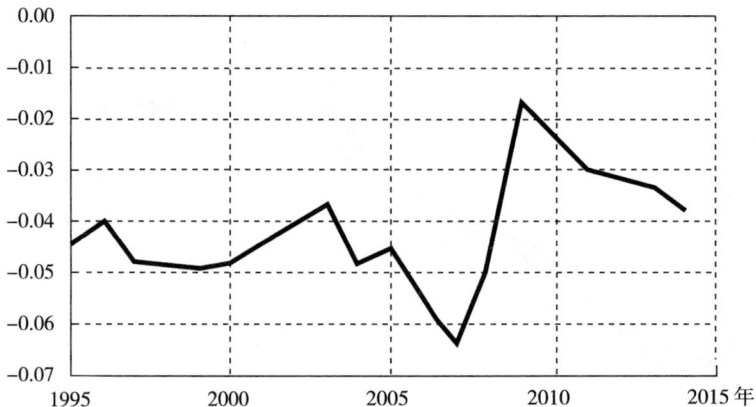

资料来源：个人阐释。

图 8 指标 σ_0 的动态变化

四、欧元区处于变态状态：一些统计证据

如今，欧元区经济非常脆弱，在小额需求冲击下容易丧失稳定性。没有进行基本的结构性改革，欧元区的大多数国家都承担着过重的债务。此外，欧洲经济的债务结

构保持不变：债务仍用新申请的贷款偿还。失业率仍处于较高水平：欧洲区的平均值为11.4%，年轻人的失业率均值高达24%。由于欧盟实施的紧缩政策，欧元区的内部需求复苏极为缓慢。2014年欧元区经济增长非常疲弱，仅为0.8%左右。欧洲地区和美国从2008年开始的主要经济指标（基础GDP增长率、失业率、投资增长率和多因素生产力动态变化）的比较可以在图9、图10和图11中观察到。

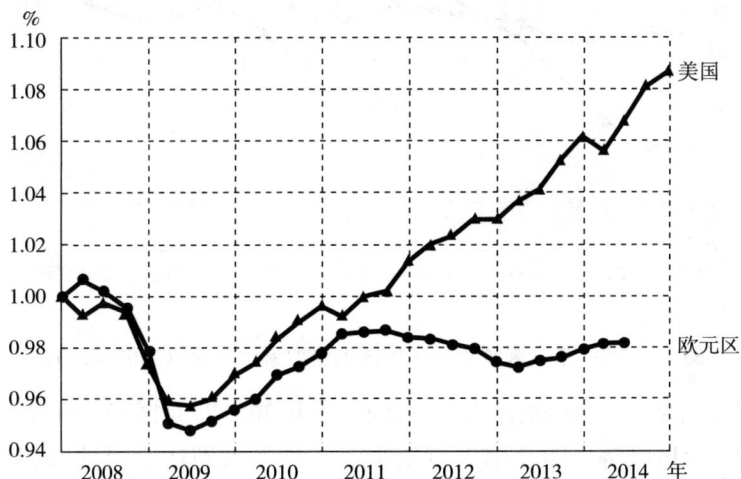

资料来源：个人阐释。

图9 2008年以来欧元区和美国基础GDP增长率

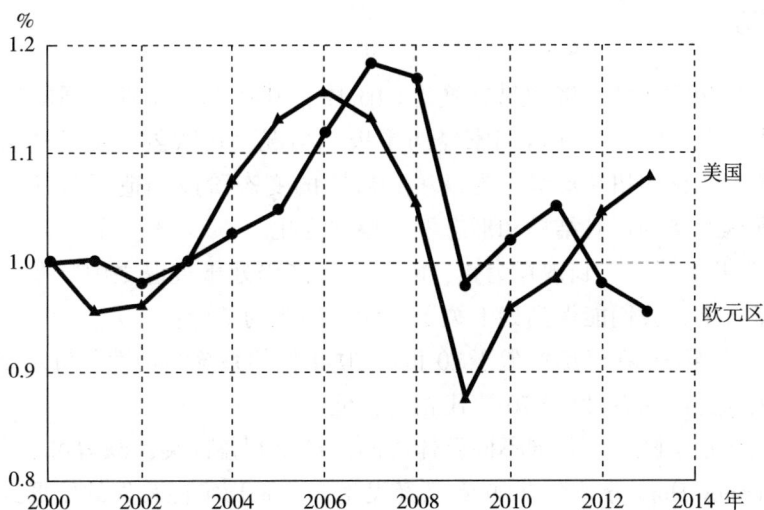

资料来源：个人阐释。

图10 2000年以来欧元区和美国投资基础增长率

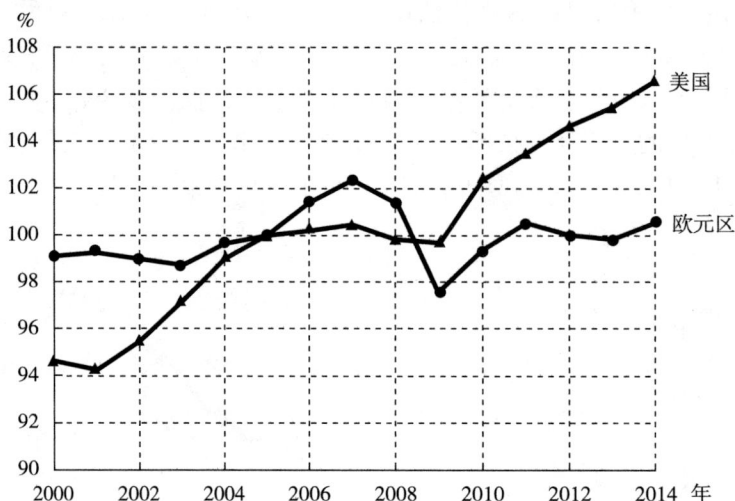

资料来源：个人阐释。

图 11　2000 年以来欧元区和美国的全要素生产率（2005 = 200）

进一步展开图 9、图 10 和图 11 所示的信息可知，欧元区经济正面临不稳定的均衡。这意味着欧元区经济可能会陷入重复衰退。正如人们从非线性动态理论所知道的那样，在分叉点附近的外部动作（如价格冲击）的小波动被强烈放大。因此，一个小的冲击就足够影响未来究竟面临着积极还是消极的发展情景。

五、结语

我们正在目睹欧元区经济中潜在变态的阶段，其特点是随着时间的增长出现了显著的系统变形迹象。一些欧元区国家经历了极端情况，在欧盟引发了社会冲突。一些国家，如希腊，正试图扭转局势，为过渡到后续的变态阶段创造了条件。所有这些都可能导致欧元区经济的现有结构和形态发生根本变化。

从 2009 年开始分叉，到现在为止，欧元区经济仍处于衰退之中。在分叉过程的非线性模型的基础上，我们能得到如下关于欧元区经济的结论：

——欧元区经济正在经历类似于 20 世纪 70 年代的系统结构性危机。然而，它的特点是失业率极高，而在 20 世纪 70 年代相对较低。

——危机揭示了欧元区各国不同群体之间的严重利益冲突，欧盟可能会变弱。

——Andronov-Hopf 分叉在 2009 年已经发生，这是稳定性丧失的软形式。这一事实意味着欧元区经济现在极易受到结构性变化的影响，因此对内部和外部环境的小幅波动非常敏感。

——如果作出正确的经济决策，欧盟有一个特殊的机会在不久的将来形成一个平衡和谐的经济结构，以应对 21 世纪的挑战。为了解决所有结构性的变化，应考虑到欧元区核心所有国家的不同利益。

——在这种情况下，结构性危机和混乱发生时，不可能恢复到以前的经济均衡状态，任何微不足道的转变都会把系统推向新的发展方向。正在巩固的变态新阶段不可避免地需要经济体制的根本变革。值得注意的是，变态转换应该以积极的方式进行，因为在此阶段系统中发生的变化是不可逆转的。因此，各国不能作出像放任自流这样糟糕的决定。经历变态阶段的任何大经济体系的转型都与主要国家（对欧元区而言是德国和法国）的社会经济动态明确相关。

因此，在实际快速变态的过程中，欧盟各国需要将结构变革过程维持在其永久控制下。欧盟现在有机会创造最具吸引力的资本主义模式，可以设计下一个康德拉季耶夫经济发展周期（2018—2050）的轮廓。应该优先考虑降低失业率，满足日常人们需求和减少痛苦的务实措施，只有这样才能实现政治和经济转型中向长期目标的过渡。在这一点上，人们采取行动时应当毫不妥协。欧盟将需要扩张性财政政策，每年耗资3000亿欧元，以确保每年1.5%~2%的经济增长。例如，如果重新建立与俄罗斯的贸易并缓解地缘政治紧张局势，这符合新欧洲的切身利益，那么这个问题的解决方案将会得到简化。如果不这么做，期望其他发达国家将为创新技术突破实施计划政策是相当合理的。这些创新技术土坯基于纳米、生物、信息和认知科学（NBIC）会聚技术集群，创造新的技术平台和世界经济的新结构。同时，先锋发展中国家（如中国和印度）将通过全面借用通用技术（微电子、计算机和信息通信技术、能源和资源节约技术等），开始加速其经济的工业化。

参考文献

［1］ Akaev, A. A. (2007). Derivation of the general macroeconomics dynamics equation describing the joint interaction of long-term growth and business cycles. *Doklady Mathematics*, 76 (3), 879 –881.

［2］ Akaev, A. A. (2008). Influence of business cycles on long-term economic growth. *Doklady Mathematics*, 78 (1), 1 –5.

［3］ Akaev, A. A. , & Rudskoy, A. I. (2014). Synergetic effect of NBIC. Technologies and economic growth in the first half of the XXI century ［Sinergeticheskij effekt NBIC. tekhnologij i mirovoj ekonomicheskij rost v pervoj polovine XXI veka (in Russian)］. *Ekonomicheskaja politika*, 2, 25 –46.

［4］ Anaraki, N. K. (2014). Effects of Euro devaluation on Eurozone exports. *International Journal of Economics and Finance*, 6 (2), 19 –24.

［5］ Arrowsmith, D. , & Place, C. (1986). *Obyknovennie differenzial'nie uravnenija. Kachestvennja teorija s prilozhenijami* (in Russian) ［Ordinary differential equations. A qualitative approach with applications］. Moscow：MIR.

［6］ Bekiros, S. , Nguyen, D. K. , Uddin, G. S. , & Sjö, B. (2015). Business cycle (de) synchronization in the aftermath of the global financial crisis: Implications for the Euro area. *Studies in Nonlinear Dynamics & Econometrics*, 19 (5), 609 –624.

[7] Bogolyubov, N. N. , & Mitropol'skii, Y. A. (1962). *Asymptotic methods in the theory on nonlinear oscillations*. New York: Gordon & Breach.

[8] Botta, A. (2014). Structural asymmetries at the roots of the eurozone crisis: What's new for industrial policy in the EU? *PSL Quarterly Review*, 67 (269), 169 –216.

[9] Box, G. E. P. , & Jenkins, G. M. (1976). *Time series analysis: Forecasting and control*. San Francisco: Holdenday.

[10] De Grauwe, P. , & Ji, Y. (2013). Self-fulfilling crises in the Eurozone: An empirical test. *Journal of International Money and Finance*, 34, 15 –36.

[11] Entov, R. (1987). Main way of interaction of the structural and cyclic crisis [Osnovnie formi vzaimodejstvija strukturnikh i ziklicheskikh krizisov (in Russian)]. *Mirovaja economika i mezhdunarodnije otnoshenija*, 11, 109 –114.

[12] Fojtíkovaá, L. (2014). Performance and growth of the Eurozone export. *Procedia Economics and Finance*, 12, 154 –163.

[13] Foster, N. , Stehrer, R. , & Timmer, M. (2013). *International fragmentation of production, trade and growth: Impacts and prospects for EU member states*. (European Economy. Economic Papers, No. 484). Brussels: European Commission.

[14] Glazyev, S. Y. (1993). *The theory of long-term technical and economic development* [Teoriya dolgosrochnogo thechniko-economicheskogo razvitiya (in Russian)]. Moscow: Vladar.

[15] Hamilton, J. B. (1989). A new approach to the economic analysis of nonstationary time series and the business cycle. *Econometrica*, 57 (2), 357 –384.

[16] Hamilton, J. B. (1996). Specification testing in Markov-switching time-series models. *Journal of Econometrics*, 70, 127 –157.

[17] Hamilton, J. B. (2008). Regime-switching models. In *New Palgrave dictionary of economics* (2nd ed.). Basingstoke: Palgrave McMillan.

[18] Hein, E. , Truger, A. , & van Treeck, T. (2011). *The European financial and economic crisis: Alternative solutions from a (Post-) Keynesian perspective* (IMK Working Paper, No. 9). Düsseldorf: Hans Bockler Stiftung.

[19] Hirooka, M. (2006). Innovation dynamism and economic growth. *In A nonlinear perspective*. Cheltenham: Edward Elgar.

[20] Kapitsa, S. P. (2000). The model of growth and economic development of the Earth's human population [Model rosta naselenia Zemli i ekonomicheskogo razvitiya chelovechestva (in-Russian)]. *Voprosy Economiki*, No. 12, 85 –106.

[21] Kondratiev, N. D. (1926). Die Langen Wellen der Konjuntur, Arch. Sozial-

wiss. *Sozialpolitik*, 56 (3), 573 – 609.

［22］Kuznetsov, A. P., Kuznetsov, S. P., & Ryiskin, N. M. (2005). *Nonlinear oscillations* ［Nelinej'nie kolebanija (in Russian)］. Moscow：Fizmatlit.

［23］Kwasnicki, W. (2013). Logistic growth of the global economy and competitiveness of nations. *Technological Forecasting and Social Change*, 80 (1), 50 – 76.

［24］Lehwald, S. (2013). Has the Euro changed business cycle synchronization? Evidence from the core and the periphery. *Empirica*, 40 (4), 655 – 684.

［25］Mensch, G. (1979). *Stalemate in technology—Innovations overcome the depression*. New York：Ballinger.

［26］Mensch, G. (2006). If this long wave steeps-up and breaks：What then? In T. C. Devezas (Ed.), *Kondratieff waves. Warfare and world security* (pp. 80 – 90). Amsterdam：IOS Press.

［27］Menshikov, S. M., & Klimenko, L. A. (1989). *Long waves in economics. When society casts the skin* ［Dlinnie volni v ekonomike. Kogda obshestvo menyaet kozhu (in Russian)］. Moscow：Mezhdunarodnie otnoshenija.

［28］Modis, T. (2013). Long-term GDP forecasts and the prospects for growth. *Technological Forecasting and Social Change*, 80 (8), 1557 – 1562.

［29］Panizza, U., & Presbitero, A. F. (2014). Public debt and economic growth：Is there a causal effect? *Journal of Macroeconomics*, 41, 21 – 44.

［30］Pashev, K., Casini, P., Kay, N., & Pantea, S. (2015). EU structural change 2015. *In European Commission*. Luxembourg：Publications Office of the European Union.

［31］Perez, C. (2004). Finance and technical change：A long-term view. In H. Hanusch & A. Pyka (Eds.), *The Elgar companion to neo-Schumpeterian economics*. Cheltenham：Edward Elgar.

［32］Perez-Caldentey, E., & Vernengo, M. (2012). *The Euro imbalances and financial deregulation：A post-Keynesian interpretation of the European debt crisis* (Working Paper, No. 702). Annandale-on-Hudson, NY：Levy Economics Institute of Bard College.

［33］Schumpeter, J. (1939). *Business cycles：A theoretical, historical, and statistical analysis of the capitalist process*. London：McGraw-Hill.

［34］Taagepera, R. (2014). A world population growth model：Interaction with Earth's carrying capacity and technology in limited space. *Technological Forecasting and Social Change*, 82, 34 – 41.

［35］Taylor, S. J. (2008). *Modelling financial time series* (2nd ed.). Hackensack, NJ：World Scientific. Timmermann, A. (2000). Moments of Markov switching models. *Journal of Econometrics*, 96, 75 – 111.

［36］Wold, H., & Mensch, G. O. (1985). *The BIEQ-PLS model of a Schumpeterian wave* (Working Paper WSOM WP 85 –017). Cleveland, OH: Weatherhead School of Management, Case Western Reserve University.

[37] Zemanek, H., Belke, A., & Schnabl, G. (2009). Current account balances and structural adjustment in the euro area. *International Economics and Economic*, 7 (1), 83 – 127.

论经济周期的不对称性

Valentin Sokolov[①]   Tessaleno Devezas[②]   Svetlana Rumyantseva[③]

摘要：本文简要地回顾了经济周期理论，指出了经济周期理论中描述动态行为的关键参数，并提出了一个非对称模型。该模型假设经济周期是一个非平衡的过程和复杂的开放式系统，并使用两种不同的"跷跷板式"的正弦函数来定义其结构。对一些国家的循环动态和全球范围内观察到的不对称性的 GDP 进行了模型的实证验证。对于一些国家，本文还研究了其他经济的不对称行为变量，如能源生产和失业。本文得出关于模型是否适合预测经济循环动态的结论。

关键词：经济周期 非均衡过程 经济周期的不对称性 经济周期的幅度 经济的周期性 复杂系统

一、经济循环动力学理论综述

纵观经济周期的长期历史，有两个关键问题吸引研究人员：第一，经济循环振荡的原因是什么？第二，经济周期形成的规律是什么？

这些理论描述了影响经济动态的各种因素的循环机制。其中的基本理论包括：创新与技术发展理论（Mensch，1979；Kleinknecht，1987；Van Duijn，1983；Dosi，1991；等等），金融和信贷理论（Delbeke，1985；Korpinen，1985），战争周期理论（Goldstein，1988），能源消耗周期理论（Nakicenovic，1987）和其他理论等。

另外，过往的研究者发现了不同的周期：7~11 年克里门特·朱格拉周期（Juglar，1862），3~5 年基钦周期（Kitchin，1923），18~30 年库兹涅茨周期（Kuznets，1926），45~60 年康德拉季耶夫周期（康德拉季耶夫，1935），以及 90~120 年领先动力循环周期（Modelski，1987）。因此，全球经济周期循环图景得到了全面研究。然而，两个主要问题仍不清楚：如何更详细地将周期循环表示为平衡或非平衡过程以及如何准确分析和预测经济周期。经济周期的平衡问题在经济动态管理方面非常重要。一方面，如果经济周期的平衡概念被接受，那么针对周期的管理是不必要的，经济政策将自然地被归结为自由放任原则；相反，如果经济周期的循环性质被认为是一个非均衡过程，

---

① Valentin Sokolov，圣彼得堡国立经济大学。

② Tessaleno Devezas，贝拉英特拉大学。

③ Svetlana Rumyantseva，圣彼得堡国立大学。

那么关于经济动态政策（例如积极的产业干预行为）和国家创新体系的发展政策则变得至关重要。

对于经济周期的准确分析和预测是很有必要的，因为在大多数情况下，经济周期被定性为严格同步的过程，而实际统计数据反映的趋势往往具有异步性质。

在循环表示为平衡或非平衡过程方面，应注意以下几点。20 世纪 80 年代全球掀起了一波经济周期和创新思潮，康德拉季耶夫（1922；1925；1928；1935）和熊彼特（1912，1939）关于破坏式创新在经济周期形成中的作用引发了一场关于经济周期性质的充分辩论，尤其是针对长波及其影响（出现新的分支）、金融部门的新结构、能源资源的改变、新专业活动蓬勃发展、激进经济转型的产业结构（Vasko，1985）。康德拉季耶夫和熊彼特都认为经济体系基本上处于非平衡状态或围绕几个均衡水平振荡。后来 W. C. Mitchell（1959）研究认为周期研究是趋势性偏差，即非平衡过程。凯恩斯主义的经济周期理论也基本上认为经济周期是一种非均衡过程。新凯恩斯主义者，如 Harrod（1959）和 Hansen（1951）结合 Mitchell、凯恩斯、康德拉季耶夫和 Tugan – Baranovsky（1997）的研究也将经济周期视为非平衡过程。

另外，货币主义者提出了不同的看法。例如，M. Friedman（1962）、Friedman 和 Schwartz（1982）假设经济是一种均衡结构，金融当局的行为引起价格冲击进而导致经济周期的发生，也就是认为，实际上是政府引发了经济振荡。

理性预期学派的代表详细研究了经济周期，与纯货币主义分离。货币主义者认为，货币单位的不稳定是名义货币供应量变化的结果，这也是发生经济周期循环的原因。他们建议通过货币供应的变化来管理经济动态。理性预期理论的代表也将政府政策视为经济危机和周期发生的原因，他们认为这种不可预测的政策会导致货币供应量的波动，进而导致消费者价格指数（CPI）的变化和经济的周期性行为。这些观点构成了卢卡斯（Lucas，1977；1987）命题的基础，该命题指出政府无法预测经济主体和行为的理性预期以及对个人错误作出及时反应。由于个人（或者公司）的行为，政府的行为也变得不可预测，因此启动了一个新的经济周期。在卢卡斯的著作中，他分析了诸如货币中立性、自然失业率和政府干预经济效率等问题。而在 T. Sargent（1986）的著作中，他分析的核心是个体经济行为的合理性及其对经济系统的影响，他认为经济基本处于均衡状态。

理性经济周期理论的代表，如 E. Preskott（1982）、F. Kudland（1990），将 GDP 水平的振荡与随机过程的外部冲击联系起来，他们认为制造业和就业的周期振荡是技术因素作用的结果（在他们的理论中被视为外部因素）。在他们的著作中，他们假设经济增长是均衡稳态，进而认为 GDP 水平的振荡（即使是零以下的振荡）也是均衡状态的特征（Zamulin，2005；Ostapenko，2013）。通过在完全竞争条件下对封闭经济的随机一般均衡模型和经济增长的长期分析相结合，Preskott 和 Kudland 认为，技术进步是导致短期循环最重要的经济发展因素。制造业和就业率的波动，以及总供给的冲击是经济振荡的原因。因此，他们认为技术进步是经济体系的外部因素，是冲击经济进而产生振荡的源泉。因此，Tsvetkov（2013）指出，在现代宏观经济模型中，供应冲击应与需求冲击一起考虑。

德国劳工研究所的 Verick 和 Islam（2010）证实了大约每十年发生一次经济危机的十年周期特征。他们将经济危机的出现主要与价格冲击以及货币不稳定、银行部门的系统性问题和国家债务等因素联系起来。

理性经济周期理论认为经济处于均衡状态，只能通过外部冲击才能消除这种状态。一般而言，经济发展的相关因素主要考虑以下宏观经济参数：价格、工资、利率、劳动效率、油价等，这些因素的变化导致经济均衡水平的变化。这一理论的创始人认为，经济本身可以达到均衡水平，经济干预措施会阻碍经济进步而不是促进经济发展。这是理性商业周期理论与早期凯恩斯主义及后现代凯恩斯主义的关键区别。

基于经济系统基本处于均衡的观点，经济周期机制的类似概念也出现在新奥地利学派的理论中。该理论假设实施扩张性货币政策的银行是经济发生周期振荡的原因所在。在经济复苏期间，该理论认为经济应该充斥着新的信贷作为支付手段，导致通货膨胀和经济过热。新奥地利学派的代表 Soto（2008）认为，芝加哥学派代表的"经济危机是外生的"这一假设是错误的，他同时认为凯恩斯主义学派将经济危机归类为市场经济的一个特征的观点也是错误的。新奥地利学派认为经济周期是制度体系问题的结果，其中银行系统的准备金制度等问题在一定程度上导致了经济振荡。新奥地利学派建议依靠市场力量的自发行动使系统达到平衡，并重新引入黄金标准作为政府控制的最优政策。

然而，M. Aoki（1996，1998，2001）引入了新方法将经济周期的循环表示为不对称振荡的组合。他的模型设定了封闭经济体持续发展过程中的多重均衡概念，他基于马尔可夫过程的研究方法接近耶维奇·康德拉季耶夫（1922，1928，1935）的方法，他认为在观察到不同频率振荡的经济系统中存在三个均衡水平（康德拉季耶夫，1928）。

在俄罗斯经济思想中，经济周期的性质主要与非均衡过程有关（Glaziev，1990，2009；Yakovets，1999），并且在经济处于非均衡的某些特定分叉期间发生的技术范式概念研究中，经济动态的非均衡特点是，在混乱的条件下经济系统会自动选择一种可用的竞争发展主线，这种主线成为一种吸引力，经济动态一直向技术范式的饱和点和相应的制度结构收敛（Osipov 和 Shurgalina，1994）。关于经济周期机制的类似概念是基于经济协同理论应用于复杂开放式系统的研究（Haken，1980；Prigogine 和 Stengers，1986；Knyazeva 和 Kurdyumov，2002）。

Devezas 和 Corredine（2002）提出了一个控制论框架模型，该模型成功地解释了经济长波与社会经济现象的关系。在这个模型中，技术经济系统的周期性演化被离散地描述为"互动者"采用一套新的、根本性的技术创新，并在有限的可用信息中交换和处理信息。作者证明，信息熵变的速率表现出类似波浪的属性，表现为完整长波的四阶段行为。此外，他们利用普里高津基于开放系统的熵平衡方程，表明经济的周期性行为可能是遵循自然效率策略的最佳方式。

Metcalfe（2007）提出了一种非均衡的经济动态协同模型，该模型基于这样的概念：经济主体知识学习的过程不断改变经济发展的轨迹，使其基本处于非平衡状态。换句话说，在这个模型中，经济体的进化过程呈现开放式复杂系统的特征。如果技术进化被认为是引力场，那么进入系统的新知识会导致与引力场的关系发生变化。这种系统基本上处于非均衡状态，难以预测。相对于吸引子的恒定系统偏移基本上意味着系统的非平衡状态。

在经济周期振荡源于货币问题的假设下，研究人员倾向于将对于经济预期过于乐观/悲观的错误与货币当局的不当行为挂钩，以此来粗略描述经济周期产生的原因。如果将研究领域拓展到经济结构层面（考虑经济结构转变和技术—经济范式变化），经济发展过程则被认为主要处于非均衡状态。这可以从 Buhm 和 Punzo（2001）的研究中看出，他们认为经济是一个非均衡过程，主要与经济结构的要素变化有关。

应当指出，现代经济学文献仍然表现出新古典主义和凯恩斯学派的对抗，与几十年前一样，基本上是后凯恩斯主义的非均衡过程（Arestis，1988；2009）与新古典主义的均衡过程之间的争论。然而，在新的经济综合框架内，这些方法彼此靠得更近（Woodford，2010）。Solomou（2001）分析了影响经济周期持续时间和幅度的制度条件，并证明在过去的 200 年中，经济周期改变了它们的性质。

总体上看，致力于经济周期研究的现代经济学文献在平衡和非平衡方面形成了持久的对抗。不分析经济结构变化的理论将经济周期视为均衡过程（如新奥地利学派和实际商业周期理论）。当研究人员考虑到经济部门和分支层面发生的微观和中观层面的变化时，经济演化视角发展过程的协同解释将经济周期循环视为非均衡过程（Akaev 等，2011）。

二、关于循环动力学的关键参数

在前面的部分，我们描述了根据经济循环过程的性质表征经济周期的各种方法，即它们是平衡过程还是非平衡过程。

在本文中，我们假设经济周期是非平衡过程，影响周期幅度和持续时间的随机因素，以及衰退和生长阶段的特征长度，在经济发展过程中起主要作用。如果我们考虑表征经济周期的统计数据，我们将看到从一个周期到下一个周期，它们的持续时间和幅度可能会发生变化，下降和增长阶段的幅度也会发生变化。这样的事实引发了一些研究，例如 S. Solomou（1990）否认经济振荡的规律性，认为经济周期不是完全意义上的循环。在本文的框架中，我们认为经济周期的展开有其自身的规律性，但是，各种随机因素的影响导致其行为的某种形式的不对称，并使系统远离中心引力场。因此，本文认为，经济周期的展开过程是不对称的，并且还可以呈现不同的幅度。其中一个主要原因是其他系统（技术、生态、社会）的外部信息会影响经济系统。Stigler（1961）提出的经济系统中的信息分布是不对称的。因此，影响经济周期的信息的不对称性可能是导致经济周期不对称性的原因之一，正如 Devezas-Corredine（2002）在其控制论框架中所提出的那样。

考虑到经济周期的这种不对称性，有必要对相关的参数进行定量评估。在分析大量经济周期的经验数据的基础上，我们定义了以下关键参数：周期性、幅度和不对称性。为了进行这些指标的定量评估，我们对几个国家的 GDP 动态和一些其他经济变量进行了一系列计算。相应的结果将在下文中介绍。

（一）周期性

经济周期被理解为局部动态过程的持续时间，包含危机、萧条、恢复和增长四个阶段；周期性是连续时期之间的时间间隔的度量。技术进步影响下的经济周期是基础性创新的周期性出现和扩展。众所周知，社会经济系统中创新的传播遵循简单逻辑曲线的模式。图1a 展示了两个连续基本创新的扩散，它构成了经济动态中循环过程发展的基本机制。图1b 显示了由于连续创新的影响，给定经济指标的增长趋势的周期性偏差。

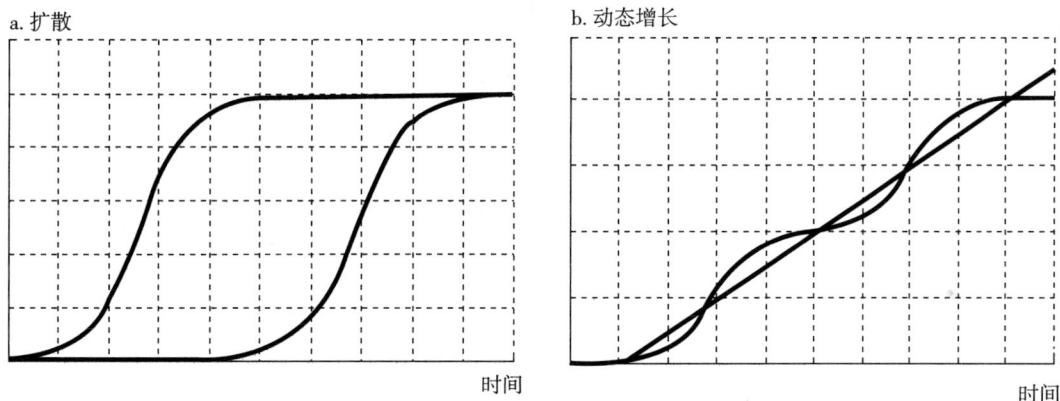

a. 扩散   时间

b. 动态增长   时间

图1　经济动态循环的发展

许多学者研究了基础性创新的出现频率和扩散时间问题。例如，Gerhard Mensch（1973，1979）和 Masaaki Hirooka（2006）的作品，证明了结合周期是由创新动力学决定的。

Akaev（2011）最近公布的结果表明，经济动态至少有三种类型的基本周期，即周期为 115 ~ 180 年，45 ~ 60 年，20 ~ 30 年。这些类型分别对应于乔治·莫德尔斯基周期（霸权周期），耶维奇·康德拉季耶夫周期和库兹涅茨周期，已在上文进行了评论。类似的研究还发现了周期性为 75 ~ 100 年的振荡，称为基线轨迹，以及康德拉季耶夫周期收缩至 30 ~ 40 年的周期现象。

关于最后一个，康德拉季耶夫循环（或康德拉季耶夫波，或康波），对其确切持续时间和周期一直存在着激烈的争论，研究人员目前对于我们今天所处的周期中的位置存在分歧。从康波来看，研究者一般假定我们处于第四波结束并过渡到第五波，或者可能已经处于第五波康波的完全上升阶段，或者如果我们已经达到第五波的峰值并且已经开启了向下的路径将定义第六波开始的创新背景。Devezas（2010）将 2007—2008 年的危机解释为第五次康波扩张阶段的强烈异常，该阶段将在 2020—2025 年左右达到峰值，而 Korotayev 和 Tsirel（2010）使用相同的数据集（Maddison 的 GDP 系列）和相同的方法论（傅里叶分析），将 2007—2008 年危机第五次康波峰值期间的暂时下跌视为峰值转折点。另外，Gladkikh（2014）确定第四个康波的下降阶段位于 1977 年，2013 年是第五波上升阶段的开始并将在 2028 年左右达到上限。这种意见分歧突出了需要进一步开发用于估计循环动力学的方法。

为了评估经济周期的周期性，我们使用 Maddison（2010）的数据进行了研究，对 45 个国家的 GDP 动态进行了研究（基于会议委员会全面经济数据库的国内生产总值数据，按照购买力平价进行了调整）。表 1 列出了按大洲分组的国家的结果，表明发现的周期的份额分布 30 ~ 40 年，40 ~ 50 年，50 ~ 60 年。

欧洲国家很好地定义了康德拉季耶夫波收敛过程，其中一半国家呈现 30 ~ 40 年的周期性，在亚洲国家，这一规律呈现得较少（甚至根本没有观察到）。

表 1   基于 GDP 动态周期性分布的国家

单位：%

大洲	各个周期跨度国家的占比		
	30 ~ 40 年	40 ~ 50 年	50 年及以上
美洲（包括北美洲和拉丁美洲）	30	40	30
欧洲	50	29	21
亚洲	—	75	25
大洋洲	—	—	100

（二）幅度

由于经济发展周期性振荡，与经济发展趋势相关的衰退和成长阶段的幅度在描述循环过程时起着重要作用。振荡的范围决定了经济循环的成分在整个经济增长过程中的重要性。只有在经济振荡无关紧要时我们才可以忽略它们而只考虑经济发展的一般趋势，否则就需要考虑经济振荡波浪式过程的预测。

从经济角度来看，趋势波动的强度表征了增长稳定程度，并取决于特定经济体系运作的具体特征的各种因素。不幸的是，经济循环振荡的幅度问题一直没有得到很好的研究。为填补这一空白，我们对几个国家的 GDP 动态趋势波动特征进行了评估，这些国家根据其发展水平进行了分类，我们将石油生产国分别加入其中，如表 2 所示。

表2   **30 个国家的 GDP 周期参数**

区域	国家	周期，年	不对称系数
		p	K_{as}
北美洲	美国	43.4	0.83
	加拿大	53.1	0.34
拉丁美洲	墨西哥	34.1	0.40
	巴西	35.5	0.56
	阿根廷	44.4	0.30
	委内瑞拉	52.6	0.36
	智利	39.0	0.61
	哥伦比亚	42.2	0.79
	秘鲁	48.7	0.54
	乌拉圭	74.3	0.59
西欧	英国	30.0	0.67
	法国	46.2	0.24
	德国	38.7	0.54
	意大利	39.9	0.67
	西班牙	41.8	0.36
	荷兰	41.1	0.29
	比利时	44.0	0.52
	葡萄牙	30.4	0.19
	奥地利	51.8	0.24
	丹麦	38.0	0.30
	瑞典	51.9	0.15
	挪威	37.8	0.40
	芬兰	37.8	0.62
	瑞士	51.1	0.29
亚洲	日本	41.7	0.51
	印度	45.0	−0.42
	印度尼西亚	56.1	0.55
	斯里兰卡	48.5	0.50
大洋洲	澳大利亚	50.9	0.25
	新西兰	54.5	0.32

注：发达国家：美国、加拿大、英国、法国、德国、意大利、荷兰、瑞典和日本。

发展中国家：墨西哥、巴西、阿根廷、委内瑞拉、俄罗斯、中国、印度、印度尼西亚、马来西亚、韩国、葡萄牙、泰国、土耳其、阿尔及利亚、埃及、尼日利亚、南非。

新兴国家：波兰、匈牙利、保加利亚、罗马尼亚、乌克兰、白俄罗斯、摩尔多瓦、亚美尼亚、格鲁吉亚、拉脱维亚、立陶宛、爱沙尼亚、阿塞拜疆。

石油国家：挪威、伊朗、伊拉克、沙特阿拉伯、科威特。

针对发达国家和发展中国家，根据前述思路可以拟合一个简单的逻辑曲线，如式（1）所示。

$$y = \frac{a}{1 + b \cdot e^{-c(t-t_0)}} \tag{1}$$

例如，图 2 显示了荷兰的情况。在图 2a 中，我们看到 1900—2013 年整个时期的结果，图 2b 我们基于振荡幅度和不对称性分析得出了 1970—2013 年这一特定阶段的情况。

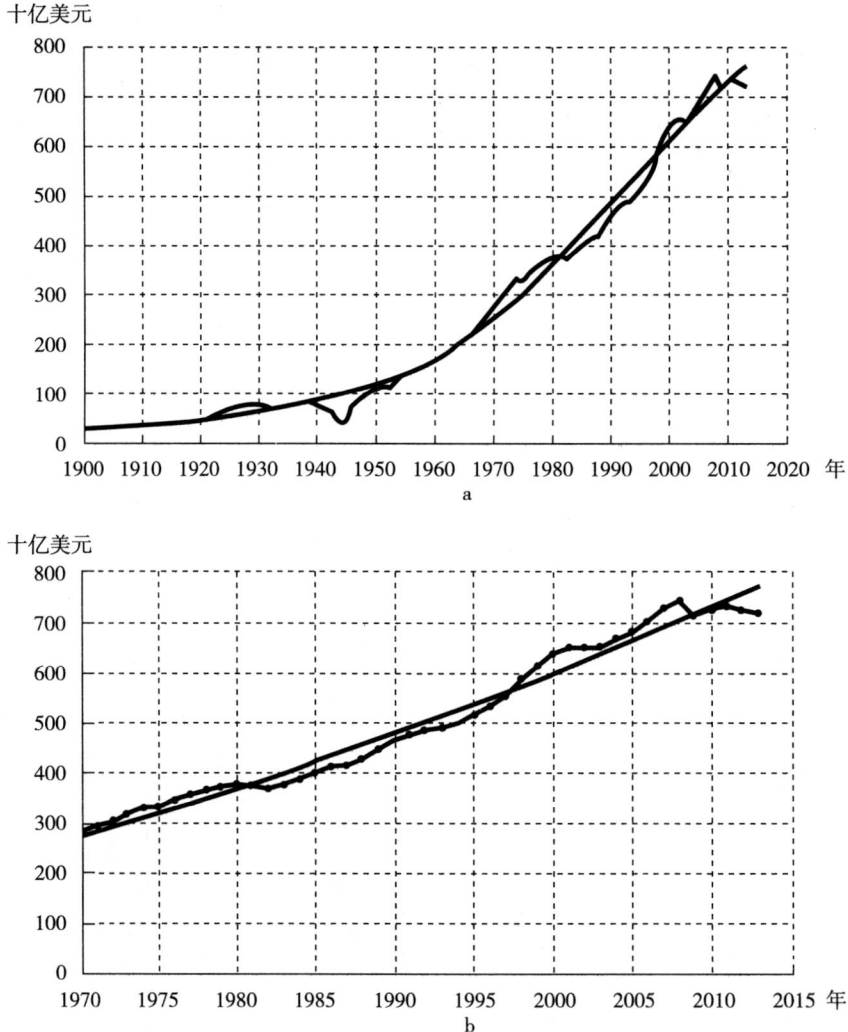

图 2 荷兰 GDP 增长的逻辑拟合 （a） 1900—2013 年 （b） 1970—2013 年，用于计算主要逻辑趋势的偏差幅度。拟合参数：a = 1462 （上限），b = 4.4，c = 0.037 （增长参数）

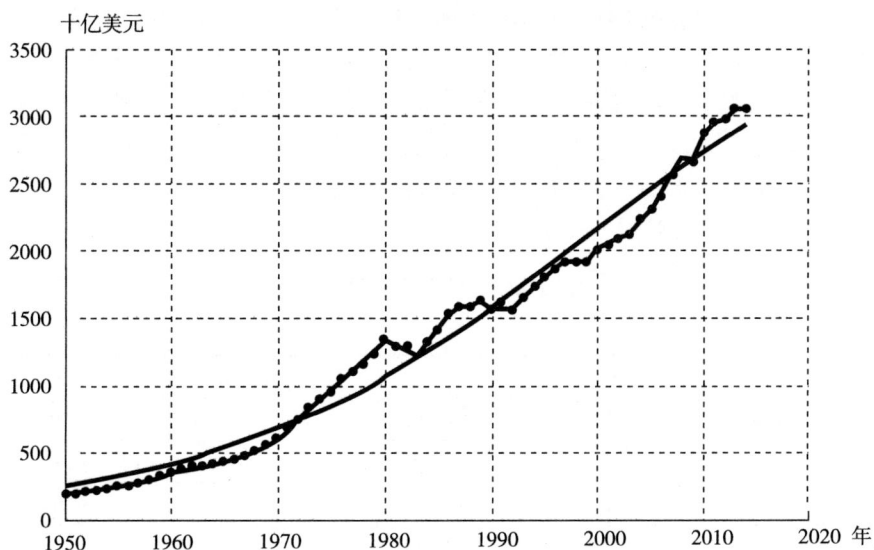

注：拟合参数：a = 4345（上限），b = 17，c = 0.055（增长参数）。

图 3 巴西 GDP 增长的 Logistic 拟合

但是，对新兴国家而言，不可能简单适用于上述逻辑曲线，在这些情况下，我们使用心得函数进行拟合，函数的形式如式（2）所示。

$$y = [a + b \cdot e^{-c(t-t_0)}] \cdot (t - t_0) + d \tag{2}$$

在图 4 中，我们可以看到 Eq 的拟合。式（2）是阿塞拜疆的实际 GDP 数据。

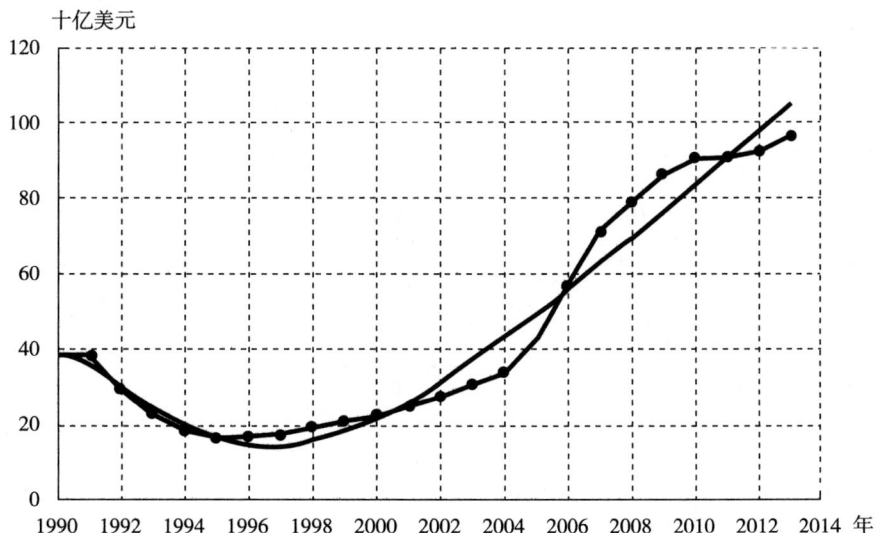

注：拟合参数：a = 7.35，b = 98.7，c = 0.34，d = -92。

图 4 使用改进的逻辑函数对阿塞拜疆的 GDP 增长进行逻辑拟合

表 3 按国家组呈现了趋势波动幅度。各个国家的完整结果可以在表 4 中看到。

通过分析表 3 中的数字，我们可以得出结论，发达国家的经济增长比发展中国家更稳定，新兴国家经济循环振荡的范围与发达国家相比要略宽，石油国家（伊朗、伊拉克、沙特阿拉伯和科威特）的振荡范围差异很大，趋势波动较为显著。经济增长缺乏稳定性与全球能源市场的紧张关系和剧烈波动有关，这也严重影响了石油国家的经济稳定性。总的来说，以原材料供给为核心的国家难以保障经济发展的稳定性，当然，其中有一个例外情况：挪威，该国利用其石油和天然气生产的整个工艺流程中的研发成果①，创造了一个更加平衡的经济发展结构。

表 3　　　　　　　　　　　　　按国家划分的循环振荡范围

单位:%

国家	趋势波动	
	平均值	最大值
发达国家	2 ~ 5	4 ~ 11
发展中国家	3 ~ 9	6 ~ 30
新兴经济体	2 ~ 10	5 ~ 25
石油国家	3 ~ 33	7 ~ 72

表 4　　　　　　　　　　　　　45 个国家/地区的周期性振荡范围

单位:%

区域	国家	趋势波动	
		平均值	最大值
北美洲	美国	2.3	6.0
	加拿大	3.0	6.2
拉丁美洲	墨西哥	5.0	16.1
	巴西	6.2	19.0
	阿根廷	5.3	15.9
	委内瑞拉	5.7	21.9
西欧	大不列颠	4.3	11.0
	法国	1.9	4.1
	德国	1.8	4.1
	意大利	2.1	5.2
	荷兰	3.6	6.7
	瑞典	3.4	9.8
	挪威	2.7	7.3

---

① 在挪威，内部电力市场完全独立于石油和天然气生产，挪威约 97% 的发电来自水力发电。此外，其技术部门的多元化特点允许挪威公司参与各种技术复杂的项目（来自萨哈林和安哥拉等），并面向全球市场广泛地提供具有成本效益和较好质量的产品和服务。

续表

区域	国家	趋势波动	
		平均值	最大值
东欧	波兰	2.1	4.9
	匈牙利	4.0	10.2
	保加利亚	4.0	11.5
	罗马尼亚	4.9	14.2
亚洲	日本	2.7	8.7
	中国	5.8	14.3
	印度	2.3	5.8
	印度尼西亚	6.1	20.1
	马来西亚	3.8	12.9
	韩国	3.1	8.3
	泰国	5.4	15.8
欧亚大陆	俄罗斯	3.0	10.0
	乌克兰	6.7	16.5
	白俄罗斯	3.0	8.0
	摩尔多瓦	4.2	12.6
	亚美尼亚	8.7	20.2
	佐治亚州	4.5	11.2
	阿塞拜疆	9.5	21.9
	拉脱维亚	6.7	25.1
	立陶宛	4.8	16.2
	爱沙尼亚	6.4	18.0
近东地区	土耳其	3.9	10.2
	伊朗	12.7	55.6
	伊拉克	32.6	66.7
	沙特阿拉伯	10.6	38.0
	科威特	24.8	72.5
非洲	阿尔及利亚	8.9	29.9
	埃及	7.0	22.7
	尼日利亚	6.2	27.5
	南非	5.1	12.2
大洋洲	澳大利亚	1.6	6.1
	新西兰	3.3	9.8

（三）不对称性

通过观察经济周期的不对称性，我们了解到危机、萧条、复苏和增长等不同阶段的持续时间差异。根据实证研究，危机和增长阶段相对较快就会消失，萧条和复苏则需要很长一段时间。

基于循环发展过程的创新理论可知，任何创新都有一个生命周期，与其生命周期相对应，它在达到极限后不会保持在最高水平，该创新的市场潜力逐渐减少并成为历史，然后被新的创新取代。

创新被替代的例子比比皆是。以无线电的发展为例，在 20 世纪初，人们发明了阀门接收器，它在 20 世纪 50 年代让位于晶体管接收器，并且在 21 世纪之交再次被数字广播明确地替代。如今，阀门和晶体管接收器几乎没有需求。

考虑到给定创新的市场在达到极限高度之后逐步下降，图 1 中的图像体现了这一显著变化，生命周期的叠加导致不对称性的循环过程，如图 5 所示。

不对称可以被视为各种科学领域的关键概念，各种科学（生物学、人类学、密码学、社会学等）都在关注自然界和社会的不对称性。我们可以说完美对称是一种主观的理论建构，就像完美市场的范畴。实际上，在经济现实中，所有现象和过程或多或少都是不对称的。

例如，在经济方面，George Stigler（1961）提出的经济信息理论详细研究了不对称问题。1996 年，诺贝尔经济学奖由詹姆斯·莫里斯和威廉·维克里共同获得，正是因为他们对非对称激励经济理论的基本贡献。

为了模拟不对称循环过程，我们提出了两个类似锯齿的正弦函数：加法版本和乘法版本。

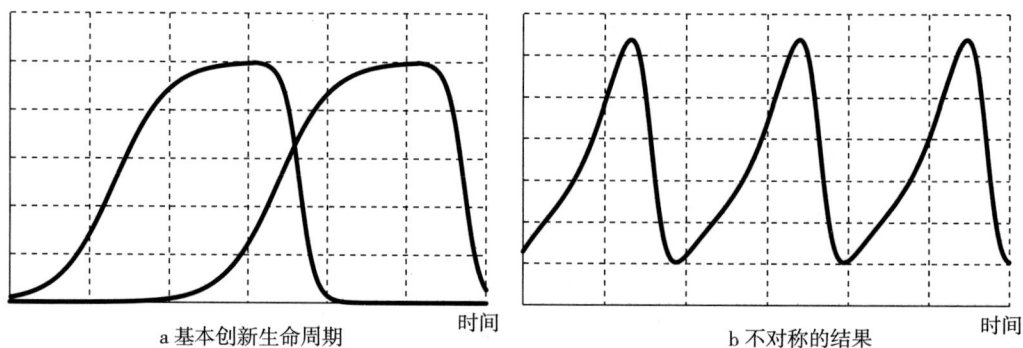

a 基本创新生命周期　　时间　　　　b 不对称的结果　　时间

图 5　不对称循环过程的发展

加法版本：

$$\dot{z} = d \cdot \sin\left\langle \frac{\pi}{2 \cdot \arctg(\frac{\Delta}{2})} \cdot \left\{ \arctg\left[\frac{1}{tg(\frac{\pi \cdot t}{p} - f)} - \Delta\right] - \arctg\left[\frac{1}{tg(\frac{\pi \cdot t}{p} - f)}\right] \right\} + \frac{\pi}{2} \right\rangle$$

$$(3)$$

乘法版本：

$$\hat{z} = d\sin$$

$$\left\langle \frac{\pi}{\left[\operatorname{arctg}(\frac{\Delta}{2})\right]^2 + \frac{\pi^2}{4}} \cdot \left\{ \operatorname{arctg}\left[\frac{1}{\operatorname{tg}(\frac{\pi \cdot t}{p} - f)} - \Delta\right] - \operatorname{arctg}\left[\frac{1}{\operatorname{tg}(\frac{\pi \cdot t}{p} - f)} - \right] - \frac{\pi^2}{4} \right\} + \frac{\pi}{2} \right\rangle$$

$$(4)$$

其中，d 幅度；p 循环周期；沿 X 轴移动 f；

Δ 为不对称；t 为时间论证。

为了衡量不对称水平，我们提出了一个特殊指标：

$$K_{as} = \begin{cases} 0 & \Delta = 0 \\ 1 - 2 \cdot \frac{\operatorname{arctg}(2/\Delta)}{\pi} & \Delta > 0 \\ -1 - 2 \cdot \frac{\operatorname{arctg}(2/\Delta)}{\pi} & \Delta < 0 \end{cases} \qquad (5)$$

该指标的值范围从 -1 到 $+1$。零值表征完美对称的情况，范围限制对应于极端不对称。

这些函数描述不同经济过程动态中的不对称循环。它们在循环的向上、峰值和向下阶段的模式形成方面不同。在动态过程处于类似的峰值和下降阶段时，加法形式是更好地表示循环函数的模型，其图形表示如图 6a 所示。在分析具有尖峰和快速下降的情况下，使用乘法形式的函数更成功地拟合了经济周期的数据，其图形表示如图 6b 所示。

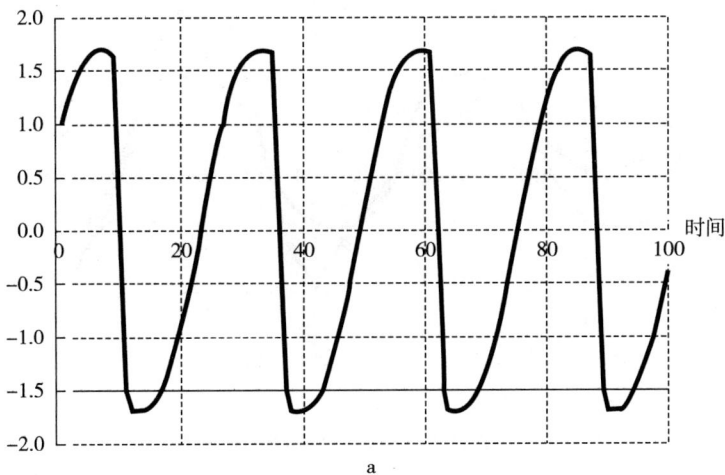

a

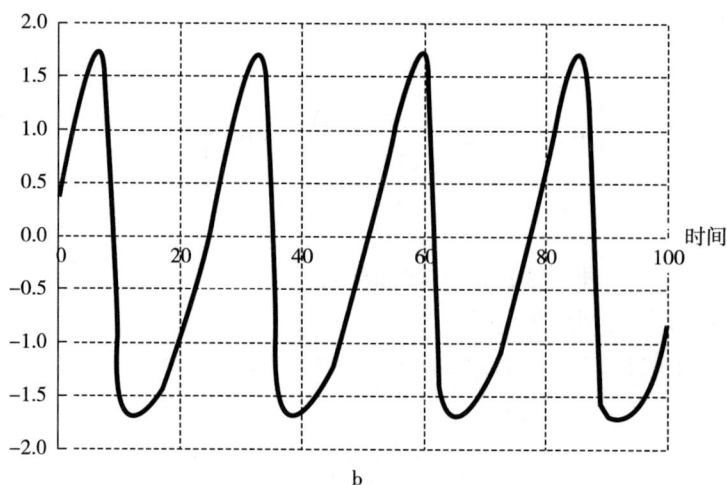

**图 6 不对称正弦函数的图形表示（a 加法形式由式（3）给出，
b 乘法形式由式（4）给出）**

　　让我们再仔细看看阿塞拜疆的情况，修改后的逻辑函数与该国的经济发展数据更为匹配，其 GDP 增长动态一目了然（见图 4）。在这种情况下，加法正弦函数更好地描述了 GDP 趋势偏差如图 7 所示。

　　通过以加法形式组合增长动态和趋势偏差两个部分，我们可以得出阿塞拜疆案例的 GDP 动态趋势的综合模型（见图 8）。

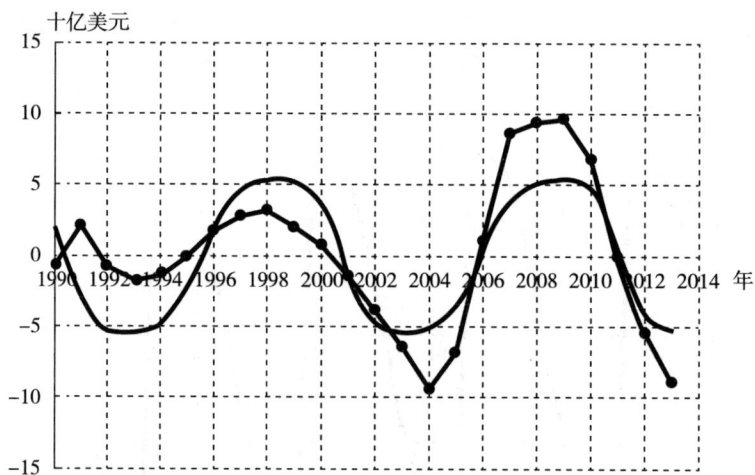

注：拟合参数 $p = 10.4$，$f = 2.5$，$\Delta = 0.31$，$d = 5.2$。

图 7 符合加法正弦函数的阿塞拜疆 GDP 趋势偏差

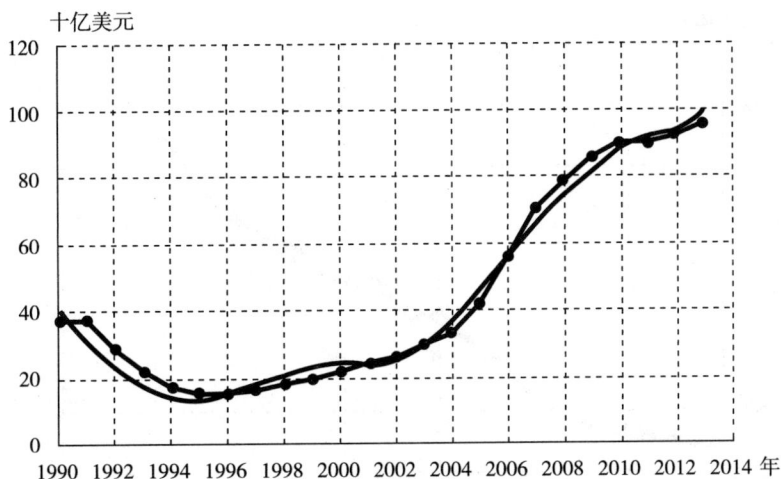

图 8 阿塞拜疆的 GDP 动态（趋势加周期性因素）的综合形式（$r^2 = 0.986$）

对于发展中国家，同样发现加法正弦函数的拟合效果最佳。图 9 显示了巴西国民生产总值趋势偏差的循环动态，用式（3）描述，图 10 是巴西 GDP 动态发展的综合模型。

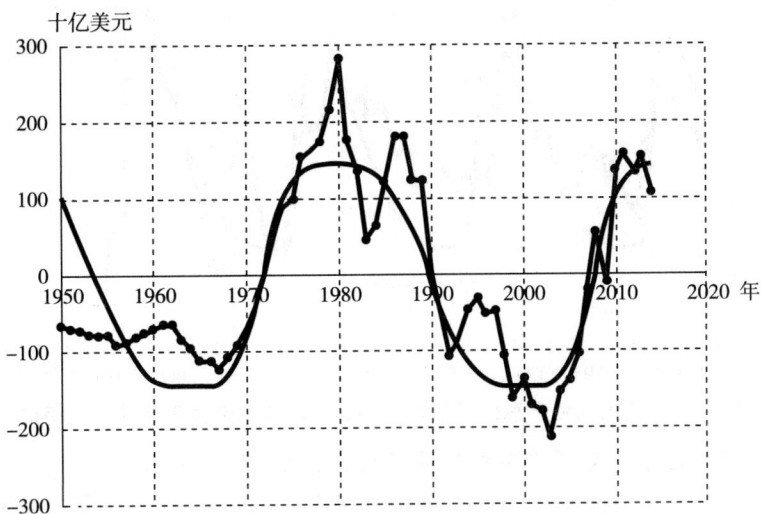

注：拟合参数 $p = 36$，$f = 2.65$，$\Delta = -0.5$，$d = 145$。

图 9 用加法正弦描述的巴西 GDP 趋势偏差的循环动态功能

对于发达国家的异步循环 GDP 增长动态，我们发现乘法公式更好地描述了过去 100 年的经济振荡行为。例如，图 11 展示了英国的 GDP 增长动态，它适宜于不对称函数的乘法形式。

十亿美元

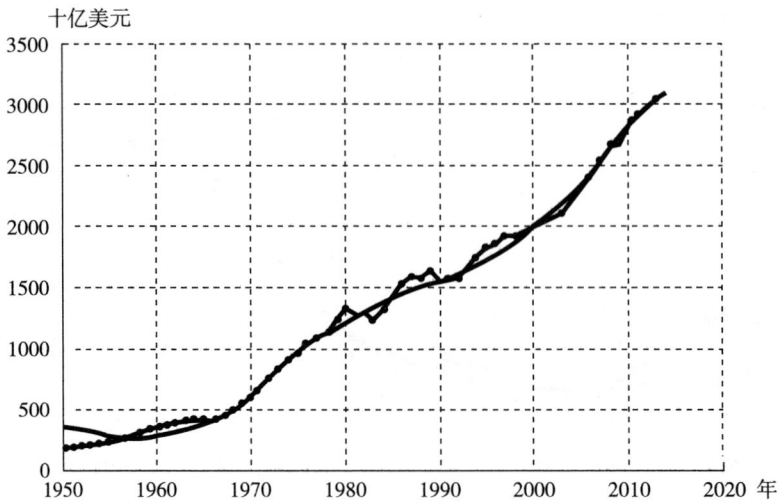

图 10 巴西 GDP 动态（趋势加周期性因素）的综合形式（$r^2 = 0.988$）

十亿美元

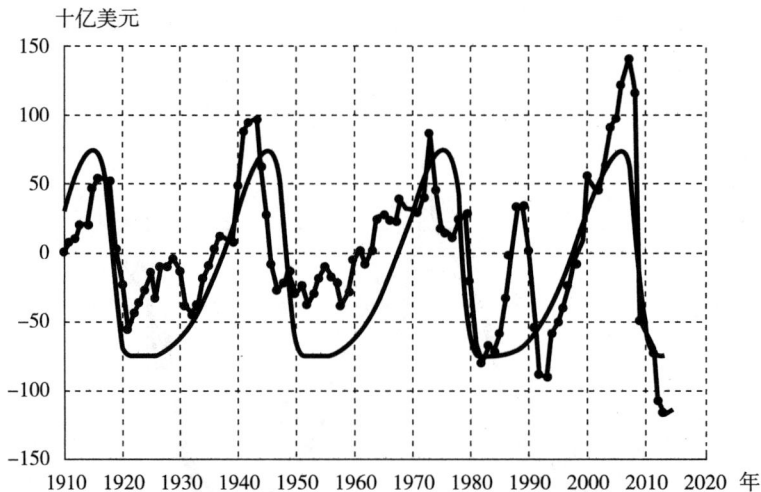

图 11 英国国内生产总值趋势偏差的循环动态：适宜于乘法正弦函数

不对称循环过程是许多经济变量的典型特征，如图 12 所示。

图 12 显示全球一次能源生产的循环趋势偏差符合乘法正弦函数，值得注意的是，此图清晰地显示经济长波（康波）周期约为 40 年，从中可以推断出技术范式转换的典型周期。图 12 显示了从第四个到第五个技术范式（1970）和第五个到第六个技术范式（2009）的过渡点。Rumyantseva（2003）观察到，在每个技术范式的初期，能源生产呈现爆发式增长态势，然后急剧下降，随后的逐步恢复以及向下一个范式过渡。在这张图中值得注意的、有趣的一点是 2008—2009 年的能源产量急剧下降，这可能是由于此时的全球大萧条造成的，但接下来几年很快恢复，这显然使次贷危机得到了遏制，经济恢复了增长趋势。

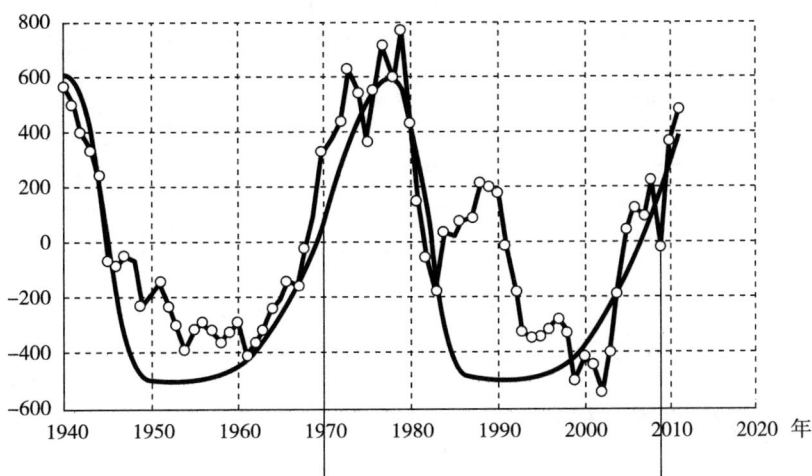

图 12　全球能源生产循环趋势偏差符合乘法正弦公式

在某些情况下，可以观察到反向不对称，其中下降阶段的持续时间显著超过增长期。在这里，我们可以用美国失业率的循环动态来举例说明，如图 13 所示。

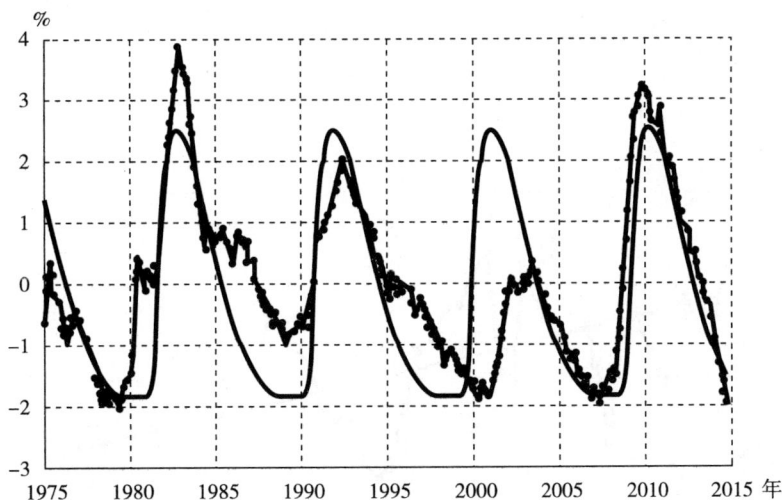

图 13　美国失业率的循环动态

对表 2 列出的 30 个国家的 GDP 动态进行的实验计算表明，不对称循环过程是所有类型经济体的共同规则，这一规律与各国的经济发展水平无关。最大的不对称水平（Kas）来自最大的经济体：美国，造成这种情况的原因之一可能在于美国的金融部门在其国内生产总值中占很大份额，从经济性质来看，它迅速而剧烈地响应市场条件的变化。另外，可以看到，各大洲 GDP 动态的不对称系数变化很大，如表 5 所示。

表5   **各大洲 GDP 周期不对称性**

大洲	不对称系数 K_{as} 的平均值
美洲（含北美洲和拉丁美洲）	0.53
欧洲	0.39
亚洲	0.50
大洋洲	0.29

在北美洲和拉丁美洲的大多数国家，不对称系数相对较高，而在欧洲大陆国家，经济周期循环过程更为平稳。在遥远的大洋洲国家观察到最低的不对称水平。

三、线性趋势的循环偏差

为了证明本文研究方法的普适性，我们将其应用于一些经济变量，这些变量在观察到的时间跨度内不一定呈现明显的趋势性规律，但可以很好地拟合为线性（增加或减少）周期的振荡变化。

第一个例子，图 14、图 15 和图 16 显示了过去 50 年来北美地区投资过程动态分析的结果（来自世界银行的数据）。图 14 显示了总资本（用占 GDP 的百分比来表示）形成的线性下降趋势（$Y = a - bt$）；图 15 显示了与加法正弦函数拟合的趋势偏差，图 16 显示了趋势加上循环分量的最终结果。

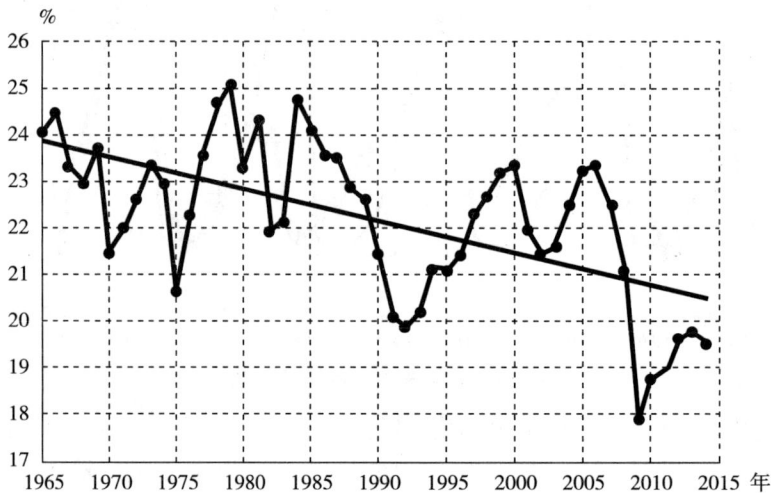

注：拟合参数 $a = 24.24$，$b = 0.07$。

图 14   过去 50 年北美总资本形成的线性下降趋势

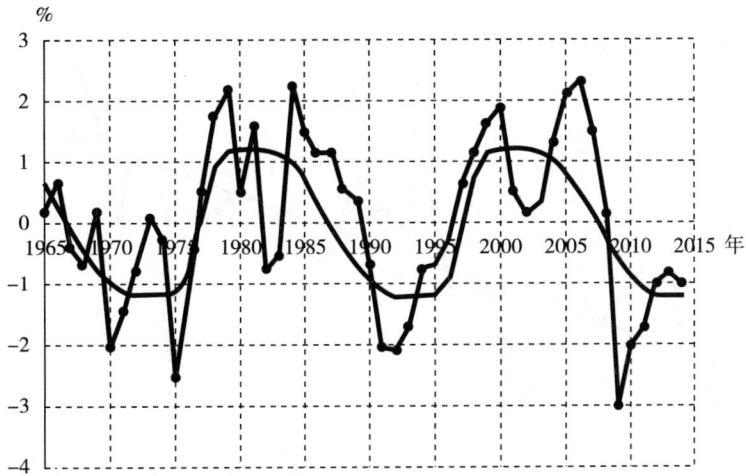

注：拟合参数 $p = 20$，$f = 3.3$，$d = 1.2$，$\Delta = -1$。

图 15　符合加法正弦函数的北美总资本形成趋势偏差

　　第二个例子，我们提出了一个与欧洲国家的贸易量相关的完全不同的经济变量的结果。图 17、图 18 和图 19 显示了过去 55 年中对葡萄牙的外贸（商品和服务出口占 GDP 的百分比）的研究结果（来自世界银行的数据）。按照与前一种情况相同的顺序，图 17 显示了线性增加趋势（$Y = a + bt$），图 18 显示了周期性趋势偏差，这一阶段符合乘法正弦函数，图 19 显示了线性趋势加周期性成分的最终结果。

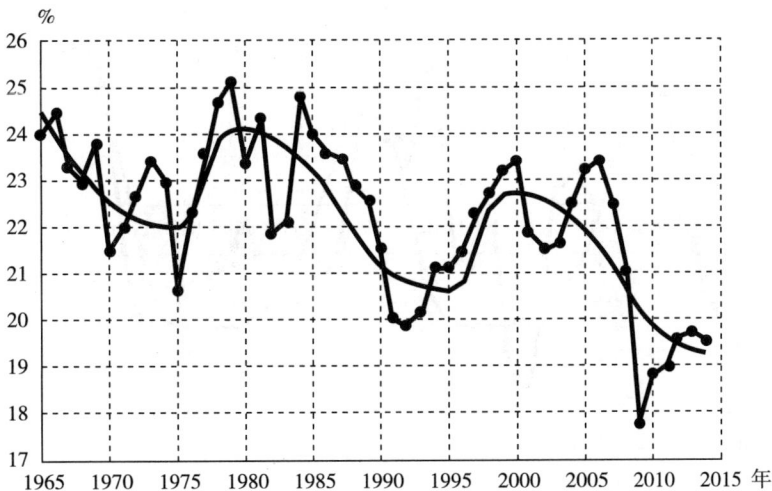

图 16　北美的总资本形成的综合形式（趋势加周期性成分）（$r^2 = 0.781$）

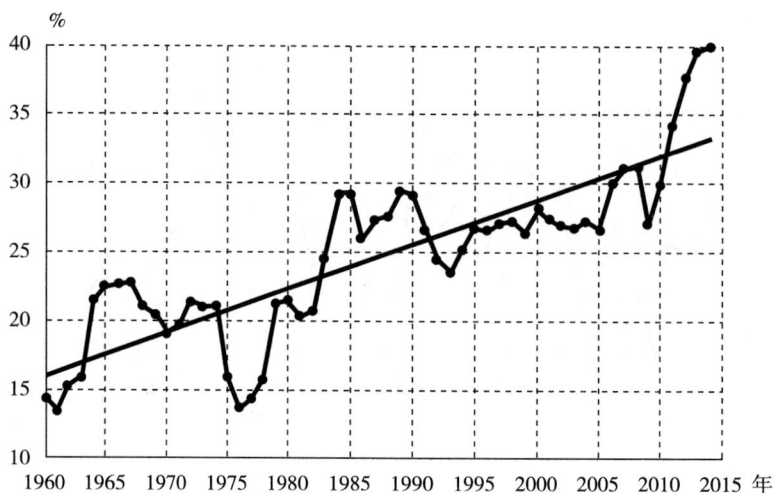

注：拟合参数 $a = 15.7$，$b = 0.032$。

图 17　葡萄牙过去 55 年对外贸易（商品和服务出口）的线性增长趋势

从这两种情况可以看出，我们提出的非对称经济周期模型完美地描述了各种不同的经济变量，如资本形成或外贸趋势等。值得注意的是，在分析这两种情况时发现了一个共同点：两者都揭示了经济周期呈现库兹涅茨式周期，周期大约为 25 年。请注意，这一事实证明了模型的多功能性，可以预测用来拟合经济变量的未来趋势。

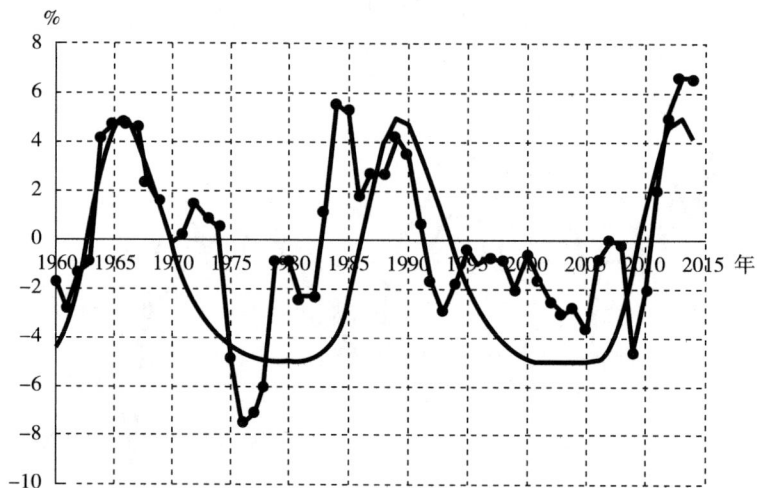

注：拟合参数 $p = 24$，$f = 0.9$，$d = 5$，$\Delta = -0.7$。

图 18　葡萄牙外贸趋势的趋势偏差符合乘法正弦函数

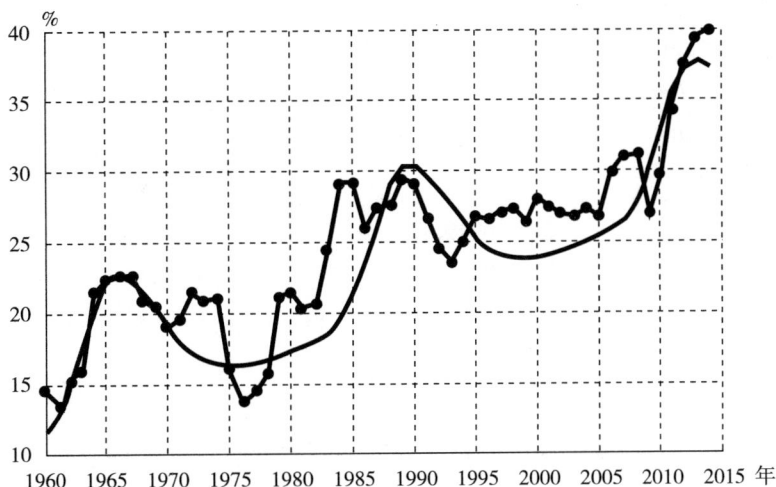

图 19 葡萄牙对外贸易的综合形式（趋势加周期性因素）（$r^2 = 0.693$）

四、结论

经济周期理论的学术文献汗牛充栋，现有模型将这些周期视为均衡或非均衡过程。当假设周期是由经济系统的外生随机因素引起时，例如，政府干预、货币当局的干预、技术的实施等，考虑到经济周期动态的均衡属性。在这些情况下，周期被视为需求和价格的波动过程，即在市场均衡的游荡搜索过程中发生的暂时现象。这种方法主要适用于经济周期的新古典和货币解释。但是，在分析经济周期的详细机制并且与经济产业结构的变化相关的情况下，创新的实施被认为是经济周期的内生规律，基于此，经济循环过程被认为是非平衡的。在本文中，我们认为经济周期具有复杂开放式系统的非平衡过程特征，其中技术和行业转变是关键的发展因素。

立足全球视角，我们对经济循环动力学的三个关键参数进行了广泛的统计分析：周期性、幅度和不对称性。本文的研究结果表明，不同国家经济周期的平均周期性差异很大。此外，我们发现，大多数发达国家的经济周期持续时间缩短，而在发展中国家的经济周期各阶段的持续时间较长。这意味着科学和技术进步对发达国家经济周期的持续时间有更大的影响，并且从全球来看，各国的循环过程存在显著的不同步。另外，我们的研究结果表明，发展中国家的经济周期的振荡幅度高于发达国家。与此同时，美国作为全球主要经济体，其经济周期具有最大的不对称性。考虑到美国在全球经济发展中的作用，需要进一步研究这一事实，以了解周期的真实性并制定适当的经济政策。

总的来说，经济周期的不对称问题需要进行更深入的分析。我们将周期不对称与经济是一个复杂的开放式系统这一事实联系在一起，这种系统呈现显著的协同行为。作为一个复杂的开放式系统，经济与社会经济领域的其他系统相互作用，这种相互作用促使它在每个经济周期中向引力场的均衡方向发展。这种运动是非线性的，并伴随着整个经济周期循环的下降和成长阶段。信息不对称是不对称行为的原因，即经济周期幅度的深度和高度的差异，以及增长和下降速度的差异，这种现象在经济学中尚未得到很好的研究。传统的文献使用简单的正弦函数来描述和建模经济周期，但这种表示是粗略和不准确的。为了作出决策和预测未来情景，模型必须与经济周期的实际动态相对应。

我们提出了一个解决这个问题的模型，该模型应用不对称经济周期模型，适应不同的增长和下降阶段的实际经济周期，并考虑了增长期与衰退期的各种比率以及各种幅度。本文的实证结果表明，我们所提出的方法非常适宜于描述经济周期的真实动态，因此有助于进行预测，也有助于分析经济系统的状态，这些结果证实了分析经济系统运行状态的可能性。

考虑到全球经济和个别国家的周期是不同步的，并且持续时间和幅度不同（Akaev 等，2012），我们认为本文所提出的方法为更精确地分析和预测经济变量工具以及更充分地分析全球经济的周期循环动态奠定了基础。

参考文献

［1］ Akaev, A. A., Rumyantseva, S. Y., Sarygulov, A. I., & Sokolov, V. N. (2011). *Ekonomicheskiye tsykly i ekonomicheskiy rost*［Economic cycles and economic growth］（p. 456）. Saint Petersburg：Publishing house of the Polytechnical University.

［2］ Akaev, A. A., Rumyantseva S. Y., Sarygulov, A. I., & Sokolov, V. N. (2012). Prichiny dlinnykh voln i problema neravnomernogo ekonomicheskogo razvitiya mirovoy ekonomiki, Kondratievskiye volny：aspekty i perspektivy［Causes of long waves and issue of uneven economic development of global economy. In A. A. Akaev, R. S. Grinberg, L. Y. Grinin, A. V. Korotaev, S. Y. Malkov（Eds.）, Kondratieff waves：Dimensions and prospects（p. 384—pp. 110 – 136）. Volgograd：Uchitel Publishing House（In Russian）.

［3］ Aoki, M. (1996). *New approaches to macroeconomic modeling：Evolutionary stochastic dynamics, multiple equilibria, and externalities as field effects.* New York：Cambridge University Press.

［4］ Aoki, M. (1998). Simple model of asymmetrical business cycles：Interactive dynamics of a large number of agents with discrete choices. *Macroeconomic Dynamics*, 2, 427 – 442.

［5］ Aoki, M. (2001). Asymmetrical cycles and equilibrium selection in finitary evolutionary economic models. In L. F. Punzo（Ed.）, *Cycles, growth and structural change* (pp. 203 –218). London, NY：Routledge.

［6］ Arestis, P. (1988). Post-Keynsian monetary economics. Aldershot：Brookfield.

［7］ Arestis, P. (2009, May). New consensus macroeconomics: A critical appraisal. Working Paper No. 564. Annandale-on-Hudson: The Levi Economics Institute of Bard College.

［8］ Buhm, B. , & Punzo, L. F. . (2001). Productivity-investment fluctuations and structural change. In L. F. Punzo (Ed.), *Cycles, growth and structural change* (pp. 47 – 92). London, NY: Routledge.

［9］ Delbeke, J. (1985). Long-term trends in Belgian money supply, 1877 – 1984. In T. Vasko (Ed.), *The long wave debate*. Berlin: Springer.

［10］ Devezas, T. C. (2010). Crisis, depressions, expansions—Global trends and secular analysis. *Technological Forecasting and Social Change*, 77, 739 – 761.

［11］ Devezas, T. C. , & Corredine, J. (2002). The nonlinear dynamics of techno-economic systems: An informational interpretation. *Technological Forecasting and Social Change*, 69, 317 – 357.

［12］ Dosi, G. (1991). *Diffusion of technologies and social behaviour* (N. Nakicenovic, A. Grubler, eds.). Berlin: IIASA, Springer.

［13］ Friedman, M. , & Friedman, R. (1962). *Capitalism and freedom*. Chicago: University of Chicago Press.

［14］ Friedman, M. , & Schwartz, A. J. (1982). Monetary trends in the United States and the United Kingdom: Their relations to income, prices and interest rates, 1869 – 1975. Chicago: University of Chicago Press.

［15］ Gladkikh, I. P. (2014). Institutsional'nye podkhody i osobennosti dlinnykh voln v postindustrial'noi ekonomike ［Institutional approaches and specific features of long waves in postindustrial economy］. In L. Y. Grinin, A. V. Korotaev (Eds.), Kondrat'evskie volny: dlinnye i srednesrochnye tsikly ［Kondratieff waves: Long and medium length cycles］ (pp. 276 – 319). Volgograd: Uchitel (in Russian).

［16］ Glaziev, S. Y. (1990). Ekonomicheskaya teoriya tekhnichekogo razvitiya ［Economic theory of technological change］ (p. 230). Moscow: Nauka (in Russian).

［17］ Glaziev, S. Y. (2009). Mirovoy ekonomicheskiy krizis kak protsess smeny tekhnologicheskikh ukladov ［The global economic crisis as a process of changing technological structures］. *Voprosy ekonomiki*, 3, 26 – 38 (in Russian).

［18］ Goldstein, J. S. (1988). *Long cycles: Prosperity and war in the modern age*. New Haven: Yale University Press.

［19］ Haken, H. (1980). *Sinergetika* ［Synergetics］ (p. 460). Moscow: MIR.

［20］ Hansen, A. (1959). *Business cycles and national income*, 1951. Moscow: Izdatelstvo inostrannoy literatury.

［21］ Harrod, R. (1959). *Towards a dynamic economics. Some recent developments of economic theory and their application to policy*, 1956. Moscow: Izdatelstvo inostrannoy literatury.

[22] Hirooka, M. (2006). *Innovation dynamism and economic growth. A nonlinear perspective.* Cheltenham: Edward Elgar.

[23] Juglar, C. (1862). *Des Crises commerciales et leur retour periodique en France, en Angleterre, et aux Etats-Unis.* Paris: Guillaumin.

[24] Keynes, J. M. (2007) *General theory of employment, interest and money*, 1936 (p. 960). Moscow: Exmo.

[25] Kitchin, J. (1923). Cycles and trends in economic factors. *Review of Economics and Statistics*, 5 (1), 10 – 16.

[26] Kleinknecht, A. (1987). *Innovation patterns in crisis and prosperity: Schumpeter's long cycle reconsidered.* London: Macmillan.

[27] Knyazeva, Y. N., & Kurdyumov, S. P. (2002) Osnovaniya sinergetiki. Reghimy s obostreniem, samoorganizatsiya, tempomiry [Foundations of synergetic: Blow-up regimes, selforganization, tempoworlds] (p. 414). Saint Petersburg: Aletheia.

[28] Kondratieff, N. D. (1922). Mirovoe khozyaystvo i ego kon'yunktura vo vremya i posle voyny [The world economy and its conjunctures during and after the War]. Vologda: Regional Branch of the State Publishing House (in Russian).

[29] Kondratieff, N. D. (1925). Bol'shie tsikly kon'iunktury [Major cycles in conjuncture]. *Voprosy kon'yunktury* [Issues of Conjuncture], I (I), 28 – 79 (in Russian).

[30] Kondratieff, N. D. (1928). Bol'shie tsikly kon'yunktury [The major cycles of the conjuncture]. Moscow: Economika (in Russian).

[31] Kondratieff, N. (1935). The long waves in economic life. *Review of Economic Statistics*, 17 (6), 105 – 115.

[32] Korotayev, A. V., & Tsirel, S. V. (2010). Kondrat'evskie volny v mirovoi ekonomicheskoi dinamike [Kondratieff waves in world economic dynamics]. *In Sistemnyi monitoring. Global'noe i regional'noe razvitie* [System monitoring. Global and regional development] (D. A. Khalturina, A. V. Korotaev, Eds.) (pp. 189 – 229). Moscow: Librokom/URSS (in Russian).

[33] Korpinen, P. (1985). *A monetary model of long cycles.* In T. Vasko (Ed.), The long wave debate. Berlin: Springer.

[34] Kuznets, S. (1926). *Cyclical fluctuations, retail and wholesale trade.* United States. 1919 – 1925. New York: Adelphi.

[35] Lucas, R. E. (1977). Understanding business cycles. In A. H. Meltser (Ed.), *Stabilisation of the domestic and international economy.* Amsterdam: North Holland.

[36] Lucas, R. E. (1987). *Models of business cycles.* Oxford: Basil Blackwell.

［37］Maddison, A. (2010). Historical statistics of the world economy. Retrieved January 8, 2015, from http：//www. ggdc. net/MADDISON/oriindex. htm.

［38］Mensch, G. (1973, January). *Theory of innovation.* Berlin：International Institute of Management.

［39］Mensch, G. (1979). *Stalemate in technology—Innovations overcame the depression* (G. Mensch, Ed.). New York：Ballinger.

［40］Metcalfe, S. (2007) Replicator dynamics, Elgar companion to Neo-Schumpeterian economics (H. Hanusch, A. Pyka, Eds.) (pp. 440 – 452). Cheltenham：Edward Elgar.

［41］Mitchell, W. C. (1959). Business cycles and their causes. University of California Press, Los Angeles.

［42］Modelski, G. (1987). *Long cycles in world politics.* London：Macmillan.

［43］Nakicenovic, N. (1987). *Transportation and energy system in the US//WP – 87 –* 1. Laxenburg：IIASA.

［44］Osipov, Y. M. , & Shurgalina, I. N. (1994). *Perekhody i katastrofy*：*opyt sotsialnoekonomicheskogo razvitiya* [Transitions and catastrophes：Social and economic development] (p. 192). Moscow：Izdatelstvo Moskovskogo Universiteta.

［45］Ostapenko, V. M. (2013). Sovremenniy meinstrim i politicheskaya ekonomiya：spetsifika issledovaniya ekonomicheskikh krizisov, Natsionalniye ekonomiki v globalnom mire：politicheskaya ekonomiya i ekonomicheskaya politika. In A. V. Buzgalin, M. I. Voeykov, M. O. Yu. , V. T. Ryazanov (Eds.), *Materialy Pervogo Mezhdunarodnogo politekonomicheskogo kongressa* [Modern mainstream and political economy：Specifics of studies of economic crises], National economies in the global world：political economy and economic policy. Materials of the First international political and economic congress (Vol. 2, p. 552, pp. 490 – 493). Moscow：Lenard (in Russian).

［46］Preskott, E. , & Kudland, F. (1982). Time to build and aggregate fluctuations. *Econometrika*, 50, 1345 – 1371.

［47］Prescott, E. , & Kudland, F. (1990). Business cycles：Real facts and monetary myth. FRB Minneapolis Quarterly Review, Available at：http：//www. nber. org/.

［48］Prigogine, I. & Stengers, I. (1986) Order out of chaos：Man's new dialogue with nature (V. I. Arshinov, Y. L. Klimontovich, Y. V. Sachkov, Trans. , Ed.) (p. 432). Moscow：Progress.

［49］Rumyantseva, S. Y. (2003). Long wave in economy：Multifactor analyses. Saint-Petersburg：St. Petersburg University Publishing House (in Russian).

［50］Sargent, T. J. (1986). *Rational expectations and inflation.* New York：Harper and Row.

［51］ Shumpeter, J. (1912). Theorie der wirtschaftlichen Entwicklung: Nachdruck der 1. Auflage von.

［52］ Shumpeter, J. (1939). *Business cycles: A theoretical, historical and statistical analysis of the capitalist process* (Vol. 1). New York: McGraw-Hill.

［53］ Solomou, S. (1990). *Phases of economic growth* 1850 – 1973. Cambridge: Cambridge University Press.

［54］ Solomou, S. (2001). Economic cycles since 1870, cycles, growth and structural change (L. F. Punzo, Ed.) (pp. 3 – 26). London: Routledge.

［55］ Soto, J. H. (2008). Money, bank credit, and economic cycles (Kuryaev, A. V. , Trans.) (p. 663). Chelyabinsk: Sotsium.

［56］ Stigler, G. J. (1961). The economics of information. *Journal of Political Economy*, 69 (3), 213 – 225.

［57］ The Conference Board Total Economy Database (2014). Retrieved January 8, 2015, from http: //www. conference-board. org/data/economydatabase.

［58］ Tsvetkov, V. A. (2013). Tsykly i krizisy. Teoretiko-metodologicheskiy aspekt [Cycles and crises. Theoretical and methodological aspects] (in Russian). Saint Petersburg: Valeri.

［59］ Tugan-Baranovsky, M. I. (1997). *Periodicheskiye pormyshlenniye krizisy. Istoriia angliiskikh krizisov. Obshchaia teoriia krizisov* [Periodic industrial crises. History of english crises. General theory of crises]. Moscow: Nauka.

［60］ Van Duijn, J. J. (1983). *The long wave in economic life.* London: George Allen & Unwin.

［61］ Vasko, T. (1985). The long wave debate. Berlin: Springer.

［62］ Verick, S. , & Islam, I. (2010) The great recession of 2008 – 2009: Causes, consequences and policy response. Discussion paper No. 49 – 34. Bonn: IZA.

［63］ Woodford, M. (2010). Convergence in macroeconomics: Elements of the new synthesis. *Voprosy economiki*, No. 10, pp. 17 – 30.

［64］ Yakovets, Y. V. (1999). *Tsycly. Crizisy. Prognozy* [Cycles. Crises. Forecasts]. Moscow: Nauka.

［65］ Zamulin, O. (2005) Kontseptsiya realnikh ekonomicheskikh tsyklov i eyo rol'vevolutsii makroekonomicheskoy teorii [The concept of real economic cycles and its role in evolution of macroeconomics]. *Voprosy economiki*, No. 1.

宏观经济结构变化评价的现代趋势

Igor A. Yevsikov[①]   Konstantin O. Korovin[②]   Askar I. Sarygulov[③]

摘要：社会经济系统的演化是非线性的，包含逐渐变化的时期和迅速转型的时期。在 2007—2009 年的全球危机结束 7 年后，美国和欧洲经济体的经济复苏率仍然很低。其中一个原因是结构性经济危机往往需要大量时间和大量财政资源才能克服并恢复。在危机爆发之初，世界上所有的发达经济体（特别是美国）都有明显的结构性异常变迁，尤其是金融体系和银行业的比例失调。在本文中，我们基于吸引子理论，使用比例因子和 Wold-Mensch 的非线性模型提出了评估结构变化的新方法。本文的结果可以用来构建经济结构变化监测系统，而且我们证明了经济系统中始终存在某些生产量（GDP）超过经验值的异化状态。本文提出的结构变化监测系统不仅可用于研究目的，还可用于管理经济结构转换。

关键词：工业和技术结构　非线性吸引子　结构监测系统

一、简介

在 20 世纪最后十年和 21 世纪初，工业化发达国家经济进步的特点是经济增长率极低。1947—1982 年是全球经济快速增长过程中所谓的黄金岁月，当时极高的劳动生产率的增长如今一去不复返。以拥有巨大国内市场的中国和印度为例，其快速发展的高新技术产业日益成为世界经济发展的引擎。全球化进程不仅促进了经济边界的开放，而且使许多国家都能便捷地获取信息和通信技术的最新成就。这也显著改变了信息交流的速度和合作与贸易关系的格局。定性地说，技术和产业结构已经成为现代经济发展的另一个主要特征。新工业和技术平台的基础性创新尚未成为投资者密切关注的对象。这些现象都是在近期经常出现的危机和结构失衡的背景下发生的。

创新和新技术不断改变产业结构，微观层面上的结构变化逐步积累并最终改变整个经济工业组织。所谓"市场看不见的手"并不总是向经济实体提供适宜投资的地点、时间和数量的正确信号，这也为结构性失衡的积累创造了先决条件。而针对新产品、新客户要求、新技术、新管理方法等关于公司投资策略的正确时间和行业发展结构性

---

① Igor A. Yevsikov，圣彼得堡国立建筑与土木工程大学。
② Konstantin O. Korovin，圣彼得堡彼得大帝理工大学。
③ Askar I. Sarygulov，圣彼得堡国立建筑与土木工程大学。

准备却至关重要。

仅从在第二次世界大战后的 1945—2009 年，美国经济就经历了 11 次不同的危机。最具破坏性的是 20 世纪 70 年代中期和 2007—2009 年的次债危机，整个经济体系的结构性失衡加剧了经济衰退。因此，20 世纪美国经济增长最长的时期是 1991—2001 年（恰好是十年）。这种发展的稳定性主要归功于技术因素（尤其是信息和通信技术领域的繁荣）促进了金融市场的发展，提供了劳动生产率的持续增长并创造就业机会。然后，随后发生的信息技术领域的危机遏制了新一轮发展浪潮。2007—2009 年的次债危机不仅是金融领域存在泡沫，而且也是由某些行业（金融、服务业）占比过高与工业发展的异质性导致的国家经济失衡的必然结果。

二、结构变化研究技术

现代经济调查的主要特征是严格区分宏观和微观经济研究。事实上，宏观和微观两个系统相互影响，它们的联合互动定义了经济趋势和系统振荡。在长期的经济发展过程中，人们必须找到一个二者相互作用的关键环节，以自然的方式将宏观微观两个层面联系起来。事实上，经济体系的结构可以作为二者联系的纽带。由于结构变化的动态是由经济主体本身的经济活动预先确定的，企业家的新思想及其新的动作成为变革的关键因素。一种情况下，企业家观察到了新产业的创新和发展并辅以相应的动作，而在相反情况下就会导致停滞不前和消亡。但事实上，衰退阶段往往是由经济主体商业活动的急剧下降引发的，而增长阶段由两个因素，即企业家创新思想的成功商业化以及国家的干预（制度改革）来共同驱动。

结构变化一直以来就是经济学家感兴趣的研究议题。例如，Clark（1957）进行了开创性的研究，他是第一个提出并成功预测服务业爆炸性增长的人。在 20 世纪 40 年代和 50 年代，Leontief 根据成熟的"投入—产出"模型描述了美国经济结构的变化动态（Leontief，1941；1953），他提出的这项技术后来被广泛应用（Carter，1970；Sonis 等，1996；Guo 和 Planting，2000）。在"投入—产出"模型的帮助下，Dasgupta 和 Chakrobarty（2005）研究了 1950—2000 年印度经济的工业化转变。在三部门模型［高强度初级、高强度技术、经济结构剧烈变化领域（英国—澳大利亚经济学家克拉克"资本—劳动"密集型领域）］的 72 个行业的聚合分析的基础上，估计了产业结构变化的相互影响。Kahrl 和 Roland－Hors（2009）提出了能源部门结构变化的基础矩阵，以及基于逻辑函数的新技术（核能）扩散过程的估算及其与投入成本中技术系数的关系矩阵。这类模型也被广泛用于分析不同类型经济体的结构转型过程（Kei－Mu 和 Zhang，2010）以及技术进步与两部门经济储蓄率之间的关系分析（Laitner，2000），再如最近也有关于 1975—2000 年东亚和东南亚五国（印度尼西亚、韩国、马来西亚、菲律宾、泰国）的经济结构和部门变化研究，该研究是以工业间平衡模型为基础（Haraguchi 和 Rezonja，2010）。

20 世纪 80 年代后期，一群苏联经济学家在差异指标的基础上分析了西欧经济结构的演变变化（Kuznetsov，1988）。在结构变化的衡量指标（Natuhara，2008）的基础上，提出了类似的方法来分析日本经济的结构变化。V. V. Kossow（1975）提出了用于估计工业结构变化的空间几何模型，该模型在后来者的相关研究中不断发展（Butina，1980；Minasyan，1983；Spasskaya，2003）。类似的方法被广泛用于联合国的实践（工业与发展组织，1985）。Barkhin 和 Chesnokov（1983）提出了一种模型，采用新的方法来测量经济发展一定时间间隔内的结构变化。

针对经济结构变化的现代调查逐步扩展到一些个体细节，科学家在针对个体因素的调查方面作出重大努力来确定结构变化的模式和方向。许多研究的目的在于寻找经验数据证明一些特定研究方法的有效性，或者在构建模型时能够选择更多的研究工具。其中一个重要的研究方向是国家经济的回顾性结构分析和国家集团的工业和技术结构预测汇编（经合组织国家、金砖国家、二十国集团）。相关的研究方向还包括对外贸易对结构变化的影响、结构变化引起的周期长度变化、劳动力市场动态及其对结构变化的影响、国民经济开放程度及其结构变化的研究等（Gaston 和 Nelson，2004；Oulton 和 Srinivasan，2005；Iiduka，2007；Industrial Development，2007；Nickell 等，2008；Memedovic，2009；Robson，2009；Varum 等，2009；Carroll，2012；Gawrycka 等，2012；Thompson 等，2012；Wang 和 Zhou，2014；Green 和 Stern，2015；Naude 和 Szirmai，2015）。在研究经济结构变化时，通常认为不同行业的技术发展不均匀性和消费者的不平等偏好是主要原因。许多以企业和公司层面的创新、管理体系和发展战略为研究对象的微观经济学分析已经证实了这一点。

从本文的观点来看，大量的研究并不能保证获得结果广泛应用的准确性。我们认为，立足实际需求，必须建立一个结构变化的宏观经济监测系统，这将实施一个三阶段的程序：第一阶段，估计结构变化的方向；第二阶段，估算经济的工业和技术结构；第三阶段，估计现有经济结构的不平衡程度，并制定纠正措施。下面，让我们简要描述这样的系统。

三、基于吸引子的结构变化方向估计

非均衡只是经济系统的基本属性，如同均衡一样，经济系统的均衡属性允许从全局的一致性方向确定一组优化组合。虽然均衡状态是经济系统平稳存在的必要条件，但非均衡状态是向经济系统获得更高水平的组织和生产力的新状态过渡的必要时刻。当系统失去功能稳定性时，才会出现形成新的有效结构的自组织过程。

在研究复杂而且动态变化的经济系统时，确定系统的稳定点非常关键。典型的动态系统中的某一组决定了发展方向。吸引子是这类研究的成熟数学工具[①]。荷兰数学家

---

① 吸引子是微积分和系统科学论中的一个概念。一个系统有朝某个稳态发展的趋势，这个稳态就叫作吸引子。吸引子分为平庸吸引子和奇异吸引子。例如一个钟摆系统，它有一个平庸吸引子，这个吸引子使钟摆系统向停止晃动的稳态发展。平庸吸引子有不动点（平衡）、极限环（周期运动）和整数维环面（概周期运动）三种模式。只要系统尚未到达目的态，现实状态与目的态之间必定存在非 0 的吸引力，牵引着系统向目的态运动。

（Ruelle 和 Takens，1971）已经证明存在奇怪吸引子，奇怪吸引子是耗散系统混沌现象的重要特征，描述复杂系统的数学图像。任何自组织的综合系统都有自己的吸引子，内部和外部的所有初始条件在系统向目标移动期间保持稳定。然而，在自然条件下，在吸引途中系统会经历一些随机或特定事件而立即改变吸引目标。吸引子的主要特点是它使系统的未来或目标状态恒定。吸引子理论允许洞察可预测性和基本不可预测性的现象，提供对系统的概率、混沌行为的理解，这是由非线性系统本身的性质决定的。

为了研究宏观经济系统的结构变化，我们使用吸引子理论中最简单的两个方程式，逻辑函数可以写成如下。

附加值的动态：

$$\tilde{y} = \frac{A}{1 + b \cdot e^{-c \cdot t}} \tag{1}$$

份额比例的动态：

$$\delta = \frac{A}{1 + b \cdot e^{-c \cdot t}} + \lambda \tag{2}$$

以下步骤分别是动态系统的相平面和吸引子的构造。

图 1 中 a 是产量的变化，b 是行业在增加值中的比例动态，c 是具有吸引子的相平面本身。

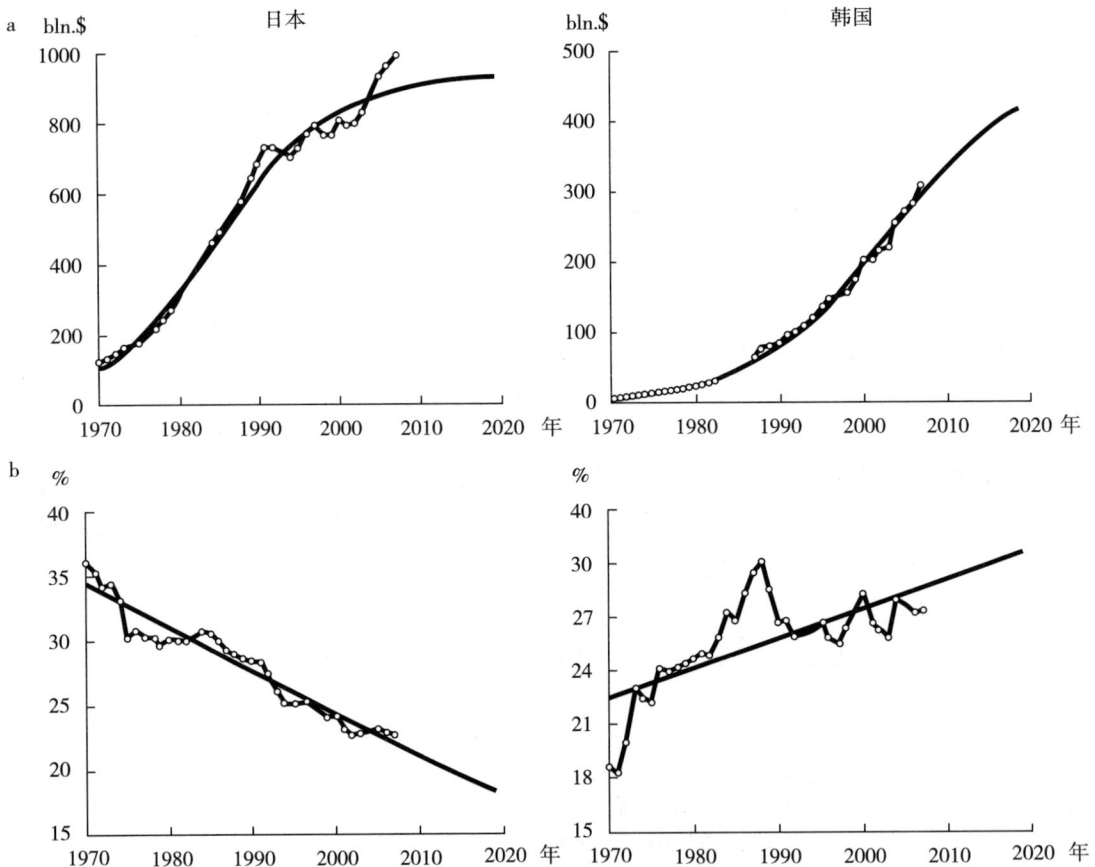

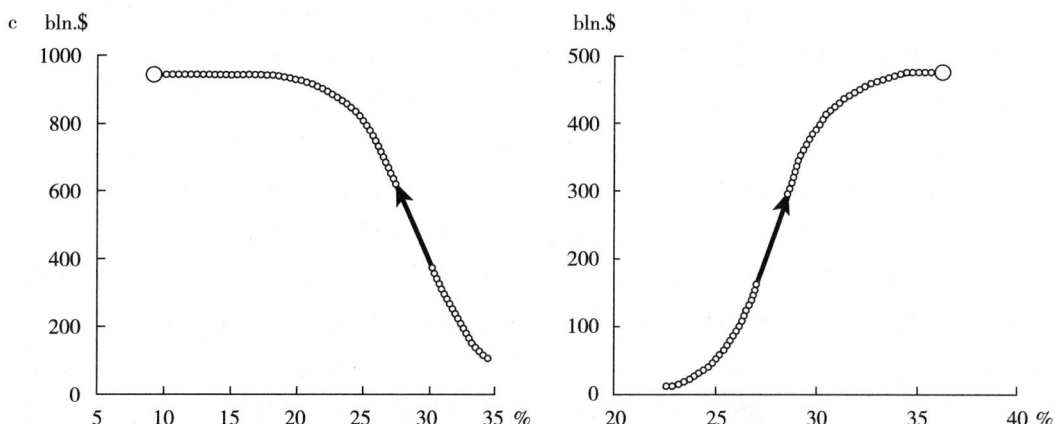

图1　制造业 VA 和共享动态非线性吸引子（日本和韩国）

利用这种方法，我们对 10 个经合组织国家（美国、加拿大、日本、韩国、芬兰、意大利、瑞典、奥地利、西班牙、德国）1970—2010 年的产业结构进行了分析。各行业在 GDP 中所占的比例（首先是农业）明显可见，有些部门/行业（贸易、建筑、运输、电力、天然气、供水、采矿业）的生产总值在观察期间的波动幅度不大。

在给定的研究阶段获得的主要结果归结为这样一个事实，即观察阶段有三个指标在同时变化：各个产业部门在增加值中的份额和产量；变化方向（扇区的份额可以增加或减少）和变化率（吸引子在相平面中的倾斜角度）。这些参数及其性质对于编制工业动态的短期和中期预测非常重要。由于结构改革需要很长时间，因此当可持续发展所需的结构改革能够进行时，正确估计系统的初始状态和时间间隔是非常重要的。

在这项研究中，我们选择 1970 年作为深度结构性危机之前的起点，该危机始于 1973 年油价的急剧上涨。值得注意的是，20 世纪 70 年代的世界经济危机第一次启发人类需要深入了解现有的能源消耗政策。当时石油价格的急剧上涨导致很大程度的经济衰退，许多国家都是以牺牲经济结构这一类型的措施为代价来应对经济衰退。当经济衰退时，部分能源密集型产业关闭，而新的替代产业的显著特点是能源密集程度较低。日本的例子较为典型，1973 年能源危机对其经济打击较大，首先是因为其制造业与其他工业化程度高的国家相比能源消耗最高。日本政府迅速制定了消除制造业过剩产能的计划。例如，平炉炼钢和锭中电炉钢的生产受到这样的削减（16%，约 230 万吨），此外还有铝的生产（24%，约 39 万吨）及氮肥的生产（30%，约 250 万吨）等。为了实施这个产能削减计划，政府成立了特别基金，限额约为 1000 亿日元（Lebedeva，1986）。所有这些政策措施都使产业结构发生了重大变化，并且，当政策重点放在知识密集型产品和所谓的系统产业（如酒店信息服务系统、地铁控制设备系统等为代表的信息系统）的发展时，经济逐步向新的增长模式转型。总的来说，这些措施使日本成为 20 世纪 80 年代初世界上最大的电子元件和半导体生产商，并导致该领域日本企业及其国外分支机构在世界产量中的份额高达 60% ~ 70%。

然而，向新兴技术的过渡并没有解决日本制造业的所有问题。经过二十年快速增长（1955—1973）的结构性失衡问题到了 20 世纪 80 年代中期已经深入，并且它们还没有被完全克服，并继续使日本的工业发展复杂化（Lebedeva，1986）。

韩国工业的发展道路在很大程度上与日本相似，但滞后期为 10~15 年。韩国在 20 世纪 60 年代初经济改革之前的起步条件较为艰苦，例如，1962 年韩国人均国内生产总值为 87 美元。1962—1989 年国民生产总值的高增长率（每年 8.5%）在很大程度上助推了制造业的发展，其生产增长率超过 GDP 增长率。因此，在 1962—1966 年，制造业占 13.5%；1967—1971 年为 22.5%；1972—1974 年为 26.8%（Harvie 和 Lee，2003；Lebedeva，1986）。韩国政府合理地结合市场机制和国家监管方式进行了经济改革，特别注重实现均衡的产业结构，并始终如一地发展采矿和消费品制造以及重工业和微电子工业，增加出口量并提高产品竞争力，引进先进技术和多样化生产，通过这些措施，韩国取得了令人瞩目的进展：1981 年出口量达到 200 亿美元（占该国国民生产总值的三分之一），工业生产比例达到国民生产总值的 40.9%，而 1960—1970 年制造业的年均增长率为 17.6%，1970—1979 年为 17.8%。韩国工业化方式的特点是投资额高，国内投资的份额多年来稳步增长，到 1985 年达到近 90%（Lebedeva，1986）。

评估这种结构变化的方向和性质是非常重要的，但只是研究结构变化的第一步。对个体组织、制度和技术决策的经济分析可以更全面地了解结构转型。然而，为了克服结构变化的模式效应，我们需要更多层次的研究，即对结构的定性特征及其对宏观经济系统活动指标（GDP 增长率）的影响的评估。

四、经济产业和技术结构质量评估

美国经济学家 F. Fischer 认为，计量经济学领域的绝大部分实证研究包括结构估计；换句话说，关于技术或经济行为的依赖性参数估计，其一般内容遵循数学经济理论。在这种方法的基础上赫尔芬达尔—赫希曼指数（Herfindahl – Hirschman Index）已经建立（Herfindahl，1950；Hirschman，1945）。

在构建该索引期间，可以从以下几个假设开始：

第一，任何特定公司开始成功项目的概率与其研发费用在工业总支出中所占的比例成正比；第二，工业总支出与行业总资本成比例（对应）；第三，公司研发占比相当于公司在工业总资本中的固定资本占比；第四，可实现现代化的工业资本的百分比，也与公司资本占工业总资本的百分比成正比（Nelson 和 Winter，1982）。

从所有这些假设出发，计算出赫尔芬达尔—赫希曼指数（Herfindahl – Hirschman），其计算方法如下：

$$H = \sum_i \left(\frac{K_i}{K} \times \frac{K_i}{K} \right) = \sum_i \left(\frac{K_i}{K} \right)^2 \tag{3}$$

该指数的构建已成为研究经济变革演化理论中结构动态的重要成果，它允许通过计算机建模提供几乎任何经济部门（制造业、农业、运输、服务、金融等）的创新和技术变化的预测。

正如经济统计揭示的那样，在实体经济中，不同行业的具体权重对指标结果形成的影响各不相同。因此，在大多数情况下，当涉及多个分支时，这个指数几乎不适合评估宏观经济结构动态（国际标准统计系统包括不少于 9 个行业，基于这些指标计算一个国家的国内生产总值）。

在我们看来，更普遍的是，一些研究提出了评估各种结构变化的方法（Vatnik，2011）。该方法允许创建某种参考评估，该评估可以在以后用于研究结构本身的变化动态。

引入了比例系数后，公式具有以下形式：

$$P_{rop}[X,Y] = \frac{\overline{XY^2}}{\overline{X^2}\,\overline{Y^2}}, \text{or } \text{Prop}[X,Y] = \frac{(\sum_i X_i Y_i)^2}{(\sum_i X_i^2)(\sum_i Y_i^2)} \tag{4}$$

表 1 GDP 产业结构的样本值

行业占比	%
农业、狩猎、林业和渔业	2.2
采矿	0.9
电力、天然气和水的供应	2.5
施工	6.2
批发零售、餐馆和酒店	14.1
运输、仓库和通信	7.5
财务、保险、房地产和商业服务	25.4
服务、个人、社会和公共	21.4
加工业	19.8
总计	100

该式评估结构特征，定义变量的相互比例程度，具有以下基本属性：
- 无论变量的大小如何，它始终是无量纲的；
- 对任何 a，$b > 0$ 等式 Prop $[aX, bY]$ = Prop $[X, Y]$ 恒成立；
- 比例系数的可能值落在 $0 < \text{Prop}[X, Y] < 1$ 的范围内。

比例系数用来估计结构与参考值之间接近度的数值度量。在它们完全巧合时 Prop $[X, Y]$ =1。与 Herfindahl – Hirschman 指数不同，它并不关注所有组成部分的平等，并允许定性地设置参考结构。由于上述原因，我们采用上述比例系数作为主要指标，尽可能准确地反映宏观经济层面结构变化的动态和本质。应用比例系数来评估有关结构的定性特征，需要建立一定的参考值用来估计结构应该倾向于哪里。对于 GDP 的产业结构，我们选择研究样本中每个行业在 2010 年观察期末 GDP 中的份额平均值作为参考（见表1）。平均的选择是由于无法对行业的重要性进行调整，因为它与经济发展的逻辑相矛盾：所有行业对日常活动同样重要。同时，我们不能选择一个国家（例如美国、日本或德国）的 GDP 产业结构作为合理的参考值，因为不能忽略国民经济的特殊性和我们周围的经济环境的多样性。GDP 产业结构的计算结果如图 2 所示。

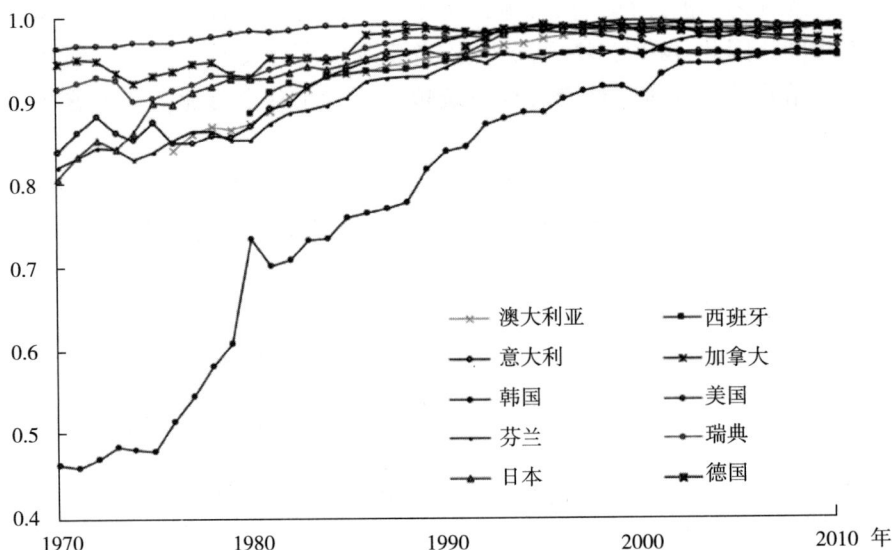

图 2　国民经济结构质量动态

　　从图 2 中可以看出，韩国证明了生长质量和结构动力学，这一点尤其令人印象深刻。由于起始指标最低，该国在三十年内提升了 GDP 产业结构的参考指标。其他国家改善了 GDP 构成中的产业结构，但速度较低。美国拥有最好的起始位置，其经济可以认为是过去 20 多年来的一个参照。

　　虽然在证明分支机构结构的标准时，我们是基于 GDP 的工业平均份额，但在选择技术结构的参考值时，我们很可能需要不同的方法。2007 年，欧盟委员会采用了技术发展水平的加工业分类体系。根据该分类体系所有制造业可被分为四组：第一组，高科技（办公机械和计算机；无线电，电视和通信设备和仪器；医疗、精密和光学仪器、钟表；飞机和航天器；药品、药用化学品和植物产品）。第二组，中高技术产业（机械和设备；电气机械和设备；机动车辆、拖车和半挂车；其他运输设备；化学品和化学产品，不包括药品和植物产品）。第三组，中低技术（焦炭；精炼石油产品和核燃料、橡胶和塑料制品、非金属矿物制品；基本金属；除机械和设备外的金属制品；船舶和船只的建造和修理）。第四组，低技术（食品和饮料；烟草制品；纺织品；服装、皮革的修整和染色；皮革的鞣制和修整；行李箱、手提包、马具和马具的制造；木材和软木制品、除家具、纸浆、纸张和纸制品外；记录媒体的出版、印刷和复制；家具和其他制造业；回收）。

　　首先，常识表明，高科技和中高技术产业的高比例结构应该是一个重要的考察值。与此同时，不能完全忽略经济中的中低技术和低技术产业，因为它们也存在于包括发达经济体在内的各个经济体中，并为国家财富的创造作出了重大贡献。在这些假设下，我们采用以下比率作为技术结构的样本：高技术和中高技术产业的份额应该达到 50%，其中高科技产业占 20% 左右。中低技术和低技术产业的份额应该达到 50% 左右，其中低技术产业占主导地位（见图 3、表 2）。

我们应该研究韩国工业技术结构的动态发展（如产业结构的情况）。日本的技术结构几乎是完美的。就其他国家而言，它们显然具有不稳定的技术结构，例如我们在意大利、芬兰和德国（统一后）观察到的情况。俄罗斯的工业仅在很小程度上对应于参照样板。

表 2   **参考技术结构**

行业组别	%
高科技生产	19
中高科技产量	28
中低技术生产	21
低技术生产	32
总计	100

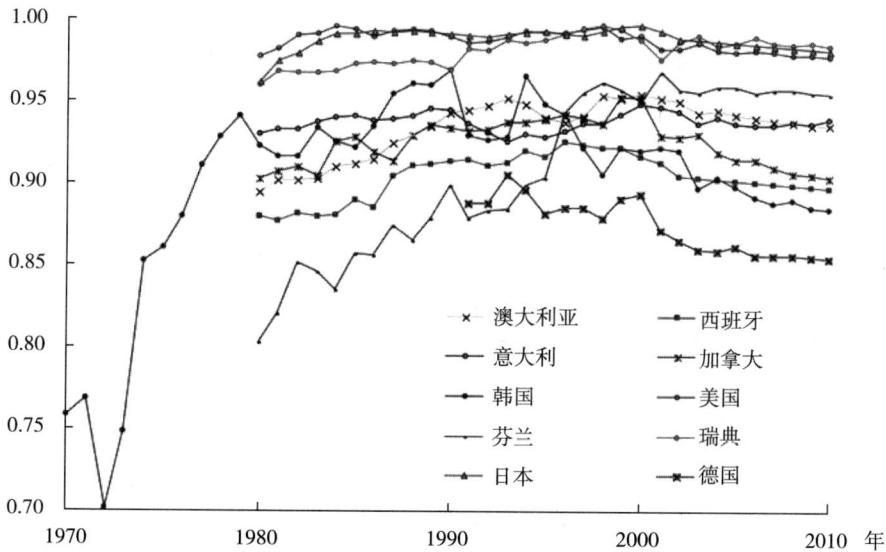

图 3 制造业技术结构质量的动态变化

五、评估经济结构失衡

在分析经济动态过程时，确定经济发展趋势的变化时期至关重要。由于宏观经济过程存在惯性，趋势变化在开始阶段与主要经济指标变化形式之间存在显著滞后。在经济衰退和危机期间，当结构失衡导致一般经济危机恶化时，这点表现得尤为强烈。1975 年，德国教授 Gerhard Mensch 提出了一项基础性创新综合理论（Mensch，1975）作为克服萧条的触发因素。正如 H. Wold 和 K. Kaasch 提到的，Mensch 对经济演化的历史研究证明了熊彼特创新的触发过程。他们表明，基础性创新中的发明和科学发现或多或少地源于连续的时间流，而基础性创新本身则集中在相对较短的时间窗口中。创新的可能性逐渐（持续）出现，与基础创新的速度和方向的加速和减速（不连续）密切相关（Wold 和 Kaasch，1985）。作为熊彼特（J. Schumpeter）关于创新和经济过程波动性理论的思想追随者，Mensch 提出了一系列表征经济过程的级联特征和变化性质的模型。他与 Hermann Wold 一起开发了这样的模型，并在 1983 年和 1985 年发表的两篇论文中对其进行了描述（Wold 和 Mensch，1983；1985）。Mensch 的长期波动模型代表了康德拉季耶夫周期模型的替代方案，其中包括双平衡系统（Mensch 等，1980；Mensch，1982）。Mensch 的 BIEQ 模型的双均衡发生在生产就业增长扩张的阶段、生产增长的资本密集阶段以及每个生产单位的就业下降阶段，该模型的主要贡献是在技术僵持发展期间测度变化和分叉。随后是一系列创新，这些创新往往会引致原有行业的洗牌和糟糕结果（收益越来越少），而成熟行业的公司、工厂也会变得不那么灵活。如果多数行业（按照原有结构设置）都缺乏灵活性，那么该经济体在结构上已准备好突破新的创新集群。有必要说明，当时这些模型只是根据特定的经济数据推定而未经过经验（Bergstrom 和 Wold，1983）。

Wold 和 Kaasch 于 1985 年发表了一篇论文，其中针对 1947—1977 年美国制造业、采矿业和运输业三个行业的实际数据进行了检验。

让我们详细研究 BIEQ 经济模型：

$$X_t^3 = R_t X_t + E_t \tag{5}$$

$$\begin{bmatrix} A_t \\ I_t \end{bmatrix} = \begin{bmatrix} \cos\gamma & \sin\delta \\ \sin\gamma & \cos\delta \end{bmatrix} \begin{bmatrix} E_t \\ R_t \end{bmatrix} \tag{6a}$$

$$\begin{bmatrix} E_t \\ R_t \end{bmatrix} = \frac{1}{\cos(\gamma - \delta)} \begin{bmatrix} \cos\gamma & -\sin\delta \\ -\sin\gamma & \cos\delta \end{bmatrix} \begin{bmatrix} A_t \\ I_t \end{bmatrix} \tag{6b}$$

X_t 是方程（5）的解，评估 P_t 产量。扩张性投资 E_t 和合理化投资 R_t 是通过从人工和投资成本（6a，6b）的已知值斜交旋转[①]获得的。P_t、A_t、I_t 根据式（1）将其值预先降低到零均值和单位平方偏差：

$$\xi_t^* = \frac{\xi_t - M(\xi_t)}{\sqrt{D(\xi_t)}} \tag{7}$$

$M(\xi_t)$ —期望值，$D(\xi_t)$ —方差。我们在 Matlab 工具包的帮助下使用数值方法来确定 γ 和 δ，其中式（5）的解 X_t 与 P_t 值具有最小方差：

$$\Phi(\gamma, \delta) = \frac{1}{T} \sum_t (P_t - X_t)^2 \to min_{\gamma, \delta} \tag{8}$$

这些数据基于美国 1947—1997 年的统计数据。让我们以 π/30 的增量将 γ 和 δ 值从 0 改变为 2π。在第一个实验中，让我们从 P_t、A_t、I_t 的值中获取有关增值、员工薪酬、三个行业（制造业、采矿业、运输业）的投资数据。获得的值 $\Phi(\gamma、\delta) < 0.3$ 如图 4 所示。让我们找到这样的 γ、δ，基于此式（5）的解提供更高的 X_t 理论产量输出值（与 P_t 实际值相比）。对于每对 γ 和 δ，我们得到的系数 $0 < k < 1$，k 代表方程解中理论值高于实际值时的时间段频率的指标。

---

① 斜交旋转（Oblique Rotation）是因素旋转的一种。旋转后，公共因素之间允许相关的因素旋转。相当于对因素负荷矩阵做非正交的线性变换。当做了正交旋转后仍未能对公共因素作出满意的解释时，可考虑做斜交旋转。斜交旋转可理解为在因素空间中，因素轴在旋转后斜交。斜交旋转后的结果涉及三个矩阵：因素负荷矩阵、结构矩阵（变量与因素之间的相关矩阵）和因素相关矩阵。最常用的斜交旋转方法是 Promax 旋转。

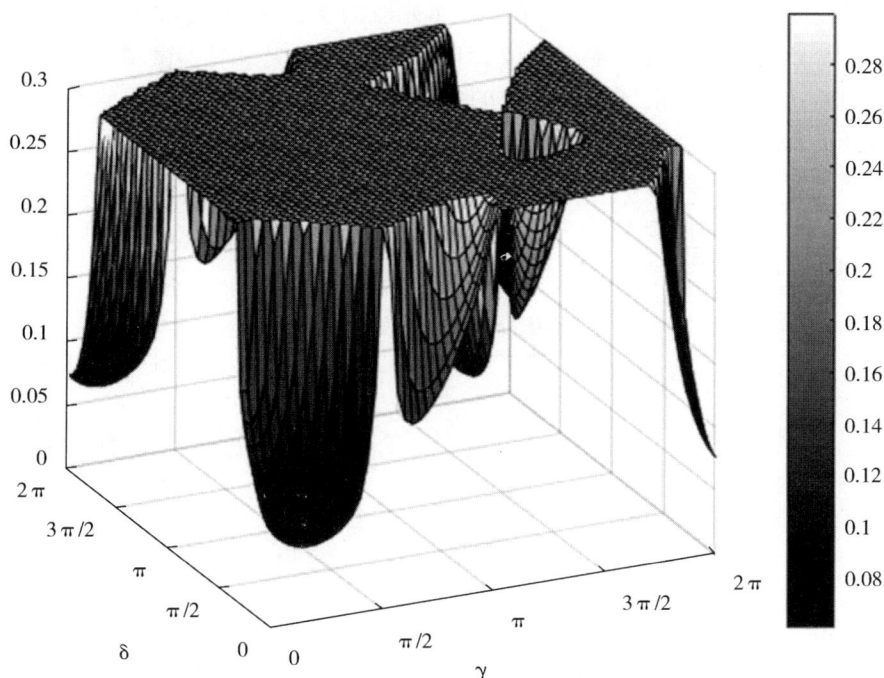

图 4　三个行业的 Φ（γ、δ）

$$K = N/T，其中 N 是 Xt \geqslant P 的次数 \tag{9}$$

如果 $k = 1$，那么获得的方程解在整个时间间隔上优于实际值。

而当 $k = 0.9$ 时，当理论值低于实际值时，每个解在 10 个时间间隔中仅有 1 个。

让我们详细研究一下 2003—2012 年美国制造业的发展动态。首先，让我们找到所有系数 k，对应每组 γ 和 δ，变化范围从 0 到 $2\pi^4$。在图 5 中，在右边我们观察到一组解在 $k = 0.9$ 和 P_t 时输出的实际值。可惜的是，我们无法检验在十年中系数 $k = 1$ 的解。

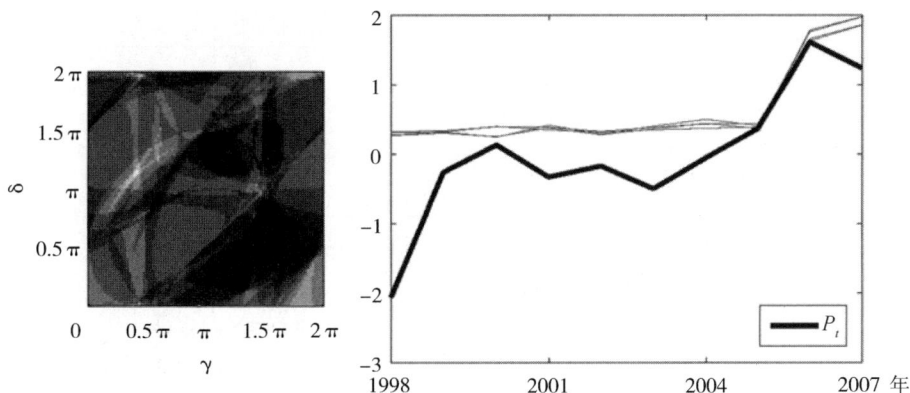

图 5　2003—2012 年制造业的 k 系数图表以及当 $k_{max} = 0.9$ 时式（5）的解

（一）结构分解和结构性技术转移

在 Wold 和 Kaasch（1985）的论文中，他们的数据仅涵盖三个行业，而正式模型本身将生产部门划分为 N 个行业，允许在更加分散的层面上分析结构变化。通常来说，当公司作出与新投资和修改技术流程或管理系统相关的决策时，微观层面就发生了结构变化。因此，本文接下来评估制造业的技术发展是合乎逻辑的。尽管统计部门每隔一段时间会通过技术发展来重新审查产业分类，但我们观察到一定的一致性。尽管欧盟和北美的产业分类系统各不相同，但总体上可以将技术发展分为四个层次（高科技、中高科技、中低技术和低技术）。我们使用欧盟成员国批准的分类（EC 2007）。关于我们对美国制造业的研究，这种分类如表 3 所示。

表 3 　　　　　　　　　　**欧盟成员国批准的技术发展产业分类**

高科技	中高技术	中低技术	低技术
电脑和电子产品 电动设备	机械 家电和组件 发动机车辆，车身、拖车和零件 其他运输设备 化学产品	非金属矿物产品 原生金属 金属制品 石油和煤炭产品 塑料和橡胶制品	木制品 家具及相关产品 杂项制造 食品饮料和烟草制品 纺织厂和纺织产品厂服装，皮革及相关产品 纸制品印刷及相关支持活动

表 4 和表 5 显示，1998—2007 年，所有技术组（不包括高科技组）的系数均为 1。因此，这些技术组理论上可以得到超过十年的增值指标结果。此外，低技术产业组 1948—2007 年的 6 个组中系数均等于 1。这意味着在整个观测期内该组可获得更高的产量。同样地，高科技集团除了过去十年内，其他 5 个十年观测期的系数均为 1。

表 4 　　　　　　　　　　**每十年中各组 k 系数的最大值**

年份	高科技	中高技术	中低技术	低技术
1948—1957	1	0.9	0.9	1
1958—1967	1	1	1	1
1968—1977	1	1	0.9	1
1978—1987	1	0.9	0.8	1
1988—1997	1	1	0.9	1
1998—2007	0.8	1	1	1

让我们详细研究次贷危机之前十年（1997—2008 年）的情况，我们分析了 k 系数分布图，并基于高科技产业集团的最大 k 值（见图 6）得到式（5）的解。

表5　当 $k=0.9$ 时，2003—2012 年所有制造业中 γ, δ 以及相应的 Δ 和 Δ^*

No.	γ	δ	Δ	Δ^*（%）	No.	γ	δ	Δ	Δ^*（%）	No.	γ	δ	Δ	Δ^*（%）
1	1.068	6.158	0.583	4.92	23	1.131	0.094	0.513	4.50	45	1.194	0.157	0.476	4.25
2	1.068	6.189	0.580	4.93	24	1.194	5.969	0.510	4.11	46	1.257	0.094	0.473	4.19
3	1.257	3.204	0.576	5.03	25	1.162	0.031	0.510	4.43	47	1.100	5.906	0.473	3.84
4	1.257	3.236	0.567	4.98	26	1.131	0.126	0.509	4.50	48	1.225	0.126	0.472	4.20
5	1.100	6.189	0.560	4.76	27	1.131	0.157	0.507	4.50	49	1.194	0.188	0.471	4.24
6	1.100	6.220	0.553	4.72	28	1.131	0.220	0.507	4.54	50	1.194	0.220	0.467	4.23
7	1.100	0.094	0.551	4.81	29	1.131	0.188	0.506	4.41	51	1.225	0.157	0.466	4.18
8	1.100	6.252	0.548	4.70	30	1.131	0.251	0.505	4.55	52	0.974	5.906	0.464	3.90
9	1.100	0.126	0.545	4.79	31	1.162	0.063	0.503	4.40	53	1.005	6.000	0.459	3.93
10	1.100	0.000	0.544	4.69	32	1.225	6.000	0.503	4.07	54	0.565	2.702	0.424	3.82
11	1.100	6.283	0.544	4.69	33	1.194	0.031	0.502	4.37	55	0.597	2.733	0.418	3.77
12	1.131	6.220	0.542	4.63	34	1.162	0.094	0.498	4.38	56	0.565	2.670	0.416	3.74
13	1.100	0.031	0.542	4.70	35	1.194	0.063	0.494	4.33	57	0.597	2.702	0.412	3.71
14	1.100	0.063	0.542	4.72	36	1.162	0.126	0.493	4.36	58	0.597	2.670	0.407	3.66
15	1.131	6.252	0.534	4.59	37	1.162	0.157	0.488	4.35	59	1.131	6.032	0.401	3.42
16	1.131	0.000	0.527	4.55	38	1.225	0.063	0.487	4.27	60	1.162	6.063	0.392	3.36
17	1.131	6.283	0.527	4.55	39	1.194	0.094	0.487	4.29	61	1.194	6.095	0.383	3.30
18	1.162	6.252	0.526	4.52	40	1.162	0.188	0.484	4.34	62	1.194	6.126	0.374	3.27
19	1.131	0.031	0.521	4.53	41	1.194	0.220	0.481	4.34	63	1.225	6.126	0.374	3.25
20	1.162	6.283	0.517	4.47	42	1.194	0.126	0.481	4.27	64	4.335	2.576	0.211	1.78
21	1.162	0.000	0.517	4.47	43	1.225	0.094	0.479	4.23	65	4.335	2.545	0.180	1.55
22	1.131	0.063	0.517	4.51	44	1.162	0.251	0.478	4.34					

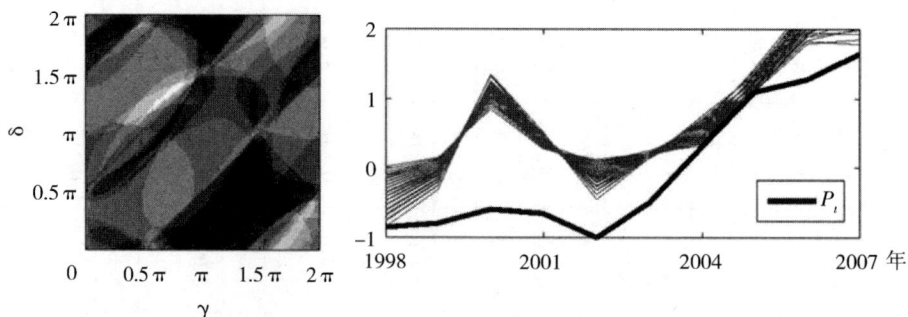

图 6　1998—2007 年高技术产业 k 系数图以及式（5）的解（当 $k_{max}=0.8$ 时）

（二）分析方程解

如果我们找到式（5）的解析解，那么以前实验中使用的所有结果都可以更快更准确地实现。我们用韦达（F. Vieta）的三角公式来求解[1]，为此我们将式（5）转换至式（5b）的形式，并做一些替换如下：

$$X_t^3 - R_t X_t - E_t = 0 \tag{5b}$$

$$Q = \frac{R_t}{3} \quad K = \frac{-E_t}{2}$$

$$S = \frac{R_t^3}{27} - \frac{E_t^2}{4}$$

式（5b）将根据 S 具有不同的实根。

如果 $S>0$，那么有 3 个真根 x：

$$\varphi = \frac{1}{3}\arccos\left(\frac{K}{\sqrt{Q^3}}\right)$$

$$x_1 = -2\sqrt{Q}\cos(\varphi)$$

$$x_2 = -2\sqrt{Q}\cos\left(\varphi + \frac{2}{3}\pi\right)$$

$$x_3 = -2\sqrt{Q}\cos\left(\varphi - \frac{2}{3}\pi\right)$$

---

① 韦达在《论方程的整数与修正》的方程论专著中发现，对于二次方程，若一次项系数是两数之和的相反数，常数项是这两数乘积，则这两数是方程的根。进一步地，一元 n 次方程根与系数的关系：如果一元 n 次方程 $a_n x^n + a_{n-1}x^{n-1} + \cdots + a^1 x + a^0 = 0$ 的 n 个根是 $x_1, x_2, \cdots, x_n$，那么

$$\begin{cases} x_1 + x_2 + \cdots + x_n = -\dfrac{a_{n-1}}{a_n}, \\[2mm] x_1 x_2 + x_2 x_3 + \cdots + x_{n-1}x_n = \dfrac{a_{n-2}}{a_n}, \\[2mm] x_1 x_2 x_3 + x_1 x_2 x_4 + \cdots + x_{n-2}x_{n-1}x_n = -\dfrac{a_{n-3}}{a_n}, \\[2mm] \cdots\cdots \\[2mm] x_1 x_2 \cdots x_n = (-1)^n \dfrac{a_0}{a_n} \end{cases}$$

如果 $S=0$，那么有两个真根：

$$x_1 = \sqrt[3]{K}$$

$$x_2 = -2x_1$$

如果 $S<0$，那么有 1 个实根：

对于 $Q>0$：

$$\varphi = \frac{1}{3}\mathrm{Arch}\left(\frac{|R|}{\sqrt{Q^3}}\right)$$

$$x_1 = -2\mathrm{sgn}(R)\sqrt{Q}\mathrm{ch}(\varphi)$$

对于 $Q<0$：

$$\varphi = \frac{1}{3}\mathrm{Arsh}\left(\frac{|R|}{\sqrt{|Q|^3}}\right)$$

$$x_1 - 2\mathrm{sgn}(R)\sqrt{|Q|}\mathrm{sh}(\varphi)$$

对于 $Q=0$：

$$x_1 = \sqrt[3]{E_t}$$

可见，方程的解并不清晰，有时它会给出 3 个真根，有时 2 个，有时 1 个。如果方程获得多个解，则会选择更接近实际值的结果。

六、结果

1. 图 6 显示所有解收敛到一个点的区域（区间）始终存在。我们可以得出结论，对于任何 γ 和 δ，我们将获得观察间隔内的相同产量输出。

2. 从表 4 和图 6 可以看出，在 2008 年金融危机之前的十年（1997—2008 年），除了高科技产业组之外，所有制造业产业组都有可能获得更高的产量，因为系数最大值 $k_{max}=1$。对此悖论应进一步展开研究，高技术性质可被认为是支持经验（实际）轨迹超过理论（模型）轨迹的最可能的论据，即在总产量中占比很低，投资较大，使用范围相对狭窄以及更多的定性管理。

3. 出乎意料的是，与经验数据相比，理论输出轨迹（基于模型）的百分比很低，也得到了更好的结果。当然，这种情况存在但很少发生，40401 对 γ 和 δ 对中只有 65 个给出了系数 $k=0.9$ 的解。

参数 Δ 和 Δ^* 表示借助 BIEQ 模型获得的生产输出与实际值之间的平均差异。

根据标准化数据的平均绝对误差[①]：

$$\Delta = \frac{\sum_t (X_t - P_t)}{T} \tag{10}$$

———————

① 平均绝对误差（Mean Absolute Deviation），又叫平均绝对离差，是所有单个观测值与算术平均值的偏差的绝对值的平均。平均绝对误差可以避免误差相互抵消的问题，因而可以准确反映实际预测误差的大小。

Δ 参数与 P_t 产量输出的相对平均变化相关。由于所有数据都是标准化的并且具有单位方差，因此 Δ 参数表示 P_t 方差的一部分。Δ 表示对于各种 γ 和 δ 在同一个十年观测期内的解的客观评价。它的定义与十年观测期内的常数（方差）有关。

根据初始数据的平均相对误差：

$$\Delta^* = \frac{\sum_t \dfrac{(X_t - P_t)\ \sqrt{D(P_t^*)}}{P_t^*}}{T} \times 100\% \quad (11)$$

P_t^* 表示初始，非标准化的生产产值。

Δ^* 参数表示理论值与初始生产输出之间的平均差。详细研究这个指标可知，其值从 1.55% 到 5.03% 不等，即年度理论（根据模型计算）产量可能最多为 1.55，最大值为 5.03。而这仅仅是为了更加平衡的产业结构。

七、结论

经济学家并未质疑以经常性（周期性）危机为主要特征的经济发展的不一致性。然而，他们对结构性不平衡的态度更为复杂。如果考虑过去 100 年发生的两次重大经济危机，也就是 1929—1933 年的大萧条和 2008—2009 年的大衰退（两次大危机之间还发生过 1973—1974 年的油价冲击），显然两个都包括循环和结构这两个重要的部分。像连体双胞胎一样，经济结构和周期是不可分割的，总是相辅相成的。经济理论和实践在不断寻找各种工具，并希望使用这些工具可以有效地预测周期性危机或克服其后果。我们认为，此时正是建立结构性危机监测系统的最佳时刻。遗憾的是，关于宏观经济结构状况的分析材料每 10 ~ 12 年公布一次（例如，联合国工业发展组织的报告），这就导致很难在恰当的时候注意到经济结构形成的消极趋势。我们认为，结构性失衡导致的经济体系损失不仅与周期性危机的损失相当，而且由于结构改革过程的惯性而大大超过周期性危机的损失。我们认为，当结构变化的方向初步确定，估计经济发展质量和计算经济结构发展的失衡状态时，本文提出的方法可以作为这种监测系统的基础。当经济结构准备（当然，这种准备可能不会执行）可以加速或减缓新技术向行业的扩散从而预先确定经济的发展速度时，这种制度还必须考虑技术进步的影响及其不均衡特征。我们希望，这种监测系统的建立将促进与经济结构变化评估工具有关的经济研究（特别是在微观层面）。

参考文献

[1] Barhin, G. I., & Chesnokov, A. S. (1983). O metodologii izmerenija strukturnyh sdvigov [About the methodology for measuring structural changes]. *Ekonomika imatematicheskie metody*, 19 (2), 251 – 258.

［2］Bergstrom, R., & Wold, H. (1983). *Fix-point estimation in theory and practice*. Gottingen: Vandenhoeck & Ruprecht.

［3］Butina, M. A. (1980). Metody izmerenija strukturnyh sdvigov i ih prilozhenija ［Methods of measuring structural changes and their applications］. *Ekonomika i matematicheskie metody*, 16 (4), 687 – 695.

［4］Carroll, N. (2012). Structural change in the New Zealand economy (1974 – 2012). Draft Paper for the Long-term External Panel, Wellington.

［5］Carter, A. P. (1970). *Structural change in the American economy*. Cambridge: Harvard University Press.

［6］Clark, C. (1957). *The conditions of economic progress*. New York and London: Macmillan and St. Martin's Press.

［7］Dasgupta, P., & Chakrobarty, D. (2005). The structure of the indian economy. Fifteenth International Input-Output Conference. Renmin University in Beijing, China.

［8］Fisher, F. M. (1966). *The identification problem in econometrics*. New York: McGraw Hill.

［9］Gaston, N., & Nelson, D. (2004). Structural change and the labor-market effects of globalization. *Review of International Economics*, 12 (5), 769 – 792.

［10］Gawrycka, M., Sobiechowska-Ziegert, A., & Szymczak, A. (2012). The impact of technological and structural changes in the national economy on the labour-capital relations. *Contemporary Economics*, 6 (1), 4 – 12.

［11］Green, F., & Stern, N. (2015, June). *China's "new normal": Structural change, better growth, and peak emissions*. Policy brief. London: Centre for Climate Change Economics and Policy.

［12］Guo, J., & Planting, M. A. (2000). Using input-output analysis to measure U. S. economic structural change over a 24 Year period. BEA WP2000 – 01.

［13］Haraguchi, N., & Rezonja, G. (2010). *Structural change and sectoral growth in selected East Asian countries*. Working Paper 18/2009. Vienna: UNIDO.

［14］Harvie, C., & Lee, H. H. (2003, January). Export led industrialization and growth Korea's economic miracle 1962 – 1989. Department of Economics, University of Wollongong. http://ro. uow. edu. au/commwkpapers/67/.

［15］Herfindahl, O. C. (1950). *Concentration in the steel industry*. Dissertation, Columbia University. Retrieved 6 June 2015.

［16］Hirschman, A. O. (1945). *National power and the structure of foreign trade 1980 expanded ed*. Berkeley: University of California Press.

［17］Iiduka, N. (2007). *Examining Japan's expansion from the viewpoint of industrial structure*. Japan Center for Economic Research (JCER) Staff Report.

［18］Industrial Development for the 21st Century: Sustainable Development Perspectives. (2007). New York: United Nations.

[19] Industry and Development. (1985). Global Report. New York.

[20] Kahrl, F. , & Roland-Horst, D. (2009). Growth and structural change in China's energy economy. Energy, 1 – 10. doi: 10. 1016/j. Energy. 2009. 03. 009.

[21] Kei-Mu, Y. , & Zhang, J. (2010). Structural change in an open economy. Working Paper 595. Research Seminar in International Economic, University of Michigan.

[22] Kossov, V. V. (1975). Pokazateli rosta i razvitija ekonomiki [Indicators of economic growth and development]. *Voprosy jekonomiki*, 12, 37 – 39.

[23] Kuznetsov, V. I. (ed) (1988). *Zapadnaja Evropa—evoljucija ekonomicheskoj struktury* [Western Europe—The evolution of the economic structure]. Moscow: Nauka.

[24] Laitner, J. (2000). Structural change and economic growth. *Review of Economic Studies*, 67, 545 – 561.

[25] Lebedeva, I. P. (1986). *Strukturnye izmenenija v yaponskoy promyshlennosti* [Structural changes in the Japanese industry]. Moscow: Nauka.

[26] Leontief, W. (1941). *Structure of the American economy*, 1919 – 1929. Cambridge: Harvard University Press.

[27] Leontief, W. (1953). *Studies in the structure of the american economy*. New York: Oxford University Press.

[28] Memedovic, O. (2009). *The Impact of institutions on structural change in manufacturing: The case of international trade regime in textiles and clothing*. Research and statistics branch working Paper 25/2009. Veinna: UNIDO.

[29] Mensch, G. O. (1975). *Das Technologische Patt: Innovationen uberwingen die Depression*. Frankfurt: Umschau. (G. O. Mensch, Trans. , 1979, *Stalemate in technology: Innovations overcome the depression*, Cambridge, MA: Ballinger)

[30] Mensch, G. O. (1982). Basic innovations and industrial growth. *In Proceedings of the 10th International Conference on the Unity of the Sciences (ICUS)* 1981 (Vol. 2, pp. 499 – 515). New York: ICF Press.

[31] Mensch, G. O. , Kaasch, K. , Kleinknecht, A. , & Schnopp, R. (1980). *Innovation trends and switching between full and underemployment equilibria*, 1950 – 1978. Discussion paper IIM/dp 80 – 5. Berlin: International Institute of Management.

[32] Minasyan, G. (1983). *K izmereniju i analizu strukturnoj dinamiki* [About measuring and analyzing of structural dynamics]. Ekonomika i matematicheskie metody 19 (2): 264 – 265.

[33] Natuhara, K. (2008). Structural change and economic growth: evidence from Japan. *Economic Bulletin*, 15 (9), 1 – 11.

[34] Naude, W. , & Szirmai, A. (2015). *Structural change and industrial development in the brics*. Oxford: OUP.

［35］ Nelson, R., & Winter, S. J. (1982). *An evolutionary theory of economic change*. Cambridge, MA: The Belknap Press of Harvard University.

［36］ Nickell, S., Redding, S., & Swaffield, J. (2008). The uneven pace of deindustrialization in the OECD. *World Economy*, 31 (9), 1154 – 1184.

［37］ Oulton, N., Srinivasan, S. (2005) Productivity growth in UK industries, 1970 – 2000: Structural change and the role of ICT. Working Paper No. 259. Bank of England.

［38］ Robson, M. T. (2009). Structural change, employment specialization and regional labour market performance: Evidence for the UK. *Applied Economics*, 41 (3), 275 – 293. doi: 10. 1080/00036840601007278.

［39］ Ruelle, D., & Takens, F. (1971). On the nature of turbulence. *Communications of Mathematical Physics*, 20, 167 – 192.

［40］ Sonis, M., Hewings, G. J. D., & Guo, J. (1996). Sources of structural change in input-output systems: A field of influence approach. *Economic Systems Research*, 8 (1).

［41］ Spasskaya, O. V. (2003). Makrojekonomicheskie metody issledovanija i izmerenija strukturnyh izmenenij ［Macroeconomic research methods and measurement of structural changes］(Vol. 1, pp. 20 – 39). Working Papers, Institute of Economic Forecasting of the Russian Academy of Sciences.

［42］ Thompson, G., Murray, T., & Jomini, P. (2012). Trade, employment and structural change: The Australian experience. In D. Lippoldt (Ed.), Policy priorities for international trade and jobs. OECD, e-publication. http://www. oecd. org/trade/icite.

［43］ Varum, C. A., Cibrão, B., Morgado, A., & Costa, J. (2009). R & D, structural change and productivity: The role of high and medium-high technology industries. *Economia Aplicada*, 13 (4), 399 – 424.

［44］ Vatnik, P. A. (2011). Izmerenie proporcional'nosti ［The measurement of proportionality］. *Vestnik Inzhekona. Seriya: Ekonomika, Vypusk*, 5 (48), 172 – 174.

［45］ Wang, X., & Zhou, Y. (2014). Structural imbalance, inequality and economic growth. In L. Song, R. Garnaut, & C. Fang (Eds.), *Deepening reform for China's long-term growth and development*. Canberra: ANU Press.

［46］ Wold, H., & Kaasch, K. (1985). Transfers between industrial branches in the course of Schumpeter-Mensch Long Swings. In T. Vasko (Ed.), *The long wave debate. Selected papers*. Weimar, GDR. Berlin: Springer.

［47］ Wold, H., & Mensch, G. O. (1983). Nonlinear extensions in pls soft modeling. Working Paper WSOM WP-B3-D11. Cleveland, OH: Weatherhead School of Management, Case Western Reserve University.

［48］ Wold, H., & Mensch, G. O. (1985) The BIEQ-PLS model of a Schumpeterian wave. Working Paper WSOM WP 85 – 017. Cleveland, OH: Weatherhead School of Management, Case Western Reserve University.

基础创新的分布与集群

Michael Y. Bolotin[1]   Tessaleno C. Devezas[2]

摘要： 本文介绍了我们关于当今基础创新分布的最新成果。众所周知，它是经济增长的主要动力。许多学者已经研究过这个问题，其中泊松分布是被普遍接受的一项研究成果。但是，它并没有被可信证据证实。本文对数据进行了回顾性分析，并基于随机过程理论证明了基础创新的泊松分布。在研究的实证部分，我们并没有像其他研究者那样使用较小的数据集，而是使用了一个统一的超采样时间序列。

关键词： 基础创新　经济周期　随机过程　泊松分布　创新集群

一、引言

基础创新或激进创新是由科学进步带来的颠覆性技术，在社会中被采用、传播，从根本上改变了社会经济领域。大多数科学家将基础创新视为经济增长的一个条件并鼓励创业。在 20 世纪 30 年代，熊彼特（1939）是第一位将基础创新机制作为讨论全球资本主义长期发展基础的经济学家。

过了很长一段时间，熊彼特的假设在 20 世纪 70 至 80 年代再次引发热议。争论中，实证论证的重点集中在基础创新的历史时间序列上。在对创新重要性进行历史评估的基础上，不同的作者收集了时间序列（并获得了不同的结果）。Silverberg 和 Lehnert（1993）声称参与讨论的研究人员使用的统计方法是错误的，因为创新是离散的随机事件，描述创新的时间分布时应该考虑这个事实，并且不应使用 Kleinknecht（1990）和 Solomou（1986）采取的 T 检验和 Z 检验，因为数据没有正态分布。Silverberg 和 Lehnert 两位学者没有使用非参数检验，而是采用了泊松分布的零假设。Sahal（1974）提议使用基于泊松分布和负二项分布的统计方法来描述更多创新的时间序列。此后，泊松回归成为评估创新时间分布的标准计量经济学工具（Greene，1995）。

在这项研究中，我们将假设基础创新的分布在时间上是不变的。本文使用与 Kleinknecht（1981）、Mensch（1979）相同的数据，提供泊松分布式基础创新的证据和实证检验。

---

① Michael Y. Bolotin，圣彼得堡国立经济大学。

② Tessaleno C. Devezas，贝拉英特拉大学。

需要注意的是，文中也适时地讨论了创新集群的问题。我们将考虑 Mensch 的研究结果并得出我们的结论。

二、泊松回归

我们把创新看作量子离散的字符，并像此前所有研究者一样，把它们的出现视作一个点过程。虽然在概率论和数理统计兴起时，点过程的统计特性已经被探讨过了，但许多经济学家仍未将这些方法投入实际使用。不过，值得注意的是，最近有许多建模工具被开发出来了。

我们对整个后续分析的出发点是泊松过程是时间同质的。这使我们能够简化假设，即在固定的时间段内引入创新的概率与先前的创新无关，并且不依赖于时间。首先，让我们定义一个泊松过程。

我们认为离散随机变量 $Y = y$ 有一个泊松分布，且参数 $\lambda > 0$（泊松过程的发生率），如果对于 $y \epsilon N$，其出现概率（也称为 Y 的概率质量函数）由式（1）给出：

$$P_{rob}(Y = y) = \frac{e^{-\lambda}\lambda^y}{y!} \tag{1}$$

注意，λ 不一定是整数。不难证明每单位时间发生的预期事件数量 λ 也是分布的离差。应该注意的是，由时间齐次泊松过程产生的时间序列不能反映出随机事件发生的完全均衡的图像。

Silverberg 和 Lehnert（1993）提出的模型表明，这种外生的非结构化创新过程足以刺激长期经济增长。参数 λ 也可以外生引入，例如，$\ln\lambda = \beta x$，其中 x 是自变量的向量，β 是参数的向量。

Sahal（1974）提出，使用泊松模型来探索不同行业创新的时间序列的特征。他的结论是，人们可以将一项发明定性为随机泊松过程，但其速率取决于经济因素。虽然 Sahal 的确评估了一些 β 型参数，但它们仅仅是基于普通的最小二乘法。然而，当数据包含许多零点和小积分值时，明确基于泊松分布的最大似然法更合适。Hausman、Hall 和 Griliches 于 1984 年介绍了这一研究过程。他们通过许多公司专利与其研发成本之间的关系来评估模型。Crepon 和 Duguet（1997a，b）以及 Cincera（1997）也使用了这种方法。泊松模型的一个问题是正实数 λ 等于 x 的期望值，并且还等于其方差 $E(x) = V(x)$。经验变量通常表现出比因变量更大的变异性，这种现象称为过度离散。Hausman 等人（1984）观察到各公司在专利水平数据库中的过度离散。通过在泊松分布中添加不可观察的随机分量，可以开发出适合过度离散的模型（Hausman 等，1984），这使概率分布出现了一些调整，如式（2）所示：

$$P_{rob}(Y = y \mid u) = \frac{e^{-\lambda u}(\lambda u)^y}{y!} \tag{2}$$

其中，u 是具有某种分布的随机变量（例如，变量 u 可能对应于随机噪声）。如果我们假设 u 有 λ 分布，我们将有以下边际分布（Greene，1995）：

$$P_{rob}(Y = y \mid x) = \frac{\Gamma(\theta + y)}{\Gamma(y + 1)\Gamma(\theta)} r^y (1 - r)^\theta \tag{3}$$

其中，$r = \dfrac{\lambda}{\lambda + \theta}$。

这种分布称为负二项分布，即离散等于 λ $\left(1 + \dfrac{\lambda}{\theta}\right)$，其中 $\theta > 0$。当 $\theta = 0$ 时，模型达到含有离散 λ 的标准泊松分布，也可以使用最大似然法来评估负二项分布。我们可以用似然比检验或零假设 $\theta = 0$ 的沃尔德检验（Greene，1995）来检验泊松分布和负二项分布。

三、泊松分布式基础创新的数学证明

在证明之前，需要注意到，尽管我们提倡马尔可夫理论的随机过程，但我们也认可以非马尔可夫方法来描述这项研究中的随机过程。我们需要了解流程的本质，这要求我们考虑部分专家的意见，即认为创新分布实际上并不是随机的，因为经济体系中有一些内在联系。因此，我们或许应该将经济体系和基础创新视为非马尔可夫过程。

试想以下过程：随着时间的推移，基础创新在一个接一个的随机时间点发生（引进基础创新是给定过程中的一个事件）。我们感兴趣的是它在一个时间间隔 $[0, t]$ 内发生的次数，让我们将次数表示为 X_t，并对基础创新的发生过程进行一些假设。

增量中的平稳性和独立性。这个属性意味着在任何时间间隔内发生一定数量事件 X_t 的概率 $[\tau, \tau + t]$ 仅取决于 t 而不依赖于 τ。另外，所有这些都与事件的数量或它们在时间点 τ 之前发生的方式无关。

普通性。我们记作 $P_k(t) = P(X_t = k)$，$k = 0, 1, \cdots$，并且假设当 $h \to 0$ 时：

$$P(X_n \geq 2) = \sum_{k=2}^{\infty} P_k(h) = 0(h)(4) \Leftrightarrow \frac{\lim\limits_{h \to 0} P(X_n \geq 2)}{h} = 0 \tag{4}$$

这意味着实际上在短期间隔 h 内，可能会有两个以上的事件发生。

命题 1（见附录 1 的证明）

如果满足上述条件，那么：

$$P_k(t) = \frac{(\lambda t)^k}{k!} e^{-\lambda t}, k = 0, 1, \cdots \tag{5}$$

而 $\lambda > 0$。

命题 2 的证明验证了此种情况的可能性。

命题 2（见附录 2 中的简洁证明）

如果连续 f 为 $f(x + y) = f(x) \cdot f(y)$，那么 $f(x) = a^x$。

因而，我们得到与泊松分布相对应的含 λt 的概率。基于此，我们研究的基础创新过程叫作泊松过程，研究人员也经常将其称为泊松事件流。

四、实证结果

像 Kleinknecht（1990）一样，我们将时间序列用于基础创新，这些基础创新是由

其他研究者早先介绍的其他时间序列组成的。通过合并文献中的两个长时间序列，即 Haustein 和 Neuwirth（1982）的序列以及 Van Duijn（1983）的数据，我们开发了这个新的时间序列。与这两个序列相比，Kleinknecht 的时间序列太短。另一个赫赫有名的创新数据序列是 Baker（1976）在数年前提出的，但没有在我们的序列中使用 Baker 的数据，因为他考虑的是专利数据而不是创新。

我们使用合并技术来创建时间序列，这与 Kleinknecht 的方法有很大差异。主要区别在于数据重复方面，即我们不会对两个序列来源中的同一创新进行重复计数。Kleinknecht 总结了不同时间序列的创新数量，所以他把许多同样的创新算了多次。因此，他重视的是每项创新的权重。

很明显，在泊松回归法中，这种隐含的权重计算程序（以及重复）是不够的。这也是为什么连那些非常重要的创新我们都只计了一次的原因。如果引入创新的日期不同，我们会选择最早的那个。合并后的序列包括两个数据库中共同包含的 88 项创新、仅由 Haustein 和 Neuwirth 列出的 90 项创新以及仅由 Van Duijn 提及的 70 项创新。因此，组合序列共计包含了从 1764 年到 1976 年的 248 项创新。请参阅附录 2：组合序列中所有创新的完整列表。按照 Kleinknecht 的术语表达，我们将这个组合时间序列称为超级样本时间序列。

对于数据本身，当然还有专家评估的有效性问题，此外还有一些关于基础创新日期的不同看法。Maser 就是一个很好的例子。一些研究者认为，Maser 是英国科学家在 1960 年发明的，其他人则认为它是 1946 年由苏联物理学家 Theodore V. Ionescu 在苏联发明的。在我们的研究中，我们选择了前一种观点。

图 1 展示了 Baker 的专利时间序列图、用于合成超级采样时间序列的两个时间序列（Haustein – Neuwirth 和 Van Duijn 的数据）以及超级采样时间序列。贝克的时间序列（图 1a）展现了 1769—1970 年的专利，反映了 202 年的情况。Haustein 和 Neuwirth（1982）（图 1b）提供了 1764—1975 年（212 年）之间的数据，而 Van Duijn 的数据（1983）（图 1c）涵盖了 1811—1971 年（161 年）的时期。超级采样时间序列（图 1d）涵盖了 1764—1976 年（213 年）的时期。在所有图中，横轴表示每年的创新数，纵轴表示总样本的百分比。与其他研究人员的图表不同，这些图表基于原始数据。

三个图表都显示最高频率为零值。此外，所有图表都显示出创新频率在降低，而与此同时每年的创新数量却在增长。Silverberg 和 Lehnert（1993）得到了相似的图表，他们得出的结论是，正常数据分布的假设为假，因此 Kleinknecht（1990）使用的统计方法不太值得借鉴。他们建议，使用时间序列的泊松分布或负二项分布可能更合适。

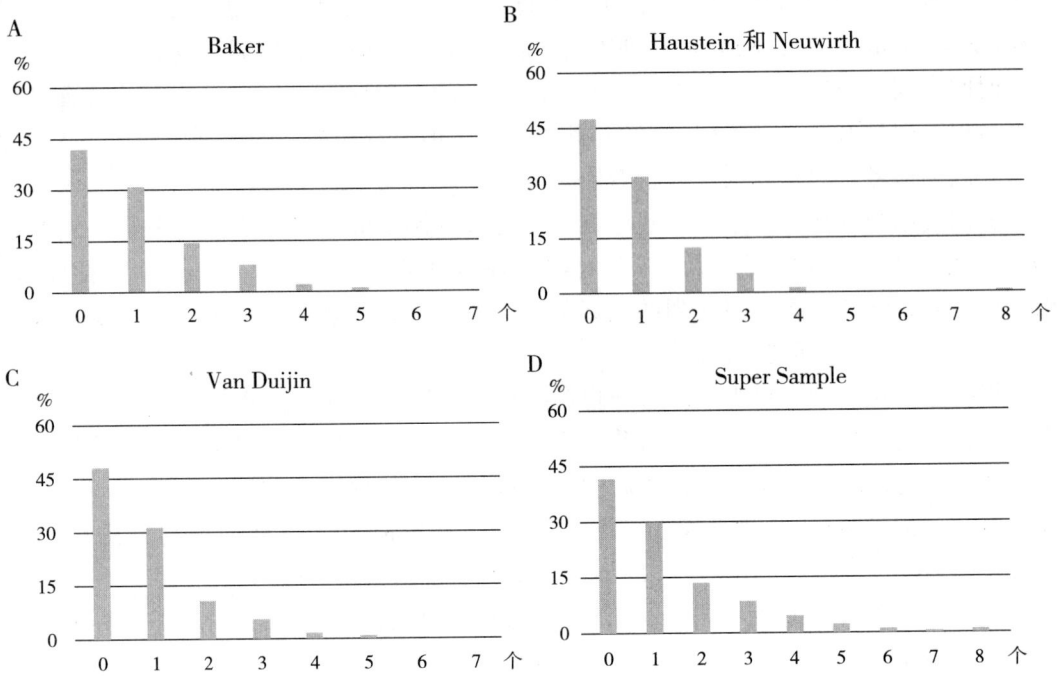

图1 创新数量的频率分布

我们使用皮尔逊 χ^2 检验来验证实证数据。通过使用统计软件包 Statistica，我们发现该序列可能只满足一个已知的分布：泊松分布或几何分布。我们先分析一下原始数据序列：如图 2 所示的几何分布和泊松分布。在图 2 和图 3 中，横轴表示每年的基础创新数量，纵轴表示变化的频率。

可以看到，皮尔逊检验很好地拟合了几何分布，表明我们的分布明确满足几何分布。证据也很充足，因为我们从直觉上就能理解：第一个事件发生之前，新基础创新的发生概率符合经典概率论。需要注意，一个事件在几何分布中的概率从 $p(x=k) = pq^{k-1}$ 得出。但是有一个缺点，一个新基础创新的发生概率并不依赖于先前同年内产生的创新。这与几何分布的选择相矛盾。

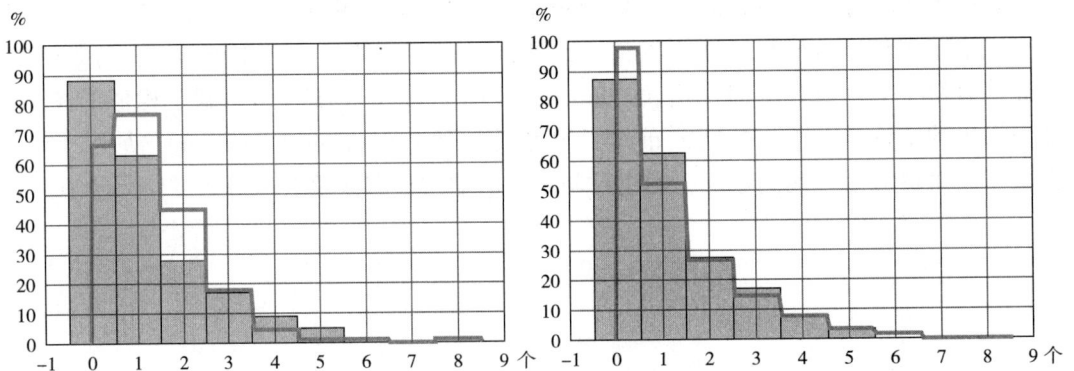

图2 比较使用 Statistica 包（粗线）以及我们研究结果的几何分布和泊松分布

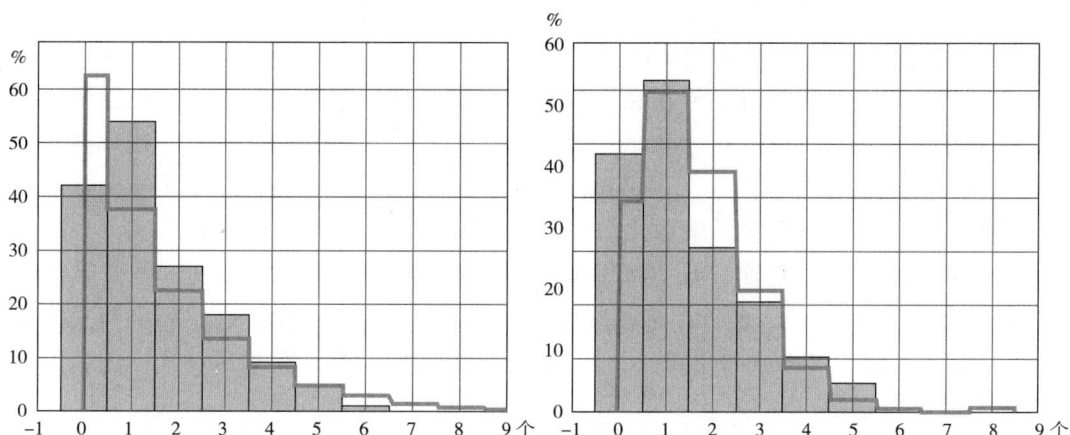

图 3　比较使用 Statistica 包（粗线）的几何和泊松分布以及我们切割数据的结果

该分布需要考虑先前事件发生或不存在的概率。同时，命题 1 从理论上证明了几何分布不合适。

现在让我们来看看图 2 中的泊松分布。卡方检验统计量很高，但这可能因为一些基础创新是相互关联：电影和彩色电视，核能和原子破冰，等等。

因此，我们从原创序列中单独摘出 1764—1819 年的数据（工业革命之前），进行了一项研究，得到了以下结果：

$$\chi^2_{Poisson} \approx \chi^2_{geometric} \cong 30$$

其他已知的分布都不适用。从剩余数据序列来看，$\chi^2_{geometric}$ 分布基本上小于泊松分布，但基于上述原因，几何分布不合适。我们从时间维度研究独立创新，对于被摘出的数据而言，$\chi^2_{Poisson}$ 不应太大。

因此，在未来，我们将使用泊松分布作为基础创新最可能的时间分布。

五、基础创新集群

现在让我们聚焦基础创新集群的问题。

基础创新在几乎所有长波经济理论中都占主导地位。这种观点的支持者，例如熊彼特、Mensch、Van Duijn，认为基础创新明显决定了经济发展。熊彼特是第一个通过创业创新来推动经济发展的人。假设经济发展取决于企业家在生产中采用新的基础创新的能力，这导致基础创新的集群化，而这些创新又推动了新的主导产业。Mensch 论述了这个概念，并提出了一个构思，即基础创新集群会在经济萧条时期形成，因为只有在这些时期，公司才会争先恐后地尝试通过投资超新技术恢复盈利。

根据 Mensch 的说法，从一个技术僵局到另一个技术僵局是通过从基础创新转向改进型创新然后转向伪创新。他指出，技术僵局与长波衰退阶段相对应。在经济衰退阶段，经济结构已准备好转移到新的基础创新阶段。在此阶段，基础创新集群得以形成。这一阶段包括确立创新重点以及将其正式落实到监管文件和创新项目中；政府扶持首要的基础创新，以不可偿还或可偿还的条款向其发放预算拨款，给予税收优惠和海关特权；小企业出力，推动创新基础设施建设（技术中心、技术园区），培训创新管理人员；发展完善有关创新活动的法律体系。

因此，在经济危机阶段，创新和投资活动水平最低。它在萧条阶段结束时开始增长，并在恢复和恢复阶段达到峰值（使用基础创新进行大规模资本更新），在成熟阶段稳定下来（改进型创新很普遍），然后衰退，因为改善过时的装备已经毫无意义可言。

然后让我们将基础创新的康德拉季耶夫周期与美国 GDP 周期进行比较。

从图 4 可以看出，基础创新的循环预先决定了经济发展状况。最初，创新和 GDP 之间的延迟大约为 25 年，然而，它往往会随着时间的推移而减少。这一结果与日本专家 Masaaki Hirooka（2006）的结论相符。这证实了自第一次工业革命以来，创新的生命周期在逐渐缩短。

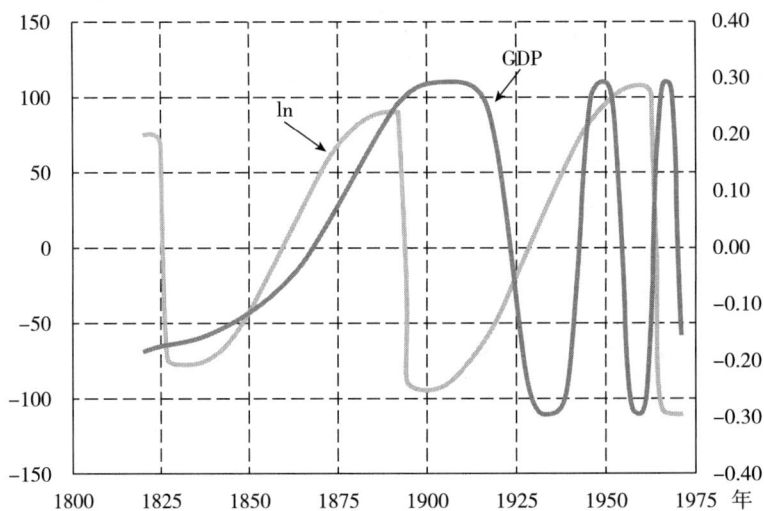

图 4　美国 GDP 和基础创新的康德拉季耶夫周期

六、结论

正如 Simon Kuznets 所说，讨论基础创新分布的主要问题是什么才算是基础创新。基础创新分布的最终结论取决于这个问题的答案。但是，正如本文所证明的，创新的泊松分布得到强有力的证实。这为我们进一步研究经济中的循环过程奠定了良好基础。

基础创新发生概率的根本变化产生在资本主义的历史发展中。然而，我们不能把这些变化视作足够频繁且常规的，也不能认为它们证明了熊彼特经济中的长波模式。熊彼特、Mensch 和 Kleinknecht 提出，基础创新在经济衰退期间经常发生，但结果表明这种相关性并不显著。然而，150 年前确实如此。基础创新长期变化的发生频率低于长波理论的预期，因此，出现基础创新的长期变化不是严格按照时间段产生的。在全球经济浪潮中，我们应探寻基础创新与创新扩散的相关性，而不是与创新集群的相关性。

附录一

（一）命题 1 证明

我们将证明分为几个阶段：

1. 除了一些简单情况之外，我们证明了当 $\lambda > 0$ 时，满足 $P_0(t) = e^{-\lambda t}$。

让 $p = P_0(1)$（14），并把时间间隔 $[0, 1]$ 分成 n 个相等的部分。时间单位内事件为 0 意味着每个长度为 $1/n$ 的短时间段具有 0 个事件。基于独立性，我们得到 $p = P_0(1/n)^n$（15），因此 $P_0(1/n) = p^{1/n}$。当 $k \geq 1$ 时，$P_0(k/n) = p^{k/n}$（17）。

我们已经证明了通常而言，当 $t \geq 0$ 时，$P_0(t) = p^t$（18）。对于每一个这样的数字以及随机自然 n，都会有 $k \geq 1$：

$$\frac{k-1}{n} \leq t < \frac{k}{n} \tag{19}$$

函数 $P_0(t)$ 并不会随 t 增长，因此：

$$P_0\left(\frac{k-1}{n}\right) \geq P_0(t) \geq P_0\left(\frac{k}{n}\right) \tag{20}$$

或者

$$p^{\frac{k-1}{n}} \geq P_0(t) \geq p^{\frac{n}{k}} \tag{21}$$

让 $n \to \infty$，那么 $k/n \to t$，我们就得到 $P_0(t) = p^t$。 （22）

可能有三种情况：（1）$p = 0$，（2）$p = 1$，（3）$0 < p < 1$。

在第一种情况下，当 $t > 0$ 时，$P_0(t) = 0$，即在任何时间段内，无论多短，至少一个事件会发生，且发生概率为 1。这相当于无限数量的事件发生在不限长短的时间段内。这类似于核爆炸的连锁反应，因此我们不会考虑这种极端情况。在情况（2）$P_0(t) = 1$ 的情况下，即事件永远不会发生。因此，我们只对案例（3）感兴趣。假设 $p = e^{-\lambda}$（23），这里 $0 < \lambda < \infty$。因此，我们得到 $P_0(t) = e^{-\lambda t}$（24）（让我们稍后以命题 2 证明其他情况是不可能的）。

2. 我们证明当 $h \to 0$：

$P_1(h) = \lambda h + o(h)$（25），其中

$o(h)$ 指在 $(t, t+h)$ 期间至少有一个变化发生的概率。

为此，我们使用

$$P_0(h) = e^{-\lambda h} = 1 - \lambda h + o(h) \quad (26) \quad \text{和} \quad P_0(h) + P_1(h) + \sum_{k=2}^{\infty} P_k(h) = 1 \tag{27}$$

因此：

$$P_1(h) = 1 - P_0(h) - \sum_{k=2}^{\infty} P_k(h) = \lambda h + o(h) \tag{28}$$

3. 在本节中，我们将展示概率 $P_k(t)$ 满足某个微分方程组。

当 $t \geq 0$ 和 $h > 0$ 时，我们有

$$P_k(t+h) = \sum_{j=0}^{k} P_j(t)P_{k-j}(h) \tag{29}$$

我们检验一下在时间为 t 时以及在长度为 h 的时间段中为一系列事件的变量。

如果 $h \to 0$，那么

$$\sum_{j=0}^{k-2} P_j(t)P_{k-j}(h) \leqslant \sum_{j=0}^{k-2} P_{k-j}(h) = \sum_{i=2}^{k} P_i(h) = o(h) \tag{30}$$

因此，在时间段 $(0, t+h)$ 内，当 $k \geqslant 1$ 时，会以三种相互排斥的方式发生 k 次变化：

（1）在 $(t, t+h)$ 内没有变化，在 $(0, t)$ 内有 k 次变化。

（2）在 $(t, t+h)$ 内有 1 次变化，在 $(0, t)$ 内有 $k-1$ 次变化。

（3）在 $(t, t+h)$ 内有 x 次变化，在 $(0, t)$ 内有 $k-x$ 次变化。

让我们计算一下上述方式各自的概率：

$$P(1) = P_k(t)[1 - \lambda h - o(h)] \tag{31}$$

$$P(2) = P_{k-1}(t)\lambda h + o(h) \tag{32}$$

$P(3)$ 比 h 下降得快

或者

$$\begin{aligned} P_k(t+h) &= P_k(t)P_0(h) + P_{k-1}(t)P_1(h) + o(h) \\ &= P_k(t)(1 - \lambda h + o(h)) + P_{k-1}(t)(\lambda h + o(h)) + o(h) \\ &= P_k(t)(1 - \lambda h) + P_{k-1}(t)\lambda h + o(h) \end{aligned} \tag{33}$$

因此，我们得到

$$\frac{P_k(t+h) - P_k(t)}{h} = \lambda P_k(t) + \lambda P_{k-1}(t) + \frac{o(h)}{h}, k = 1, 2, \cdots \tag{34}$$

让 $h \to 0$，公式左右两端都有限制。因而我们得到

$$P'_k(t) = -\lambda P_k(t) + \lambda P_{k-1}(t), \ k = 1, 2, \cdots \tag{35}$$

当 $K = 0$ 时，（2）和（3）的概率不会发生，所以

将

$$P_0(t+h) = P_0(t)(1 - \lambda h) + o(h) \tag{36}$$

除去括号，除以 h：

$$P'_0(t) = -\lambda P_0(t) \tag{37}$$

初始状态中：

$P_0(0) = 1, P_k(0) = 0$，我们得到了结果：

$$P_0(t) = e^{-\lambda t} \tag{38}$$

当 $K \geqslant 1$ 时，$P_0(0) = 1, P_k(0) = 0$。

方程组的解。

将微分方程表示如下：

$$f' = -\lambda f + \lambda f_{-1}, \tag{39}$$

其中，

$$f - P_k(t), f_{-1} - P_{k-1}(t), P_0(t) = e^{-\lambda t} \tag{40}$$

以

$$f = uv \tag{41}$$

来求解：让 $f = uv$，那么 $\qquad f' = u'v + uv'$ $\qquad(42)$

重写我们的微分方程：

$$f' + \lambda f = \lambda f_{-1} \qquad(43)$$

$$u'v + uv' + \lambda uv = \lambda f_{-1} \qquad(44)$$

$$uv' + \lambda uv = 0 \qquad(45)$$

$$\frac{v'}{v} = -\lambda \Rightarrow v = e^{-\lambda t} \qquad(46)$$

$$u'e^{-\lambda t} = \lambda f_{-1} \qquad(47)$$

让 $\qquad k = 1 \Rightarrow u'e^{-\lambda t} = \lambda e^{-\lambda t} \Rightarrow u' = \lambda \Rightarrow u = \lambda t \Rightarrow f = \lambda t e^{-\lambda t} \qquad(48)$

让 $\qquad k = 2 \Rightarrow u'e^{-\lambda t} = \lambda^2 t e^{-\lambda t} \Rightarrow u' = \lambda^2 t \Rightarrow u = \dfrac{\lambda^2 t^2}{2} \Rightarrow \qquad(49)$

$$f = \frac{(\lambda t)^2}{2} e^{-\lambda t} \qquad(50)$$

让 $\qquad k = 3 \Rightarrow u'e^{-\lambda t} = \lambda^3 t^2 e^{-\lambda t} \Rightarrow u' = \lambda^3 t^2 \Rightarrow u = \dfrac{\lambda^3 t^3}{2 \cdot 3} \Rightarrow f = \dfrac{(\lambda t)^3}{3!} e^{-\lambda t} \qquad(51)$

然后让我们用数学归纳法来证明：

对于任意 k：$u'e^{-\lambda t} = \lambda^k t^{k-1} e^{-\lambda t} \Rightarrow u' = \lambda^k t^{k-1} \Rightarrow u = \dfrac{\lambda^k t^k}{2 \cdot 3} \Rightarrow f = \dfrac{(\lambda t)^k}{k!} e^{-\lambda t} \qquad(52)$

（二）命题 2 证明

设有满足条件的随机函数 f。

假设 $y = x_0 - x$ in （8），我们就得到了 $f(x) f(x_0 - x) = f(x_0) \neq 0 \qquad(53)$

因此，不管 x 为何值，我们发现 $f(x)$ 都不为 0。并且，将（1）中的 x 替换掉，并把 y 换为 $\dfrac{x}{2}$ 我们发现：

$$f(x) = \left[f\left(\frac{x}{2}\right) \right]^2 \qquad(54)$$

所以 $f(x)$ 恒为正值。基于此，取对数

$$\ln f(x + y) = \ln f(x) + \ln f(y) \qquad(55)$$

如果我们假设

$$\varphi(x) = \ln f(x) \qquad(56)$$

那么我们就会得到一个连续且满足条件的函数：

$$\varphi(x + y) = \varphi(x) + \varphi(y) \qquad(57)$$

但这是一个常识（此函数只能是线性函数）。

$$\Rightarrow \varphi(x) = \ln f(x) + cx, \ (c = const) \qquad(58)$$

因此，最终 $\qquad f(x) = e^{cx} = a^x \qquad(59)$

附录二 基础创新表

年份	创新技术
1764	纺纱机
1775	蒸汽机
1780	自动带织机
1794	滑动车
1796	高炉
1809	蒸汽船
1810	惠特尼方法
1811	坩埚钢
1814	路灯（煤气灯）
1814	机械印刷机
1819	铅室工艺
1820	奎宁
1820	绝缘性传导
1820	轧制钢丝
1820	卡特赖特织机
1824	蒸汽机车
1824	水泥
1824	搅拌炉
1827	制药
1831	氯酸钙
1833	电报
1833	城市燃气
1835	滚轨
1837	电动马达
1838	摄影
1839	自行车
1840	硫化橡胶
1841	弧光灯
1844	提花织机
1845	车床
1846	感应器
1846	电动测量

1846	旋转压力机
1846	麻醉药
1849	钢铁（搅炼）
1851	缝纫机
1852	煅石膏
1854	铝
1855	安全火柴
1855	本生灯
1856	精钢/Bessemer 钢
1856	钢笔
1856	皮色工业
1856	发酵粉
1857	电梯
1859	铅电池
1859	钻油
1860	内燃机
1861	苏打水
1863	苯胺染料
1864	西门子—马丁钢铁
1865	木材纸
1866	深海电缆
1867	炸药
1867	发电机
1869	换向器
1870	打字机
1870	赛璐珞
1870	联合收割机
1871	人造黄油
1872	托马斯钢铁
1872	钢筋混凝土
1872	鼓转子
1873	防腐剂
1875	硫酸
1876	四冲程发动机
1877	电话
1878	镍

1879	电气铁路
1880	白炽灯
1880	水轮机
1880	碘仿
1880	半色调处理
1881	电站
1882	巴比妥
1882	电缆
1883	退热药
1883	煤炭搅拌
1884	汽轮机
1884	氯仿
1884	打孔卡
1884	收银机
1885	合成肥料
1885	变压器
1885	合成生物碱
1886	镁
1886	电焊
1886	莱诺
1887	留声机
1887	电解
1888	摩托车
1888	充气轮胎
1888	电子计数器
1888	便携式相机
1888	交流电发电机
1890	人造纤维
1890	化学纤维
1891	通过感应熔化
1892	乙炔焊接
1892	会计机器
1894	摄影
1894	抗毒素
1894	摩托车
1894	蒙纳

1895	柴油发动机
1895	采矿钻机
1895	电动汽车
1896	X 射线
1898	阿司匹林
1898	电弧焊
1900	航空船
1900	靛蓝合成
1900	潜艇
1901	钻孔机
1902	电炉炼钢
1903	安全剃须刀
1905	粘胶人造丝
1905	吸尘器
1906	乙炔
1906	橡胶硫化用化学促进剂
1907	电动洗衣机
1909	陀螺罗盘
1910	飞机
1910	人造树胶（酚醛塑料）
1910	高压隔离
1913	真空管
1913	流水线
1913	热裂解
1913	家用冰箱
1914	氨合成
1914	拖拉机
1914	不锈钢
1915	罐
1916	合成橡胶
1917	玻璃纸
1918	拉链
1920	调频广播
1920	醋酸纤维素
1920	连续热裂
1922	合成洗涤剂

续表

1922	胰岛素
1922	合成甲醇
1923	连续轧制
1924	动态扬声器
1924	徕卡相机
1925	深度冷冻食品
1925	电唱机
1927	煤加氢
1930	动力转向
1930	聚苯乙烯
1930	快速冷冻
1931	氟利昂制冷剂
1932	抗皱面料
1932	燃气轮机
1932	聚氯乙烯
1932	抗疟药物
1932	磺胺药
1934	荧光灯
1934	内燃机车
1934	费托程序
1935	雷达
1935	圆珠笔
1935	火箭/导弹
1935	有机玻璃
1935	磁带录音机
1935	催化裂化
1935	彩色照片
1935	汽油
1936	电视
1936	光电池
1936	调频收音机
1937	维生素
1937	电子显微镜
1938	直升机
1938	尼龙
1939	聚乙烯

1939	自动齿轮
1939	液压齿轮
1940	抗生素（青霉素）
1941	采棉机
1942	喷气发动机/飞机
1942	DDT
1942	重水
1942	连续催化裂化
1943	有机硅
1943	气溶胶喷雾
1943	高能加速器
1944	链霉素
1944	泰坦还原
1945	苏尔寿织机
1946	氧气炼钢
1946	照排机
1948	数控机床
1948	连续炼钢
1948	奥纶
1948	可的松
1948	LP 唱片
1948	宝丽来相机
1949	Thonet 家具
1949	聚酯纤维
1950	电脑
1950	三极管
1950	静电复印术
1950	涤纶
1950	径向轮胎
1951	双层铁路
1953	全景电影
1953	彩电
1954	核能
1954	气相色谱仪
1954	遥控
1954	硅晶体管

续表

1956	空气压缩建筑
1957	原子破冰机
1957	太空旅行
1958	缝合债券
1958	全息摄影
1958	晶体管收音机
1958	扩散过程
1958	燃料电池
1959	石英钟
1959	聚乙烯
1959	浮法玻璃
1960	脉泽
1960	微型模块
1960	聚碳酸酯
1960	避孕药
1960	气垫船
1961	集成电路
1961	平面过程
1962	激光
1962	通信卫星
1963	实施离子
1963	外延
1964	人造皮革
1964	晶体管激光器
1966	光电二极管
1967	汪克尔发动机
1968	视频
1968	发光荧光显示器
1968	小型机
1970	石英手表
1971	微处理器
1971	电子计算器
1972	光隧道技术
1975	16 位微处理器
1976	16384 位 RAM
1976	微电脑

参考文献

［1］ Baker, R. (1976). *New and improved: Inventors and inventions that have changed the modern world.* London: British Museum.

［2］ Cincera, M. (1997). Patents, R & D and technological spillovers at the firm level: Some evidence from econometric count models for panel data. *Journal of Applied Econometrics*, 12, 265 – 280.

［3］ Crepon, B., & Duguet, E. (1997a). Estimating the innovation function from patent numbers: GMM on count panel data. *Journal of Applied Econometrics*, 12, 243 – 263.

［4］ Crepon, B., & Duguet, E. (1997b). Research and development, competition and innovation pseudo-maximum likelihood and simulated maximum likelihood methods applied to count data models with heterogeneity. *Journal of Econometrics*, 79, 355 – 378.

［5］ Greene, W. (1995). *Econometric analysis.* Upper Saddle River, NJ: Prentice Hall.

［6］ Hausman, J., Hall, B. H., & Griliches, Z. (1984). Econometric models for count data with an application to the patents-R & D relationship. *Econometrica*, 22, 909 – 938.

［7］ Haustein, H. D., & Neuwirth, E. (1982). Long waves in world industrial production, energy consumption, innovations, inventions, and patents and their identification by spectral analysis. *Technological Forecasting and Social Change*, 22, 53 – 89.

［8］ Hirooka, M. (2006). *Innovation dynamism and economic growth: A nonlinear perspective.* Kyoto: Institute of Technoeconomics.

［9］ Kleinknecht, A. (1981). Observations on the Schumpeterian swarming of innovations. *Futures*, 13, 293 – 307.

［10］ Kleinknecht, A. (1990). Are there Schumpeterian waves of innovations. *Cambridge Journal of Economics*, 14, 81 – 92.

［11］ Mensch, G. (1979). *Stalemate in technology. Innovations overcome depression.* Cambridge: Ballinger.

［12］ Sahal, D. (1974). Generalized poisson and related models of technological innovation. *Technological Forecasting and Social Change*, 6, 403 – 436.

［13］ Schumpeter, J. A. (1939). *Business cycles: A theoretical, historical and statistical analysis of the capitalist process.* New York: McGraw-Hill.

［14］ Silverberg, G., & Lehnert, D. (1993). Long waves and "evolutionary chaos" in a simple Schumpeterian model of embodied technical change. *Structural Change and Economic Dynamics*, 4, 9 – 37.

［15］ Solomou, S. (1986). Innovation clusters and Kondratieff long waves in economic growth. *Cambridge Journal of Economics*, 10, 101 – 112.

［16］ Van Duijn, J. J. (1983). *The long wave in economic life.* London: Allen & Unwin.

创新发展下的金融不稳定：演变过程模型中的原因与调控

Yuri Ichkitidze[①]

摘要： 在本文中，我们提出了一种基于演变过程模型研究金融不稳定性的方法。首先，我们给出一些经验事实，证实了比起随机游走，马尔可夫模型能更好地反映股价动态。此外，基于价格形成的均衡模型，我们展示了股票市场的临时价格趋势是在市场价格和公允价值的双重平衡下发生的演变过程。然后，我们在此框架内分析了金融市场不稳定的原因及其对实体部门的影响，并展示了金融市场如何在经济增长放缓的情况下产生破坏性因素，阻碍创新扩散到金融市场。我们的研究表明，与现有的财政资源相比，金融不稳定的原因是资本集中在小部分群体以及相较于现有的财政资源，投资机会相对匮乏，问题主要表现在频繁出现的金融泡沫和金融危机。

关键词： 马尔可夫转换　多重均衡　反馈效应　演变过程　周期

一、引言

在 2008 年国际金融危机后，社会对 Minsky（1972，1992）提出的金融不稳定假说进行了广泛探讨。讨论集中在资本市场对经济发展的负面影响的来源以及金融体系转变机制。问题的关键在于金融危机是否是社会经济活动的结果，或者它们是否在所有经济状况下都可能造成独立的外生冲击。

Minsky 遵循了熊彼特的传统，认为前期扩张和业务增长是金融体系结构变化的根源，并导致了未来的不稳定。

简单来说，他的想法是在经济持续发展期间，经济体系承担的风险会增加，因此人们对价格进一步上涨的预期会使资产价值越来越多地维持在一定水平。他在把寻求利润的金融中介（他称之为债务商）纳入他的模型，并强调他们努力革新他们所获得的资产和他们所推销的债务（Minsky，1992）。他认为，某些银行家追求创新的做法导致了更加消极的结构变化。

投资泡沫和银行恐慌的模型是基本金融模型，它们详细研究了金融市场的不稳定机制。在金融放松管制和流动性增加的情况下，泡沫往往会出现。这一点我们可以通

---

① Yuri Ichkitidze，国立研究大学高等经济学院。

过参与者的非理性来解释（Kindleberger，1978；Shiller，1984；2000；De Long 等，1990a；1990b；Shleifer 和 Summers，1990；Shleifer，2000）。银行恐慌是多重均衡的条件（Diamond 和 Dybvig，1983；Morris 和 Shin，1998；Goldstein 和 Pauzner，2005），因此，哪怕是微不足道的外部变量也很容易引起金融体系的波动。银行恐慌的独立模型描述了金融体系的内生变化（Wallace，1988；1990；Chari，1989；Hellwig，1994；Alonso，1996；Allen 和 Gale，1998），特别是由经济衰退风险增加而引起的金融危机。

先不质疑上述模型的结果，我们必须指出它们更能描述经济不稳定的表现症状，而不是起源；第一，它们假设创新过程的连续性而忽略了特殊性，也没有考虑资产价格与其公允价值之间的相互联系，这导致了双重均衡。在本文中，我们在自己的研究中将这些因素考虑在内，并得出结论：用货币政策工具进行金融不稳定性监管的方法（包括对盈利的限制和旨在集中控制金融风险金额的措施）并不高效；它只会把问题推迟一段时间，而这个时间长度并不确定，并且不提供解决方案。以下论证可证明我们的观点：第一，我们根据经验确定美国股票价格指数的临时趋势，并证明其与创新扩散和高通胀时期的关系。第二，考虑到资产价格与公允价值之间的双重均衡条件，我们设计了一个均衡的价格设定模型，它反映了资产价格会在市场理性参与者争取盈利的过程中发生扭曲（以及与之相关的系统波动）。第三，我们在此定价模型的框架下展示了对金融不稳定性进行监管的方法，并阐明要有效监管金融的不稳定性，就必须消除收入极端不平等、加强社会重大投资。

二、金融市场的演变过程

对金融不稳定机制的理解在很大程度上取决于对股价表现的讨论。如果股票指数的变化是适当的随机游走（Bachelier，1900；Osborne，1959），并且市场达到了高效（价格是所有信息的全部反映），那么对市场（包括金融不稳定性）的监管或所谓的有效监管就显得没那么必要。如果某些参与者作出不合理行为，一切都会发生变化（Shiller，1984；De Long 等，1990a；1990b；Shleifer 和 Summers，1990；Shleifer 和 Vishny，1997；Daniel 等，1998；Barberis 等，1999），股价表现会时常出现与公允价值的系统性偏差。在这种情况下，股价表现应符合 Summers（1986）提出的模型，该模型轻微分解了某些永久成分。该模型的特征在于，作为随机游走模型，它提供了渐进价格增量的独立性。它通过推演一般事件而不是累计简单的随机事件来解释股票指数的周期性波动。在这种模式中，金融不稳定被认为是投资者未能以理性方式行事的结果，改善这种情况的唯一方法是限制他们对价格产生破坏性的影响，例如，通过金融系统中的过度流动性（Yuan，2005）或对交易征税（如托宾税）。然而，还可以选择第三种模型。该模型基于 Hearst 的模仿（Peters，1989；1994），是马尔可夫过程摆动模型的变体（Hamilton，1989）。根据这一模型，股票价格趋向于暂时不变，这种趋势很少会发生改变。并且，逐步价格增量的独立性产生于围绕着这一趋势的平稳波动。我们可以用这些暂时不变的初始趋势来区分金融市场的演变过程。如果我们证明这种趋势实际存在，那么在研究的下一阶段我们就能轻松证明这些趋势属于演变过程。在这种情况下，我们可以将股价表现的趋势模型看作演变动力学的随机模型。

这三种股价表现的模型用式（1）表示。

$$p(t) = p(0) + \sum_{i=1}^{t} \lambda \cdot \mu_i + \sum_{i=1}^{t} \omega^{t-i} \cdot v_i(0, \sigma) \tag{1}$$

如果 $\lambda = 0$ 且 $\omega = 1$，我们就有了一个随机游走，如果 $\lambda = 0$ 且 $0 < \omega < 1$，我们就得到了 Summers（1986）提出的模型，最后，如果 $|\lambda| > 0$ 且 $\omega \leq 1$，[①] 我们就有了趋势验证模型。

计量经济学的问题是，即使在对参数的实际评估中，该模型的所有三个变体也显示出相似的结果：第一，渐进价格增量的独立性，即自回归指数的（数据上并不明显的）低值；第二，后验正态；第三，使用过滤规则后产生的相似效率指标。这意味着普通统计测试有缺陷——即使测试不允许拒绝基本假设，其他假设仍然很可能是正确的。因此，每个模型都有有用的论据却没能清楚地说明股价表现，这一现象已经不足为奇。与此同时，这个问题非常重要。我们对金融不稳定的真正原因（机制）的理解取决于对这个问题讨论的结果，即模型的哪种变体更符合现实，这决定了我们采取什么样的监管方法。

此外，在本文中，我们证明了趋势证明模型与其他模型相比，以更准确的方式描述了股价表现。我们以美国股票价格指数月度数据为例，区分出与社会创新发展相关且被异常高通胀打断的长期趋势。统计测试证明，它们反映了某些趋势，而不仅仅是随机游走模型中的一组特殊情况。

让我们看一看自 1871 年以来美国市场的价格动态（见图 1）。在第一个近似中，我们可以看到四个增长期（1871 年到 1906 年 9 月，1920 年 12 月到 1929 年 10 月，1949 年 6 月到 1968 年 12 月和 1982 年 3 月到现在），以及三个下降趋势（其余的时间）。从有效市场假说的角度来看，这些价格波动是风险溢价的随机变化，这种变化在时间上是不稳定的（Fama，1991），而行为金融模型（Shiller 1984；Shleifer，2000；Shiller，2000）将他们解释为由时尚或情绪，即非专业人士的非理性行为引起的波动。如果要遵从股票价格中的时间趋势假设，就需要注意图 1 中的每个下行趋势都伴随着异常强劲的通货膨胀。因此，1916 年 3 月至 1920 年 7 月，年均消费物价增长率超过 15%；在同一时期，股票的实际回报率为 -7.0%。1941 年 3 月到 1948 年 7 月，通货膨胀率略高于 7.6%，与此同时，实际股票收益率为 -7.0%。最后，1973 年 3 月到 1982 年 8 月，通货膨胀率为 9.0%，实际股票收益率为 -6.0%。在其他时期，没有观察到如此高且长期的通货膨胀，而实际年均库存回报率为 6%。

让我们把观察到的相关指数作为零假设，研究一阶差分性能的回归模型。据此，价格水平表示如下：

---

① 如果 $|\lambda| > 0$ 和 $\omega \leq 1$，我们就得到了马尔可夫切换模型，该模型由 Hamilton（1989）提出，直至今日仍被广泛讨论。

$$\Delta P_t \sum_i a_i \cdot \Delta P_{t-i} + b + \varepsilon$$

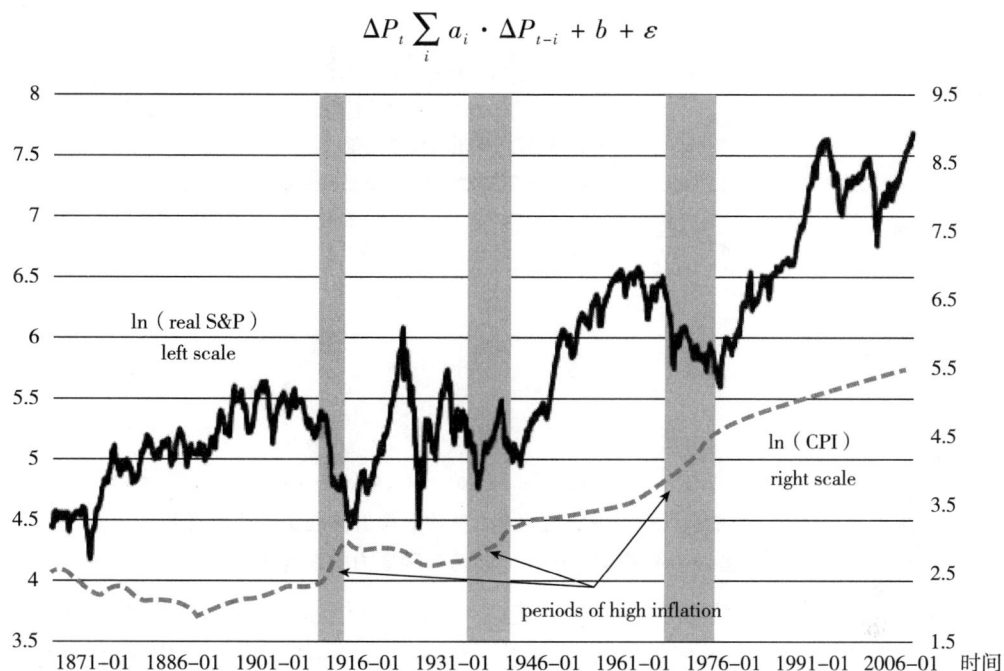

图1　不变价格和消费价格增长中的 S & P500[1][2]

趋势证明模型是另一种假设。这意味着美国通胀水平与股价指数的趋势存在联系，即股价在高通胀期间下跌，在低通胀期间上涨。

为了核实此模型中的零假设，我们将采取以下统计检验：选择美国过去 6 个月中平均通货膨胀率超过每年 $k\%$ 的时间段，k 为 -5% 到 20%，并观察在此期间股票指数值的变化情况。结果如图 2 所示，我们可以观察到，如果 k 在 10% ~ 17%，高通胀时股票指数的平均变化小于 1%。根据零假设，高通胀期间股票指数变化的统计数据（最近 6 个月的年均通货膨胀率超过 $k\%$）明显更高（k 为 10% ~ 17% 的较低分位数为 1%，范围为 -0.7% ~ -1%），零假设有 0.99 的可能性为假。因此，本实验证明，尽管相关指数的值不高，通货膨胀也可以作为未来股票指数盈利能力的预测指标，这使我们能够获得高于平均值的额外利润，但前提是当通货膨胀率超过一定水平时（每年 $k\%$），我们已经减少了证券投资组合中的股票分割或者在通胀率低于每年 $k\%$ 时增加股票分割。[3]

---

①　这种回归不是随机游走，它会发生是因为 Schiller 基数中的初始数据包括 0.28 的自相关系数，而它们执行的平滑数据与每日滑动平均值一样。

②　所有模型参数都由最小二乘法评估。

③　遗憾的是，通过这种方式取得积极成果可能需要数十年的时间。

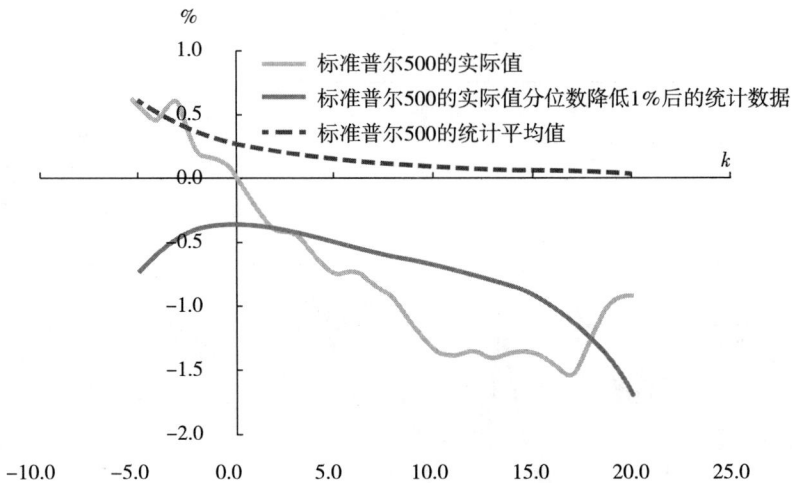

图 2　过去 6 个月的通货膨胀率超过每年 $k\%$ 的股票价格趋势的平均盈利能力，以及差异—平稳模型中平均趋势盈利能力的统计数据

　　显然，实验中揭示的市场份额的长期趋势与社会的技术（创新）发展有关，主要与创新产品（和技术）在市场上的传播有关。Hirooka（2003，2006）定义了主流创新的概念。很容易注意到，他所区分的创新发展浪潮（1897—1929 年，然后是 1950—1974 年，以及 1980 年之后）与指定的股市趋势密切相关。通货膨胀只是不断扩散的主流创新对股市增长的影响，这一既定事实可以被视为金融不稳定假设的经验证据（Minsky，1972；1992）。

三、演变过程的数学模型

　　很少有股价表现模型可以解释临时趋势的出现。大多数模型都是采用基于行为的方法，即表明市场参与者对其所接收到的信息的非理性反应（Barberis 等，1998；Hong和 Stein，1999；Frazzini，2006）。尽管如此，演变方法也可用于解释临时趋势机制。它具有动态变化的内在特征，这是因为多重均衡的情况会出现。如果市场价格与公允价格之间存在多重均衡，则市场的内生变化将适用于股价（Soros，1987；Ozdenoren 和Yuan，2008；Ichkitidze，2013，2016）。对于银行和公司债券，多重均衡会出现在预期和实际违约概率之间（Diamond 和 Dybvig，1983；Ichkitidze 和 Zvontsov，2016）。多重均衡也可以来自宏观经济条件，投资和储蓄之间的均衡取决于经济活动水平（Kaldor，1940；Chang 和 Smyth，1972）。演变方法的另一个优点是它有助于解释在理性行为模型中观察到的代理人行为。

　　为了理解双重均衡条件下的定价机制，我们将研究以下数学模型。让我们假设市场有两组同质的合格投资者，每个投资者对公平价格的预期只与一个均衡相关（分别对应 P_f_a 和 P_f_b）。每个参与者对股票的需求可通过以下需求函数来描述：

$$Q^d(P) = \frac{a(P - p_0)^2 + b(P - p_0)}{(P - p_u)^k} + c \tag{2}$$

其中，

$$p_0 = \frac{P_f + P_m}{2}$$

$$p_u = (1 + \gamma) \cdot P_f$$

使用最小二乘法评估每个个案中的参数，即 a、b、c。

需求函数的图形形式如图 3 所示，包括两个扇区：经典和反射。根据经验，这种需求函数在 Yuan（2005）的著作中被定义，并且 Ichkitidze（2006）早期已经给出了详细的理论背景。

基于需求个体函数，我们可以构建所有投资者需求的联合函数，如下式所示：

$$Q^D(P_t) = \alpha \cdot Q_\alpha^d(P_t) + \beta \cdot Q_\beta^d(P_t)$$

其中，α、β 分别是 A、B 两组中投资者的数量（均衡预期分别为 P_{f_a} 和 P_{f_b}）。在此情况下，市场均衡条件如下所示：

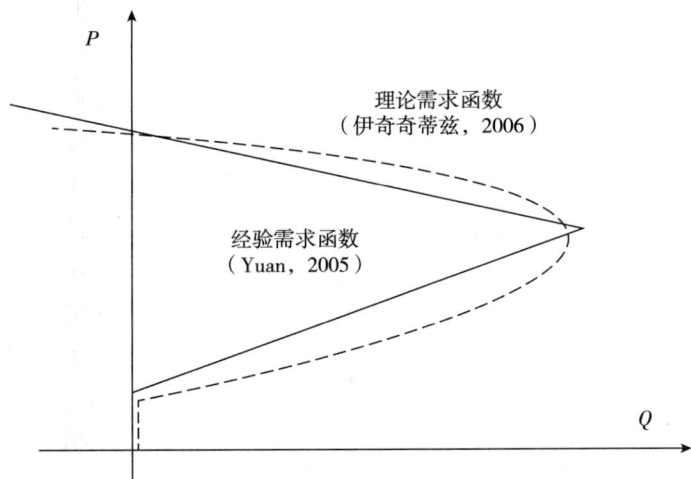

图 3　最优投资者对股票需求的函数

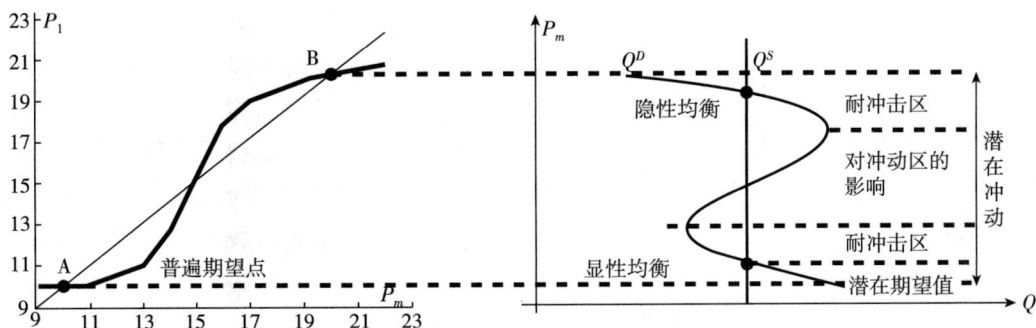

图 4　基本均衡的双重性下的市场均衡

$$Q^D(P_t) = N$$

其中，N 为已配售证券的数量。

根据需求个体函数的特性（2）和均衡对偶的条件，联合需求函数应为 Z 型函数。

在价格和公平价格双重均衡下的市场均衡条件如图4所示。

如果没有外生变化，那么模型内的平衡价格就会因参与者的选择变化（冲动）而改变。在数据上的具体表现为第一组数量减小，而第二组增加。在发生内生变化的情况下，市场均衡的时间条件是

$$(\alpha + \lambda) \cdot Q_\alpha^d(P_t + \Delta P) + (\beta - \lambda) \cdot Q_\beta^d(P_t + \Delta P) = \alpha \cdot Q_\alpha^d(P_t) + \beta \cdot Q_\beta^d(P_t)$$

其中，λ 是冲动，即参与者的数量从一组转移到另一组，

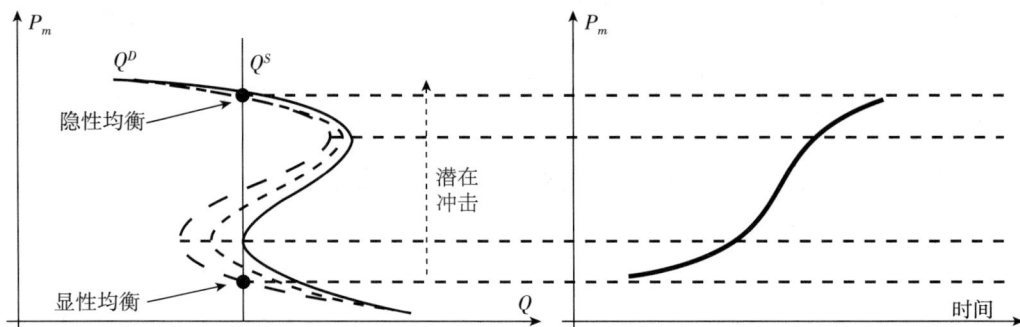

图5 内生变化和临时趋势的出现导致市场均衡的转变

从中可以清楚地看出，价格的变化（ΔP）是冲动的函数。从图形上看，模型中市场均衡的内生变化如图5所示。

不难发现，在上述模型的条件下，由内生变化引起的均衡变化代表了演变过程。以下三点解释了演变论：（1）系统指数的变化（市场份额价格）发生在模型的固定外部条件下；（2）在运动中，系统经历了质的变化，即它从一个理性平衡状态转变为另一种状态；（3）这种改变是不可逆转的，即它不能返回到其初始状态。所有这些论点都适用于上述模型。现在我们可以下定论，市场份额价格的暂时趋势是演变过程的结果（我们也可以反过来用每股市场价格的趋势来描述演变过程）。

四、金融市场的不稳定性及其对宏观经济发展的影响

现在，在我们所提出的模型框架内，我们有充分理由研究金融不稳定的根源。在双重均衡下，金融市场冲动指向的均衡类型包含了更高的利润潜力，这就是为什么在开始时，当投资机会出现时，资产价值增加的趋势就会出现。这种趋势的速度可能会有所不同。可能会出现以下两种情况：（1）速度很快，增长的可能性很快就会耗尽；（2）速度缓慢，增长潜力应具有连续性。金融不稳定，即金融市场对实体经济的破坏性影响，仅在第一种情况下出现。当所有通过上升趋势获利的机会已经用尽，参与者争先恐后地谋利，就会造成金融不稳定。市场参与者有机会通过金融体系的改变获得额外的利润。

这种情况意味着，在初始阶段，对资产价值增长的监管是管控金融不稳定的关键。现在让我们仔细研究一下模型中市场参与者的结构。为了详尽探讨短期增长的潜在趋势，我们需要：（1）市场参与者准确了解良好平衡；（2）市场参与者拥有大量资产。

相反，如果良好均衡的前景暗淡，实施难度很大，并且市场参与者的财富不足，限制了未来投资，那么价格将会慢慢地转向良好平衡。后者意味着金融不稳定不会出现，金融市场和金融体系将按照经典理论预测在没有政府干预的情况下自我调节，并且人们不会质疑它们理性安排活动的能力。

监管是源于此的结论。创新发展导致收入不平等加剧，进而导致储蓄（金融市场参与者的财富）增加，这使市场潜力更快地下降。与此同时，社会其他成员的消费可能性也变得有限。目前，当潜在的下降趋势开始占主导地位时，系统转移和金融市场开始对实体经济产生破坏性影响，既减缓创新，又减少消费（和投资）需求。提高初始阶段收入再分配（减少金融市场参与者可获得的储蓄和财富）就能够避免这种情况，因为增长潜力中相当一部分来自融资的体系。也可以通过社会（基础设施）投资消耗金融市场中过多的资金，尽管社会投资的回报率很低，但从长远来看，其社会效益是显著的。图 6 显示了稳定金融市场 a 和金融不稳定 b 状态下技术创新引起的系统性演变图。

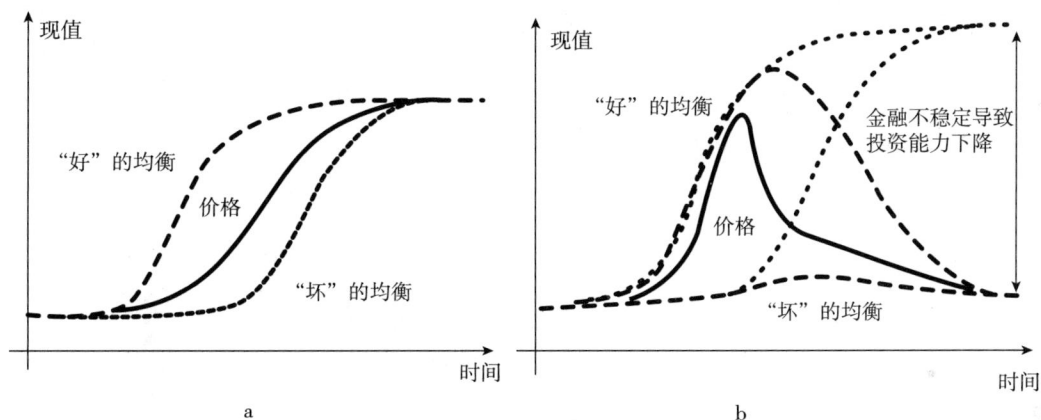

图 6　稳定金融市场 a 和金融不稳定 b 技术创新导致的系统演变

上述内容描述了演变过程模型中金融不稳定机制的一般特征，但是，它没有反映完整的概念。为了完整理解这些机制对实体经济的整体影响，除了上述模型外，还有必要对两个假设进行概述，这些假设与经验事实不同：

（1）金融市场体系影响均衡点的动态；

（2）虽然经济蓬勃发展（获得财富），但是降低不良平衡点的因素也在不断累积。

把这些假设全部考虑在内，从前文提及的数学模型出发，我们可将金融不稳定概念表述为以下六个阶段。

第一，社会和谐与稳定（包括收入的微小不平等）为经济增长创造了潜力。

第二，通过潜力，创新和重大的投资机会都会出现（在可见的范围内，它们的数量是无穷的）。

第三，对于由这些投资机会引发的最快经济增长，需要进行最低收入再分配，放宽对金融市场和流动性的管制。

第四，经济繁荣时期耗尽了潜力；收入不平等增加，动机中断，强势分工的社会阶层出现，教育体系明显落后。越来越多的伪创新出现在新的投资机会中。直到金融体系发生改变之前，这些影响在第一阶段被缓和。尽管问题日益严重，经济仍会继续蓬勃发展。

第五，金融体系的转变成为危机到来的关键时间点。金融市场情绪的变化不再能够弥补日益严重的问题。现在金融市场不仅在经济方面是中立的，甚至还在破坏性地影响它，加剧问题，恶化创新。

第六，系统失控。失业水平上升，经济远离了科技进步带来的潜在机会，社会过度不平等，破坏性的社会现象出现。在这种情况下的解决方案可能是持久的通货膨胀。如果没有这种情况，可以选择引入专制治理制度。

这 6 个金融不稳定阶段如图 7 所示。它们从理论的角度展示了美国股票市场经验周期（本文第一部分有所提及）。我们可以通过更加集中的收入再分配（和大量社会投资）来监管它们。这种措施将限制第一阶段的增长，并将失去几个投资机会，但是，这能使系统更加稳定同时也保持活力；系统中的和谐将保持不变，这使它能够及时地自我更新。在增长期间结构变化带来的负面影响较小，金融体系的后续转变要么是暂时的、短暂的，或者根本不会发生。虽然创新主流会有变化（Glazyev，1993；Hirooka，2006；Akaev 和 Rudskoy，2014），但金融体系不会对创新产生破坏性影响。

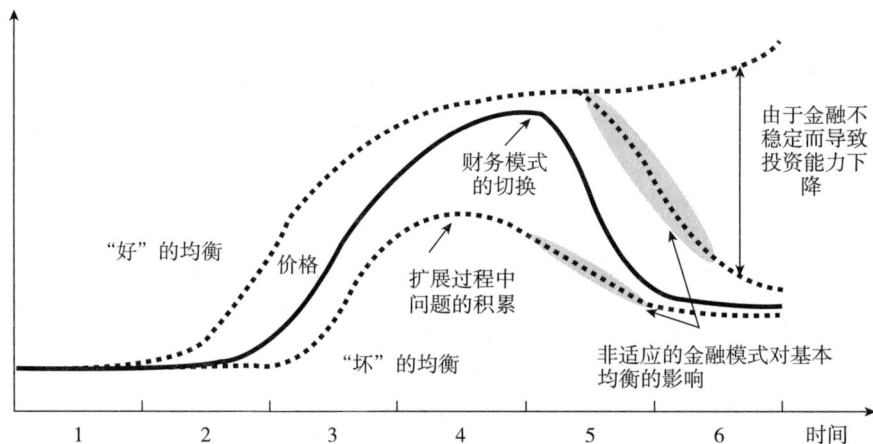

图 7　经济不稳定性的阶段

五、现行趋势的实证分析

根据上面提出的方案，均衡的双重性质以及资本资产价格运动意味着"时间精神"的存在，即参与者对环境产生了主观歪曲的偏见。因此我们可以认识到，这种"时间精神"会造成什么影响，以及我们应如何回应：支持或抵制它？如果选择后者，我们实现目标的所有尝试都注定要失败，这就是为什么到最后我们只能服从。

前文论证表明，"时间精神"对更大的潜力起作用，收入不平等和资本集中于少部分人群是金融不稳定的主要原因。为了达到一种平衡，让"时间精神"引领我们走向繁荣，我们有必要更多地关注社会方案，重新分配资源，支持较为贫穷的社会群体。

当前的金融体系演变阶段始于 1980—1982 年，当时核心国家（G7 成员国）消除了高通胀的最后迹象，计算机和信息技术的发展加速了经济增长。同一时期，结构变化开始出现，成为金融不稳定的根源；1987 年的股市危机和 1989 年的日本危机以及 20 世纪 90 年代发展中国家的一系列危机生动地展现了金融不稳定。21 世纪，金融不稳定全面出现，主要体现在 2000 年纳斯达克地区危机以及 2008 年的次贷危机。

不同于前几个时期，在系统演变的现阶段，金融不稳定更具全球性，因为 1990 年之后，全球经济经历了前所未有的高度融合。这产生了一个此前模型从没提到过的有趣影响。当各国争抢投资项目时，重点是只要在第一阶段它们的选择能获得最大利润且后果未定，它们就不需要调节收入的不平等。那些为项目所有者（项目发起人）提供最佳条件的人确实会赢得竞争，相反，那些对实行高收入再分配的则会失败。这样的特征使一些国家能够在第一阶段通过经济不稳定来获利，他们任其发生，从而影响其他未来成为强国的国家。

我们可以通过美国账户余额不足的上升趋势来说明这一理论论点，该趋势始于 20 世纪 80 年代（见图 8）。

美国吸引了全球资本，因为它提供了最好的条件（还有最便利的政策制度），同时，它们赢得了投资项目的竞争：学术和测试实验室发达、资金来源的接受度高、消费市场欣欣向荣，这一切使美国对全世界的企业家具有吸引力。在这种情况下，较高水平的收入再分配看起来不合逻辑，因为它只能显著降低美国为盈利高的企业家所提供的利润。随着时间的推移和创新的发展，不公平现象继续加剧（基尼指数从 1980 年的 0.38 上升到 2010 年的 0.45），但这个问题在第一阶段被资产价格上涨（财富效应）所掩盖。储蓄率降至历史最低水平（见图 8）；那些落后于国家平均生活水平增长的群体，随着时间的推移会遇到债务（或者是资产问题）。正如 Minsky 所言，所有在扩张期间的金融体系结构变化构成了未来金融不稳定的根源。

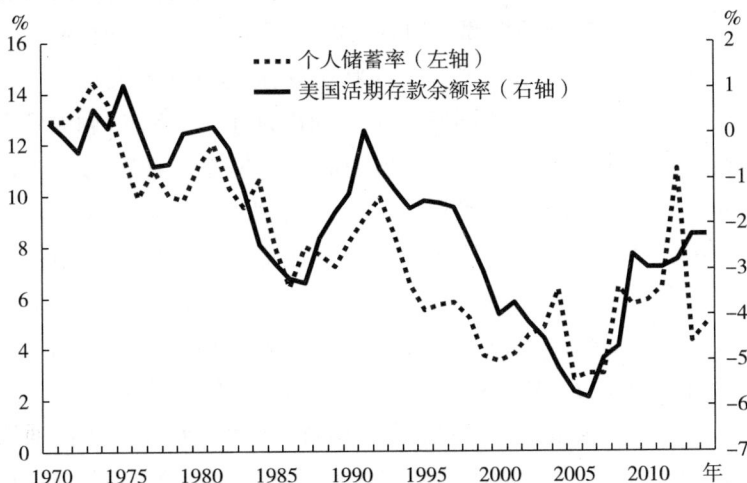

图 8　美国账户余额不足和个人储蓄率

1987 年的危机是由市场风险管理的某些具体特点引起的，对经济发展没有产生重大影响（有关原因的更多信息见 Leland 和 Rubinstein，1988；Black，1988；Gennotte 和 Leland，1990；Romer，1993）；事实上，这是一个自然结果，是经济体系从一个基本均衡转向另一个创新所带来的平衡的自然结果。而 1989 年日本金融危机对实体经济产生了很大的影响，但它是地方性的、次国家性的。然后，20 世纪 90 年代，发展中国家出现了一系列区域危机。1991 年的政治转型刺激了国际贸易的发展：核心国家进入新产品市场，而边缘国家则获得了资本和新技术；结果产生了协同效应，预先确定了资本流动的方向。但是，通过股票市场流向发展中国家的金融资本并未使人们的生活水平持续改善，这就是上述研究的金融不稳定方案发挥作用的地方。在增长潜力疲软之后，经济体系出现了动荡：1995 年的墨西哥发生经济危机；1997 年的亚洲危机；随后是 1998 年的俄罗斯危机。

在金融市场不稳定的情况下，边缘国家无法确保生活水平的可持续改善，这导致从 1999—2000 年开始，边缘国家的经济发展只能由黄金和外汇储备的积累来维持。它为全球经济的结构带来了一定程度的稳定性，并使协同潜力的发挥成为可能。然而，由于累积的外汇储备以最低利息投资政府债券的形式流回了核心国家（首先是美国），核心国家仍然从中获得了可观的利润。事实上，造成这一现象的原因是边缘国家的大部分资源几乎是免费出口的。

2001—2008 年是核心国家的扩张时期，特点是消费者需求因房地产市场的繁荣而增加。与 20 世纪 90 年代的情况相同，由于财富效应、收入不平等加剧的情况可能会被忽视。但 2008 年的危机表明，这种发展方式是没有前途的。如今，在此前的技术浪潮中，核心国家无法向世界其他国家提供任何东西。此外，金融不稳定现在对它们构成了威胁。

2008 年的危机是现代经济发展史上的转折点，其对社会和经济进程的影响程度仍不明朗。金融不稳定性一直在累积，因而构成问题；在危机发生期间，金融不稳定的外部表现得到了解决，而问题的根源，如收入极度不平等，仍未改变。2009—2012 年，各国通过前所未有的量化宽松政策缓解了症状，导致货币基础大幅增长，而受损的非流动资产存储在 FRS 余额中，而美国银行系统则出现了流动性过剩的情况。通过这种方式，系统得到平衡，并且推迟了问题出现的时间。但是，现在必须对该系统进行创新，以确保臃肿的金融部门能根据实际经济状况达到平衡。创新是一项义务，而不是一项权利，这意味着目前尽管没有危机出现，金融仍旧不稳定。创新扩散的问题成为关键。由于其他国家在技术和社会经济制度方面落后，外部需求相当疲弱，而内部需求受到过度家庭债务的限制，金融问题是否会继续恶化则取决于共同需求是否能带来更多的机会。前期经验表明，核心国家的不公平和过度家庭债务问题也许可以通过高通胀率来解决。然而，由于全球经济现代结构的特殊性，如果采取高通胀率，其他大国的利益将受到影响，并且我们尚不能确定这种做法是否真正有利，也许 21 世纪高度融合的全球经济将毁于一旦。

六、结语

事实上，双重基本均衡下的金融不稳定问题在于：虽然短期结构变化看似吸引人，但人们认为其长期后果并不值得关注。只要讨喜的金融体系仍然活跃，收入的过度不平等就会被掩盖，然而，一旦金融体系发生变化，跌破预期的严重危机就会发生。

在本文中，我们提出了一种基于演变过程模型的金融不稳定性分析方法。它的许多论点仍需我们进一步讨论、作出更好的证明。目前显而易见的是，资产价格表现呈现与主流创新扩散相关的暂时趋势，且这一趋势会被高通胀时期所打断。我们提出的双重基本均衡下的价格设定模型表明，金融不稳定的真正原因是创新过程引起的收入不公平加剧，而不是金融体系结构。这一结论为人们打造稳定的金融体系提供了新方法。

事实上，金融不稳定将继续对全球经济发展中国际贸易关系转型产生强烈影响，我们对未来二十年的预测与此有关。特别是除了 2014 年与俄罗斯外汇危机类似的一系列区域金融危机外，发达国家的通货膨胀率可能会异常上升（5 年至 10 年平均每年上涨 10%），2008 年国际金融危机的后果构成了这种情况的前提条件。这种情况决定了发展中国家为实现经济增长，就必定会寻求建立区域联盟，建立独立于核心经济体系的货币和金融体系，以确保它们在科技领域的发展。

参考文献

［1］Akaev, A. A., & Rudskoy, A. I. (2014). Synergetic effect of NBIC—technologies and economic growth in the first half of the XXI century ［Sinergeticheskij effekt NBIC—tekhnologij i mirovoj economicheskij rost v pervoj polovine XXI veka (in Russian)］. *Ekonomicheskaja politika*, 2, 25 – 46.

［2］Allen, F., & Gale, D. (1998). Optimal financial crises. *Journal of Finance*, 53, 1245 – 1284.

［3］Alonso, I. (1996). On avoiding bank runs. *Journal of Monetary Economics*, 37, 73 – 87.

［4］Bachelier, L. J. B. A. (1900). *Théorie de la speculation.* Paris：Gauthier-Villars.

［5］Barberis, N., Huang, M., & Santos, T. (1999). *Prospect theory and asset prices* (NBER Working Paper No. 7220).

［6］Barberis, N., Shleifer, A., & Vishny, R. (1998). A model of investor sentiment. *Journal of Financial Economics*, 49 (3), 307 – 343.

［7］Black, F. (1988). An equilibrium model of the crash. *NBER Macroeconomics Annual*, 3, 269 – 275.

[8] Chang, W. W., & Smyth, D. J. (1972). Stability and instability of IS-LM equilibrium. *Oxford Economic Papers*, 24 (3), 372 – 384.

[9] Chari, V. (1989). Banking without deposit insurance or bank panics: Lessons from a model of the U. S. national banking system. *Federal Reserve Bank of Minneapolis Quarterly Review*, 13 (Summer), 3 – 19.

[10] Daniel, K., Hirshleifer, D., & Subrahmanyam, A. (1998). Investor psychology and security market under-and overreactions. *The Journal of Finance*, 53 (6), 1839 – 1885.

[11] De Long, J. B., et al. (1990a). Positive feedback investment strategies and destabilizing rational speculation. *The Journal of Finance*, 45 (2), 379 – 395.

[12] De Long, J. B., et al. (1990b). Noise trader risk in financial markets. *Journal of Political Economy*, 98 (4), 703 – 738.

[13] Diamond, D., & Dybvig, P. (1983). Bank runs, deposit insurance, and liquidity. *Journal of Political Economy*, 91, 401 – 419.

[14] Fama, E. (1991). Efficient capital markets: II. *The Journal of Finance*, 46 (5), 1575 – 1617.

[15] Frazzini, A. (2006). The disposition effect and underreaction to news. *The Journal of Finance*, 61 (4), 2017 – 2046.

[16] Gennotte, G., & Leland, H. (1990). Market liquidity, hedging, and crashes. *The American Economic Review*, 80 (5), 999 – 1021.

[17] Glazyev, S. Y. (1993). The theory of long-term technical and economic development [Teoriya dolgosrochnogo thechniko-economicheskogo razvitiya (in Russian)]. Moscow: Vladar.

[18] Goldstein, I., & Pauzner, A. (2005). Demand deposit contracts and the probability of bank runs. *Journal of Finance*, 60 (3), 1293 – 1327.

[19] Hamilton, J. B. (1989). A new approach to the economic analysis of nonstationary time series and the business cycle. *Econometrica*, 57 (2), 357 – 384.

[20] Hellwig, M. (1994). Liquidity provision, banking, and the allocation of interest rate risk. *European Economic Review*, 38, 1363 – 1389.

[21] Hirooka, M. (2003). Nonlinear dynamism of innovation and business cycles. *Journal of Evolutionary Economics*, 13 (5), 549 – 576.

[22] Hirooka, M. (2006). *Innovation dynamism and economic growth*. Cheltenham: Edward Elgar.

[23] Hong, H., & Stein, J. C. (1999). A unified theory of underreaction, momentum trading, and overreaction in asset markets. *The Journal of Finance*, 54 (6), 2143 – 2184.

［24］ Ichkitidze, Y. R. （2006）. On reflexivity of the financial market ［O refleksivnosti finansovogo rynka （in Russian）］. *Finance and Business*, 1, 25 – 38.

［25］ Ichkitidze, Y. R. （2013）. Reflexive model of stock market ［Refleksivnaya model fondovogo rynka （in Russian）］. *Vestnik Engecona*, No. 6, 73 – 84.

［26］ Ichkitidze, Y. R. （2016）. The duality of equilibrium between the stock price and the fair value for a fast-growing company. *Proceedings of International Conference on Soft Computing and Measurements*, SCM 2016.

［27］ Ichkitidze, Y. R., & Zvontsov, A. V. （2016）. The optimal debt size under instability of financial markets. *Proceedings of International Conference on Soft Computing and Measurements*, SCM 2016.

［28］ Kaldor, N. （1940）. A model of the trade cycle. *The Economic Journal*, 50 （197）, 78 – 92.

［29］ Kindleberger, C. （1978）. *Manias, panics, and crashes: A history of financial crises*. New York: Basic Books.

［30］ Leland, H., & Rubinstein, M. （1988）. Comments on the market crash: Six months after. *The Journal of Economic Perspectives*, 2 （3）, 45 – 50.

［31］ Minsky, H. P. （1972）. Financial stability revisited: The economics of disaster. *In Reappraisal of the federal reserve discount mechanism* （Vol. 3, pp. 95 – 136）. Washington, DC: Board of Governors of the Federal Reserve System.

［32］ Minsky, H. P. （1992）. *The financial instability hypothesis* （Working Paper No. 74）. Annandale-on-Hudson, NY: The Levy Economics Institute.

［33］ Morris, S., & Shin, H. （1998）. Unique equilibrium in a model of self-fulfilling currency attacks. *American Economic Review*, 88, 587 – 597.

［34］ Osborne, M. F. M. （1959）. Brownian motion in the stock market. *Operations Research*, 7 （2）, 145 – 173.

［35］ Ozdenoren, E., & Yuan, K. （2008）. Feedback effects and asset prices. *The Journal of Finance*, 63 （4）, 1939 – 1975.

［36］ Peters, E. （1989）. Fractal structure in the capital markets. *Financial Analysts Journal*, 45 （4）, 32 – 37.

［37］ Peters, E. （1994）. *Fractal market analysis: Applying chaos theory to investment and economics*. New York: Wiley.

［38］ Romer, D. （1993）. Rational asset-price movements without news. *American Economic Review*, 83, 1112 – 1130.

［39］ Shiller, R. （1984）. Stock prices and social dynamics. *Brookings Papers on Economic Activity*, 2, 457 – 510.

［40］ Shiller, R. （2000）. *Irrational exuberance*. Princeton, NJ: Princeton University

Press.

[41] Shleifer, A. (2000). *Inefficient markets: An introduction to behavioral finance.* New York: Oxford University Press.

[42] Shleifer, A. , & Summers, L. H. (1990). The noise trader approach to finance. *The Journal of Economic Perspectives*, 4 (2), 19 – 33.

[43] Shleifer, A. , & Vishny, R. (1997). Limits of arbitrage. *The Journal of Finance*, 52 (1), 35 – 55.

[44] Soros, G. (1987). *The alchemy of finance. Reading the mind of the market.* New York: Wiley.

[45] Summers, L. (1986). Does the stock market rationally reflect fundamental values? *The Journal of Finance*, 41 (3), 591 – 601.

[46] Wallace, N. (1988). Another attempt to explain an illiquid banking system: The Diamond and Dybvig model with sequential service taken seriously. *Federal Reserve Bank of Minneapolis Quarterly Review*, 12 (Fall), 3 – 16.

[47] Wallace, N. (1990). A banking model in which partial suspension is best. *Federal Reserve Bank of Minneapolis Quarterly Review*, 14 (Fall), 11 – 23.

[48] Yuan, K. (2005). Asymmetric price movements and borrowing constraints: A rational expectations equilibrium model of crises, contagion, and confusion. *The Journal of Finance*, 60 (1), 379 – 411.

第二部分

技术变革

从化石燃料向可再生能源转型面临的挑战

Unurjargal Nyambuu[①]　　Willi Semmler[②]

摘要：正如目前人们广泛讨论的，要实现气候稳定就需要能源技术革新。人们正在积极研究化石燃料技术的未来（关乎能源生产）及替代技术（旨在为未来提供能源，如可再生能源）。化石燃料具有很强的外部性，燃烧时会释放大量二氧化碳，而长期排放二氧化碳是全球变暖的主要原因。然而，目前市场供应的化石燃料的成本和价格并未涵盖这些外部性。清洁能源在其生产过程中不具有外部性，而且用之不竭；不过要获取并利用可再生能源当然也需要一定的成本。很多国家已经开展了各式各样的项目来逐步淘汰化石燃料，逐步采用可再生能源。本文研究了化石燃料和可再生能源的成本和价格趋势以及这两个行业表现对股票市场的影响。我们描绘了一个增长模型，来解释如何逐步淘汰化石燃料和如何逐步采用可再生能源。最后，我们详细说明了行业政策对这一增长模型的支持，探讨了从化石燃料到可再生能源的转型会对就业产生什么样的影响。

关键词：可再生能源　替代技术　二氧化碳排放　外部性

一、引言

非再生能源仍然是很多国家使用的主要能源，仍旧广泛应用于生产、交通和家庭生活。然而，有大量文献和证据突出强调化石燃料具有负外部性，导致空气污染和环境退化。这些隐形成本和间接成本都突出了使用可替代能源以及从非再生能源技术到可再生能源技术转型的重要性。近期数据显示，可再生能源发电量占比加大，这表明从化石燃料到可再生能源的重大转型。彭博新能源财经（Bloomberg New Energy Finance，BNEF）指出，可再生能源发电量占美国新增发电总量的 70% 左右，2015 年，可再生能源发电近 16000 兆瓦（2014 年可再生能源发电近 13000 兆瓦）。2014 年，美国使用天然气发电近 8000 兆瓦，2015 年下降到 6000 兆瓦左右。另外，美国 2015 年新增核电容量约为 1500 兆瓦。

在这一部分，我们探讨了化石燃料和可再生能源的成本和价格趋势及这两个行业

---

① Unurjargal. Nyambuu，纽约城市大学。

② Willi. Semmler，纽约新社会研究学院。

对经济表现的影响。根据国际气候变化专门委员会（2011），与用非再生能源发电的技术相比，用可再生能源发电的技术产生的温室气体排放量很少。Delucchi 和 Jacobson（2010b）探讨了风能、水能和太阳能（WWS）发电与输电成本及 WWS 能源供给易变的问题。他们估算了超级电网成本、V2G 储存成本、WWS（特别是风能）的成本比化石燃料的成本节省多少（相对的社会成本节省多少）。Delucchi 和 Jacobson（2010b）预计未来美国化石燃料的成本会上涨到 0.08 美元，其社会成本和外部成本会上涨到 0.14 美元；而（在岸）风能的成本会下降到 0.04 美元以下；太阳能光伏的成本会下降到 0.1 美元；潮汐能的成本会介于 0.05 ~ 0.07 美元。

我们还从股市表现角度研究了化石燃料和可再生能源行业，参考了各种各样的指数，包括标普全球清洁能源指数、标普全球石油指数、标普全球可替代能源指数、全球核能指数、Wilderhill 新能源全球创新指数和纽约证交所彭博全球太阳能指数。这些指数记录了不同能源领域的领先公司的表现。

我们描绘了一个增长模型，用来解释如何逐步淘汰化石燃料、如何逐步采用可再生能源。规范化控制模型指出二氧化碳排放这一负外部性对家庭福利的影响。按 Greiner 等（2014）的思路，我们详细说明了化石燃料的最佳开采率、负外部性和生产可再生能源所用的资本存量。这一资本存量与各种初始条件和动态路径密切相关。我们得出了一个重要结论：开采地下所有的化石燃料并不是最佳选择。

关于自然资源的增长模型已有大量的文献。将非再生能源纳入增长模型的早期研究有 Dasgupta 和 Heal（1974）、Solow（1973）和 Stiglitz（1974）。Heal（1993）对增长模型进行了修改，增加了备用技术。增长模型的其他变量包含全球温度、二氧化碳排放量、从污染技术到清洁技术的变革等限制因素。Nyambuu 等对这些模型进行了总结。Acemoglu 等（2012）采用了内生与定向技术变革，区分了清洁和污染（使用非再生资源）生产投入之间的区别，还指出当投入可以完全被替代时，采用临时税收/补贴来促进清洁投入方面的创新，就能实现可持续增长。

近年来，针对清洁能源的投资持续增长，其中大量投资发生在亚洲。根据彭博清洁能源投资（Bloomberg's Clean Energy Investment），2015 年，新增投资飙升至 3290 亿美元，而在 2004 年，这一数值仅为 600 亿美元；投资涉及项目投资、设备制造、技术开发等，主要投资发生在太阳能和风能等领域。2015 年，中国在风能方面的投资超过欧盟，成为风力涡轮机安装的最大投资者。高增长的发展中国家也成为全球主要污染国。这类发展中国家在清洁能源方面的投资呈现大幅增长。Popp（2015）探讨了以技术适应和推广的方式在发展中国家推动气候友好型技术革新，探讨了如何引进清洁能源，并在全球各地进行推广。他指出，综观全球，中国拥有最多的各类室内灶具（太阳能、生物质能、LPG、煤油或丁烷灶具）的专利，因此，中国在离网技术中发挥着重要的作用。Popp（2015）着重强调了以下五条经验：第一，高收入国家主导了绿色技术与其他技术的研发活动，这一事实表明技术转让尤为重要；第二，即使有绿色技术可用，研发也要具有适应性，才能使新技术更适合当地市场条件；第三，当技术转让促进知识外溢时，技术转让很可能会推动更加清洁的增长；第四，资金制约和技术是否易于使用会在很大程度上决定绿色技术在发展中国家的传播；第五，因为市场力量一般不能充分奖励污染防治企业，所以政策激励对于创造清洁技术市场而言至关重要。

就我们提议的模型的解决方法而言，我们想要指出，这个增长模型向清洁技术转变，采用有限期界程序，使用 Grüne 等（2015）提出的非线性模型预测控制（NMPC）进行数值求解。NMPC 方法近似于无限期界最优控制理论，其误差会随着时间的增加呈指数式递减（Grune 和 Pannnek，2011）。

本文结构如下：第一部分是引言。第二部分是更加全面详尽的文献综述。第三部分给出可再生能源和非再生能源的数据趋势，包含消费量、供应量、净发电量、产量和成本、价格、股市表现和二氧化碳排放量。第四部分描绘了一个理论模型。第五部分给出用 NMPC 算法程序得出的数据结果。第六部分总结全文。

二、文献综述

大量文献描述了与在生产过程中使用自然资源相关的经济增长。在基础增长模型中，状态约束包括资本积累和可开发利用的有限资源（Solow，1973；Stiglitz，1974；Dasgupta 和 Heal，1974）。此外，Heal（1933）假设不同等级和成本的资源用之不竭，他将后备技术融入增长模型中。Heal（1976）指出，资源可以用之不竭，不过等级和成本不同，可以从海洋资源和地壳岩石中开采，假设在累计开采量达到某一程度之前成本会随着开采量的增加而增加，但在达到后备供应量后成本会保持稳定。

当估算资源的稀缺程度时，我们一般会使用开采成本、用户成本和价格这三个指标。随着非再生能源变得稀少，其价格往往会上涨。Hotelling（1931）和 Solow（1974）的早期论文就探讨过价格增长。Hotelling 的基础模型过于简化，而且没有考虑到开采成本，因而受到批评（Leivernois，2009）。大量研究指出，技术发展和市场结构很可能会引起价格的波动。例如，Pindyck（1978）、Liu 和 Sutinen（1982）、Slade（1982）、Leivernois 和 Uhler（1987）、Nyambuu 和 Semmler（2014）等的研究指出，根据最初探明储量，非再生能源的价格趋势呈 U 形，长期而言尤为如此。此外，化石能源价格高昂会刺激其供应量，以至于出现更多的借贷来促进生产（Nyambuu 和 Bernard，2015）。

大量研究均强调了技术变革对可持续性和经济增长的重要性。Weitzman（1997）分析了可持续性、绿色国民净产值（按照目前市场价格从 GNP 中扣除资本折旧和自然资源消耗）和技术发展之间的关系。

作为增长模型的延伸，可以通过把温度和温室气体（GHG）作为约束条件来引入气候变化的影响。当社会去抑制环境恶化时，方能实现社会福利最大化。Greiner 等（2014）指出，与前工业化时期相比，目前温室气体有所增长。Bondarev 等（2013）考虑了一个动态增长模型，包含由技术变革引起的环境变量，突出强调了技术效率在促进福利方面的作用。他们强调内生技术变革的重要性（与外生技术变革相比），指出温度增长放缓如何能减少环境破坏、降低温室气体（GHG）排放量。他们引用了大气中温室气体的浓度（该浓度随着经济活动的增加而变大）。他们还强调了控制性治理和外生清洁能源技术改良。模型中使用的变量包括自然吸收造成的大气恢复率（Rate of Recovery of the Atmosphere）、减排率、排放强度减少程度和自前工业化时期以来的温度上升度数。

Nordhaus（2008）介绍了气候和经济的动态综合模型（DICE）。这个增长模型中的变量包括自然资本、气候变化影响、二氧化碳排放量、气候损害和政策。DICE – 2007模型使用了各种公式，涉及环境破坏、工业和土地的碳排放总量、减排—成本函数、全球碳总质量、地球表面平均温度、辐射强迫总量、海洋下层温度、一个描述气候变化影响和政策的变量和减排成本。

Acemoglu 等（2012）采用了内生与定向技术变革，区分了清洁技术和污染技术，用作生产投入。Acemoglu 等（2012）指出，当投入可以完全被替代时，采用临时税收/补贴来促进清洁投入方面的创新，就能实现可持续增长。他们的研究结果表明了在促进可持续增长的清洁投入方面进行创新的重要性，在污染投入生产中使用耗竭性资源有助于在放任自由的情况下开展清洁创新转型。他们引入了环境质量变化、环境恶化率、环境再生率。Acemoglu 等（2012）的经验结果表明，要想两种生产投入能够灵活互换，立即将研发资源用于清洁技术研发，随后所有生产逐步采用清洁投入必不可少。

Acemoglu 等（2016）用美国能源领域关于污染和清洁技术的微观数据进一步研究了向清洁技术的转型。他们探讨了税收和补贴对最佳政策的影响。Acemoglu 等（2016）研究了最佳政策的结构和时间路径，多久能实现向清洁技术的转型、多久能减缓潜在温度上升以及非最佳可替代政策的实施成本。他们的总结是"非常依赖研究补贴的、定性（甚至是定量）最佳政策模式是非常强大的模式"。

Aghion 等（2016）研究了温室气体排放量较大的汽车行业，研究覆盖了 80 个国家关于污染和清洁专利的数据，他们采用的都是公司层面的面板数据。他们强调了当燃料价格居高不下时清洁技术创新的作用。他们的经验结论展示了基于总外溢效应和公司自身的创新历史的创新类型（清洁/污染）的路径依赖。

Delucchi 和 Jacobson（2010a）探讨了能源基础设施的变化，评估了来源于风能、水能、太阳能（WWS）系统的、关注能源需求的全球能源以及与 WWS 资源相关的其他事宜，如设备、材料供应、数量和系统网络。他们的研究结果表明，目前的成本与WWS 能源系统全面开发后的成本相差无几。他们指出，截至 2030 年，全球都使用WWS 供电的话，全球电力需求会下降 30%，继而先前使用的化石能源将于 2050 年被替代；2030 年便能通过 WWS 能源系统供应所有新能源。Delucchi 和 Jacobson 估计，要建成 2030 年的 WWS，我们需要以下能源，其中风能发电供应量占主导地位（见表 1）。

表 1	2030 年太阳能基础设施	
能源技术	功率	数量
风力涡轮机	5 兆瓦	3800000
集中太阳能发电厂	300 兆瓦	49000
太阳能光伏发电厂	300 兆瓦	40000
屋顶光伏系统	3 千瓦	1700000000
地热能发电厂	100 兆瓦	5350
新建水力发电厂	1300 兆瓦	270
海浪发电装置	0.75 兆瓦	720000
潮汐涡轮机	1 兆瓦	490000

资料来源：Delucchi 和 Jacobson（2010a）。

此外，Delucchi 和 Jacobson（2010b）研究了 WWS 的发电和输电成本，这种能源的易变性及所需的政策措施。他们研究的内容包括分散资源的互联互通、水力发电、电力储存、发电能力、制氢、能源供应预测。Delucchi 和 Jacobson（2010b）估计，使用超级电网和 V2G 储能的成本预计为 <0.02 美元/千瓦（发电量）。他们总结，未来风能发电的私人成本可能比未来传统化石能源发电的私人成本更低，而且所有 WWS 替代能源发电的社会成本可能比化石燃料发电的社会成本都低。Delucchi 和 Jacobson（2010b）还估算了不同能源技术的成本（包括发电和传统输电）；他们指出 2005—2010 年，美国化石燃料的成本是 0.07 美元，但同期社会成本、外部性成本（环境破坏和空气污染）高达 0.12 美元；相比之下，在岸风能的成本为 0.04~0.07 美元，离岸风能的成本为 0.1~0.17 美元，地热能成本为 0.04~0.07 美元，水力成本为 0.04 美元，太阳能光伏成本 >0.2 美元，潮汐成本 >0.11 美元。预计 2020 年化石燃料的成本会上涨，而可再生能源的成本会下降。

考虑到气候变化带来的影响具有不确定性，通过估算碳的社会成本和边际损害成本的增长率，Toll（2015）研究了气候变化对福利的影响。他总结了不同研究的福利效应，预测如下：

第一，大气中温室气体排放浓度加倍对当前经济的影响较小。

第二，温度小幅上升可能会在初期带来积极的好处，但温度继续上升可能会导致各种损失。

第三，巨大的右偏不确定性。

第四，更贫穷国家更容易受到气候变化的影响。

Toll（2015）探讨了诸多影响碳的社会成本的因素，包括人均消费增长率、消费的边际效应的灵活度、纯粹时间偏好率。他指出气候变化的社会成本分布不平衡，具有很大的不确定性。基于对二氧化碳排放的边际损害成本的估算，Toll（2015）提出，最佳碳税收大约为 34 美元/tC，且每年可增收 2.1%。34 美元/tC 的碳税收能加速提高能源效率，促进从碳密集燃料向碳中和燃料的转型。他还提出，经证明，最好的方法介于政策说辞与政策行动、支持严厉举措和支持不采取行动的人之间（Toll，2015）。

根据美国汽车行业的情况，Mazzucato 和 Semmler（1999）研究了这类行业的股票价值如何受到具体的行业因素的影响，比如说，当一个像可再生能源行业一样的新兴行业腾飞时，关键问题是该行业的股市表现会怎样。他们指出了股价波动与市场份额不稳定之间的密切联系。他们总结，生命周期中股票价格波动变化遵循明显的模式，因此过度波动的程度可能会受到特定行业现象的影响。研究发现，在公司历史中的第一阶段过度波动程度更大，这表明市场份额不稳定性会造成一种不确定性，而这种不确定性会使未来增长率变得更加难以预测，这会使市值比实际表现指标（红利/股息或收益）更动荡。此外，Mazzucato 和 Semmler（2002）还研究了决定股票价格波动的因素，指出了股票价格的短期波动和美国汽车行业的长期变动。就能源领域的近期发展，也可以进行相似研究，初步研究成果在下文中呈现。

三、典型化事实

全球清洁能源投资不断增长。根据彭博清洁能源投资①的数据，2015 年清洁能源投资总额高达 4250 亿美元，其中包含 970 亿美元的企业并购（M & A）和 3290 亿美元的新增项目、设备制造和技术开发投资。早些时候，新增清洁能源投资只有 600 亿美元左右，而且主要来自欧洲；但在 2015 年，全球一半以上的投资来自亚太地区，只有 20% 左右的投资来自欧洲。中国在 2015 年的新增投资超过 1000 亿美元（不含研发和资产融资估值）。大部分新增投资涉及太阳能和风能领域。其中一些资金是通过发行绿色债券筹集到的，比如说，2015 年发行了大约 200 亿美元的超国家债券和主权债券以及 200 亿美元的企业绿色债券。其他类型的绿色债券包括与项目相关的债券、美国地方政府债券、资产支持型证券。股市筹集到的最新大额股权包括三安光电股份有限公司（Sanan Optoelectronics）和美国太阳能公司（SunPower）在 2015 年末的风能发电交易。

（一）能源消费量与供应量

近年来，可再生能源消费量呈现大幅上涨趋势。图 1 呈现的是美国各类能源的消费量，数据来源于美国能源信息署（EIA，2015；2016）。可再生能源消费总量从 2001 年的 5.3 千兆英热单位上升到 2015 年的 10 千兆英热单位；根据美国 EIA 的估计，这一数据还有望进一步增加。自 2007 年以来，风能和太阳能消费量均上涨得更快。风能消费量比太阳能消费量上涨得更快：风能消费量从 2001 年的 0.07 千兆英热单位上升到 2015 年的 1.8 千兆英热单位，而太阳能消费量从 2001 年的 0.06 千兆英热单位上升到 2015 年的 0.5 千兆英热单位。此外，乙醇消费量在过去十年间也呈现了上升趋势：从 2001 年的 0.1 千兆英热单位上升到 2015 年的 1.2 千兆英热单位。

---

① 2015 年第四季度数据包（2016）。

千兆英热

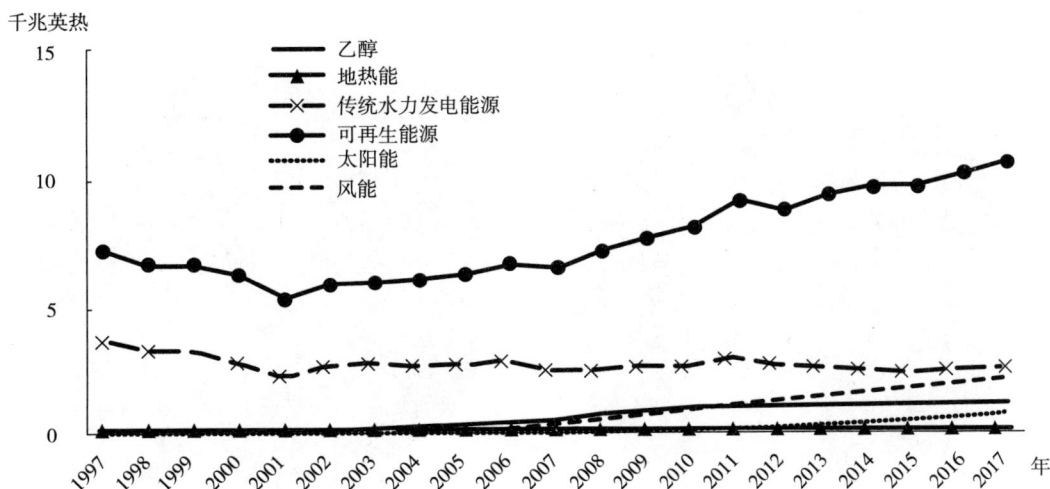

数据来源：美国 EIA。

图1　美国能源消费量

千兆英热

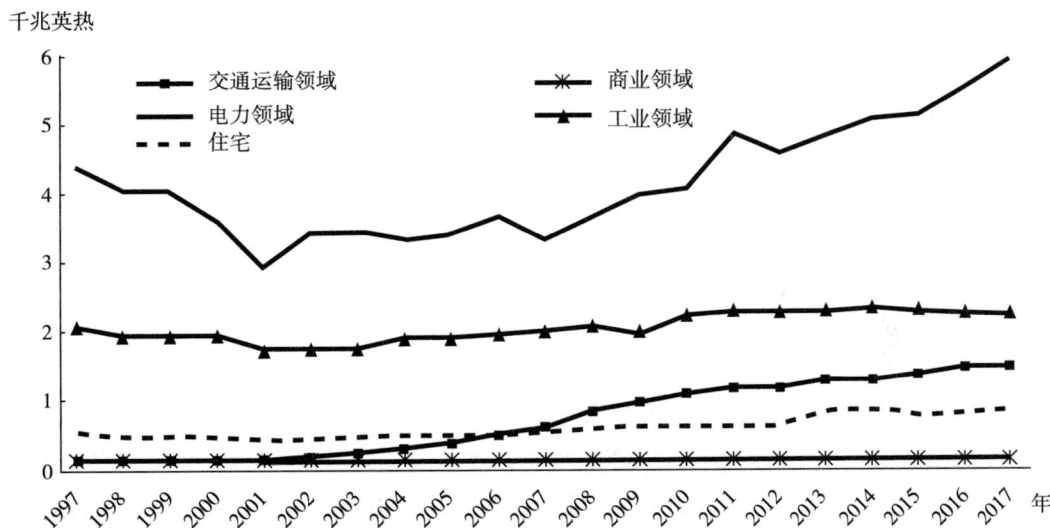

数据来源：美国 EIA。

图2　美国各领域可再生能源消费总量

　　接下来，我们关注各个领域的可再生能源消费量，如图2所示。可再生能源消费总量迅速增加主要是因为电力行业的可再生能源消费量大幅增加（该行业2015年的可再生能源消费量是2001年的两倍，多达5.1千兆英热单位）。其他领域的可再生能源消费量也呈现上升趋势，特别是工业领域、交通运输领域和住宅的消费量。

　　美国可再生能源供应量也大幅增加。特别是风能和太阳能正在替代其他类型的可再生能源。根据美国 EIA 的报告《短期能源展望（2016）》，可再生能源供应总量增加；其中，风能供应量占比从2008年的8%上升到2015年的20%，太阳能供应量占比同期从1%上升到6%（见图3）。

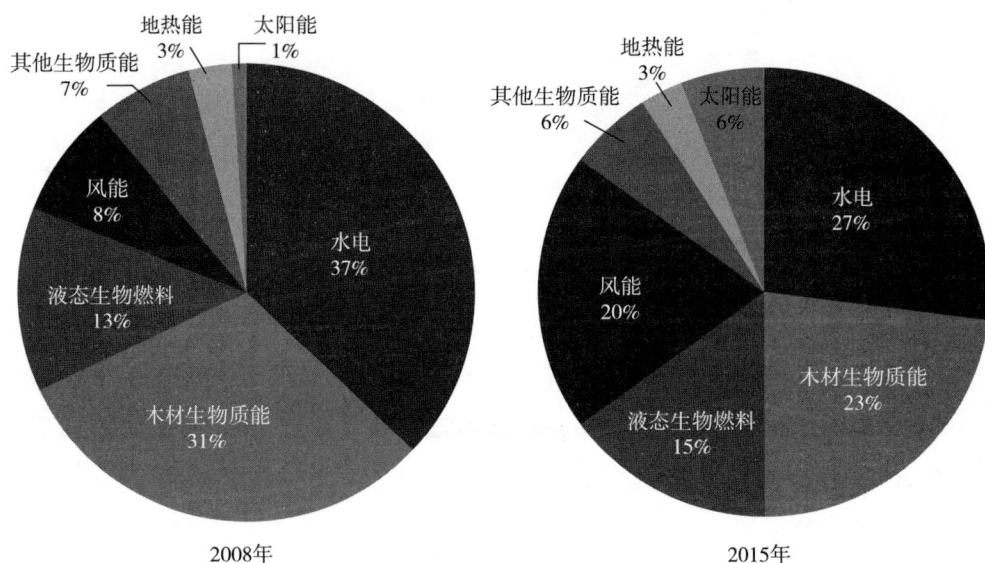

数据来源：美国 EIA。

图 3　美国各类可再生能源供应量的占比（2008 年和 2015 年）

表 2　　　　　　　　　　风力涡轮机装机容量和新建太阳能光伏

地区	风力涡轮机装机容量（GWEC）		地区	全球新建太阳能光伏	
	2015	2006		2013	2006
亚洲	53.3	24	亚太 + 中国	57	22
欧洲	22	51	欧洲	29	64
北美	17	21	美洲	14	7

数据来源：彭博。

最近几年，新建风力涡轮机和太阳能光伏数量持续增多。特别是中国在风能领域投入了大量资金。表 2 统计的是与 2006 年相比，不同地区 2015 年风力涡轮机装机容量和 2013 年新建太阳能光伏数量的占比。欧洲和北美风力涡轮机装机容量在全球风力涡轮机装机容量中占比下降，但是亚洲风力涡轮机装机容量占比大幅上升：欧洲占比从 2006 年的 51% 下降到 2015 年的 22%，北美占比同期从 21% 下降到 17%，亚洲占比同期则从 24% 上升到 53%。2015 年，中国风力涡轮机装机容量超过欧盟（EU）。2006 年，欧洲的新建太阳能光伏数量在全球占比最大，但是这一比值已经下降到了 29%。近些年，亚太地区占据主导地位，2013 年，亚太地区的新建太阳能光伏占全球的 57%。

（二）净发电量

发电使用了不同类型的能源，煤炭发电量和天然气发电量较大，其次是核能发电量。如图 4 所示，自 2005 年以来，煤炭的净发电量一直在下降（从 20 亿兆瓦时下降到 14 亿兆瓦时），而 2005 年到 2015 年天然气净发电量几乎翻了一番至 13 亿兆瓦时。与此同时，2015 年太阳能的净发电量高达 260 亿兆瓦时（2005 年仅为 6 亿兆瓦时）。

接下来，我们在图 5 中展示了不同类型的可再生能源的净发电量。过去十年，可再生能源的净发电总量呈现上升趋势。大部分电量来源于传统的水力发电，但其在可再生能源净发电总量中所占的比例从 2005 年的 76% 下降到 2015 年的 46%。这一比例之所以下降是因为风能和太阳能发电量有所增长；同期，风能发电量占比从 5% 上升到 35%，太阳能光伏发电量占比从 0.005% 上升到 4.2%。

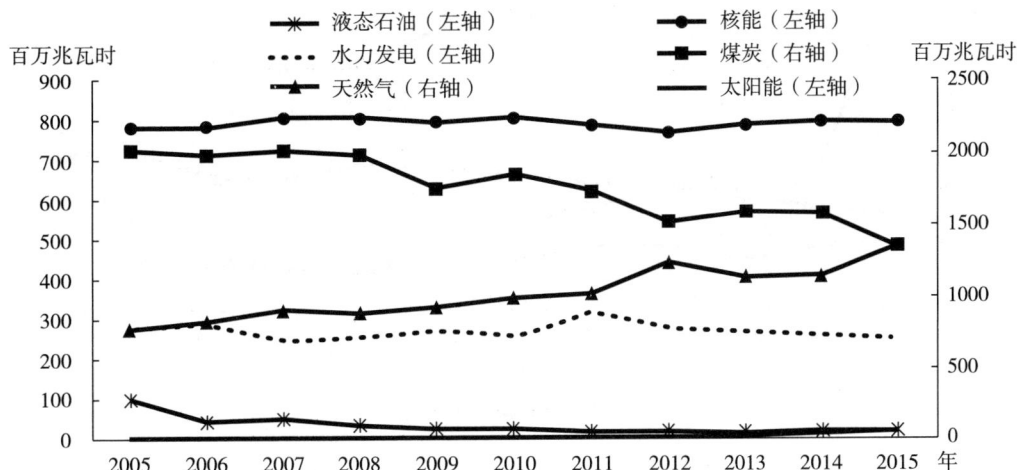

数据来源：美国 EIA。

图 4　美国不同能源的净发电量

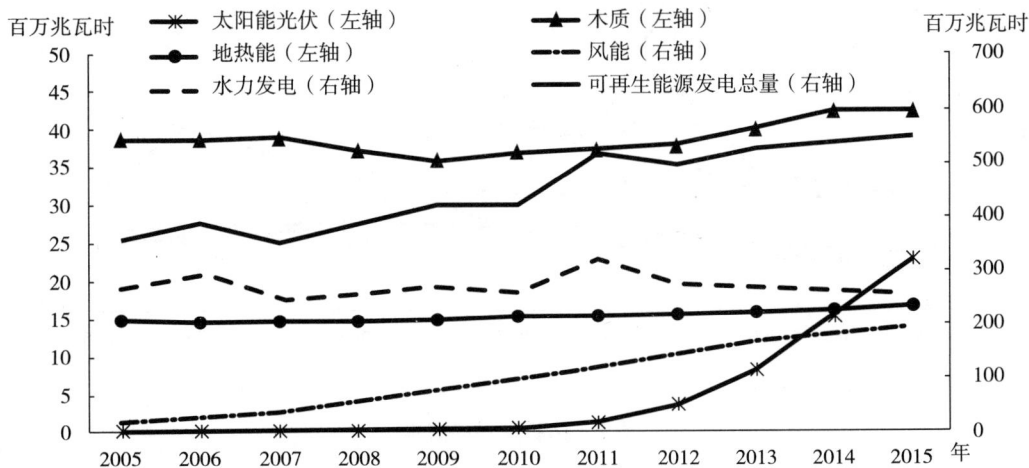

数据来源：美国 EIA。

图 5　美国不同可再生能源的净发电量

（三）产量与成本

图 6 展示了化石燃料的产量情况。虽然过去十年煤炭和液态石油的产量一直在下降，但是天然气的产量一直在上涨。另外，化石燃料成本如图 7 所示，其中天然气的成本大幅下降，其他类型的化石燃料的成本也出现了适度波动。2012 年以来，液态石

油的成本有所下降。化石燃料的总体成本从 2005 年的 3.3 美元/百万英热单位下降为 2015 年的 2.7 美元/百万英热单位。

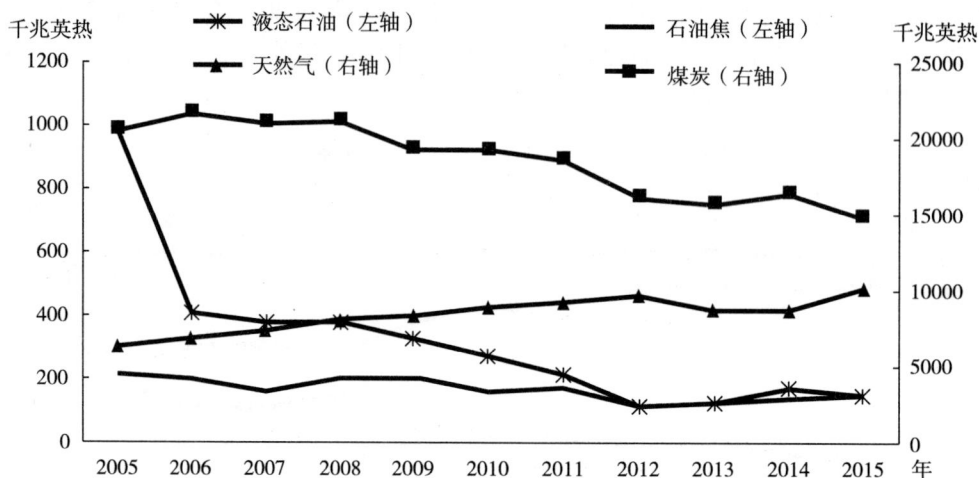

数据来源：美国 EIA。

图 6　化石燃料的产量

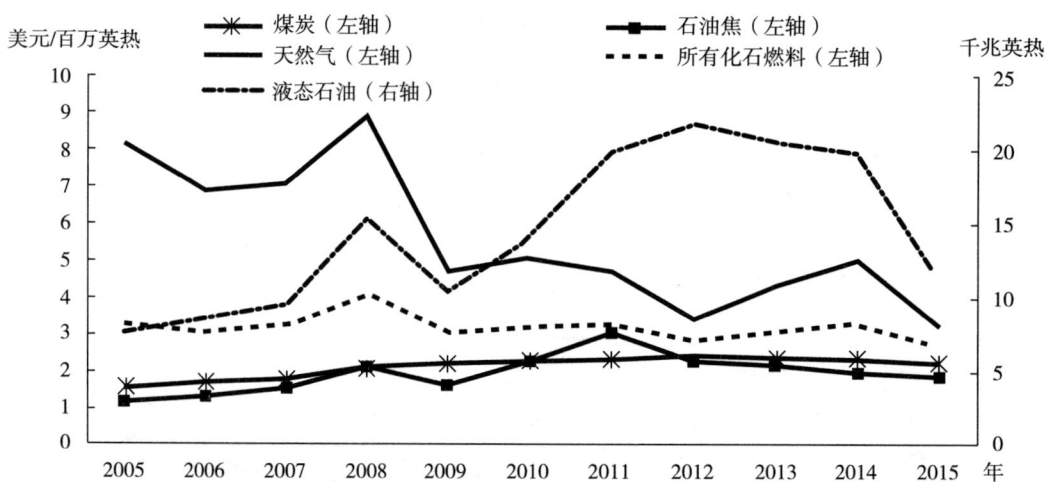

数据来源：美国 EIA。

图 7　化石燃料的成本

　　近年来，清洁能源的成本呈现下降趋势。表 3 展示了风能和太阳能的不同成本。比如说，彭博新能源财经（BNEF）指出，太阳能电池使用的多晶硅的价格从 2012 年的 22 美元/千克下跌到 2015 年的 16 美元/千克。过去几年，不同类型的 PV 成本也呈现了下降趋势。根据 PV insights 国际太阳能光伏研究公司的数据，2012—2015 年，模块成本从 1.2 美元/瓦下跌到 1.1 美元/瓦，并网系统成本从 2.9 美元/瓦下跌到 2.2 美元/瓦，并网逆变器成本从 0.5 美元/瓦下跌到 0.4 美元/瓦。根据 BNEF 的风力涡轮机价格指数（WTPI）显示，风能成本已经从 2012 年的 230 万欧元/兆瓦下降到 2015 年的

110 万欧元/兆瓦。

表3   太阳能和风能的成本

时间	PV insights 国际太阳能光伏研究公司（美元/瓦）			BNEF 多晶硅（美元/千克）	BNEF WTPI（万欧元/兆瓦）
	模块	并网系统	并网逆变器		
2012.12.31	1.2	2.9	0.5	22	230
2015.12.31	1.1	2.2	0.4	16	110

数据来源：彭博（2016）。

（四）化石燃料的价格

图8展示了化石燃料的价格。2008 年 7 月，石油现货价格（布伦特）达到新高：132.7 美元/桶，但是 2016 年 2 月，石油价格骤跌至 32.1 美元/桶。2005 年 10 月，天然气现货价格（亨利港）高达 13.4 美元/百万英热单位，但 2016 年 2 月却跌至 1.99 美元/百万英热单位。

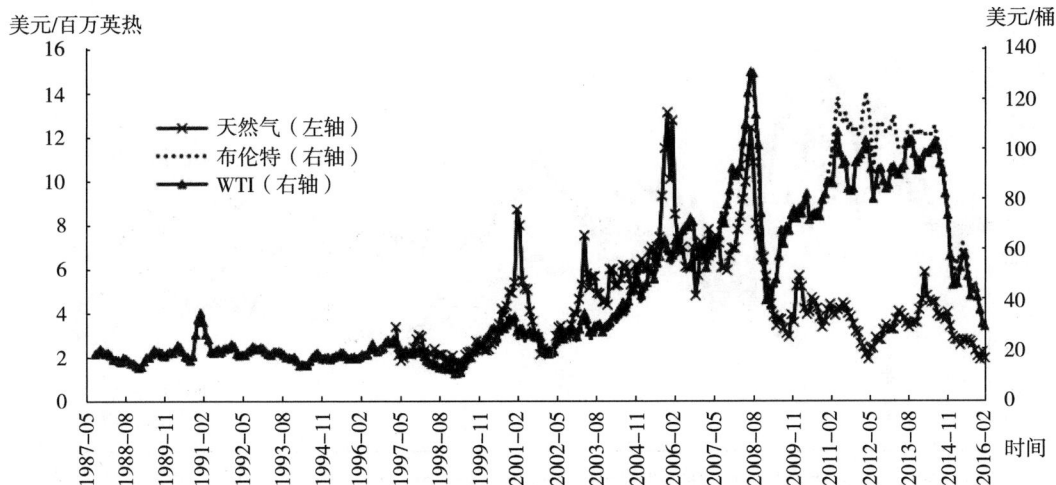

数据来源：美国 EIA。

图8 化石燃料的价格

（五）股市表现

图9展示了清洁能源和非再生能源领域的上市公司的股市表现，如原油指数。这些指数的价格来源于标准普尔和道琼斯指数。标准普尔全球清洁能源指数记录了 30 家清洁能源领域公司的数据，这些公司不仅生产能源，也提供技术设备。这个指数于 2008 年达到最高值，却于 2009 年底下跌。随后这一指数呈现平缓上升的趋势，其间出现了适度波动；但在 2014 年中，当石油价格开始下跌时，这一指数也开始下跌。标准普尔全球石油指数记录了 120 家最大的油气公司的表现。这个指数于 2007 年达到最高值，而后骤降；2009—2013 年，这一指数呈现缓慢下跌趋势。近期，石油指数的下跌速率比清洁能源指数的下跌速率缓慢了许多。

数据来源：标准普尔。

图 9　股票指数表现

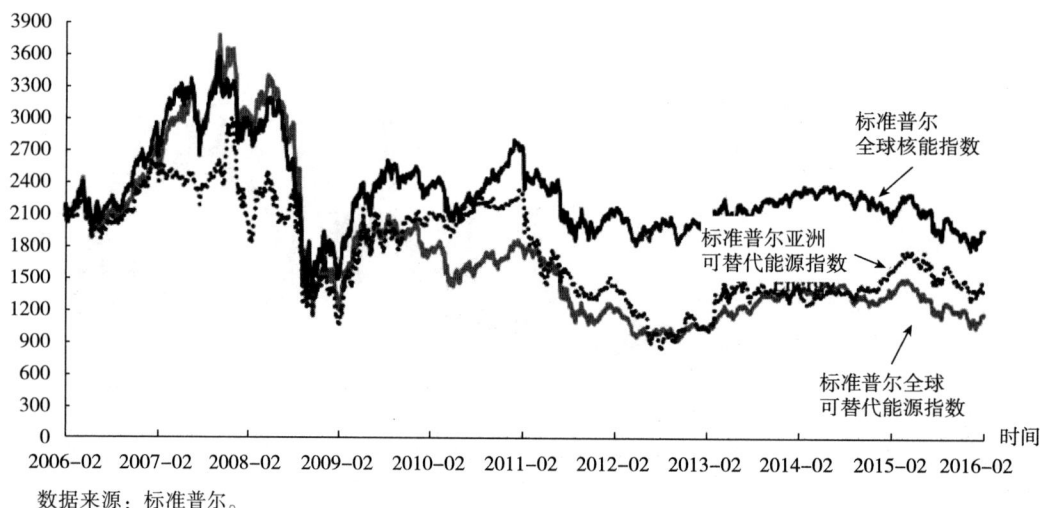

数据来源：标准普尔。

图 10　股票指数表现（可替代能源、核能）

接下来，图 10 展示了全球和亚洲的可替代能源指数（包含 20 家公司）和全球核能指数。标准普尔全球可替代能源指数结合了标准普尔全球清洁能源指数和全球核能指数。标准普尔全球核能指数衡量了全球领先的从事核能生产、服务、材料和设备供应的核能公司的表现。与前两个指数相似，这一指数在 2007—2008 年达到最高值，随即出现了暴跌。自 2014 年中以来，油价下跌，导致标准普尔全球核能指数下跌。

图 11 展示了与风能和太阳能相关的其他指数以及 WilderHill 新能源全球创新指数（NEX）。NEX 由 104 只股票组成，涉及太阳能、风能、能源效率、生物燃料和生物质能、能量储存、能量转换领域。在 NEX 上升期间（特别是 2015 年年末），表现最好的是太阳能领域（表现最好的公司包括加拿大太阳能公司、美国通用显示器公司、美国第一太阳能公司、美国太阳能公司），其次是能源效率领域。根据 NYSE 彭博的消息，全球太

阳能指数针对的是太阳能生产、研发公司和太阳能设备制造商。这些指数的趋势走向与前面分析的几个指数相似（见图 11），其表现也受到了近期石油价格下跌的影响。

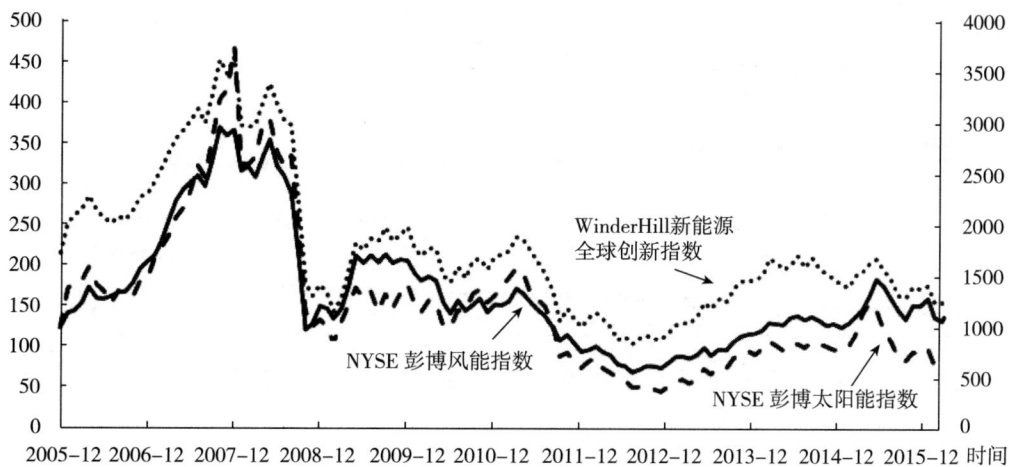

数据来源：彭博。

图 11　股票指数表现（风能、太阳能）

（六）二氧化碳排放量

图 12 展示了不同能源的二氧化碳排放量。化石燃料（特别是石油和煤炭）造成大部分排放。与 2007 年相比，过去 5 年化石燃料的二氧化碳排放总量微微下降。不同国家人均二氧化碳排放量如图 13 所示。欧洲各国和美国的人均二氧化碳排放量呈现下降趋势，但中国的人均二氧化碳排放量大幅上升，过去十年尤为如此。虽然中国实现了较高的 GDP 增长率，但中国使用的能源主要是化石能源，所以其 GDP 的高速增长是以环境为代价的（Bernard 和 Nyambuu，2015）。

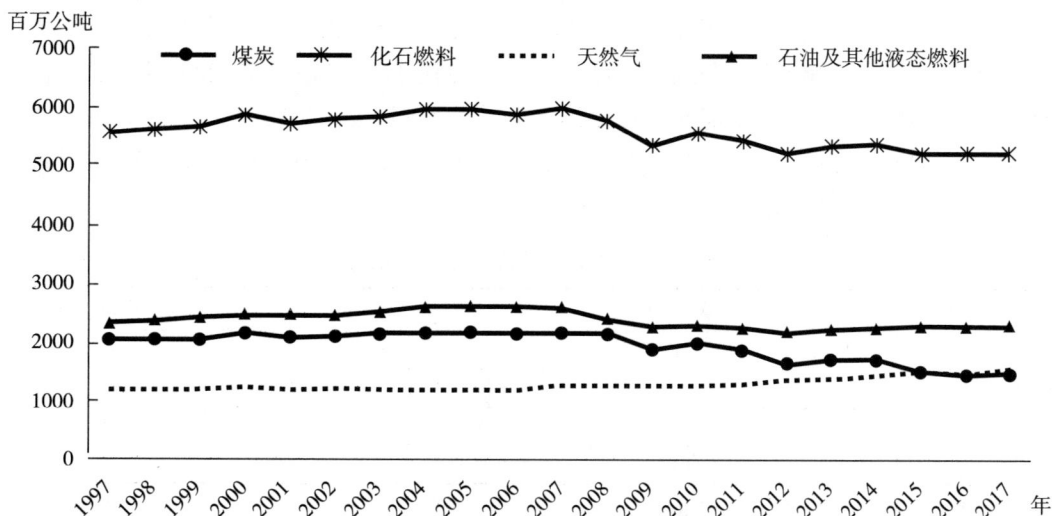

数据来源：美国 EIA。

图 12　不同能源的二氧化碳排放量

公吨/人   ■■ 美国 ── 法国 ‥‥ 德国 ─●─ 英国 ─※─ 澳大利亚 ─◆─ 中国 ── 印度

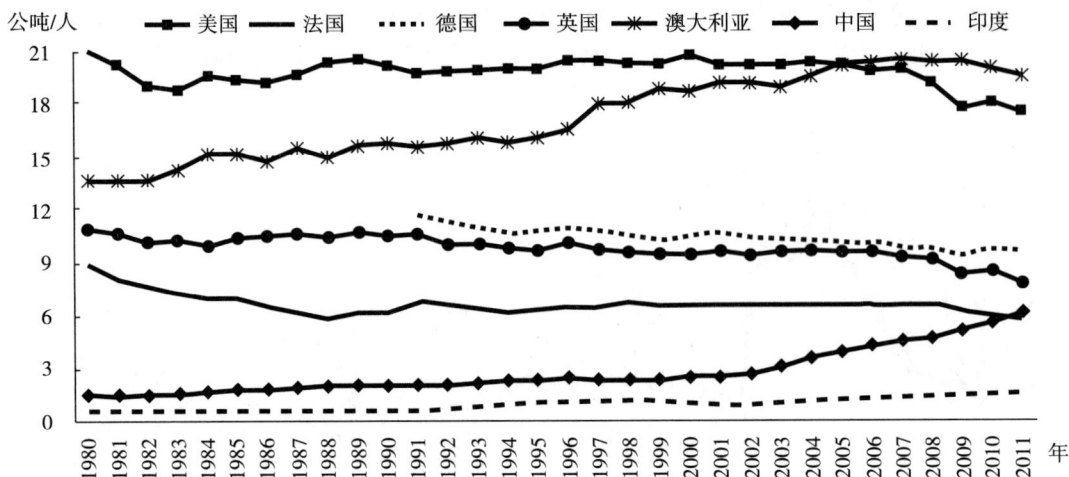

数据来源：美国 EIA。

图 13　不同国家的二氧化碳排放量

（七）可再生能源领域的就业机会

近年来，可再生能源和能源效率领域的就业机会涉及清洁运输、绿色建筑和其他旨在恢复环境、推动可持续发展的相关领域，在各个国家，这些领域的就业机会均在不断增加。国际劳工组织（ILO）将绿色就业定义为有助于减轻负面环境影响、最终能从环境、经济和社会角度推动企业和经济体实现可持续发展的就业机会。[①]

国际可再生能源机构（IRENA）的可再生能源和就业年度报告（IRENA，2015）指出，2014 年可再生能源领域新增就业机会 770 万个，2013 年该领域的就业机会为650 万个（大型水电除外）。2014 年新增就业机会主要涉及太阳能光伏、液态生物燃料、风能、生物质能、太阳能制热/制冷及其他领域，如表 4 所示。

中国在可再生能源领域提供的就业机会最多，涉及与太阳能、风能和水电相关的制造和安装，其次是巴西、美国、印度、德国（见图 14）。在中国，2/3 以上的可再生能源领域的就业机会与太阳能光伏和太阳能制热/制冷相关。2014 年，全球可再生能源领域的就业机会约 45% 在中国、12% 在巴西、9% 在美国、6% 在印度、5% 在德国、3% 在日本、3% 在印度尼西亚、2% 在法国。

表 4　　　　　　　　　　　　2014 年可再生能源领域的新增就业机会

行业	就业机会（万）	行业	就业机会（万）
太阳能光伏	250	生物气	40
生物燃料	180	太阳能制热/制冷（冷热水）	80
生物质能	82.2	小型水电	20
风能	100	大型水电	150

数据来源：国际可再生能源机构（IRENA，2015）。

① 资料来源：http://www.ilo.org/global/topics/green-jobs/news/WCMS_220248/lang--en/index.htm。

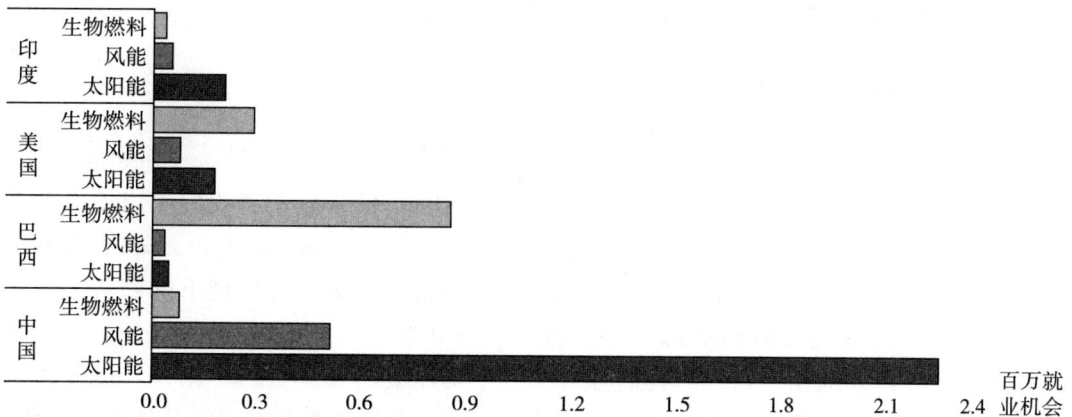

数据来源：国际可再生能源机构（IRENA, 2015）。

图 14　2014 年大型可再生能源企业的就业机会

四、动态模型

我们的模型沿用了 Greiner 等（2014）、Byrne（1997）、Smulders 和 Gradus（1996）以及 Greiner（2011）的模型。生产函数由两种能源来定义：非再生能源（q_t）和可再生能源。此外，还有一个资本存量（K_t）的状态方程。再将效率指标分别标为 E_1 和 E_2，就可以通过以下公式求得产出（Y）。

$$Y = E\ (E_1K + E_{2q})^\sigma,\ 0 < \sigma \leqslant 1,\ E > 0 \tag{1}$$

下面涉及消费（C）和损害（$-v\ (D - D^*)^2$）的福利函数针对的是社会决策者的决策问题。消费和非再生能源的开采率是决策中的变量，家庭福利受到了资本存量（K）动态、二氧化碳排放造成的（累计）损害（D）、非再生能源股票变化（R）的限制。

$$\max_{C,q} \int_0^\infty e^{-\theta t} \big[\ln(C)\ -v(D\ -D^*)^2 \big] dt \tag{2}$$

约束公式：

$$\dot{K} = Y - C - \delta K - \phi q \tag{3}$$

$$\dot{D} = \psi q - p\ (D - \xi D^*) \tag{4}$$

$$\dot{R} = -q \tag{5}$$

其中，ϕ 表示非再生能源开采费用为正数，D^* 指前工业化时期化石燃料造成的损害（GHG），ψ 指未被海洋吸收的 GHG 部分（$0 < \psi < 1$），ρ 指大气中 *GHG* 的寿命（$0 < \rho < 1$），ξ 是一个与前工业化时期的 GHG 相关的参数，表征 GHG 的稳定性（$\xi > 1$）。[①]

下一部分用 NPMC 解这个动态决策问题，设置不同的初始条件和选定的参数，表

[①]　具体细节参见 Greiner 等（2014）。

示相关变量和函数的不同初始状态。

五、数值解与最佳路径

在这部分中，我们用三个状态变量（R_0、K_0 和 D_0，表示不同的经济和环境状态）的不同初始条件，利用 NPMC 给出了数值解。在 NPMC 的设置中，我们使用了以下参数：$\xi = 2$、$\theta = 0.03$、$\delta = 0.05$、$\phi = 0.1$、$\sigma = 0.5$、$\rho = 0.1$、$\psi = 0.5$ 和 $E = 1$、$E_1 = 1$、$E_2 = 1$。[①] 不论其初始状态如何，非再生能源的最佳路径（R）都呈现下降趋势，在没有可替代能源（绿色或清洁能源）的情况下，非再生能源最终会耗竭（Nyambuu 和 Semmler，2014）。但在本章中，我们分析了一个具体案例及其 NPMC 结果：逐步采用可再生能源何时会对非再生能源的最佳路径产生影响。与参考文献中的其他发现相比，我们的结果表明，非再生能源的储量不会完全耗竭，地下还会留有一些化石能源。在拥有大量非再生能源初始储量的情况下，即 $R_0 = 5$、$K_0 = 1$ 和 $D_0 = 1$ 时，状态变量的最佳路径如图 15 所示。

可再生能源资本存量呈现上涨趋势，开始时大幅上涨，随后缓慢增长。如图 15 所示，初期需要高额资本存量，因为初期非再生能源储量巨大，会造成较大的负外部性。损害的结果是由二氧化碳排放量（累计）变化造成的，初期大量开采非再生能源，致使二氧化碳排放量大幅上升。但是，随着时间的推移，非再生能源储量会下降，而且会下降到一个非常低的水平（还有一些未开采的能源储存在地下）。因此，用于生产可再生能源的资本存量的增长速率大幅下跌，二氧化碳累计排放量变化大幅放缓。

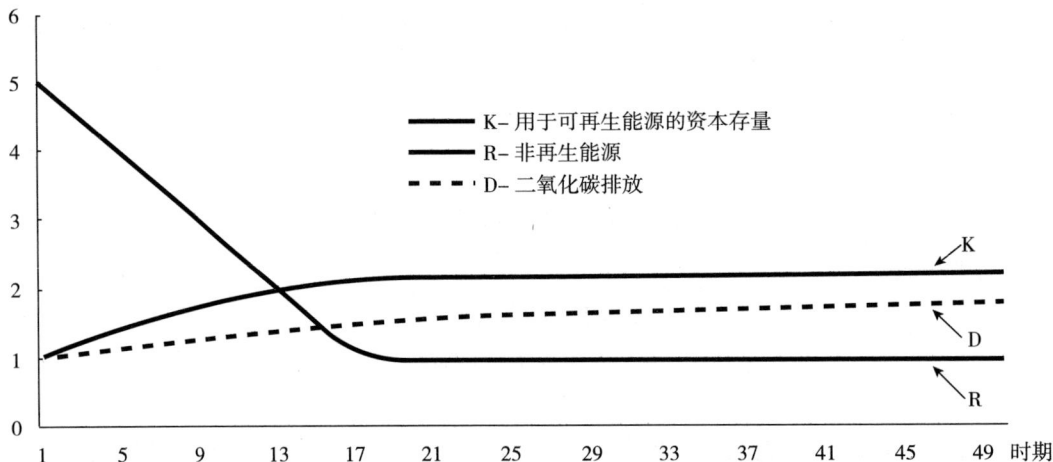

图 15 状态变量的最佳路径（$K_0 = 1$、$R_0 = 5$ 和 $D_0 = 1$）

---

① 参数值沿用 Greiner 等（2014）的参数值。

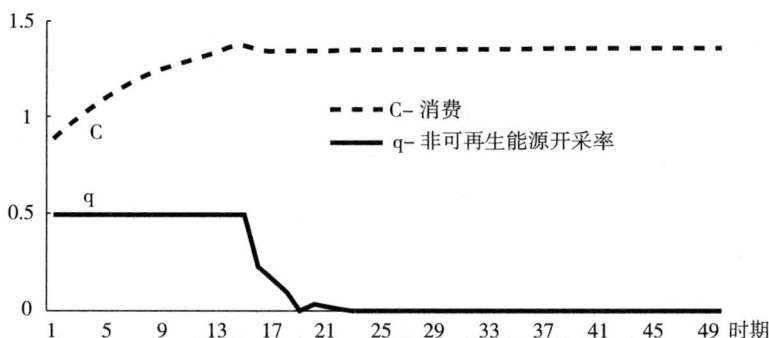

图16　决策变量的最佳路径（$K_0 = 1$、$R_0 = 5$ 和 $D_0 = 1$）

图 16 显示了相应的最佳消费路径和非再生能源的开采率。非再生能源的开采率急剧下跌，并在 21 时期下跌至 0，这说明不再开采非再生能源了，非再生能源的储量到达一个稳定状态，为 0.95。开始时，最佳消费路径呈现大幅增长，此时，用于生产可再生能源的资本存量增长较快，而且开始时还有大量的化石燃料储量可用。但是随着资本存量增长，化石燃料储量大幅下降，同时消费增长也放缓。

接下来，针对不同的状态变量初始条件，我们给出了相应的数值解，其中的参数值与上一个例子相同。图 17 展示的例子是非再生能源初始储量更低的情况，即 $R_0 = 1$、$K_0 = 1$ 和 $D_0 = 1$。非再生能源以比上一个例子更快的速度被开采，可再生能源资本存量增长速度要快得多，二氧化碳排放量也增加，而且需要更长的时间才能达到稳定状态。相应的最佳消费路径和非再生能源的开采率如图 18 所示。

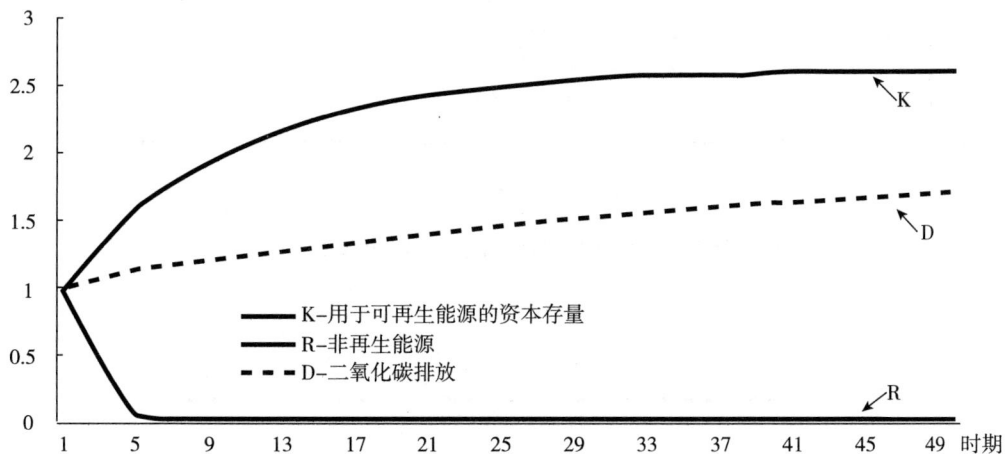

图17　状态变量的最佳路径（$K_0 = 1$、$R_0 = 1$ 和 $D_0 = 1$）

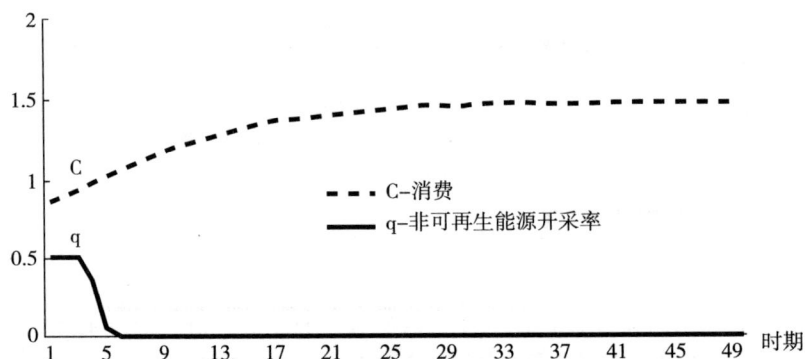

图 18　决策变量的最佳路径（$K_0 = 1$、$R_0 = 1$ 和 $D_0 = 1$）

　　在下一个例子中，我们仍然使用相同的参数值，但是选择了不同的状态变量初始条件，其资本存量值更大：$R_0 = 1$、$K_0 = 2.5$ 和 $D_0 = 1$，参见图 19 和图 20。与上一个例子相似，非再生能源被迅速开采，但是可再生能源资本存量在开始时略微上涨后便基本保持不变，二氧化碳排放量增速快得多。如图 20 所示，相应的消费路径呈下滑趋势。

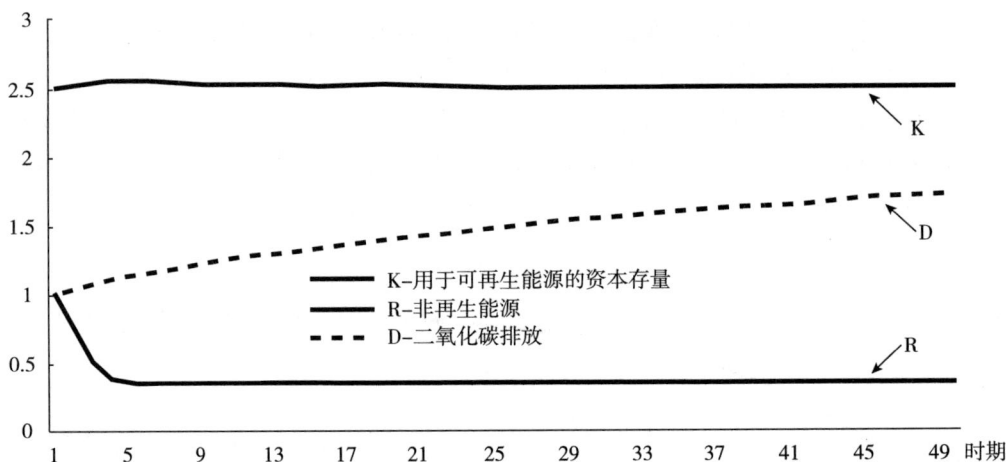

图 19　状态变量的最佳路径（$K_0 = 2.5$、$R_0 = 1$ 和 $D_0 = 1$）

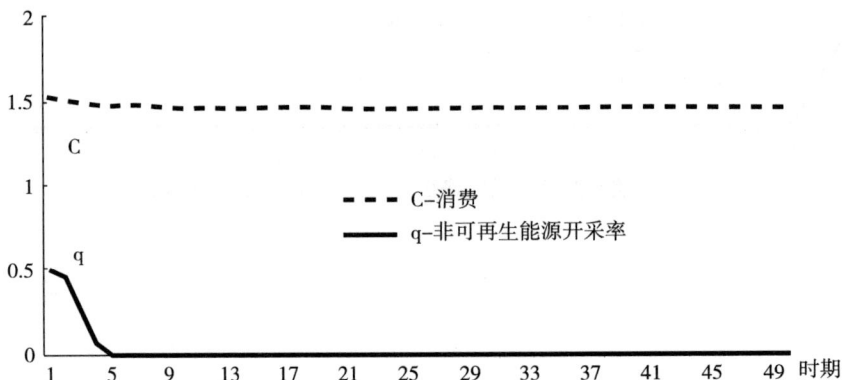

图 20　决策变量的最佳路径（$K_0 = 2.5$、$R_0 = 1$ 和 $D_0 = 1$）

在下一个例子中，我们选择了不同的状态变量初始条件，但依旧使用相同的参数值，我们这次选取的资本存量值非常大：$R_0 = 1$、$K_0 = 6$ 和 $D_0 = 1$，参见图21和图22。与上一个例子相比，这个例子中非再生能源的开采速率更慢，但是可再生能源资本存量下降的速度快得多，二氧化碳排放量呈单调递增趋势。与上一个例子相比，这个例子中开采率下降更为缓慢，但消费下降速度快得多（见图22）。

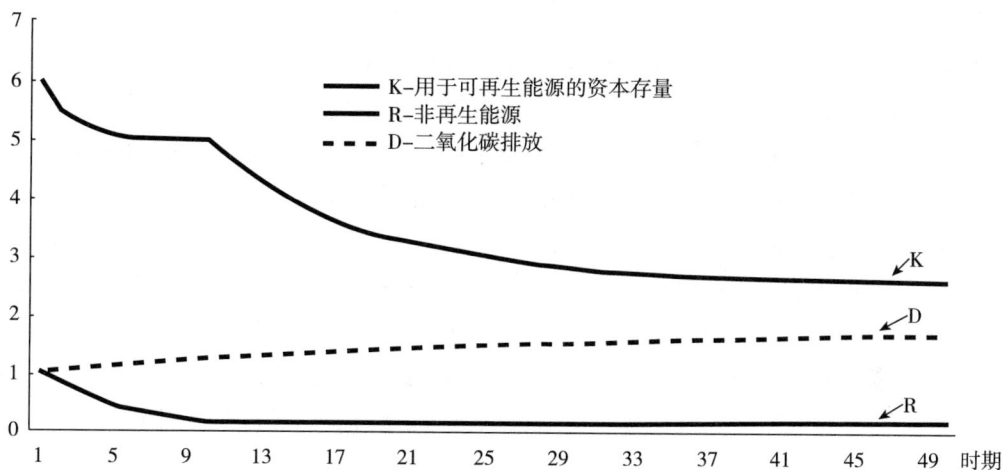

图21　状态变量的最佳路径（$K_0 = 6$、$R_0 = 1$ 和 $D_0 = 1$）

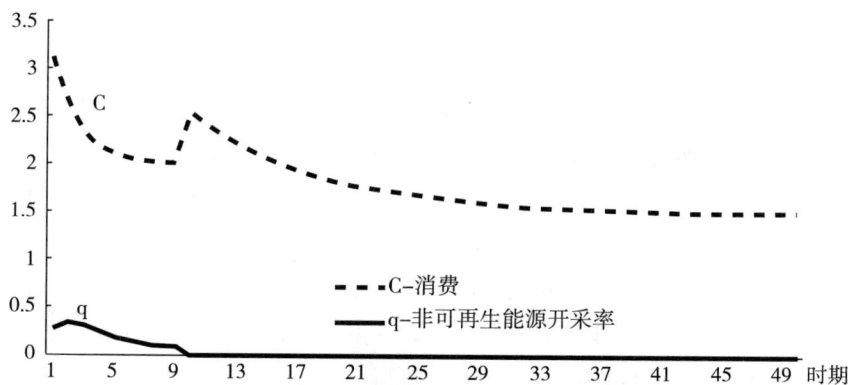

图22　决策变量的最佳路径（$K_0 = 6$、$R_0 = 1$ 和 $D_0 = 1$）

总之，我们可以得出如下结论：通过逐步采用可替代能源、可再生能源，不一定要开采全部非再生能源。在所有例子中，地下都会留有一些化石能源，而且其负外部性和损害可以得到限制。要达到这样的效果，绿色能源资本存量的初始大小尤为关键。

六、结论

大量使用化石燃料导致其负外部性大幅增加。我们发现，欧洲多国和美国的二氧化碳排放量已经呈现下降趋势，但是在一些 GDP 快速增长的新兴国家（如中国），二氧化碳排放量则大幅增加。不同研究中关于未来成本的预估表明，未来使用化石燃料的成本会增加，而使用可再生能源的成本会下降。根据 Delucchi 和 Jacobson（2010b）

对发电和传统输电的年化成本的预估，如果化石燃料的社会成本和外部成本增加，这些成本会变得比可替代能源技术（风能、地热能和水力）的成本更加高昂。

在本章中，我们也详细说明了行业政策会如何推动能源转型。我们研究了逐步采用可再生能源的方式及相应的就业影响。可再生能源领域比非再生能源领域的劳动密集程度更高，而且要求从业人员掌握更高的技能。随着可再生能源技术的发展，可再生能源领域的就业机会已经有所增加。

我们关于化石燃料外部性的增长模型的数值解表明：用于初始状态不是很高的可再生能源的资本存量呈现上升趋势。这是因为化石燃料储量大、开采会导致较大的负外部性。在这个例子中，大量开采化石燃料导致开始时二氧化碳累计排放量上升。最终化石能源的储量下降，下降到低水平的未开采储量。因此，用于生产可再生能源的资本存量和累计二氧化碳排放量变化增长非常缓慢。

我们的理论研究和经验趋势表明：与 Hotelling 根据一个资源模型得出的结论相比，在化石燃料被完全耗竭之前，应该逐步采用可再生能源。这种转型的好处如下：使化石燃料造成的排放量下降、外部性减轻，最终降低二氧化碳排放量、减轻全球变暖。长期而言，这样的效果能改善环境、促进公共健康、防止对经济活动的损害。

参考文献

［1］Acemoglu, D. , Aghion, P. , Bursztyn, L. , & Hemous, D. （2012）. The environment and directed technical change. American Economic Review, 102 （1）, 131 – 166.

［2］Acemoglu, D. , Akcigit, U. , Hanley, D. , & Kerr, W. （2016）. Transition to clean technology. *Journal of Political Economy*, 124 （1）, 52 – 104.

［3］Aghion, P. , Dechezlepretre, A. , Hemous, D. , Martin, R. , & Van Reenen, J. （2016）. Carbon taxes, path dependency, and directed technical change：Evidence from the auto industry. Journal of Political Economy, 124 （1）, 1 – 51.

［4］Bernard, L. , & Nyambuu, U. （2015, July 8）. Global warming and clean energy in Asia. OUP Blog. Oxford University Press's Academic Insights for the Thinking World. Accessed March 12, 2016, from http：//blog. oup. com/2015/07/global-warming-clean-energy-asia/Bloomberg. （2016）. Bloomberg New Energy Finance. Accessed May 30, 2016.

［5］Bondarev, A. , Clemens, C. , & Greiner, A. （2013）. Climate change and technical progress：Impact of on formational constraints （SSRN Scholarly Paper ID 2207947）. Rochester, NY：Social Science Research Network.

［6］Byrne, M. M. （1997）. Is growth a dirty word? Pollution, abatement and endogenous growth. Journal of Development Economics, 54, 261 – 284.

［7］ Dasgupta, P. , & Heal, G. （1974）. The optimal depletion of exhaustible resources. The Review of Economic Studies, 41 （Symposium on the Economics of Exhaustible Resources）, 3 – 28. Delucchi, A. M. , & Jacobson, M. Z. （2010a）. Providing all global energy with wind, water, and solar power, Part I: Technologies, energy resources, quantities and areas of infrastructure, and materials. Energy Policy, 39 （3）, 1154 – 1169.

［8］ Delucchi, A. M. , & Jacobson, M. Z. （2010b）. Providing all global energy with wind water, and solar power, Part II: Reliability, system and transmission costs, and policies. Energy Policy, 39, 1170 – 1190.

［9］ Factpack. 2016. Bloomberg's clean energy investment 2015 quarter 4. Bloomberg Terminal. Greiner, A. （2011）. Environmental pollution the public sector and economic growth: A compar-ison of different scenarios. Optimal Control Applications & Methods, 32, 527 – 544.

［10］ Greiner, A. , Grüne, L. , & Semmler, W. （2014）. Economic growth and the transition from non-renewable to renewable energy. Environment and Development Economics, 19, 417 – 439.

［11］ Grüne, L. , & Pannek, J. （2011）. Nonlinear model predictive control: Theory and algorithms. Berlin: Springer.

［12］ Grüne, L. , Semmler, W. , & Stieler, M. （2015）. Using nonlinear model predictive control for dynamic decision problems in economics. doi: 10. 2139/ssrn. 2242339 Heal, G. （1976）. The relationship between price and extraction cost for a resource with a backstop technology. The Bell Journal of Economics, 7 （2）, 371 – 378.

［13］ Heal, G. （1933）. The relationship between price and extraction cost for a resource with a backstop technology. In G. Heal （Ed. ）, The economics of exhaustible resources, International library of critical writings in economics. Brookfield, VT: Edward Elgar.

［14］ Hotelling, H. （1931）. The economics of exhaustible resources. Journal of Political Economy, 39 （2）, 137 – 175.

［15］ International Panel on Climate Change. （2011）. Renewable energy sources and climate change mitigation: Summary for policymakers and technical summary. https: // www. ipcc. ch/pdf/spe cial-reports/srren/SRREN_FD_SPM_final. pdf. Accessed 1 July 2016.

［16］ International Renewable Energy Agency. IRENA. （2015）. Renewable energy and jobs: Annual review 2015. http: //www. irena. org/DocumentDownloads/Publications/IRENA_RE_Jobs_Annual_Review_2015. pdf.

［17］ Liu, P. T. , & Sutinen, J. G. （1982）. On the behavior of optimal exploration and extraction rates for non-renewable resource stocks. Resources and Energy, 4 （2）, 145 – 162.

[18] Livernois, J. R. (2009). On the empirical significance of the Hotelling rule. Review of Environ-mental Economics and Policy, 3 (1), 22 –41.

[19] Livernois, J. R., & Uhler, R. S. (1987). Extraction costs and the economics of nonrenewable resources. Journal of Political Economy, 95 (1), 195 – 203.

[20] Mazzucato, M., & Semmler, W. (1999). Market share instability and stock price volatility during the industry life-cycle: The US automobile industry. Journal of Evolution Economics, 9, 67 – 96. Mazzucato, M., & Semmler, W. (2002). The determinants of stock price volatility: An industry study.

[21] Nonlinear Dynamics, Psychology, and Life Sciences, 6, 230 – 253.

[22] Nordhaus, W. D. (2008). A question of balance: Weighing the options on global warming policies.

[23] New Haven, CT: Yale University Press.

[24] Nyambuu, U., & Bernard, L. (2015). A quantitative approach to assessing sovereign default risk in resource-rich emerging economies. International Finance and Economics Journal, 20 (3), 220 – 241.

[25] Nyambuu, U., & Semmler, W. (2014). Trends in the extraction of nonrenewable resources: The case of fossil energy. Economic Modelling, 37 (C), 271 – 279.

[26] Nyambuu, U., Semmler, W., & Palokangas, T. (2014, July). Sustainable growth: Modelling, issues, and policies (International Institute for Applied Systems Analysis (IIASA) Interim Report, IR – 14 – 019).

[27] Pindyck, R. S. (1978). The optimal exploitation and production of nonrenewable resources. Journal of Political Economy, 86 (5), 841 – 861.

[28] Popp, D. (2015). Climate-friendly technological change for developing countries. In L. Bernard & W. Semmler (Eds.), The Oxford handbook of the macroeconomics of global warming. New York: Oxford University Press.

[29] Slade, M. E. (1982). Trends in natural-resource commodity prices: An analysis of the time domain. Journal of Environmental Economics and Management, 9 (2), 122 – 137.

[30] Smulders, S., & Gradus, R. (1996). Pollution abatement and long-term growth. European Journal of Political Economy, 12, 505 – 532.

[31] Solow, R. M. (1973). Is the end of the world at hand? In A. Weintraub, E. Schwartz, & J. R. Aronson (Eds.), The economic growth controversy. New York: International Arts & Sciences Press.

[32] Solow, R. M. (1974). Intergenerational equity and exhaustible resources. Review of Economic Studies, Symposium on the Economics of Exhaustible Resources, 29 – 45.

［33］Stiglitz, J. （1974）. Growth with exhaustible natural resources: Efficient and optimal growth paths. The Review of Economic Studies, 41 （Symposium on the Economics of Exhaustible Resources）, 123 – 137.

［34］Toll, R. S. J. （2015）. The social cost of carbon. In L. Bernard & W. Semmler （Eds.）, The Oxford handbook of the macroeconomics of global warming. New York: Oxford University Press. U. S. Energy Information Administration （U. S. EIA）. （2015）. Annual energy outlook. http: //www. eia. gov/. Accessed 12 May 2016.

［35］U. S. Energy Information Administration （U. S. EIA）. （2016）. Short-term energy outlook. http: //www. eia. gov/forecasts/steo/. Accessed 22 May 2016.

［36］Weitzman, M. L. （1997）. Sustainability and technical progress. The Scandinavian Journal of Eco-nomics, 99 （1）, 1 – 13.

可再生能源转型竞赛?

William R. Thompson[①]　Leila Zakhirova[②]

摘要： 过去500年能源转型的历史模式说明，系统领导转型与主要能源转型密切相关。要推动技术发展和经济发展并使其在一段时间内超过全球其他国家的发展，一种相对便宜的能源至关重要。荷兰有泥炭，英国有煤炭，美国有石油。在石油供应量逐渐减少之际，全球开展能源转型，竭力从气候危机中拯救地球，下一种驱动世界经济发展的主要能源会是什么呢？如果我们处于政治—经济转型初期，而且中国可能在21世纪某一时刻超越美国，那这个问题就尤其耐人寻味。这两个全球数一数二的经济体兼全世界最大的碳排放国，哪一个会引领世界用可再生能源替代石油呢？这两个国家进入可再生能源新时代的速度是否快到足以逆转气候变化？我们认为中美两国向非化石燃料转型对于自身经济繁荣和应对气候变化带来的威胁都极其重要。然而，出于不同的原因，中美两国采用可再生或非化石燃料能源的程度还不够，即还没到对很快实现能源转型、足以利好全球胸有成竹的程度。

关键词： 能源转型　可再生能源　系统领导　能源　二氧化碳排放　全球变暖

一、引言

我们要做的不是在拯救环境或拯救经济之间进行选择，而是要在繁荣与衰败之间进行选择。引领世界开发新能源的国家就会成为引领21世纪全球经济发展的国家（巴拉克·奥巴马发表于2009年4月22日）。

上述奥巴马的言辞准确描述了21世纪的主要窘境。

关于未来系统领导地位和可再生能源，有一个复杂且令人沮丧的矛盾之处：系统领导地位越来越依赖能源转型——在一段有限的时期内，能使新技术创新相对便宜，并在竞争中遥遥领先的能源转型。现有的系统领导似乎日渐衰弱，而诸多观察员指出，中国可能成为下一个系统领导。化石燃料供应量有限，而且（对于消费者和环境而言）使用化石燃料成本高昂，所以可再生能源被定位为最佳可替代能源，可能会成为主导能源新时代的焦点。然而，如果下一个阶段的主导能源是可再生能源的话，大部分政

---

①　William R. Thompson，印第安纳大学。
②　Leila Zakhirova，康考迪亚学院。

府和企业的预测没有预见可再生能源在未来 50 年内（即便不会超过 50 年，也至少有 50 年）成为主导能源。实际上，保守预测认为可再生能源转型会发生在下一个世纪交替之际。如果这种预测最终证实准确的话（有理由认为这种预测不准确），那在能源转型之前预测系统领导转变的理由就更少了。如果没有经济体能引领开发基于相对便宜的新型能源的全新技术，那像过去一千年一样反复期待会出现一个强大的新经济霸主的理由就更少了。另外，如果没有系统领导，全球及时有效地应对气候危机的概率也可能更低。没有自上而下的领导，全球不能全面有效地应对气候危机，在重大变革中必不可少的自下而上的参与也难以取得成功。

如果这种预测最终证实不准确的话，或许出于各种各样的原因，要依赖化石燃料至 2050 年终将会越来越难，我们可能会面临主要能源短缺、全球危机、缺少新系统领导等问题。[①] 即使不会出现能源短缺问题，随着碳氢消费不断增加，环境也很可能加速恶化。最终，我们还是会面临可再生能源短缺、某种形式的全球危机、缺少新系统领导等问题。这种情况可能会促使国际机构发挥更大的作用，但是几乎无法确保这种结果肯定会出现。国际机构一贯的表现和记录表明，它们不太可能在 21 世纪前半叶引领全球发展。

在本文中，我们简要陈述了能源转型与引领技术密切相关、现有系统领导衰弱的证据。关于系统领导转型的问题，我们探讨了美国和中国在可再生能源开发方面的相对定位。目前哪个国家处于领先地位，这一目了然。我们提出下面这个问题：如果中美两国在争夺能源总储量的一小部分，那么哪个国家处于领先地位真的那么重要吗？这个问题促使我们去仔细考虑关于不同类型的能源的相对消费量的各种预测。如果关于技术引领—能源转型的论证和各种预测是对的，那就几乎没有预测 21 世纪出现系统领导转型的理由。如果各种预测有误且高估了可以相对低价开采的化石燃料的储量，我们可能会在 21 世纪中叶面临重大能源问题。不管怎样，我们都可能遭遇重大能源问题，甚至在同期遭遇更加严峻的环境问题。

二、系统领导之虑

获得系统领导地位的国家一般都是在一定时期内拥有全球领先经济体的国家。但是领导地位并非永恒，会经历一个逐渐获得的过程，往往也会经历一个逐渐削弱的过程。不过，削弱的速度不尽相同；而且削弱的速度越慢，识别相对衰落就越难。世人对于美国的现有地位一直存在分歧，而上述趋势有助于解释其中缘由。这不仅仅是因为美国的领导地位比之前的世界霸主都更加坚固，还因为美国的相对衰落更加缓慢。即便如此，其他国家及其经济也在不断地追赶美国。举个例子，图 1 显示了美国在世界知识产权和技术密集型产业方面的占比波动，而这一占比表征技术领导地位。美国

---

① 煤炭储量相对较大，但是燃烧煤炭会导致二氧化碳排放，这是煤炭的致命缺陷。石油也存在排放问题，而且未来石油的可获取量也会减少。

保持了领导地位，但是其他国家已经缩小了与美国的差距。总体而言，欧洲经济体跟美国的差距最小，其次是日本；图1显示，欧洲和日本的占比在竞争中下降。中国正迎头追赶，不过差距还是不小。因此，根据这一指标，鉴于其他国家在缩小差距方面可以取得的成绩，美国的技术领导地位呈现缓慢衰落趋势。[①]

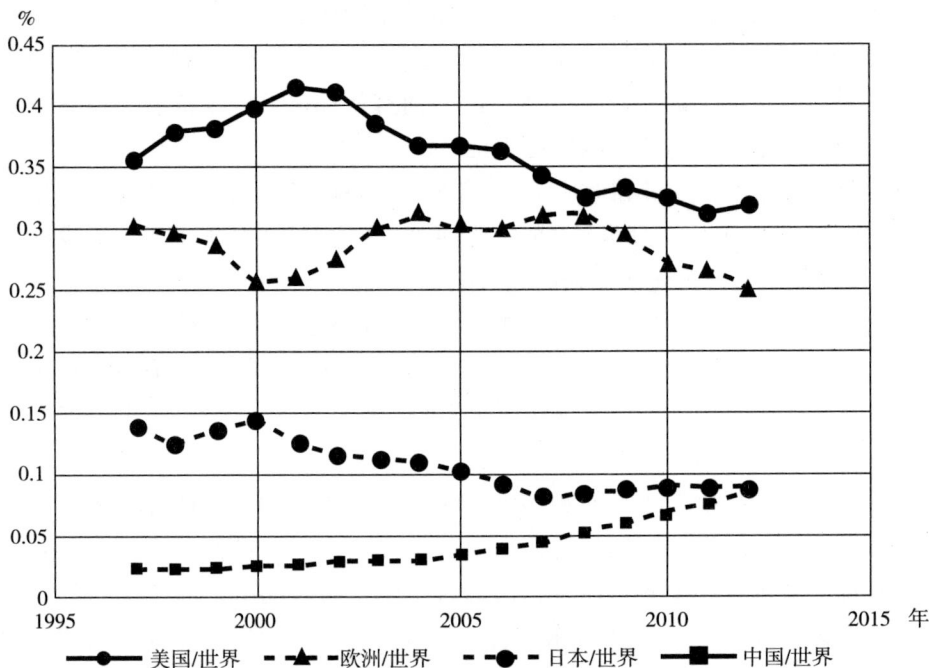

图1　世界知识产权和技术密集型产业占比

系统领导的第二个层面是为了保护自身在世界经济中的主导地位而在整个系统中彰显军事力量的能力。全球覆盖能力因时而异，但是在20世纪之前，全球覆盖能力专门指海军能力。20世纪更多的技术变革使人类能够飞上蓝天、登陆太空。因此，所有的全球覆盖能力指标势必会因技术变革而波动。图2显示了军事力量表现，包含深海军事力量（主力战舰、战列舰、重型航空母舰、核潜艇及其弹道导弹）、战略轰炸机、陆基弹道导弹和军事卫星。

虽然图2并没有表明，但是美国在全球覆盖能力上的主导地位远比上一位世界霸主英国的地位更加震撼人心，以前是如此，目前依旧如此。不过，与此同时，美国的领导地位并非一成不变。美国在第一次世界大战期间及之后突然获得了战略主导地位，并一直维持到了20世纪60年代；此后，各国试图缩小军事差距，因而这一主导地位呈现缓慢衰落的趋势。苏联在缩小差距方面取得了一些进展，但苏联的追赶戛然而止。苏联的继承者俄罗斯再次试图缩小差距，中国也加入这一行列——不过要在这个方面拥有更大的竞争力，中国还有很长的路要走。

---

① 如果图1中的数据囊括20世纪后半叶的知识产权/技术密集型产业信息，那么相对衰落会更加明显。

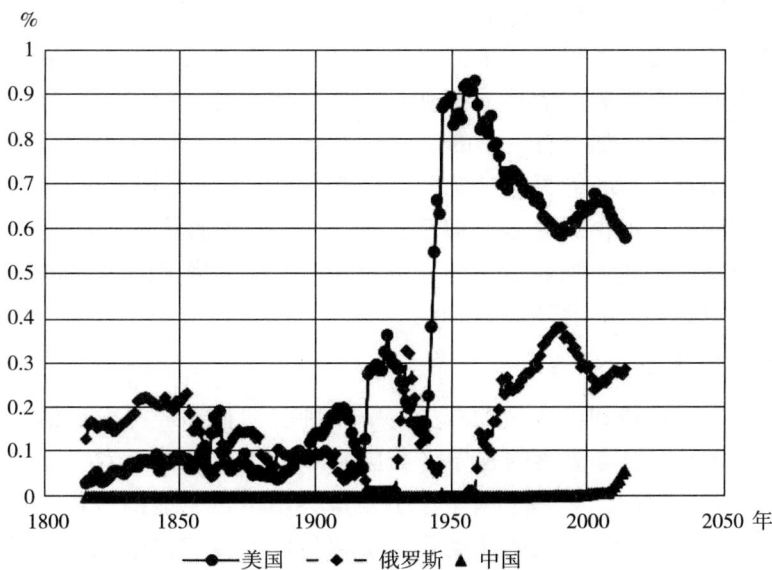

图 2　全球军事力量表现

　　两张图显示了一些相似的内容：依旧占据主导地位的美国正逐渐失去其在技术和军事领域的相对领导地位。由于美国在集中权力上曾经达到的高度着实惊人，其衰落趋势缓慢或许就不出意料了。与此同时，军事力量的相对衰落甚至比科技的相对衰落更加缓慢。当今时代一个鲜明的特征便是：那些在缩小技术差距方面取得最大进展的经济体对缩小军事力量差距的兴趣淡得多；然而，那些对缩小军事力量最感兴趣的经济体在缩小技术差距方面则步履维艰。[①] 不过，这两个方面的差距一直在缩小，并未停滞，或许未来几年美国的领导地位就会被进一步削弱。虽然缓慢，但美国的相对衰落会继续，所以人们认为终将会出现新的系统领导。

　　关键问题是哪个国家最有可能接替美国，很多观察员表示中国最有可能成为下一个系统领导者。不过，大部分的观点预测中国会成为全球最大的经济体。这种强调不合时宜，也误解了上述两个方面的本质。拥有一个大型经济体会有优势，就像拥有全球经济中最大的经济份额可以是一种资产，创造大宗商品消费市场时尤其如此。但是更重要的是技术方面的领导地位，而拥有全球最大经济体的国家并不一定会被赋予技术方面的领导地位。此外，这个模式清晰地告诉我们，重要的不仅仅是技术方面的领导地位。在过去几个世纪里，拥有技术方面的领导地位开发的全新技术还需要相对便宜的、能将有机材料和无机材料转换成主要能源的燃料。能源的价格（相对便宜）和影响力对于成功的生产和寻找消费市场都至关重要。

　　因此，哪个国家会成为最大的经济体甚至是技术最先进的经济体——这样的问题并不全面。我们还需要问，这个技术最先进的经济体是否会抢占相对便宜的新型能源。有一点显而易见，助力过去两个系统领导的煤炭和石油不能满足未来的需求。石油供

---

① 从冲突的角度来看，两种特征均有利于世界和平。

应量不断减少，因而石油价格总体上涨。[1] 不过，更重要的是，考虑到全球变暖加剧造成的影响，继续依赖化石燃料的成本似乎太过高昂。天然气是一种二氧化碳排放量比煤炭和石油更少的化石燃料，因此，据称是一种替代能源，但不一定是一种好的替代能源。下一个系统领导，如果有一个的话，在没有巨大的环境代价的前提下，无法依赖化石燃料提供便宜可靠的能源。对煤炭和石油的依赖已经造成不可持续的环境影响，鼓励人们采用不同的、不含碳的能源似乎最为重要。[2] 我们接下来的问题涉及两个方面：（1）哪个在未来可能拥有技术主导地位的国家正向发展无碳经济转型？（2）有没有一个国家发展得够快，能够带来变革？

（一）哪个国家位于一垒？

随着化石燃料供应量和可取量的减少，下一种驱动世界经济发展的主要能源会是什么呢？更重要的是，日渐衰落的领导（美国）和有志向的继承者（中国）——同时也是全球最大的碳排放国，哪一个国家会引领世界用可再生能源替代化石燃料呢？这两个国家进入可再生能源新时代的速度是否快到足以逆转气候变化或减轻气候变化带来的风险呢？如果中国能开创一个能源新时代的话，那么中国替代美国成为下一个世界强国的可能性更大。综合考虑中国自身的能源需求，中国现在已经走到哪一步了？如果我们处于政治—经济转型初期，而且中国可能在 21 世纪某一时刻超越美国，那这个问题就尤为耐人寻味。相同地，如果美国要保持其领导地位，美国就得引领新能源开发。考虑到美国自身的能源需求和提振经济需求，美国现在又已经走到哪一步了？

不过，还有另外一种可能：一些观察员认为天然气会为下一个阶段的先进经济发展打下能源基础。天然气供应量不断增加已经对可再生能源投资造成负面影响。天然气供应量增加的一部分意义在于环保，因为天然气用来替代煤炭，使用天然气引起气候变化的不良影响小于使用煤炭造成的不良影响。如果天然气可能成为真正的、更加清洁的能源出现之前的过渡能源，那下一个系统领导将从现成资源渠道中获利，最好是靠近本国的资源渠道。从这个意义上来说，页岩气热潮至少能让美国将现有的领导地位维持得更久，否则不然。假使天然气这项意外发现有助于引领下一阶段的工业革命，那也能促使美国继续担任系统领导，这与英国在 19 世纪的情况大同小异。不过这种可能性是大是小还很难说。[3] Hughes（2011）指出天然气井产量并不高，要维持大量天然气的供应需要大量高额投资。如果不能保持供应量，那么天然气价格会上涨。

---

① 在撰写本文时（2016 年初），全球对石油的需求下降、页岩气产量增加、海湾国家为争夺市场份额而保持石油高产，因而石油价格大幅下跌。据推测，这个石油价格上涨的反例最终会证明只是一时的情况。

② 另一种可能是核能，不过史上发生的核能事故不利于核能的广泛开发。因此，经济预测几乎不会太过关注核能的潜力，一般预测核能在未来的地位不会超过其现有地位。即便新技术能提高反应堆的安全性，能让世界上一些地区勉强同意扩大核能，铀矿产量也不能为现有的核反应堆提供充足的燃料。举个例子，1995—2005 年，铀存在 50% 的供需缺口。虽然从军事库存和旧的核弹头中回收了一些铀，但毕竟库存数量有限，不能将其视为解决供应不足问题的最终确定方案。若想进一步探讨铀的供需缺口，参见 Bardi（2014）。

③ Helm（2012）建议临时向天然气快速转型，以便替代煤炭，但他也意识到这种策略只能是权宜之计。Smil（2015）预测未来几十年，天然气会变得越来越重要，但是他不认同以下说法：21 世纪前半叶是天然气的黄金时代。

如果要将大量天然气出口到国外，那天然气价格也会上涨。另外，转而使用天然气并不能解决全球变暖的问题。虽然二氧化碳排放总量可能会减少，但从没有人提出过这样的论据：二氧化碳排放总量会减少足够多，使全球变暖不会超过2℃（避免全球变暖超过2℃是公认的需求）。天然气的使用也会导致甲烷排放量增加，而有观点认为甲烷排放甚至比二氧化碳排放更具破坏性。如果全球变暖持续或者变得更为严重，在充斥着环境恶化问题的全球背景下，这对全球经济领导国意味着什么呢？

此外，天然气供应量扩大会使美国经济（或其他国家如中国）从寻求可替代能源转向化石燃料。[①] 如果天然气唾手可得、更加便宜，未来几十年会消费更多的天然气，那么在没有即将爆发严重危机的情况下，对可再生能源开发的支持就会减少。如果转型使用天然气阻碍美国探寻可替代能源，那么引领朝阳能源开发的领导者就不是美国了。

因此，短期内天然气消费量增加的话，我们也无须诧异，但这并非是一个长期的制胜战略，对于有志成为系统领导的国家而言更是如此。下一个最明显的选择是转换成水力发电、风能和太阳能的可再生能源。大坝、风力涡轮机、太阳能板可以广泛设置，产生的能源不会排放二氧化碳，可以替代煤炭和天然气用于发电。当然，可再生能源技术也不是没有大问题。特别是在这缺少水源的时期，新建大坝的数量有限，只能新建这么多的大坝。风能和太阳能是间歇性能源，需储存、输送给消费者，这就对风能和太阳能成为终极能源的潜力提出了质疑。然而，热衷可再生能源的人坚信这条路径是消除全球对化石燃料依赖的最佳路径。人们制订过各种各样的技术方案，而这些方案指出，2050—2070年全面转型使用可再生能源是可行的。不幸的是，我们需要消除的主要障碍并不是技术可行性。在转型阶段，发展可再生能源需要大量投资和政府补贴来推动可再生能源的采用。也就是说，还必须克服对采用新能源的巨大阻力。但是，对于所有在初期比传统能源更贵且无法获得一致认可的新能源而言，上述论述往往都适用。

（二）谁将在可再生能源竞赛中获胜？

考虑到向新型能源转型的开支与阻力，政府不仅需要推动新型能源的应用，政治承诺和有力背书也必不可少。问题是哪些政府倾向支持可再生能源开发？哪些经济体拥有更大的可再生能源产能？富足的西欧小国家常常引领这一竞赛，这不足为奇。但是这些国家不会成为系统领导的竞争者。看到显然能赢得这场竞赛的国家，我们缩小问题的范围：处于领先地位的是中国，还是美国？

对于大部分能源分析师而言，哪个国家将赢得这场竞赛算不上是一个谜。相比中美两国的经济情况，中国在可再生能源方面的投资是美国的两倍，中国在迅速加大对可再生能源行业的支持（见表1）。但是中国也并不是一直处于领先地位。实际上，在

---

① Smil（2015）总结，世界关于中国的页岩气前景达成一致认识，认为有以下特点：缺乏技术经验、岩层又散又深、多断层、相关信息不完善、供水量匮乏、面临各种各样的官方阻力。上述任一特点均不妨碍中国开发利用页岩气；所有特点都可能使中国页岩气的开发利用更加缓慢，比有时预测的产量要低。

前总统卡特执政时，美国是首批制定可再生能源目标的国家之一。在 1979 年的记者招待会上，卡特总统向美国人民承诺：到 2000 年，美国 20% 的能源将是太阳能。全球要转型使用当时被称为"Solar Energy"（太阳能，大部分可再生能源的统称）的能源，而且美国需要引领那场竞赛。这些想法都是对 20 世纪 70 年代石油危机的响应。20 世纪 70 年代石油危机揭露了全球先进工业经济体对中东石油过度依赖，而过度依赖十分危险。要避免下一次能源供应中断造成的灾难性后果，这样的愿望为可再生能源开发的现有热潮创造了条件。但是，卡特总统设定的 20% 的目标或其他相似的目标并未真正得以实现。石油危机过后，经济发展停滞了几十年。20 世纪 80 年代和 90 年代油价极低，加上 21 世纪初持续不断的页岩气改革阻碍了可再生能源的开发。结果，直到 2015 年，可再生能源在美国能源供应总量中的占比仅为 9%，与 1980 年时的占比几乎无异。如果除去（多年来较为稳定的）水电和生物质能，2015 年美国可再生能源在美国能源供应总量中的占比不足 3%（美国能源信息署，2015）。

表 1　　　　　　　　　　　　**2012—2015 年美中清洁能源投资**

单位：亿美元

排名	国家	2012	2013	2014	2015
1	美国	542	579	895	1105
2	中国	367	403	518	560

资料来源：彭博新能源财经（2013）。

当美国太阳能行业成为《经济学人》当时所称的生态梦想家的商业墓地时，可再生能源领域的领导地位却在世界上其他地方树立起来了，先是日本，再是德国（Yergin，2011）。在政府的大力支持下，出于不同的原因，日本和德国积极重振可再生能源行业。20 世纪 60 年代和 70 年代，中东石油极大地推动了日本的经济增长，这使日本极易受到进口石油供应量变化的影响。日本必须减少对中东石油的依赖，因此日本在 20 世纪 70 年代启动了全面国家倡议：开发太阳能。政府提供了大量补贴，日本太阳能市场开始腾飞。

在世界的另一端，可再生能源领域的领导正在易主。随着柏林墙的开放，为了将东德的电力系统整合到西德的电网中，德国成为 20 世纪 90 年代可再生能源领域的全球领导者。尽管 20 世纪 80 年代中期全球石油市场供应过剩导致石油价格从高达 34 美元/桶的价格暴跌至 10 美元/桶，德国更关心的却是同年发生的另一事件的灾难性后果。切尔诺贝利核电事故成为动员那些不想依赖核能的德国人的力量；在那之前，核能一直被吹捧为未来能源。20 世纪 90 年代初期，整个德国都在安装建造风力涡轮机。在世纪之交，德国政府实施了逐步淘汰核能的项目；而当时核能发电占德国供电总量的 25% 以上，这也为进一步开发可再生能源提供了动力。除了风能以外，德国成为全球最大的太阳能光伏市场。[①] 2009 年，可再生能源供电在德国电力消费量中的占比达

---

① Photovoltaics（太阳能光伏）这个单词源自 Photo 和 Volta 这两个单词，是指直接把太阳光转换成电。

14%，超过了其 2010 年的目标。到了 2012 年，德国太阳能光伏发电量占全球太阳能光伏发电总量的 1/3 左右（32%），而美国和中国的占比相近，约为 7%（REN21，2013）。不过，两年后，德国早期遥遥领先的领导地位出现了衰落，其占比跌至 21%，而中国的占比增加至 16% 左右，美国的占比微微上涨到 10% 多一点（REN21，2015）。

中国加入可再生能源竞赛的时间相对较晚。尽管中国早在 20 世纪 70 年代初期就制定了与太阳能和风能相关的法律，但是在很大程度上，可再生能源被视作利于农村贫困人口的扶贫措施（Yergin，2011）。到了世纪之交，可再生能源成为全球议题，中国想在塑造可再生能源方面发挥重大作用。到了 21 世纪初期，在中国经济快速增长的同时，中国的能源消费量也快速增长，这迫使中国通过能源进口来应对国内能源危机；这时中国的电力需求超过了煤炭和电力的供应量。2005 年的《可再生能源法》、2007 年的《可再生能源中长期发展规划》推动了中国的决定性变革，不仅全力启动了中国的可再生能源发展，也制定了具体的可再生能源发展目标：到 2020 年，可再生能源占能源总量的 15%（Yergin，2011）。在 2008 年国际金融危机期间，中国政府加大刺激性支出，因此，中国的可再生能源发展实现了增速换挡。十年之内，中国企业成为太阳能板制造的主要市场，而其太阳能光伏累计装机容量名列世界第二，仅次于德国（见表 2）。

表 2　　　　2000—2014 年全球太阳能光伏累计装机容量排名前五的国家

单位：兆瓦

年份	德国	中国	意大利	日本	美国
2000	76	19	19	330	0
2001	186	30	20	453	0
2003	296	45	22	637	28
2004	435	55	26	860	73
2005	1105	64	31	1132	131
2006	2056	68	38	1422	172
2007	2899	80	50	1709	275
2008	4170	100	120	1919	427
2009	6120	140	458	2144	738
2010	10566	300	1181	2627	1172
2011	17554	800	3502	3618	2022
2012	25039	3300	12803	4914	3910
2013	32643	7000	16139	6743	7271
2014	38200	28199	18460	23300	18280

资料来源：《BP 世界能源统计年鉴》（2014 版、2015 版）发布的数据，在 Roney 的数据（2014）基础上作出修改。

客观来说，1980 年，全球 85% 的太阳能组件是美国生产的。到了 2005 年，这一占比已经缩小到 10% 以下。日本、中国、德国取代了美国在光伏领域的领导地位（Quaschning，2010）。中国在风力涡轮机行业也取得了巨大进展，并在 2010 年超越了美国和德国，累计风电装机容量位列全球第一，且此后一直保持第一（见表 4）。出于能源安全和控制能源生产的需求，中国制定了政策，要求国内风力涡轮机高达 70% 的部件要中国制造。尽管这一要求的实施时间很短，但是这些政策给予了中国风力涡轮机供应商时间来扩大规模、提高业务水平，加强了中国在制造成本方面的相对优势，使中国企业在与国外企业在国内外竞争时更具竞争力（Yergin，2011）。

2010 年，中国在可再生能源领域（按年度投资算）也成为全球第一，夺走了德国蝉联多年的地位（REN21，2013）。在很多情况下，中国都有望在未来几十年继续保持这一地位。就全球在 2014 年的新建风电装机容量而言，中国占比 45%，位列第一；而美国的占比不到 10%。就累计风电装机容量而言，中国占全球总量的 31% 左右；美国次之，占 18% 左右。就风电容量而言，表 3 显示出中国目前无疑是全球第一。

表 3　　　　　　　　1980—2014 年全球风电累计装机容量排名前五的国家

单位：兆瓦

年份	中国	美国	德国	西班牙	印度
1980	n. a.	8	0	0	0
1981	n. a.	18	0	0	0
1982	n. a.	84	0	0	0
1983	n. a.	254	0	0	0
1984	n. a.	653	0	0	0
1985	n. a.	945	0	0	0
1986	n. a.	1265	0	0	0
1987	n. a.	1333	5	0	0
1988	n. a.	1231	15	0	0
1989	n. a.	1332	27	0	0
1990	n. a.	1484	62	0	0
1991	n. a.	1709	112	5	39
1992	n. a.	1680	180	50	39
1993	n. a.	1635	335	60	79
1994	n. a.	1663	643	70	185
1995	38	1612	1130	140	576
1996	79	1614	1548	230	820
1997	170	1611	2080	512	940
1998	224	1837	2875	834	1015
1999	268	2472	4442	1812	1077
2000	346	2539	6113	2235	1220
2001	404	4275	8754	3337	1456

续表

年份	中国	美国	德国	西班牙	印度
2002	470	4685	11994	4825	1702
2003	568	6372	14609	6203	2125
2004	765	6725	16629	8263	3000
2005	1272	9149	18415	10027	4430
2006	2599	11575	20578	11623	6270
2007	5910	16824	22194	15145	7845
2008	12020	25076	23826	16689	9655
2009	25805	35086	25673	19160	10926
2010	44733	40298	27097	20623	13065
2011	62364	46929	29071	21674	16084
2012	75324	60007	31270	22784	18421
2013	91412	61091	34250	22959	20150
2014	114609	65879	39165	22987	22465

资料来源：全球风能委员会（2013），www.gwec.net。缺失的数据在 Roney 的数据（2014）基础上做出了修改。

表 4 截至 2014 年底全球可再生能源累计装机容量排名前五的国家

能源类型	可再生能源（含水电）	可再生能源（不含水电）	生物能源	地热能	太阳能光伏	风能	水电
1	中国	中国	美国	美国	德国	中国	中国
2	美国	美国	德国	菲律宾	中国	美国	巴西
3	巴西	德国	中国	印度尼西亚	日本	德国	美国
4	德国	西班牙/意大利	巴西	墨西哥	意大利	西班牙	加拿大
5	加拿大	日本/印度	日本	新西兰	美国	印度	俄罗斯

资料来源：REN 21，2015。

综观表 4 中七种不同类型的可再生能源，2015 年初，中国在四种能源上位列第一，除了地热能以外，中国在每种类型的能源上都排全球前五。如果某种能源在竞赛中失利，那么中国引领上述国家的概率就很大。不过，美国在五种能源上依旧位列第一或第二，而且在每种能源上都排全球前五。因此，这场竞赛结果会如何尚不可知。

虽然中国在可再生能源竞赛中处于领先地位，但是中国在推行可再生能源方面的努力却面临重大挑战。比如说，2000—2010 年，中国的能源需求（仅按增长算）是两个拉丁美洲的能源消耗量（Herberg，2013）。十年间，中国的能源需求与两个洲的能源需求相当，预计每 5~6 年中国的能源需求就等于一个洲的能源需求。这不利于全球气候，特别是因为中国高达 2/3 的能源来自煤炭。自 20 世纪 90 年代末以来，中国就成为庞大的能源密集型经济体，所以中国目前的最大挑战是获得充足的能源，供这个经济体消费。

就算中国的风力发电和太阳能发电能力快速扩张，但两者可能总共只占中国 2020 年发电总量的 5%。即使中国正在快速地向可再生能源转型，但是为了满足连年增长的能源需求，中国每年烧的煤炭都会增加 10%。不过，燃煤导致的空气污染促使中国改变了如此大量的煤炭消费。然而，在未来几年内，可再生能源不会成为中国的主要能源，因为中国经济对能源的需求会继续超过可再生能源的供应量。核能和天然气均被视为更加清洁的能源，可以替代煤炭和石油，中国会使用这两种能源，但也会继续使用石油和煤炭。有一位观察员指出，中国能否成为真正的能源创新国将会决定中国经济的未来。如果成功，这会有助于中国荣获强国地位，而且有助于全球应对气候变化。如果不成功，中国梦或许会在不悦中醒来，因为中国刚刚摆脱了贫穷的枷锁，却又戴上了长期困扰西方外交政策的能源进口的枷锁（Huenteler，2014）。

当然，对可再生能源产生新的依赖还遥遥无期的国家也不止中国一个。如果中国的问题是如何推动经济增长，那么美国的问题则在于重大的政策分歧：如何最好地刺激经济增长。在这种情况下，美国凭借页岩气技术在石油和天然气生产方面获得新领先地位，就算本质上相关收益可能不会长期持续，美国的新领先地位也难以超越、难以忽视。世界上大部分国家都处于相似阶段。除了一些非常小的国家之外，大部分国家在向可再生能源转型方面要走的路比来时的路还要长得多。表 5 列出了在可再生能源转型方面接近完成一半的 4 个国家（挪威、巴拉圭、冰岛和塔吉克斯坦）。世界其他国家则相差甚远，美国和中国这两个可能成为全球领导的国家也不例外；据预计，美中两国在向可再生能源经济全面转型上完成量还不到 5%。

表 5　　　　　实现 100% 的可再生能源目标的完成程度（截至 2014 年底）

完成程度	国家
50 +	挪威、巴拉圭
40 ~ 49	冰岛、塔吉克斯坦
30 ~ 39	—
20 ~ 29	葡萄牙、瑞典
10 ~ 19	哥斯达黎加、瑞士、新西兰、黑山、格鲁吉亚、西班牙、吉尔吉斯斯坦、阿尔巴尼亚、乌拉圭、加拿大、丹麦、希腊、波斯尼亚和黑塞哥维那
5 ~ 9	亚美尼亚、土耳其、爱尔兰、奥地利、罗马尼亚、萨尔瓦多、哥伦比亚、斯洛文尼亚、巴西、斯里兰卡、意大利、委内瑞拉、德国、赞比亚、法国、拉脱维亚、莫桑比克、巴拿马、英国、保加利亚、柬埔寨、科索沃、尼加拉瓜、秘鲁、智利

完成程度	国家
1~4.9	克罗地亚、澳大利亚、阿根廷、越南、日本、苏丹、厄瓜多尔、缅甸、斯洛伐克共和国、马其顿、朝鲜、美国、洪都拉斯、刚果、危地马拉、菲律宾、塞尔维亚、叙利亚、加纳、芬兰、中国、纳米比亚、俄罗斯联邦、多米尼加共和国、肯尼亚、阿塞拜疆、爱沙尼亚、伊拉克、摩洛哥、捷克共和国、墨西哥、塞浦路斯、比利时、喀麦隆、波兰、印度、玻利维亚、刚果民主共和国、津巴布韦、埃塞俄比亚、安哥拉、荷兰、巴基斯坦、科特迪瓦、乌克兰、尼泊尔、马来西亚、伊朗、立陶宛、加蓬、黎巴嫩、卢森堡、以色列
0~0.9	其他 43 个国家

资料来源：基于 Jacobson 等（2015）的报告中的排序。

这些令人警醒的趋势表明，在 22 世纪以前，（尽管所有的投资和装机容量规模巨大）可再生能源时代很可能不会到来。中国和美国可能会引领这一竞赛，但是气候危机迫在眉睫，以蜗牛的速度来引领这一竞赛可不够快。所以当我们问哪个国家在引领可再生能源竞赛——美国，还是中国时，更重要的问题是哪个国家的引领速度足够快。2013 年，可再生能源消费量占全球能源消费量的 10.1%，而化石燃料满足了全球近78.3% 的主要能源需求（REN21，2015）。如果全球领先经济体还没有随之作出系统改变，那么引领可再生能源竞赛也不够。更重要的是，如果美国和中国经济从依赖化石燃料向依赖可再生能源的转型速度都不够快，而我们认为获得系统领导地位需要同时拥有新技术和新燃料，那么未来 50 年也不太可能会出现新的系统领导。

为了回答这些问题，我们得知道美国和中国可再生能源消费模式的现状以及到2050 年可能出现的模式。面对气候危机，拥有耗之不竭的环保能源的想法着实让人心动。但是目前，美国和中国这两大经济体都极其依赖化石燃料来推动经济发展。自 20世纪 90 年代以来，中国的煤炭消费量大幅增长，占中国能源总量的 2/3 以上，煤炭发电量占中国发电总量的 4/5，而且大部分的煤炭都来自中国国内。这种煤炭生产增长速率难以持续，甚至中国的决策者现在也已经承认了这一点。世界能源理事会的数据表明，按 2011 年的数据和年生产率，中国的探明煤炭储量能供中国使用 34 年。十年前，这一数字是 100 年左右，这意味着如果持续按照现在的速度，中国将在 2049 年用光所有可开采煤炭（Huenteler，2014）。[①] 但是相对于近期的中国国内环境和人民福利问题而言，长期的能源稀缺问题就没有那么紧迫、重要了。中国因依赖煤炭而引发的公共卫生问题的严重性就足以让中央决策者重新思考经济发展的方式了。

对于中国会坚定不移地使用煤炭（至少到 2030 年）的担忧可能不能反映有时所谓的新常态增长模型（Green 和 Stern，2015）。迅速扭转中国缺乏经济发展之势的努力在一些方面是成功的，但是也导致了上述极为严峻的环境和公共卫生问题。减少对数量增长的强调而更强调质量增长，即新常态可能会比过去的计划更快地放弃煤炭的使用。

---

① 近年已对中国能源数据进行了修改，以便反映此前报道的更大的消费量。

这样的举措能应对环境恶化问题，同时能让中国经济做好向更加高科技的经济生产模式转型的准备。[①] 时间会告诉我们，这种新常态最终会怎么样。

在这个关键时刻，我们知道的是对化石燃料的需求依然很大。我们对能源的总需求量如此之大，大部分已知化石煤藏会在21世纪耗尽。几十年来，对石油持极度悲观态度的人一直警告称：化石能源储量终结即将发生；然而，这一终结警告似乎还未进入大家的视线，只要油气价格相对便宜，大部分人就不会注意到这些警告。这是因为过去在开采石油和天然气方面的技术持续发展，关于储量还能用多久的预测一直在调整变化。全球可用煤炭储量巨大，够我们在未来几十年甚至一个世纪继续使用化石能源。但是近年来，新发现（特别是油田）的数量大幅减少，而新供应量开采速度不够快，不能满足日益增长的需求。比如说，2013 年全球石油消费总量日均增长近 140 万桶，稍高于历史平均值。2013 年，美国的日均增长量（400000 桶/日）超过中国的日均增长量（390000 桶/日），这是自 1999 年以来美国首次超过中国。次年，情况逆转，美国 2014 年消费的石油比 2013 年稍多一点，而中国的日均消费量增长 392000 桶。其他化石燃料的全球消费量也呈现上涨趋势。表 6 显示出全球石油、煤炭和天然气的消费量仍在增长。事实上，中国煤炭消费量可能已经达到最高值，但是中国对天然气的需求持续增长。美国煤炭消费量减少，但是天然气使用量增加，正好相互抵消。

表 6   2010—2014 年化石燃料消费量

年份	2010	2011	2012	2013	2014
石油					
美国	19180	18882	18490	18961	19035
中国	9266	9791	10231	10664	11056
世界	87867	88974	89846	91243	92086
煤炭					
美国	525	495.4	437.9	454.6	453.4
中国	1740.8	1896	1922.5	1961.2	1962.4
世界	3451.9	3611.2	3777.4	3867	3881.5
天然气					
美国	682.1	693.1	723.2	739.9	759.4
中国	110.5	134.9	151.2	170.8	185.5
世界	3193.7	3265.3	3345.8	3381	3393

资料来源：《BP 世界能源统计年鉴》（2015 版）；石油消费量的单位是千桶/日，煤炭的单位是百万吨石油当量，天然气的单位是十亿立方米。

2014 年，石油仍是全球最主要的燃料，仍占全球能源消费总量的 1/3 左右

---

① 中国决策者似乎意识到了，因为未能成功从低科技向高科技创新生产转型，很多高增长 LDC 的发展到一半便搁置了。

（32.6%）（《BP 世界能源统计年鉴》2015 版）。只要化石燃料的价格因为供应量大而依然具有吸引力，化石燃料享有的补贴持续比可再生能源的补贴多得多，那化石燃料可能会在未来继续主导全球能源结构。目前，非水可再生能源在能源消费总量中的占比不足 3%。

我们或许已经处于能源转型的中期或初期，但是这将是一个缓慢持久的过程。这使我们难以想象可再生能源会在未来 50 年成为主要能源。近些年，因为石油和天然气价格上涨，美国的一些州立政府和联邦政府激励可再生能源开发，可再生能源燃料的生产和使用步伐都已加快。尽管大部分预测认为我们仍会依赖非可再生燃料来满足我们大部分的能源需求，但是预计未来 30 年可再生能源燃料的使用量会持续增长。

表 7 证实了上述说法。预测根据不同情况进行，一些预测人员倾向制定保守或自由大胆的假设（因此，表 7 中的结果范围用斜杠表示）。但是，到 2060 年全球 1/3 以上的能源来自可再生能源这样的预测，并没有出现在上述表格中。根据上述不同类型的计算结果，可再生能源时代不太可能在 22 世纪到来之前出现。

尽管如此，就算是表 7 中自由大胆的设想总体来说也是保守的。REN21/ISEP 指出，石油公司、一些行业集团、IEA 和 EIA 往往都善于对能源结构变化作出保守估计，一般会把可再生能源占总能源的比例限制在 20% 左右。那些可再生能源占比高达 40% 的预测一般都注重缓解气候变化。任何高于 40% 的预测都是由提倡使用可再生能源的人士提出的，他们表示如果政府和人民做好能源转型准备，那可再生能源最早会在 2050 年成为主要能源。[①]

表 7 　　　　　　　　　　可再生能源在未来能源结构中的占比预测

年份	2020	2025	2030	2035	2040	2050	2060	2100
EIA					12 （美国）			
IEA				12 – 23				
BP				7				
BP				17 （美国）				
BP				10 （中国）				
埃克森美孚		15						
壳牌 a	7.1		11.5		16.3	22.8		
壳牌 b	9.5/9.6		9.8/11.5		12.2/18.2	16.7/18.2	19.6/32.7	
WEC						20 – 30		

---

① Williams 等（2014，2015）、Jacobson 等（2015）、Teng 等（2015）、Ackerman 等（2016）及（《可持续性劳动网络》，2016）。

续表

年份	2020	2025	2030	2035	2040	2050	2060	2100
彭博			16 – 22					
Matias 和 Deveza (2007)								100
Li (2014)								100
Hartley 等 (2014)								100

保守估计会被证明能给未来化石燃料消费提供积极指导，对此我们依旧表示怀疑。一方面，对石油持续依赖的预测根据是中东关于储量和继续发现新油田的期望的说辞，这些说辞本身就让人半信半疑。Hughes（2012）表示，新发现油田数量可能已经在1965年达到了最大值。截至目前，北极石油开采的可能性似乎受到限制。即便如此，还是有合理的理由认为，向可再生能源转型需要巨额投资、需要克服巨大的政治阻力。假设碳基燃料供应量足以用到未来，可能保守估计会被证实合理准确。这样的话，在接下来的50年，全面采用新能源的目标可能不能实现，或许要到22世纪才能实现。

同时，2050年加速脱碳、应对全球变暖带来的威胁的现有计划（Guerin等，2014年的示例；Jacobson等，2015年的示例）并没有号召全面转型使用可再生能源。鉴于发展水平不同、能源来源不同、建筑供暖、空调、交通供电重点不同，各个国家的燃料结构不同。例如，美国的能源结构组成可能是可再生能源（占39%，含水电）、核能（占30%）、为了碳捕捉和储存而经过 ccs 处理的石油和煤炭（占30%）。在深度脱碳项目中，中国关于能源结构方面的计划（Teng等，2015）没有这么具体，但2050年的中国貌似会像2010年的 OECD 国家一样，即减少了非 ccs 煤炭的占比。这些2050年计划包含不同的情况，即不同能源的多种组合形式。[①] 我们认为这个更加灵活的方法比持续使用石油或可再生能源新时代更能反映2050年的情况。但是到2050年，某种集约脱碳形式意味着要全面、严肃地应对全球变暖和气候变化，而我们承认这仍是不完美的假设。

如果我们关于新型便宜能源为系统领导地位提供基础的历史模式是对的，那么未来的经济环境不会对新系统领导（不论是继续拥有领导地位的美国，还是夺得领导地位的中国）有利。除一些不可预测的游戏改变者外，中国可能会比之前更富裕，美国在全球的领导地位会继续缓慢衰落，相对势力分布不会出现任何突然的、彻底的或根本的改变。如果持续认为系统领导对全面、严肃地应对气候变化问题至关重要，那么这样的结果就是不幸的。顶多，人们可能会希望美国和中国在这个问题上进行合作，合作可能会有，但是合作总是容易受到美中持续竞争的兴衰胜败的影响。

因此，不久的将来可能会比我们目前的经历更繁杂，至少，越来越多的人会在口头上承认这个严重的问题，可能会出现以有意义的方式应对这一问题的运动。2015年

---

① 结果，2050年脱碳计划往往都伴随着多种情况，反映出不同的能源投入组合，最终达到相同的目的。

巴黎气候大会就比之前在哥本哈根和京都的会议更加积极。不过，还是缺少一项具体的、关于采取行动的协议，这主要是因为美国不能获得具体措施的立法批准。另一个问题更能体现美国内部的政治极化，而不是缺乏系统领导。[①] 这两个过程相互联系，总体而言也更能反映出系统领导演化中的现有不足。因此，我们对不远的将来的期待与现在也相差不大。但是有一点不同，那就是未来可能是一个迄今还相对便宜的化石燃料即将耗竭、面临温室气体排放问题持续或加剧的世界。当然，未来会有更多可用的可再生能源。但不确定的是我们需要多少可再生能源、什么时候之前要、不使用化石燃料的转型需要多长时间、系统领导，不论新旧，能否迅速有效地应对全球变暖问题。

（三）结论

Brown（2012）指出，从化石燃料到可再生能源的伟大转型正在发生……由石油、煤炭和天然气驱动的老式能源经济正被由风能、太阳能和地热能驱动的经济取代。

每一个担忧环境健康问题的人都会赞同 Brown 的说法，从化石燃料到可再生能源的转型时间已经过了。然而，尽管 Brown 对可再生能源的未来持乐观态度，但是由可再生能源驱动的新型世界经济几乎不会很快出现，也不太可能很快出现。按照全球目前的能源转型速度，可再生能源成为全球主要能源可能要等到 22 世纪初了。

在过去几百年间，系统领导过渡（从荷兰到英国再到美国）与主要能源转型（分别对应泥炭、煤炭和石油）紧密相关。这是因为在历史上领先国家在能源和相关基础设施方面遥遥领先。系统领导需要便宜的能源来助其获得经济上的领先地位。它们的领先技术往往会改变对运行生产一线最为重要的能源的类型（反之亦然）。因此，能源转型对经济发展具有深远而长久的影响，而经济发展又会对全球系统势力等级施加重大影响。

曾经，西方系统领导首先出现在欧洲，然后出现在美国，至少在某种程度上这是因为继中国和荷兰未能主要采用化石燃料之后美国率先主要采用化石燃料。要超越农业经济，发达经济体需要其他能源。虽然风能和泥炭曾对获得系统领导地位至关重要，但英国用煤炭、美国用石油在国际体系中成为主导力量。系统领导地位过渡最终取决于获得相对便宜的能源的领先技术的发展（且这种能源要与全新技术相匹配）。假设 21世纪中期到后期的全新技术是基于 IT 的，这就意味着至少这项技术要利于发电。不过，到 2050 年，石油（如果不是煤炭的话）可能会变得更加稀有，因而石油价格也会更高。当然，在这次能源转型中，全新的问题是使用碳基燃料正造成严重的环境问题，正如所料，如果持续使用更多的碳基燃料，环境问题会更加严重。因此，可再生能源对于环境和系统领导地位而言都是绿色能源。在本文中，我们提出，随着世界上相对便宜的化石燃料日益耗竭，新系统领导的崛起取决于向非化石燃料能源的转型。因此，哪个国家在可再生能源竞赛中处于领先地位，这相当重要；但如果并不比其他国家领

---

① 这个问题很复杂。在巴黎世界气候大会之前的哥本哈根世界气候大会上，美国和中国对气候变化措施的立场存在一系列的变动，欲知其中的粗略情况，见 Darwall（2013）。

先太多，那么21世纪出现政治—经济转型的可能性就很低。没有出现新的系统领导或者没有重新振作的系统领导则预示着对制订全球齐心协力应对气候变化的方案不利。系统领导不仅需要协商作出改变的全球共识，还必须实实在在地引领经济转型。截至目前，事实证明实现前者比实现后者简单一些。

参考文献

［1］Ackerman, F., Cumings, T., & Fields, S. (2016). The clean energy future appendix. Cambridge, MA：Synapse Energy Economics. synapse-energy. com/sites/default/files/Clean-Energy-Future-Appendix-15-054. pdf.

［2］Bardi, U. (2014). *Extracted：How the quest for mineral wealth is plundering the planet.* White River Junction, VT：Chelsea Green Publishing.

［3］Bloomberg New Energy Finance. (2013). *Global renewable energy market outlook 2013.* http：//about. bnef. com/presentations/global-renewable-energy-market-outlook-2013-fact-pack/British Petroleum. (2014). *BP statistical review of world energy.* http：//www. bp. com/content/dam/bp/pdf/Energy-economics/statistical-review-2014/BP-statistical-review-of-world-energy-2014-full-report. pdf.

［4］British Petroleum. (2015). *Statistical review of world energy* 2015. www. bp. com/en/global/corporate/about-bp/energy-economics/statistical-review-of-world-energy. html.

［5］Brown, L. (2012). *The great transition：Part I：From fossil fuels to renewable energy.* Earth Policy Institute. http：//www. earth-policy. org/plan _ b _ updates/2012/update107 Darwall, R. (2013). *The age of global warming：A history.* London：Quarter Books.

［6］de Oliveira Matias, J. C., & Devezas, T. C. (2007). Consumption dynamics of primary energy sources：The century of alternative energies. *Applied Energy*, 84 (7 - 8), 763 - 770.

［7］Global Wind Energy Council. (2013). *Global wind report：Annual market updated.* http：//www. gwec. net/wp-content/uploads/2014/04/GWEC-Global-Wind-Report _ 9-April-2014. pdf.

［8］Green, F., & Stern, N. (2015). China's "new normal"：*Structural change, better growth, and peak emissions.* London：Grantham Research Institute on Climate Change and the Environment (London School of Economics and Political Science) and Centre for Climate Change Economicsand Policy (University of Leeds and London School of Economics and Political Science).

［9］Guerin, E., Mas, C., & Waisman, H. (Eds.). (2014). *Pathways to deep decarbonization*—2014 *report*. Unsdsn. org/wp-content/uploads/2014/09/DDPP_Digit. pdf.

［10］ Hartley, P. , Medlock III, K. B. , Temzelides, T. , & Zhang, X. （2014）. *Energy sector innovation and growth*. Working paper 14 – 009. Houston, TX：Rice Initiave for the Study of Economics （RISE）.

［11］ Helm, D. （2012）. *The carbon crunch* （revised and updated ed. ）. New Haven, CT：Yale University Press.

［12］ Herberg, M. （2013）. *China's energy future*. Los Angeles, CA：USC US-China Institute https：//www. youtube. com/watch？v = NtMW_aa-r1 I.

［13］ Huenteler, J. （2014, May 14）. China's coal addiction a threat to its energy security. *The South China Morning Post*.

［14］ Hughes, J. D. （2011）. *Will natural gas fuel America in the 21st century?* Post Carbon Institute. www. postcarbon. org/report/PCI-report-nat-gas-future. pdf.

［15］ Hughes, J. D. （2012）. The energy sustainability dilemma：Powering the future in a finite world. http：//www. eeb. cornell. edu/howarth/HUGHES% 20Cornell% Ithaca% 20May% 20% 202012. pdf/Jacobson, M. Z. , Delucchi, M. A. , Bauer, Z. A. , Goodman, S. C. , Chapman, W. E. , Cameron, M. A. , et al. （2015）. *100% clean and renewable wind, water, and sunlight （wws） all-sector energy roadmaps for 139 countries of the world*. Stanford, CA：Department of Civil and Environmental Engineering, Stanford University.

［16］ Labor Network for Sustainability. （2016）. *The clean energy future*. www. labor4sustainability. org/wp-content/uploads/2015/10/cleanenergy_10212015_main. pdf.

［17］ Li, M. （2014）. *Peak oil, climate change, and the limits to China's economic growth*. London：Routledge.

［18］ Quaschning, V. （2010）. *Renewable energy and climate change*. West Sussex：Wiley.

［19］ REN21. （2015）. *Renewables 2015：Global status report*. Paris：REN21 Secretariat. www. ren21. net/wp-content/uploads/2015/07/REN12-GSR2015_Onlinebook_low1. pdf.

［20］ REN21/ISEP. （2013）. *Renewable energy policy network for the 21st century. Renewables* 2013：*Global status report*. Paris：Institute for Sustainable Energy Policies. www. res4me. org/uploads/iocs/13612002098REN21_GFR_2013_print. pdf.

［21］ Roney, J. M. （2014）. *World wind power poised to bounce back after slowing in* 2013. Earth Policy Institute. Available at http：//www. earth-policy. org/indicators/C49/wind_power_2014.

［22］ Smil, V. （2015）. *Natural gas：Fuel for the 21st century*. Chichester：Wiley.

［23］ Teng, F. , Alun, G. , Yang, X. , Wang, X. , Liu, Q. , Chen, Y. , Tian, C. , & Zheng, X. （2015）. Pathways to deep decarbonization in China. SDSN-IDDRI. http：//deepdecarbonization. org/wp-content/uploads/2015/09/DDPP.

［24］ Teng, F. , Qiang, L. , Chen, Y. , Tian, C. , Zheng Z. , Gu, A. , et al. (2015). *Pathways to deep decarbonization in China.* Deepdecarbonization. org/wp-content/up-loads/2015/09/DDPP_CHN. pdf.

［25］ U. S. Energy Information Administration ［EIA］. (2015). *Annual energy outlook 2015 with projections to* 2040. www. eia. gov/forecasts/aeo/pdf/0383 (2015). pdf.

［26］ William, J. H. , Haley, B. , Kahrl, F. , Moore, J. , Jones, A. D. , Torn, M. S. , & McJeon, H. (2014). Pathways to deep decarbonization in the United States. Deep Decarbonization Pathways Project of the Sustainable Development Solutions Network and the In-stitute for Sustainable Development and International Relations. https: //ethree. com/publica-tions/index US2050. pdf.

［27］ Williams, J. H. , Haley, B. , & Jones, R. (2015). *Policy implications of deep decarbonization in the United States* (Vol. 2). Deep Decarbonization Pathways Project of the Sustainable Development Solutions Network and the Institute for Sustainable Development and International Relations.

［28］ Yergin, D. (2011). *The quest: Energy, security and the remaking of the mod-ern world.* London: Penguin.

基于铜和铝的金属基/纳米碳复合材料研究

Oleg V. Tolochko[①]   Vesselin G. Michailov[②]   Andrey I. Rudskoi[③]

摘要： 金属基复合材料具有耐高温、导热率高、热膨胀系数低、比刚度高和强度高等特点。碳纳米纤维（CNFs）、纳米管（CNTs）和石墨烯等近年来发现的碳纳米结构材料有望成为新一代高性能结构和多功能复合材料。研究中，我们使用了在铝和铜基体基础上制造复合材料的新方法。本文中我们对现有知识进行了综述，介绍了在基体中制备纳米管（CNTs）、碳纳米纤维（CNFs）和石墨烯时可以实现良好分散性的新成果，旨在改善金属—碳纳米复合材料的力学和电学性能。本文提出了一种新方法，以解决制造高导电、高导热纳米管/碳纳米纤维（CNT/CNF）复合材料或石墨烯复合材料中的一大难题——实现碳纳米材料在金属基体中的良好分散性。实验结果表明，该方法可以在工业领域成功应用。

关键词： 金属基复合材料　碳纳米结构　铜　铝　力学性能　导热性和导电性

一、引言

金属基复合材料（MMCs）具有耐高温、导热率高、热膨胀系数低、比刚度和强度高等特点。这些独特的物理特性为 20 世纪 80 年代后期 MMCs 在关键空间系统中的应用带来极为乐观的前景。与此同时，对水、陆、空条件下材料运输的生态要求也随之提高，尤其是对有害物质排放量的要求变得更加严格，而这一要求主要体现在自重的减少上。为此，除了为优化形状进行设计创新；为限定材料特性的使用而进行施工方法的优化之外，材料本身的物理力学特性也起着重要的作用。

在航空航天和商业应用领域，已经开发出了石墨/铝基、石墨/镁基和石墨/铜基复合材料等非连续增强复合材料。如碳纳米管（CNTs）、纳米纤维（CNFs）和石墨烯这样碳纳米材料有着优异的抗张强度、弹性模量、电导率和导热性。最近，由于性能独特、效用显著，碳纳米材料在科学界获得了极大的热议（如 Dresselhaus 等）。这些（材料）有望成为新一代高性能结构和多功能复合材料的代表。

碳纳米管（CNT）/纳米纤维（CNF）复合材料在基体中难以获得良好的分散性，

---

①　Oleg V. Tolochko，圣彼得堡彼得大帝理工大学。

②　Vesselin G. Michailov，勃兰登堡理工大学。

③　Andrey I. Rudskoi，圣彼得堡彼得大帝理工大学。

这是制备高强度导电导热 CNTs/CNFs 复合材料的最大障碍之一。通常而言，碳纳米材料的纯化、功能化和与基体的混合步骤都非常耗时。在此我们使用一种新方法，直接在基体、基体前驱体或填料颗粒表面生长碳纳米管（CNTs）/纳米纤维（CNFs）。我们采用水泥（熟料）、铜粉、粉煤灰颗粒、土壤和砂土作为前驱体基质和填料，在不添加催化剂的情况下，成功地在这些材料上生长了纳米碳纤维。通过对这些基于碳改性粒子的复合材料进行物理性能上的研究，我们发现复合材料的力学和电学性能得到了提高。

我们提出了一种在基体中制备碳纳米材料的全新方法，无须任何催化剂做附加处理，可在基体颗粒表面直接生长碳纳米材料，制备出的材料具有良好的分散性。这使我们能够在金属基体中引入碳纳米材料，并实现均质化。采用简单的一步化学气相沉积（CVD）工艺就可以实现金属粉表面纳米纤维（CNFs）的合成。

利用这种方法，我们在铝和铜基体的基础上成功制备出了新的复合材料。本文综述了碳纳米管（CNTs）、纳米纤维（CNFs）和石墨烯在基体中可达到良好分散的制备方法，并提出一些新的研究成果，旨在改善金属—碳纳米复合材料的力学和电学性能。

二、实验

（一）复合粉末制备方法

我们提出一种全新的制备方法，通过直接将碳纳米材料生长在基体颗粒表面来制备分散良好的碳纳米材料，从而进一步改善复合材料的力学和电学性能。通过利用铜和铝颗粒将碳源从 C_2H_2 改变为 C_2H_4，我们可以将碳制品从纳米纤维转变成微米级铜颗粒表面的几层石墨烯。

在铜颗粒表面的合成过程中，我们使用的实验装置在别处已详述过。该设备是一个石英管式炉，由石英管和加热的电阻炉组成，其温度范围在 700℃到 940℃之间。纳米纤维合成：应在反应器中每分钟加入 $30cm^3$ 乙炔和 $260cm^3$ 氢气。石墨烯合成：使用摩尔比为 1∶2 的 C_2H_4/H_2 气体混合物。实验所用的铜金属粉末纯度为 99%，平均粒度为 $5\sim10\mu m$，购买于顾特服（Goodfellow）。碳材料合成：将管式炉加热至氮气气氛（$100cm^3/min$）所需温度。然后，在管式炉中间放置一个含有铜粉（约 2g）的陶瓷坩埚。5 分钟后，用 $240cm^3/min$ 的 H_2 流代替 N_2，使表面氧化铜还原反应 5 分钟。接下来将碳源、氢共同引入。$10\sim20$ 分钟后，将 C_2H_4 和 N_2 的混合物转化为纯 N_2，将坩埚移至石英管外，冷却至室温。

同时，我们也证明了在乙炔—氢混合物气相氛围条件下合成以铝微粒为基底，且含 15wt.% 碳纳米纤维的"铝—碳纳米纤维"复合材料是有其可能性的。在该方法中，我们将镍或钴催化剂从相应的硝酸盐水溶液中沉积到铝粉表面。

（二）粉末压实方法

第一步，用单轴冷压法将铜基和铝基复合粉末在直径为 8mm 的圆柱形模具中进行压实，随后进行烧结。将压制压力保持在 500 ~ 600MPa。烧结在 H_2 气氛中进行，时间为 2 小时，对铜基复合材料的烧结温度为 950℃；对铝—碳纳米纤维（Al - CNF）复合材料的烧结温度为 600℃。然而，石墨烯会在约 940℃时发生合成，该温度下，铜粉正在发生显著的烧结现象，这使得我们不可能再采用相同的工艺路线对其进行处理，所以要对部分烧结的铜 - 石墨烯粉末进行冷轧。

使用 DA0040 液压机，在 5T 0.5Gpa 的压力和变温条件下，在"截短半球"高压室中形成 106kgf 的力，从而实现热压。在 600MPa 的压力下，预先使用不同配比的粉末制成直径为 10 毫米、高约 4 毫米的强片剂，这是一种用硬度为 62 ~ 64HRC 的钢工具制作的压模。然后将片剂放入两个石墨片之间的高压容器中，置入圆柱形石墨加热器内。在电力稳定模式下以 3 ~ 6V 的电压，通过交流电（0.3 ~ 0.8kA）来加热高压容器。检测压制过程中的电流和电压，以跟踪加热过程中样品的电阻率。电力稳定的准确度应 ≥5%。容器内的温度是由"功率—温度"校准关系和在镍—锰催化剂存在下的石墨—金刚石相变确定的（Kidalov 等，2008）。该测定温度的准确度为 ±50℃。

（三）结构与性质研究

使用配备有场发射枪的 FE - SEMJEOL7500FA 高分辨率分析扫描电子显微镜（SEM）和具有球面像差校正器（Cs≥0.005mm）的 JEOLJEM2200FS 高分辨率透射电子显微镜（TEM）对所制备材料进行显微镜观察。使用 TEM 透射电镜对样本进行观察，通过超声波破碎仪（Branson450D，微锥形探头）以 40W（脉冲为 3 × 3s）的功率将样品在乙醇中进行分散处理。在室温下记录拉曼光谱；对于单色辐射源，使用 YAG 激光器进行记录（参数：波长 532.25nm、功率 30mW）。

使用 Zwick 或 Roell ZHU 型硬度测量仪测量布氏硬度，测量仪钢球直径 2.5mm、载荷 62.5kg。使用 IR - 5040 - 5 型拉伸机对样品进行伸长率测量，其中最大载荷为 5kN，采用三点弯曲程序。试验样品以 $20 \times 5 \times 1mm^3$ 的平板形式制备。

在销盘式摩擦磨损试验机上进行摩擦试验。对偶材料为铜（C11000）环。在环境条件（室温 24℃，湿度 50%）和干摩擦条件下进行滑动。相应地，将线速度设置为 0.8m/s，恒定负载设置为 20N。每次试验前，对样品和相对应的表面进行清洁、抛光。磨损量（I）是根据每个试样的体积损失和摩擦方式计算得出的，公式：$I = V/SL$，其中 V 是体积损失，S 是接触面积，L 是轨道长度。使用应变计桥测量试样的切向力，得到摩擦系数。

三、结果与讨论

（一）铜—纳米碳复合材料

图 1 显示了在不同合成温度下处理的样品重量与铜—纳米碳复合粉末颗粒的 SEM 图像之间的相关性。我们将本研究结果与以乙炔为碳源的 Nasibulin 等报道的结果进行了比较。（2013）。从图 1 可看出，乙烯在 750℃以上发生了明显的分解。在相对较低的温度下，我们既没有观察到样品重量的增加，也没有观察到颜色变化。在 890℃时，质

量的最大增幅为 6%。温度达 900℃以上时，沉积在粉末上的碳有所减少，原因可能是气相乙烯分解和气溶胶碳颗粒的形成，这些气溶胶碳颗粒沉积在反应器的冷端。

因此，合成碳纳米纤维（CNF）使用的是 C_2H_2 和 H_2 的混合物，而合成石墨烯则使用 C_2H_4 来代替 C_2H_2。图 2 显示了被碳纳米纤维覆盖的铜粉颗粒和多石墨烯层的 SEM 图像。

进行力学试验，需将制备的试样与一定量的纯铜粉混合。复合材料中碳纳米纤维（CNFs）的浓度从 1% 到 10% 不等。制备复合材料时，采用单轴冷压法对其压实并烧结。HBW 试验表明，随着 CNF 浓度增加到 1% ~ 3%，材料硬度有明显增加，达到 $60kg/mm^2$，之后则缓慢下降（见图 3a）。碳含量较高时，硬度下降的原因可能是在保持基体晶粒尺寸不变的情况下，晶界 CNFs 团簇的增厚所致。与硬度相比，当纯铜中 CNF/Cu 的含量增加时，伸长率自然减小。

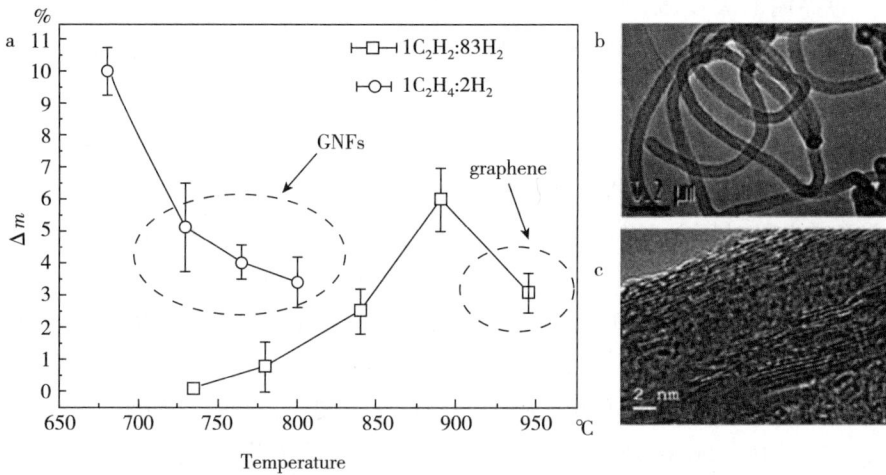

图1　a 不同碳源处理 20 分钟后样品重量的温度依赖性导致
b 乙炔存在下的碳纳米纤维（CNFs）　c 乙烯存在下的多层石墨烯

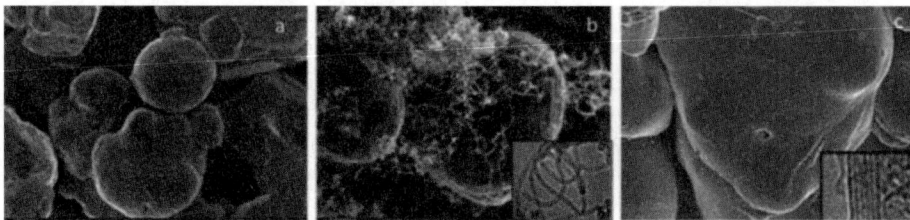

图2　铜粉颗粒的 SEM 图像 a、纳米碳纤维覆盖的颗粒 b 和多石墨烯层 c

我们还与传统方法制备的铜/石墨以及铜/石墨烯复合材料进行了对比分析（见图 3b）。正如预期的那样，任何添加到铜中的碳都会带来复合材料的硬化。我们对铜/碳纳米纤维（Cu/CNFs）复合材料进行了研究，得到了最佳结果。采用冷压烧结法制备的铜/碳纳米纤维（Cu/CNF）复合材料的硬度是纯铜的 1.7 倍。经石墨烯硬化后的铜在 HB 中的含量仅增加了 39%，而其延展性明显降低。

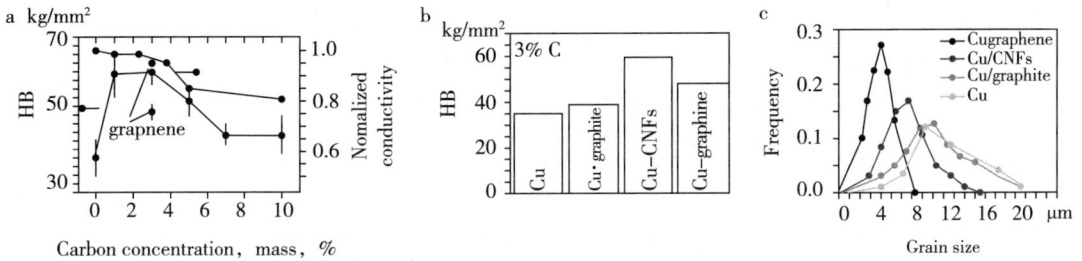

图3 a 铜基复合材料的电学性能：复合材料的硬度和归一化电导率
b 铜基复合材料的力学性能 c 各种复合材料的粒度分布

为了更好地理解力学测试结果，我们对所制备的复合材料进行了微观结构测试。图3c 为基于光学图像测量的各种复合材料的晶粒尺寸分布。可以看出，复合材料的硬度与晶粒尺寸相关性较好：尺寸越小，硬度越大。从图中可知，Cu/CNFS 复合材料的晶粒尺寸分布最窄，其最小的平均粒径约为 4μm，结构最为均匀、精细。

已知铜—石墨复合材料对摩擦学的应用大有裨益，因此本文对所提出的铜—石墨复合材料的摩擦学特性进行了研究，并与传统的铜—石墨复合材料进行了比较（Larionova 等，2014）。以工业铜石墨复合材料（俄罗斯标准——GOST26719 - 85）为基础，我们选择了含有 17 ~ 33 体积百分比碳的组合物。

试验材料的摩擦磨损系数见表1。与纯铜相比，含有 33wt.% 铜的碳纳米纤维（CNFs）材料磨损量减少了 8 倍以上，与铜 - 33wt.% 的石墨材料相比，其磨损量减少了 2 倍以上（Koltsova 等，2015）。

表1 铜—碳复合材料的摩擦学性能

材料	摩擦系数	磨损量（$\times 10^{-6}$）
铜	0.9	22.0
铜 - 33vol.% 的石墨	0.16	6.0
铜 - 17vol.% 的碳纳米纤维	0.13	6.2
铜 - 33vol.% 的碳纳米纤维	0.08	2.5

摩擦表面的图像表明，在磨损和铜基体塑性变形条件下，石墨颗粒会挤出并涂抹在接触面上。这种石墨碎片通过减少金属与金属的接触点，防止摩擦系数降低和黏着磨损（Moustafa 等，2002；Sarmadietal，2013）。铜—石墨复合材料在相同载荷下的主要磨损机制是剥层磨损：在对应物滑动下产生的剪应力引起了次表层裂纹的成核和生长，从而导致上层剥离（Sarmadi 等，2013）。

从磨损表面图像可以清楚看出，铜—碳纳米纤维复合材料的磨损是通过薄片剥落而发生的，这也是剥层磨损的一个特征。考虑到铜—碳纳米纤维复合材料较铜—石墨复合材料而言更高的硬度（见图3），铜基体的塑性变形会影响到较薄的次表层区域。由于在本项工作中应用的复合粉末制备方法中，碳纳米纤维层会覆盖在铜颗粒表面，且如前文提到的，铜基体本身的晶粒结构较细，所以剪应力引起的裂纹会沿着碳纳米纤维扩展，直至次表层区域的极上部，从而导致细小的薄片剥落。

（二）铝—纳米碳复合材料

此外，我们还证明了在铝碳纳米纤维的微米颗粒表面以乙炔—氢混合物为气相合成铝—碳纳米纤维复合材料的可能性。

在所用方法中，我们将镍催化剂从硝酸镍水溶液中喷涂到铝粉表面。合成前，将涂有催化剂的试样在550℃的氢环境中退火10分钟，以分解硝酸镍并将氧化物还原为金属镍，从而在铝粉表面生长碳纳米纤维。在550℃的温度下合成碳纳米结构，时间5~10分钟。

图4显示了试样质量相对于铝初始称重量的变化与其合成时间的相关性（Rudskoy等，2014）。随着合成时间的增加，由于催化剂失活，即碳纳米结构在粉末表面的主要成核位置消失，碳纳米结构的生长速率降低。

当镍催化剂的最低含量为0.035wt.%时，纳米碳纤维达到均匀分布（见图5）。透射电镜显示，碳产物以碳纳米纤维为表征。纤维的结构在高倍镜下看起来像一堆硬币（Rakov，2006）。采用拉曼光谱法对镍含量为0.035%时的碳产物进行了研究。拉曼光谱显示其在1320cm—1（D－峰）处存在峰值，在1590cm—1处存在切向波动（G－峰）；积分强度的高参数I（D）/I（G）（强度比值）证实了与碳纤维结构相对应的多层石墨烯结构的形成。

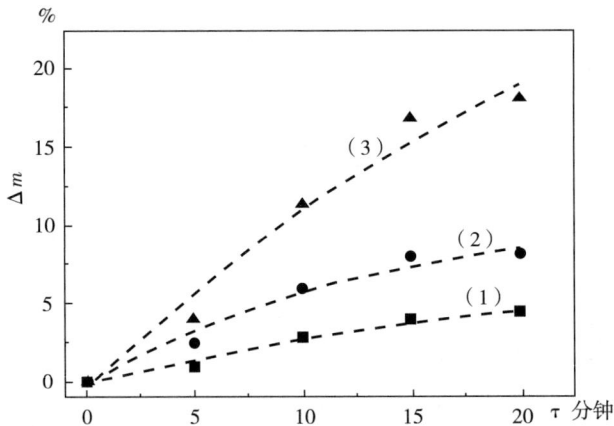

注：（1）0.015%镍；（2）0.035%镍；（3）0.07%镍。

图4　在550℃温度下，不同镍含量下试样质量变化与其合成时间的相关性

制备含1wt.%碳纳米结构的压实致密材料的初步实验表明，通过在500~600兆帕的压力下单轴压制，并在600℃温度下烧结可获得致密材料试样。该烧结试样的密度超过理论计算值的98%。与含催化剂的铝粉试样相比，该试样维氏硬度提高了20%，且具有良好的延展性。当获得的试样在室温下以40%的还原率轧制变形时，没有可见缺陷。这些结果使我们有信心可以预期，通过热压、挤压和其他现代压实方法，粉末材料的性能可以得到显著提高。

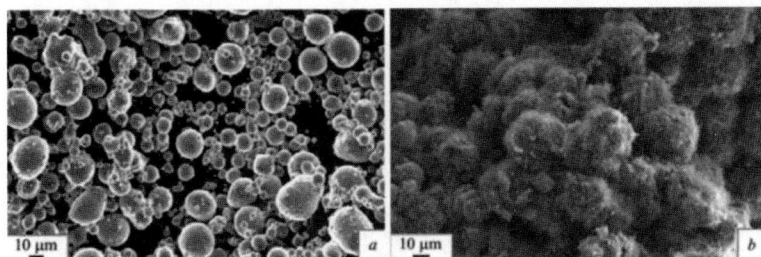

图 5 **a** 铝粉粒子的扫描电镜（SEM）图像
b 纳米碳纤维覆盖下铝粉粒子的扫描电镜（SEM）图像

我们分别在 480℃、720℃ 和 980℃ 的高温下，用 5GPa（千兆帕）的压力对试样材料进行了热压。铝熔化温度与其压力的相关性可由公式 $dT/dp = 6.41 \times 10^{-2}$ ［K/MPa］描述（Babichev 等，1991），即在 5GPa 压力下，铝的熔化温度约为 980℃。我们对试样的密度和显微组织进行了研究，在上述所有情况下，热压后试样材料的（相对）密度均超过 98% 的理论值。

在热压过程中，我们对热压工艺的各项参数进行检测，参数包括加热电流、加热电压、液压机油系统中的压力和压杆的位移量。通过对压制过程中电流的检测，我们可以判断试样电阻率在加热过程中的变化（Rudskoy 等，2015）。例如，带有碳纳米纤维的试样材料，其电阻率在 980℃ 时变化最大。这一结果可能意味着纳米纤维中的碳会在此温度下溶解，并生成一种碳化铝和（或）氧化铝。

我们对压实后试样的微观结构进行分析，其图像如图 6 所示。铜—碳纤维复合材料含有较细的颗粒（约 4μm），碳均匀分布在颗粒之间。很明显，碳纳米纤维（CNFs）在基体中的良好分散抑制了烧结过程中晶粒的生长。

为了确定压实条件对材料化学状态的影响，我们采用 X 射线光电子能谱（XPS）方法研究了铝—碳纳米纤维的致密材料试样。结果表明，铝以金属形式和氧化铝的形式存在于其中（见图 6b）。X 射线光电子能谱分析（XPS）结果表明，铝/氧化铝之比率随温度的升高有一定增加。碳的 XPS 光谱（见图 6c）在 284.8eV（电子伏）的区域有一峰值，这表明碳处于 sp2 杂化状态，典型用于石墨、石墨烯和纳米管的扁平网状结构。在 720℃ 和 980℃ 下，我们观察到碳化铝的形成，键能为 281.0～282.5eV 的组分的存在证明了这一点。随着压制温度的升高，碳化物的含量随之增加（Rudskoy 等，2015）。

X 射线相位分析表明，在 480℃ 和 720℃ 处进行压实的试样仅出现铝峰。在 980℃ 处，我们观察到氧化铝的形成（Al_2O_3）。X 射线衍射分析未检测到结晶碳化物相的存在。

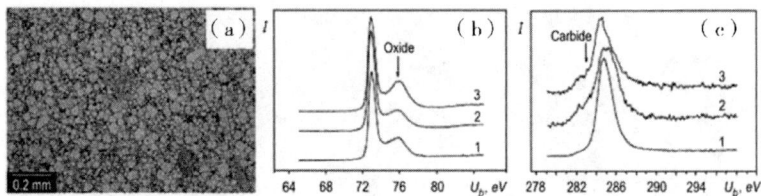

图6 铝碳纤维的典型微观结构（a）Al₂p2 的 X 射线光电子能谱（c）压力为 5GPa，三种温度下含有 1wt％碳纳米纤维（CNF）的压制试样的（b）C1s 峰，I 为辐射强度，Ub 为结合能：（1）480℃；（2）720℃；（3）980℃

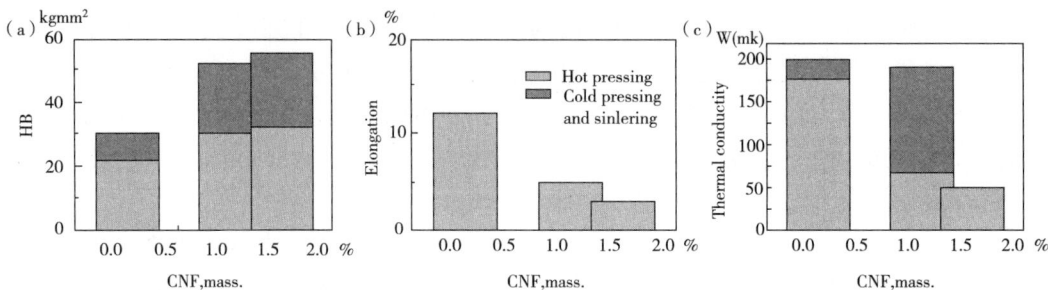

注：热压温度为 720℃，压力为 5GPa。

图7 铝/CNF 复合材料的机电性能：硬度（a）、弯曲试验伸长率（b）和复合材料导热系数（c）

采用含有 1wt.％碳纳米纤维（CNFs）、经单轴冷压烧结制备的铝复合材料硬度比纯铝提高 30％，而采用热压法制备的复合材料硬度提高 80％（见图7）。当压实温度为 720℃时，复合材料具有很好的延展性，约为 5％。因此，碳纳米结构增强的铝基材料应适于制造高强度轻压实材料，应用在航空航天、汽车和电力工程领域。

与冷压烧结法制备的铝—碳纳米纤维材料试样相比，热压法制备的试样塑性较低。应注意的是，在 480℃时压制的试样具有最大硬度，其延展性几乎为零，这可能是由于铝—碳界面没有实际上黏合造成的。这些试样的导热系数最小值相同。当硬度为 54HB 时，将含有 1wt.％碳纳米纤维（CNF）的试样材料在 720℃下进行压制，并进行弯曲试验，结果表明该试样的伸长率可达 5％；而在不含碳纳米纤维（CNF）的铝试样材料中，伸长率达 12％。当压制温度增加到 980℃，且材料中碳含量超过 1wt.％时，其延展性降低。对断口的研究表明，在所有情况中，试样材料都会在晶界上断裂，但在 720℃的压制温度下，铝颗粒局部产生变形，这说明铝碳键形成了。

所有试样的导热系数随压制温度的升高而增大，该系数与试样的组分无关。我们提到过铝在 5GPa 时的熔点在 980℃左右。

在 980℃下通过烧结铝粉制备的试样材料，其导热系数为 217W/（m·K），也就是说，它实际上相当于高纯度铝在 300K 时的导热系数 [237W/（m·K）]（Babichev 等，1991）；即在远低于熔点的温度下，试样导热系数较高 [200W/（m·K）]，这主要是由于高压处理下铝的塑性变形和热压制材料的低残余孔隙造成的。

通过热压制备的铝—碳纳米纤维复合材料的导热系数为 150～190W/（m·K），明显低于冷压烧结制备的铝—碳纳米纤维试样。铝—碳纳米纤维复合材料导热系数低值为 $25 \sim 100W/(m \cdot K)$，应与填料/基体界面上的热障有相关性。由于碳化铝和氧化铝的形成，界面的热阻增大。因为大多数金属碳化物的导热系数远低于纯金属，在 $10 \sim 40W/(m \cdot K)$，氧化铝的导热系数为 $30W/(m \cdot K)$（Babichev 等，1991）。采用冷单轴压缩烧结法制备的试样硬度较低（最高可达 $32HB$），但导热性明显优于热压法制备的试样。总而言之，在热压时应注意，热压温度升高到 $720℃$ 时，试样密度会增大，碳纳米结构和基体之间的内聚力也会增强。这提高了材料的导热性和延展性，因为铝—碳纳米纤维界面上形成了碳化铝。当热压温度增加到 $980℃$，Al_4C_3 碳化铝的相对含量增加，从而形成 $\alpha - Al_2O_3$ 晶相。在 $0 \sim 1.5wt.\%$ 范围内，随着含碳量的增加，试样硬度也从 $30HB$ 增至 $57HB$，且组织中的晶粒尺寸减小。铝—碳纳米结构材料在碳纳米纤维（CNF）含量为 $1wt.\%$、压制温度为 $720℃$ 时，延展性最高。

四、结论

对经压实工艺所制备样品微观结构的研究表明，铜—碳纳米纤维复合材料含有较细的晶粒（约 $4\mu m$），碳在晶粒间均匀分布。显然，碳纳米纤维（CNF）在基体中的良好分散阻止了烧结过程中晶粒的生长。冷压烧结法制备含 $1wt.\%$ 碳纳米结构的铝致密材料的实验表明，烧结试样的密度超过理论值的 98%。

我们对不同铜/碳复合材料的硬度进行了比较分析。与纯铜相比，铜/石墨烯复合材料的硬度增加了 39%，而铜/石墨烯和铜/碳纳米纤维（CNFs）复合材料的硬度分别提高了 10% 和 70%。采用单轴冷压烧结法制备的 $1wt.\%$ CNFs 复合材料的硬度比纯铝提高了 30%，而采用热压法制备的复合材料的硬度提高了 80%。复合材料在 $720℃$ 的压实温度下具有 5% 左右的良好延展性。因此，碳纳米结构增强的铝基材料应可适用于航空航天、汽车应用和电力工程领域所需高强度轻压实材料的制造。

最后，我们可以得出结论，碳纳米材料可以成功地生长在铜和铝金属粉末表面。基于这些碳改性颗粒的复合材料物理性能的研究表明，其力学和电学性能得到了提高。本研究阐述了一个最大问题的解决方法，即如何制造出强导电或强导热的碳纳米管/碳纳米纤维（CNT/CNF）或石墨烯复合材料，与世界上正开发的相同材料相比，该方法优势显著。

参考文献

［1］Babichev，A. P. ，Babushkina，N. A. ，& Bratkovskii，A. M. （1991）. *Physicalquantities. Ahandbook*［in Russian］. Moscow：Énergoatomizdat.

［2］Calvert，P. （1999）. Nanotubecomposites：Arecipeforstrength. *Nature*，399，210 - 211. doi：10. 1038/20326.

［3］ Dresselhaus, M. S. , Dresselhaus, G. , & Eklund, P. C. （1996）. *Science of fullerenes and nanotubes*. San Diego: Academic Press.

［4］ Kidalov, S. V. , Shakhov, F. M. , Davidenko, V. M. , Yashin, V. A. , Bogomazov, I. E. , & Vul', A. Y. （2008a）. Static synthesis of microdiamonds from a charge containing nanodiamonds. *Technical PhysicsLetters*, 34, 640 – 642. doi: 10. 1134/S106378500808004X.

［5］ Kidalov, S. V. , Shakhov, F. M. , Davidenko, V. M. , Yashin, V. A. , Bogomazov, I. E. , & Vul', A. Y. （2008b）. Effectofcarbonmaterialsonthegraphite-diamondphasetransitionathighpressuresandtemperatures. *PhysicsoftheSolidState*, 50, 981 – 985. doi: 10. 1134/S1063783408050302.

［6］ Koltsova, T. , Larionova, T. , Fadin, Y. , & Tolochko, O. （2015）. Copper-basedcompositematerialsreinforcedwithcarbonnanostructures. *Materials Science （Medziagotyra）*, 21, 364 – 368. doi: 10. 5755/j01. ms. 21. 3. 7348.

［7］ Larionova, T. V. , Koltsova, T. S. , Fadin, Y. , & Tolochko, O. V. （2014）. Frictionandwearofcopper-carbonnanofiberscompactcompositespreparedbychemicalvapordeposition. *Wear*, 319, 118 – 122. doi: 10. 1016/j. wear. 2014. 07. 020.

［8］ Moustafa, S. F. , El-Badry, S. A. , Sanad, A. M. , & Kieback, B. （2002）. Frictionandwearofcopper-graphitecompositesmadewithcu-coatedanduncoatedgraphitepowders. *Wear*, 253, 699 – 710. doi: 10. 1016/S0043 – 1648 （02） 00038 – 8.

［9］ Nasibulin, A. G. , Koltsova, T. S. , Nasibulina, L. I. , Anoshkin, I. V. , Semencha, A. V. , & Tolochko, O. V. （2013）. Anovelapproachtocompositepreparation- bydirectsynthesisofcarbonnanomaterialonmatrixorfillerparticles. *Acta Materialia*, 61, 1862 – 1871. doi: 10. 1016/j. actamat. 2012. 12. 007.

［10］ Nasibulina, L. I. , Koltsova, T. S. , Joentakanen, T. , Nasibulin, A. G. , Tolochko, O. V. , Malm, J. E. M. , etal. （2010）. Directsynthesisofcarbonnanofibersonthesurfaceofcopperpowder. *Carbon*, 48, 4559 – 4562. doi: 10. 1016/j. carbon. 2010. 07. 028.

［11］ Rakov, E. G. （2006）. *Nanotubesandfullerenes* ［in Russian］ . Moscow: Logos.

［12］ Reich, S. , Thomsen, C. , & Maultzsch, J. （2004）. *Carbonnanotubes*. Weinheim: Wiley-VCH.

［13］ Riggs, J. E. , Guo, Z. X. , Carroll, D. L. , & Sun, Y. P. （2000）. Strongluminescenceofsolubilizedcarbonnanotubes. *Journalof the American Chemical Society*, 122, 5879 – 5880. doi: 10. 1021/ja9942282.

［14］ Rudskoy, A. I. , Koltsova, T. S. , Shakhov, F. M. , Tolochko, O. V. , & Mikhailov, V. G. （2015）. Effectofhotpressingmodesonthestructureandpropertiesofan 'aluminum-carbonnanofibers' composite material. *Metal Science and Heat Treatment*, 56, 525 – 530. doi: 10. 1007/s11041 –015 –9793 –6.

［15］ Rudskoy, A. I. , Tolochko, O. V. , Kol'tsova, T. S. , & Nasibulin, A. G. （2014）. Synthesisofcarbonnanofibersonthesurfaceofparticlesofaluminumpowder. *Metal Scienceand Heat-Treatment*, 55, 564 – 568. doi: 10. 1007/s11041 – 014 – 9670 – 8.

［16］ Sarmadi, H. , Kokabi, A. H. , & SeyedReihani, S. M. （2013）. Frictionand-wearperformanceofcopper-graphitesurfacecompositesfabricated by Friction Stir Processing （FSP）. *Wear*, 304, 1 – 12. doi: 10. 1007/s11041 – 015 – 9793 – 6.

［17］ Zhang, X. , Li, Q. , Holesinger, T. G. , Arendt, P. N. , Huang, J. , Kirven, P. D. , et al. （2007）. Ultrastrong, stiff, and light weight carbon-nanotube fibers. *Advanced Materials*, 19, 4198 – 4201. doi: 10. 1002/adma. 200700776.

增材技术——数字定制化制造的基础

Anatoly A. Popovich[①]　　Vadim Sh. Sufiiarov[②]　　Alexey V. Grigoriev[③]

摘要： 增材制造技术，又称3D打印技术，从第一批聚合物机械的面世发展，到制造具有先进特性的功能性金属零件，再到3D生物打印，30年以来该技术已显现出迅猛的增长势头。本文提出并描述了利用增材制造技术生产个性化钛合金髋关节假体的方法。髋关节假体制造，采用选择性激光熔化技术，以含6%铝和4%钒的钛合金粉末为原料，采用气体和等离子雾化技术生产。本文介绍了选择性激光熔模对样品质量的影响，对热处理前后压实材料的微观结构和相组成进行了评估。基于全数字化生产的概念，本文展示了定制产品的创造与制造方法。

关键词： 增材制造　数字制造　粉末冶金　钛合金　3D打印　人工髋关节　植入

一、引言

增材制造技术（AM）因其无须工具就能够在短时间内使用多种材料制造出复杂几何体而受到广泛关注。学术界以及汽车、航空、医学和其他行业都表现出对增材制造（AM）的极大兴趣。零件制造可直接在计算机辅助设计数据中进行，利用计算机创建操作对象的横截面层，并在全数字环境中进行操作，这不仅提高了自动化率与设计自由度，还可以缩短产品的上市时间。整个工艺流程始于一个3D建模，该建模会在一特殊软件中被分割成若干层。通过选择性地沉积某些材料逐层成形，这些材料与其他材料黏合在一起（熔合、黏合或其他方法），逐层重复处理，最终制造出一个三维实体。选择性激光熔化（SLM）作为一种制备金属零件的增材制造（AM）技术，其前景非常广阔。选择性激光熔化（以下简称SLM技术）以金属粉末为原料，将其平推铺开，形成一层极薄的粉末床，再由激光束对粉末床区域进行选择性熔化。

选择性激光熔化已经成功地应用于生产钢材（Averyanova 等，2012；Holzweissig 等，2015）、镍合金材（Mumtaz 和 Hopkinson，2009；Sufiiarov 等，2015）以及铝合金材样品（Louvis 等，2011）。

增材制造技术，特别是SLM技术的一大优势是该技术对生产零件形状几乎无任何

---

① Anatoly A. Popovich，圣彼得堡彼得大帝理工大学。

② Vadim Sh. Sufiiarov，圣彼得堡彼得大帝理工大学。

③ Alexey V. Grigoriev，俄罗斯圣彼得堡。

限制。生产具有蜂窝、格子结构等薄壁元件的复杂形状零件的能力，为生产技术开辟了新的一页。不论设计还是制造传统技术无法生产的几何结构产品都因此成为可能。得益于粉末材料的完全熔化，由 SLM 技术制出的样品具有较高的相对密度（接近100%），且该技术典型的薄层（20 ~ 100μm）快速熔化和凝固成形工艺（Mercelis 和 Kruth，2006）为其产品带来了细分散的微观结构和较高的力学性能（Sun 等，2013）。

钛合金，尤其是 Ti – 6Al – 4V 已广泛应用于不同行业。Ti – 6Al – 4V 合金的应用之一是医疗植入物的制造，因为它具有高生物相容性和良好的力学性能（Niinomi，2003）。

SLM 技术可用钛合金为每个患者制造特定的复杂形状单个植入物，且植入物具备高力学性能（Yadroitsev 等，2014；Sallica Leva 等，2016）。利用增材制造（以下简称 AM 技术）的优点，可以为种植体制作纹理表面，以改善骨整合效果。

AM 技术有望在工业机械设备、装配工艺、供应链和零件设计方面对传统生产方式带来显著改变。为定制零件大规模数字化制造带来可能性是 AM 技术的主要特征；再加上物联网和服务互联网的发展现状，这些都使 AM 技术成为"工业 4.0"的一大关键技术（Lasi 等，2014；Rüßmann 等，2015；Brettel 等，2016）。

二、材料与方法

采用气体雾化与等离子体雾化法制备的钛 Ti-6Al-4V 合金粉末作为原料，本文对选择性激光熔化工艺进行了研究。

使用 Analysette 22 NanoTec 大量程纳米激光粒度仪，通过激光衍射法进行粒度分布测量，总测量范围为 0.01 ~ 2000μ，并配备三个半导体激光器，测量过程完全满足 ISO 13320 粒度分析激光衍射法的要求。测量过程使用了超声波辐射，从而得以将小颗粒团块分离出来。对每种粉末进行三次测量，并对测量结果做平均数处理。

在 Jeol 6060 型扫描电子显微镜（SEM）上进行了颗粒形状和表面形貌的研究，放大倍数为 $4 \sim 10^6$ 倍，加速电压为 200V 至 30 kV。

在 SLM280HL 系统（SLM Solutions GmbH）上进行了选择性激光熔化工艺的研究，激光功率高达 400W（YLR-Faser-Laser），扫描速度高达 15m/s。

使用布鲁克 D8 Advance 型衍射仪对 CuKα 射线下的样品进行了 X 射线衍射。

使用 Leica DMI 5000 光学显微镜进行微观结构研究。在 Zwick/Roell-Z100 型试验机上进行了力学试验。在真空炉中进行热处理，其真空度为 $10^{-3} \sim 10^{-4}$ mbar。

三、结果和讨论

（一）粉末特性

本文研究了两种 Ti – 6Al – 4V 合金粉末。第一种由气体雾化法制备，这是增材制造中一种常用的粉末生产工艺。第二种由等离子体雾化法制备。等离子雾化是一种较新的工艺，是为生产高纯度的活性金属粉末和钛、锆、钽等高熔点合金而发展起来的。

气体雾化粉末的颗粒大多为球形（见图 1）。

在一些粒子的侧面，我们可以发现小卫星球，它是由粒子与熔融金属液滴在雾化过程中碰撞形成的。气体雾化 Ti – 6Al – 4V 的粒度分布测量显示，该粉末参数如下：$d_{10} = 27\mu m$；$d_{50} = 47\mu m$；$d_{90} = 76\mu m$。颗粒的表面光滑，但部分颗粒在结晶过程中产生了表面空腔。

(a)　　　　　　　　　　　　　　(b)

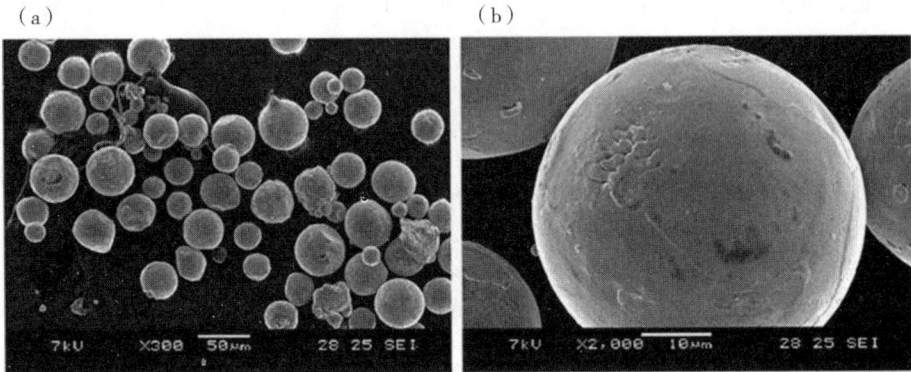

图 1　（a）300 倍和（b）1000 倍放大倍数下气体雾化 Ti – 6Al – 4V 粉末颗粒的 SEM 图像

(a)　　　　　　　　　　　　　　(b)

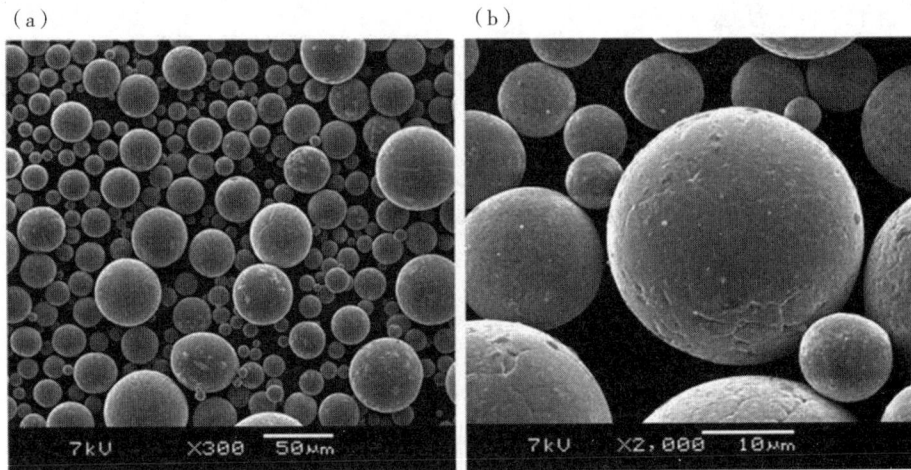

图 2　（a）300 倍和（b）1000 倍放大率下等离子雾化 Ti – 6Al – 4V 粉末颗粒的 SEM 图像

图 2 显示了等离子体雾化法制备的 Ti – 6Al – 4V 粉末的 SEM 图像。观察到的所有粒子都具有理想的球形，表面光滑，且空腔数量少、深度浅。该粉末粒度分布如下：$d_{10} = 14\mu m$；$d_{50} = 33\mu m$；$d_{90} = 70\mu m$。

与气体雾化法制备的 Ti – 6Al – 4V 粉末相比，等离子雾化粉末中球形颗粒和（小于 70μm 的）小颗粒都相对更多。

对两种粉末的流动性和表观密度的测定表明，二者的流动性值相同，都是 22.1s/50g，但由于粒度分布差异，气体雾化粉末的表观密度为 2.39 g/sm³，而等离子雾化粉末则是 2.72 g/sm³，相对较高。

表 1   **SLM 技术下 Ti – 6Al – 4V 的力学性能**

试样	抗张强度（MPa）	屈服强度（MPa）	断裂伸长率（%）
SLM 技术气体雾化粉末	1110 ~ 1270	1080 ~ 1200	2.5 ~ 3.8
SLM 技术等离子雾化粉末	1180 ~ 1210	1100 ~ 1170	2.6 ~ 3.5

（二）致密材料研究

在之前的工作中，我们详细描述了选择性激光熔化的过程，并研究了主要参数（激光功率、扫描速度、填充间距）对生产零件质量的影响（Sufiiarov 等，2015）。本节中，为了制作试样和髋关节假体，我们使用了参数集，该参数集提供了 Ti-6Al-4V（~99.9%）的最高相对密度，如工作中所述（Popovich 等，2015）。

为了确定激光选择性熔化后致密材料的力学性能，我们制备了坯料，再将坯料加工成标准试样的尺寸进行力学试验。表 1 给出了不同工艺生产的 Ti-6Al-4V 合金粉末试样的力学试验结果。不同粉末制备的试样的力学性能数值虽然相似，但等离子雾化粉末制备的试样的强度和延展性变化较小，也就是说其结果更稳定。

接下来，我们对等离子体雾化 Ti-6Al-4V 粉末进行了进一步的研究。采用两种真空热处理（HT）法对 SLM 技术下的 Ti-6Al-4V 材料进行了不同温度的热处理：温度950℃，时间 1.5 小时；温度 800℃，时间 4 小时。热处理后对试样进行力学试验。我们将试验结果的力学性能和要求标准与其他技术（Niinomi，2003）生产的试样进行了比较，见表 2。

热处理后的 SLM 技术试样的拉伸性能符合 ASTM F2924 对增材制造的 Ti-6Al-4V 合金的标准，也符合 ISO 5832-3 中对钛 6 – 铝 4 – 钒合金手术植入物的要求。但需指出的是，一些经 800℃ 热处理后的试样，其断裂伸长率小于 10%，而所有经 950℃ 热处理后的试样，其断裂伸长率均大于 10%。

热处理前后压实材料的微观结构如图 3 所示。

热处理前，显微组织由细针状亚稳态马氏体 α' 相组成（见图 3a、3b），这是 SLM 技术处理过程中快速凝固和高冷却速率形成的。马氏体 α' 相硬而脆，因此可知，SLM 技术处理后的压实材料具有较高的抗张强度，但断裂伸长率较低（见表 1）。

经过热处理后，马氏体 α' 相部分分解为 α 相和 β 相，针状 α' 相增大，并且在晶界和马氏体细针上形成 β 相。热处理使断裂伸长率增大，抗张强度略有降低。

表 2   **Ti-6Al-4V 在 SLM 技术及后续热处理后的力学性能**

试样	抗张强度（MPa）	屈服强度（MPa）	断裂伸长率（%）
SLM HT 800℃，4 小时	1070 ~ 1090	957 ~ 1005	9.8 ~ 10.3
SLM HT 950℃，1.5 小时	1080 ~ 1088	945 ~ 1012	10.4 ~ 10.7
铸造	976	847	5.1
超塑成形	954	729	10

续表

试样	抗张强度（MPa）	屈服强度（MPa）	断裂伸长率（%）
ASTM F2924 标准	≥825	≥895	≥6－10
ISO 5832－3 标准	≥860	≥780	≥8－10

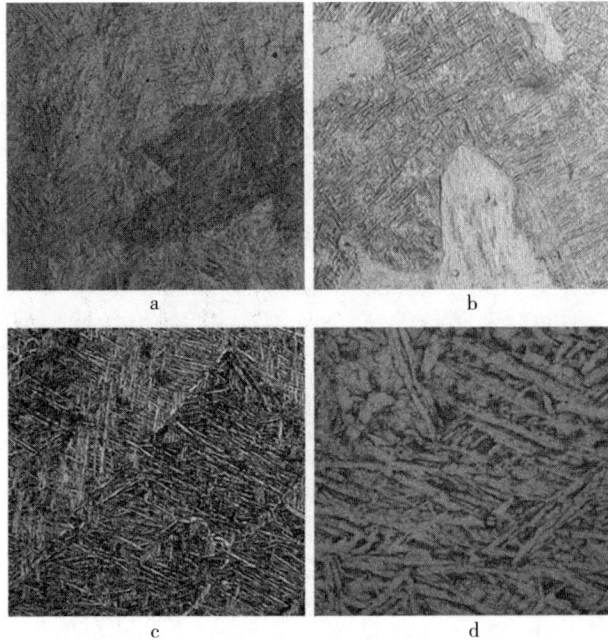

图 3　热处理前后 SLM 技术下 Ti－6Al－4V 合金的显微组织

（三）人工髋关节制造

在研究了上述粉末材料的选择性激光熔化过程，并确定了样品的微观结构和力学性能后，下一步的工作是制造髋关节假体。

最近，圣彼得堡理工大学开发了一种新的方法，可利用增材制造技术用钛合金生产个性化设计的髋关节假体。该方法是根据全数字化生产和创造定制产品的概念实施的。

该方法的基本要点是：

● 根据患者的计算机断层扫描（CT）数据形成骨盆的计算机模型；

● 设计未来假体时应考虑到骨盆的结构特点和 AM 技术对生产复杂形状元件的可能性，以改善假体与骨组织的结合度；

● 利用高聚物增材制造技术制造骨盆模型和人工髋关节，为外科医生提供模拟手术的可能性；

● 使用选择性激光熔化技术制造金属假体所需的钛合金粉末。

利用患者骨盆结构的 CT 数据制作患者骨盆的物理模型，该模型由将聚酰胺粉末进行选择性激光熔化而制成。在制作了患者骨骼的聚合物模型后，进一步开发假体配置设计。在未来髋关节假体的发展过程中，应考虑到患者的解剖特征，并对假体表面进行部分纹理化处理。

利用物化魔术师（Materialise Magics）软件，将假体的计算机辅助设计（CAD）模型定位到选择性激光熔化（SLM）机器的建筑平台上。在制造过程中，我们还建立了支撑结构，以保持假体几何结构的完整性（见图4a）。在制造过程中，假体方向的选择要尽可能以减小热应力和支撑结构的数量为目的。然后，由 SLM 技术用 Ti – 6Al – 4V 粉末（见图4b）制造定制的单个髋关节假体。

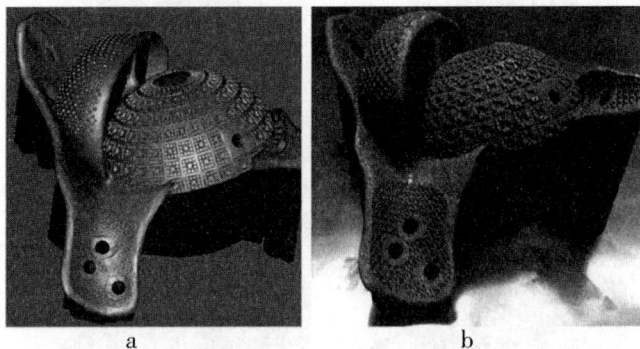

图4 Ti – 6Al – 4V 髋关节假体：a 带支撑结构的计算机模型；
b SLM 使用 Ti-6Al-4V 制造的髋关节假体

采用选择性激光熔化法制造后，在真空炉中对带有构建平台的假体进行热处理，然后将假体从构建平台上卸下。图5 为卸下的假体图片。

图6 为产出假体的特殊纹理表面的近距离视图。

对假体进行了额外准备和清洁工作。2015 年秋季，该假体经手术植入一名患者的体内。术后监护效果良好，病人可以带着已安装的假体行走。

（四）增材制造技术的未来展望

一些产品设计无法用传统方法生产出来，而 AM 技术针对的就是新生产方法的研究，这进一步增加了人们对 AM 技术的兴趣。大多数传统的设计方法都是基于已知、传统的工业生产工艺及其带有局限性的知识来实现落地生产的。将产品逐层合成的可能性带来了新设计方法的出现，包括基于 AM 技术优势的零件设计也得到了优化。

增材技术的深入发展在设计新产品的能力方面对软件开发人员提出了挑战，这些新产品会将增材技术的特征考虑在内。这个挑战看似微不足道，实则庞大难攻，因为增材技术对计算机模型的质量提出了严格的要求，而大量的非线性表面（如细胞结构）需要超强的计算能力。对新软件进行优化和开发，为增材制造技术的设计和分析提供需求，这是迄今为止软件开发人员面临的最具挑战性的任务之一。作为 CAx 系统市场的全球领导者之一，欧特克公司最近发布了一款新的软件产品（Autodesk Nastran）。该软件的主要功能是通过创建晶格结构来优化设计，同时保持所需的强度特性。图7 显示了使用 Autodesk Nastran 设计的考虑应力分布计算结果的下颌计算机模型。

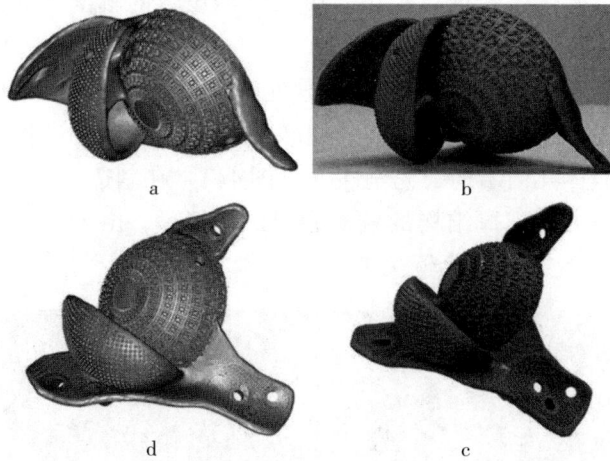

图 5 不同视角下 **SLM** 技术用 **Ti–6Al–4V** 制造的金属髋关节假体（**b，d**）；
不同视角下单个髋关节假体的计算机模型（**a，c**）

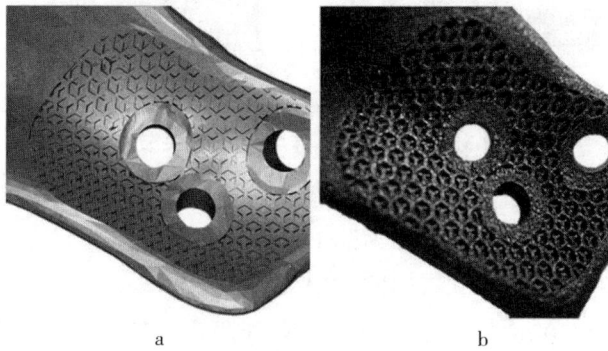

图 6 髋关节假体纹理表面近距离视图：
a 计算机模型；**b** 金属零件

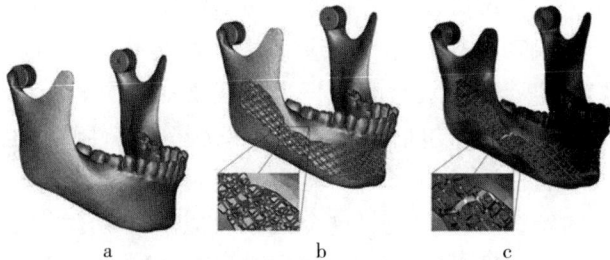

图 7 **Autodesk Nastran** 仿真软件中的轻型下颌示例图，提供了必要的强度和改进后的
骨整合过程：**a** 初始模型；**b** 轻量化模型；**c** 轻量化模型应力分布计算结果

如图 7b 所示，填充骨体积的晶格结构在不同区域具有不同尺寸的晶格，并由旨在满足所需强度和刚度的应力分布结果而确定（见图 7c）。

如今，我们可以笃定地说，增材技术是一项真正的突破，这项技术当然、可能也必须成为"工业 4.0"的一大基础。因为该技术具有极大的灵活性，有能力将一类零件快速地制造转换成另一类；同时具备高水平的信息化能力，可在物联网和服务互联网的双概念内进行互联互动。

四、结论

本文介绍了采用气体和等离子雾化技术制备含6%铝和4%钒粉末材料的钛合金的研究结果。我们研究了选择性激光熔化技术（SLM）下气体雾化和等离子雾化钛合金粉末试样的力学性能和微观结构。选择性激光熔化（SLM）技术是将一层薄薄的粉末状材料在短时间内暴露于激光辐射下熔化，这一过程具有快速熔化和快速凝固的特点。凝固和随后的固态淬火形成了以钛马氏体为主的非平衡高分散组织。后续热处理导致钛马氏体分解为 α 相和 β 相。因此，材料的力学性能发生了变化：热处理前，材料表现出较高的力学性能，但延展性较低；热处理后，强度性能降低，但延展性增加。

本章还介绍了通过选择性激光熔化技术等离子雾化 Ti – 6Al – 4V 粉末来制造个性化设计的髋关节假体的方法。生产出的髋关节假体具有特殊的纹理表面，以促进优化骨整合效果。该假体于 2015 年秋在一次手术中成功地植入一名患者体内。术后监护效果良好，患者可以自由活动。

以人工髋关节为例，可以说，增材技术作为数字定制制造的一大要素，必将成为"工业 4.0"的基础之一，其发展潜力不可小觑。

参考文献

［1］Averyanova, M., Cicala, E., Bertrand, P., & Grevey, D. (2012). Experimental design approach to optimize selective laser melting of martensitic 17 – 4 PH powder: Part I-Single laser tracks and first layer. *Rapid Prototyping Journal*, 18（1），28 – 37.

［2］Brettel, M., Klein, M., & Friederichsen, N. (2016). The relevance of manufacturing flexibility in the context of industrie 4.0. *Procedia CIRP*, 41, 105 – 110.

［3］Holzweissig, M. J., Taube, A., Brenne, F., Schaper, M., & Niendorf, T. (2015). Microstructural characterization and mechanical performance of hot work tool steel processed by selective laser melting. *Metallurgical and Materials Transactions B*, 46（2），545 – 549.

［4］Lasi, H., Fettke, P., Kemper, H. G., Feld, T., & Hoffmann, M. (2014). Industry 4.0. *Business & Information Systems Engineering*, 6（4），239 – 242.

［5］Louvis, E., Fox, P., & Sutcliffe, C. J. (2011). Selective laser melting of aluminium components. *Journal of Materials Processing Technology*, 211（2），275 – 284.

［6］Mercelis, P., & Kruth, J. -P. (2006). Residual stresses in selective laser sintering and selective laser melting. *Rapid Prototyping Journal*, 12（5），254 – 265.

[7] Mumtaz, K. , & Hopkinson, N. (2009). Top surface and side roughness of Inconel 625 parts processed using selective laser melting. *Rapid Prototyping Journal*, 15 (2), 96 – 103.

[8] Niinomi, M. (2003). Recent research and development in titanium alloys for biomedical applications and healthcare goods. *Science and Technology of Advanced Materials*, 4 (5), 445 – 454.

[9] Popovich, A. , Sufiiarov, V. , Polozov, I. , & Borisov, E. (2015). Microstructure and mechanical properties of Ti-6Al-4V manufactured by SLM. *Key Engineering Materials*, 651 – 653, 677 – 682.

[10] Rüßmann, M. , Lorenz, M. , Gerbert, P. , Waldner, M. , Justus, J. , Engel, P. , et al. (2015). Industry 4.0: The future of productivity and growth in manufacturing industries. Boston Consulting Group. http: //www. inovasyon. org/pdf/bcg. perspectives _ Industry. 4.0_2015. pdf. Accessed 31 May 2016.

[11] Sallica-Leva, E. , Caram, R. , Jardini, A. L. , & Fogagnolo, J. B. (2016). Ductility improvement due to martensite α'decomposition in porous Ti-6Al-4V parts produced by selective laser melting for orthopedic implants. *Journal of the Mechanical Behavior of Biomedical Materials*, 54, 149 – 158.

[12] Sufiiarov, V. , Popovich, A. , Borisov, E. , & Polozov, I. (2015). Selective laser melting of heatresistant Ni-based alloy. *Non-ferrous Metals*, 1, 32 – 35.

[13] Sun, J. , Yang, Y. , & Wang, D. (2013). Mechanical properties of a Ti-6Al-4V porous structure produced by selective laser melting. *Materials & Design*, 49, 545 – 552.

[14] Yadroitsev, I. , Krakhmalev, P. , & Yadroitsava, I. (2014). Selective laser melting of Ti-6Al-4V alloy for biomedical applications: Temperature monitoring and microstructural evolution. *Journal of Alloys and Compounds*, 583, 404 – 409.

私人航天及其在宇宙探索中的作用

Alexander B. Zheleznyakov[①]   Vadim V. Korablev[②]

摘要：本文作者将那些与非国家资助发展空间能力相关的活动称为私人航天，这些能力代表一个完整的系统而不仅仅是其中的一部分，例如发射载具航天器，卫星用于应用或科学目的等。这些发展的实现承载着它们能在商业市场中进一步实施的期望，但这不是由政府发起的。今天，私人航天的出现是一个既定事实。在不久的将来它的作用应能得到多次提升。如果在2015年私人航天对世界空间活动的贡献仍然微不足道且难以估计，那么到2020年，我们预计它将占世界市场的15%~20%，到2030年将达到40%。只有严重恶化的政治国际形势，才能导致这种情况无法实现。领先的空间大国之间关系的任何危机肯定会影响这个新兴的私人航天领域的发展。但是，按照目前的趋势，这一部门有望进行良好发展，目前冒着资本风险的企业家将成为空间活动领域的主要参与者。

关键词：私人航天　商业用途　航空航天　发射服务　国家资金　私人资金

一、引言

近年来，私人航天在空间探索中发挥着越来越重要的作用。私人航天的出现和发展可能是当今最有趣的趋势之一。其出现和如此迅速发展的原因在于国际形势的变化、世界经济中新关系的形成、信息的快速革命以及直接或间接影响这一过程的诸多其他因素。这些变化导致了空间部门的投资大幅增加，这些投资不仅来自政府，还来自私营企业。

同样值得注意的是，大多数投资不是短期的，而是长期投资，投资回收期为10年或更长时间。这一相对较新的趋势从根本上改变了航空航天活动的筹资办法。

私营企业对能够迅速产生利润的项目感兴趣是很自然的。因此，主要资源目前集中在大型项目上，如空间旅游、亚轨道和轨道；建造货船，为公共部门客户的利益提供"地球轨道—地球"路线上的交通；建立类似车辆，确保同一航线上的客运量符合同一客户的利益；推出服务等（Isaeva，2014；Kuybida，2012；Zheleznyakov，2014）。

在不久的将来，私人投资者在航空航天活动中的利益将扩大并可能超越地球轨道，

---

① Alexander B. Zheleznyakov，火箭和航天公司。
② Vadim V. Korablev，圣彼得堡彼得大帝理工大学。

进入太阳系的深处，例如月球、火星、木星卫星和小行星。

另外，我们不应忘记人格的作用。主要由于 Elon Musk、Charles Branson、Richard Bigelow 等人在这个领域的贡献，私人宇航员已经获得了进一步发展的强大动力。这些人不仅在经济上为他们的公司提供活动，组织空间飞行器的开发、制造和运营，他们还是思想的生产者，通常是其所在领域中最优秀的。

这种想法和机会共生的结果是非常有效的。

（一）术语

私人宇航学至今没有明确的解释，也没有确定什么样的活动可以且应该归于这一类。例如，美国空间计划自成立至今也有大型私营公司的参与。欧洲国家、加拿大和日本的空间计划也是如此。然而，与美国的空间计划不同，这些国家大部分的空间活动已经并将继续由国家参与。

与此同时，苏联空间计划是作为国家政策的一部分而制定的，苏联解体之前都一直如此。尽管其中出现了一些变化，即使这些活动的所有方面都受到国家的严格控制，实际的俄罗斯空间计划在很大程度上保留了其前身的特征（Zheleznyakov，2015；2016）。

中国空间探索活动的特征也与此类似，但我们可能会看到公共部门和私人实体之间的关系发生变化，在不久的将来这些变化有可能加剧。

要理解私人航天学一词的本质、给出它的定义，并将其描述为一种新现象，有必要考虑其结构随时间发生的变化，例如单独考虑一些国家的情况。此处最合适的例子是美国空间计划。在 60 年的空间探索历史中，美国空间计划受到政治因素的强烈影响，但在其展开过程中发生的一些变化也是经济活动的结果。

空间活动有以下三个主要组成部分：

（1）订单及融资；

（2）空间技术的生产；

（3）空间活动结果的应用。

从分析的角度看，以上组成部分可以用下列表达式表示：订单 + 融资→生产→应用。

该表达式很大程度上取决于谁能准备订单，谁来进行融资，谁是实现它所需技术手段的制造商，谁是空间活动结果的消费者。作者认为这一表达式刻画了任一国家的空间项目，无论是私人的还是公共的。

（二）空间活动的不同阶段

为了更准确地评估上面的表达式并确定私人航天实际于何时出现，我们先考虑一下空间活动的几个阶段。同样，我们将以美国空间计划为例。

第一阶段是 20 世纪 50 年代中期到 60 年代中期，当时的国际社会见证了两个超级大国苏联和美国发生最严重的对抗，代表了两个相反的社会政治体系：社会主义阵营和资本家世界。二者在新兴的空间活动领域也发生了对抗。

这一阶段的特点是，国家实际上是空间活动结果的主要客户、主要金融家和唯一消费者。与此同时，航天器设备的主要制造商是私营部门。这种职能分配是美国经济所有分支的特征，看起来很自然，是一种合乎逻辑且唯一可行的选择。

也有例外，如私营公司构成和资助了许多航天器相关的实验、政府研究中心的一系列科学仪器的制造，以及制造导弹和卫星技术的开发。大多数成果应用在与空间活动无关的其他人类活动领域。然而，这些例外是个案，并没有在展开空间探索中发挥特殊作用。

本阶段的空间活动可由如下表达式①体现：

100%（国家）→100%（私人部门）→100%（国家）。

第二阶段涵盖从 20 世纪 60 年代中期到 70 年代中期。这些年达到苏联和美国对峙的高峰期，也是超级大国能够克服全球矛盾并认识到空间合作至少可以带来一些政治红利的时期。

这一阶段的特点是私营部门作为客户航天器的作用越来越大。这是因为政府允许一些大公司参与空间活动，它们不仅可以作为生产者，还可以作为此类产品的客户。

我们谈论的是电信服务市场。第一个商业航天器（卫星）Intelsat‒1 于 1965 年发射。从那时起，私人客户拥有的航天器数量不断增加。

尽管允许私营贸易商进入空间电信服务市场，政府依旧对空间的任何商业活动保持严格的技术控制，将国家安全利益放在首位。

此外，私营部门在广大消费者的基础上，积极扩大地面部分产品清单。

本阶段的空间活动表达式如下：

90%（国家）10%（私人部门）→100%（私人部门）

→90%（国家）10%（私人部门）

第三阶段涵盖了从 20 世纪 70 年代中期到 80 年代中期的时期。这些年来，一方面，超级大国之间的矛盾加剧，另一方面，在同一时期，开始扩大空间合作，主要涉及在轨活动。

除了空间商业活动状况对技术控制的某些削弱外，这一阶段的特征与前一个阶段相同。

由于变化只发生在技术领域，并没有涉及国家和私人所有者之间的关系问题，因此空间活动的表达没有改变：

90%（国家）10%（私人部门）→100%（私人部门）

→90%（国家）10%（私人部门）

第四阶段涵盖了从 20 世纪 80 年代中期到 90 年代中期的时期。这些年来，国际舞台上出现了全球性的变化（苏联和社会主义阵营的崩溃、中国的政治变革、冷战的结束），美苏重建了两国的经济关系，开始了信息革命（个人电脑、互联网、移动设备）。所有这些都成为空间活动转变的动力。

---

① 所有数值均由作者估计。

这一阶段的特点是允许私营贸易商参与的外层空间活动领域清单显著扩大，包括将卫星用于地面部分的遥感和导航系统。此外，准许私营贸易商提供将有效载荷送入轨道的服务。进入发射服务领域后立即产生了一个新的商业空间活动领域——发射服务的营销。

新的信息技术引起了私营贸易商对新传统电信系统的兴趣，立即带来了轨道商用航天器数量的显著增加。

因此，现阶段空间活动的表达式发生了重大变化：

85%（国家）15%（私人部门）→100%（私人部门）

→60%（国家）40%（私人部门）

第五阶段是 20 世纪 90 年代中期至 2003 年。在这些年中，国际局势，至少在国际政治方面趋于稳定，各国之间的贸易关系结成新联盟，现代信息技术已成为日常生活中不可或缺的一部分。1998 年经济危机带来了一些困难，但在此期间，世界经济的崩溃是短暂且影响很小的。

第五阶段的特点是进一步加强私营贸易商的地位以及与空间活动有关的相应推广服务，例如导航市场。

首先，它涉及发射服务。世纪之交时，私营企业开始首次投资开发新型火箭，但并非是说参与任何政府计划。当时，尽管已经有了相应资金，但新的运载火箭还未被创造出来。

这一时期的另一个特点可以称为空间旅游的诞生，换言之，私营部门对组织和实施每个人的付费空间飞行感兴趣。起初主要是在大气边界上的亚轨道飞行，因为它在技术方面更容易，而且比轨道旅游更便宜。

在此阶段，空间活动的表达式如下：

80%（国家）20%（私人部门）→100%（私人部门）

→50%（国家）50%（私人部门）

第六阶段是 2003 年至今。这期间全球政治经济不太稳定（阿拉伯之春、俄罗斯与西方国家关系的冷却、油价下跌、世界经济放缓）。

这一时期的特点是美国宇航局在一些活动上的失败且未能将这些活动转移给私人企业。事实上，美国国家航空航天局已经制定了新的游戏规则，并向私人企业提供那些无趣的领域。该清单不仅包括应用卫星系统（地球遥感、通信、导航），还包括载入地球轨道的载人飞行以及在国际空间站上运送货物。美国国家航空航天局将在地球轨道上实现载人飞行分给了私人部门，但仍然保留了一些深度探索空间和其他科学任务的大项目（Lindsey，2013；Higginbotham，2013）。

积极创造载体火箭和空间船很快就在美国取得了成功——Orbital Scoence Corporation（现在的 Orbital ATK）推出的 Antares 9 和 Space X 推出的 Falcon - 9。这批公司还创造了货物运输航天器 Cygnus 和 Dragon，开始定期飞往国际空间站。与此同时，Space X 开始向全球市场推广其推出的服务。

预计到 2017 年，交易商打算引进它们的第一个载人航天器，将机组送入轨道。截至同年，计划开始为"空间游客"组织亚轨道飞行。

因此，到 2015 年底，空间活动的表达可以写成如下：

70%（国家）30%（私人部门）→100%（私人部门）

→40%（国家）60%（私人部门）

在第六阶段，我们才可以真正谈论私人宇航员。私有空间活动不再是一个商业组成部分，而是已经成为整个空间工作中的一个独立主题，成为一股强大的繁荣力量。重要的是它还在不断完善自身的基础设施。

因此，作者认为以下对私人空间飞行这一术语的定义更为正确：用于发展空间能力的非国家资助活动，代表一个完整的系统而不仅仅是其中的一部分，代表这些发展的商业用途。

重要的是要强调，这个时期（第六阶段）空间活动的主要特征是成本和收入已经从国家的影响范围中清除。私人航天的主要目标是降低空间发射系统的成本。

政府与私营部门在空间活动表达式方面的关系在欧洲、日本和印度发生了类似的变化。但是，在欧洲国家，私营部门在工程投产和融资方面的贡献略低于美国。即便投资幅度很小，私人交易商也在日本投资，而在印度则很少。但是，所有这些国家私人投资份额的上升趋势是相同的。

如前所述，在苏联和后来的俄罗斯，国家决定、指导和控制空间活动，并单方面处置其成果。在 20 世纪 90 年代初俄罗斯经济发生变化之后，这种情况没有太大变化。即使在成为股份制公司之后，火箭和航天工业企业实际上仍然由国家控制并由俄罗斯政府拥有。直到最近，大约在 2010 年之前，俄罗斯的空间活动的表达式如下：

100%（国家）→100%（国家）→100%（国家）

少数个例只能再次证实基本规则的成立。

然而，近年来俄罗斯出现了一些可以被视为私人航天代表的公司。然而，它们数量很少，因为在其中工作的员工人数很少。因此，它们对俄罗斯空间计划的贡献仍然几乎难以察觉。希望在未来几年内，它们将在火箭和空间活动中充分发挥自己的作用。

上述陈述可适用于其他空间大国（中国、朝鲜、韩国、伊朗）。目前这些国家没有私人航天，但私营贸易商可以在不久的将来发挥更大的作用，特别是在条件成熟的中国。

（三）私人航天的现状

根据各种估计，2015 年全球航天市场价值 250 亿～350 亿美元。如图 1 所示，其中约 33% 是卫星和发射车辆的开发和生产，56% 是发射服务和空间技术提供的服务（电信、导航和其他），11% 是利用空间活动的结果（实施通过卫星遥感获得的数据）（Azarenko 和 Wokin，2011；Zhiganov 等，2014；Losev，2015；Losev，2016）。

正如上文提到的，本文的作者认为这种被称为私人宇航学现象出现在 21 世纪的第一个十年，尽管其发生的先决条件在十年前就已有记载。为方便起见，我们将对比 2005—2006 年的数据以评估目前的状况。

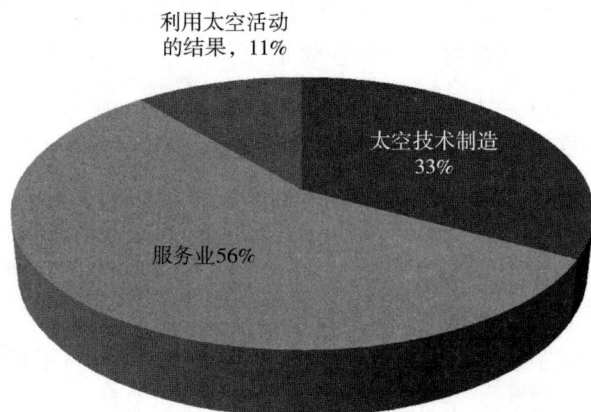

图 1　2015 年全球空间活动的占比

十年前，美国私人航空的代表就可能包括一些符合作者这一定义的公司。比如，Space X、Orbital Science Corporation、Bigelow Aerospace 和 Sierra Nevada 从事空间发射车辆和航天器的开发，以及 BDU Origin、Armadillo 和 Virgin Galactic 涉及在亚轨道火箭和航天器的发展，以及其他一些公司。要强调的是，所有上市公司如今仍继续它们的活动，而其他一些不为人所知的公司则从市场上消失了。这些年来私人航空的代表总数在 10～15 家的范围内。

私营企业在发射服务领域取得成功的第一批案例，以及其他空间技术手段的发展，引起了业界的关注，并开始出现与私人航空代表宗旨相似的新团体。然而，此时的问题不是关于如此大规模、科学密集和昂贵的项目，例如，研发 Falcon－9 和 Antares，或 Spaceship Two 和 New Shepherd 的发射装置。它们的活动完全被私人天文学的定义所涵盖。到 2010—2011 年，此类公司的总数估计有 50～60 家。

随着私人交易员的出现，美国国家航空宇航局放弃了像交通地球—国际空间站—地球和载人飞行进入地球轨道的领域。此后，在过去的 5 年里，越来越多的公司进入私人航空领域，这些领域的私人投资显著增加，公司数量大幅增加，这些公司在不同程度上都参与了私人航空。

目前，此类公司的数量据估计从 150～300 家不等（Ribeiro 等，2016）。私人航空代表数量的动态变化由图 2 可知。

在欧洲也观察到类似的动态变化。唯一的区别是，参与私人航空的公司数量比美国低一个数量级。

属于此类别的俄罗斯公司数量仍然很低。最著名的是从事小型卫星制造的 Dauria Aerospace、开发太空旅游项目的 Kosmocar，以及设计超轻型发射车的 Lin Industrial。如上所述，它们对俄罗斯的导弹和空间活动的贡献是微不足道的（Yakovlev 和 Farafontova，2013；Nadezhdin，2016）。

家

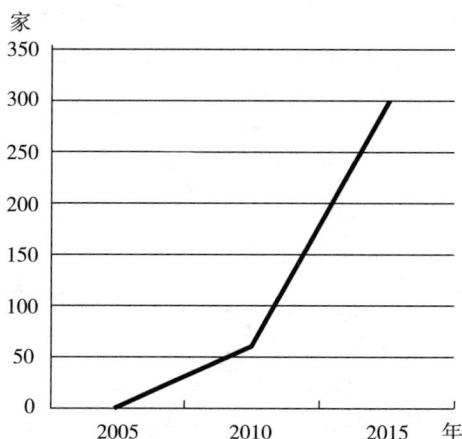

图 2 参与空间活动的私人企业数量动态变化

（四）发展趋势

在分析了私人航天的现状后，我们可以进一步假设其未来发展。

第一种情景可称为乐观情景，意味着俄罗斯与西方国家之间关系的正常化、全球经济的增长以及油价回归到 2008 年的水平。

在这种情况下，我们可以预测未来将会大幅加强空间活动、出现新的航天国家、出现更多由太空成果带来的服务、创造空间和地球上使用的新技术，且普通公民会对太空更感兴趣。所有这些都将不可避免地提升私人航空的地位。

可以假设私人航空在乐观情景中对世界空间活动的贡献将从 2015 年的 2%～3%[①]增加到 2020 年的 15%～20%，到 2030 年将增加到 35%～40%。

第二种情景我们称为常识性选择，即假设国际舞台上的现状将保持不变，有西方国家对俄罗斯的制裁和俄罗斯至少在未来 5 年内对西方国家采取的报复性制裁、低油价，以及世界经济和中国经济的放缓。

在这种情况下，空间活动将保持现有水平。未来会扩大空间活动的服务清单，并创造导弹和空间技术生产所需的新技术。在这种情况下，可以假设会出现一些增长，但仅基于当前需求，并且国家作为空间活动结果的主要客户的情况会有所增加。

在这种情况下，私人航空对全球空间活动的贡献将会增加，但不会像乐观情景那样快。可以假设到 2020 年，其全球市场份额不会超过 10%，到 2030 年将不会超过 25%～30%。

第三种情景应该被称为悲观情况，这表明俄罗斯与西方国家之间的关系进一步降温，世界经济停滞不前，石油价格持续低迷超过 5 年，以及近地空间的军事化。

在这种情况下，可以预测加强国家结构作为空间活动结果的主要客户和消费者的作用，以及加强国家对私人航空的控制，因此，私营企业对太空探索的兴趣有所下降。

————————

① 私营企业对空间活动的贡献率因国家而异。因此，作者推测的私人航空在全球空间行业的贡献率为全球的总值。

在悲观情景中，可以预期全球空间活动中私人航空的角色会略有增加：2020 年高达 10%，2030 年高达 15%。图 3 描述了上述三种情况的展开空间场景。

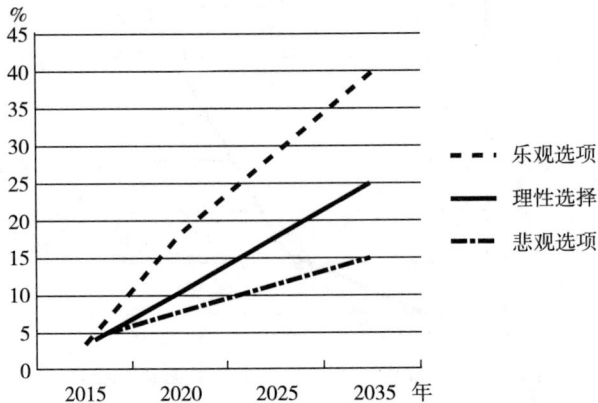

图 3 私人航空全球空间活动市场份额的三种可能情境

由于存在许多不确定因素，预测 2030 年后私人航空的发展要困难得多。人们只能假设，在长期的未来，私营企业对全球航天工业的贡献会越来越大，但是给出具体的指标值是不合适的。

二、结论

无论发生上述哪种私人航空的情境，乐观或悲观，我们都可以自信地说，未来几年它在世界航天工业中的作用将会增加。其发展速度将完全取决于世界舞台上的政治局势，以及世界经济的现状。无论如何，私人航空是一种现象，不可避免地，它在探索外层空间中的作用将会有所提升。

参考文献

［1］Azarenko，L. G.，& Wokin，G. G.（2011）. Space services：Features of formation of the market and infrastructural support. *Service in Russia and Abroad*：*Electronic Scientific Journal*，4（23），5－12.

［2］Higginbotham，A.（2013）. Robert bigelow plans a real estate empire in space. *Business Week*，6－9.

［3］Isaeva，N.（2014）. Private space：What are the prospects of its development and influence on the Russian economy？. *School life. ru.* http：//shkolazhizni. ru/world/articles/65996/.

［4］Kuybida，A.（2012）. Private business requests to declassify the space. *Izvestia.* http：//izvestia. ru/news/513491.

［5］Lindsey，C.（2013）. New Space flights in 2013. NewSpace Watch，32（14），

3 – 7.

［6］ Losev, A. （2015）. Business is bursting to get into space. *Russian Business Newspaper.*

［7］ Losev, A. （2016）. Commercial space market. *Electronics. Ecoruspace.* me resource. http：//www. ecoruspace. me/％ D0％ 9A％ D0％ BE％ D0％ BC％ D0％ BC％ D0％ B5％ D1％ 80％ D1％ 87％ D0％ B5％ D1％ 81％ D0％ BA％ D0％ B8％ D0％ B9％ 20％ D0％ BA％ D0％ BE％ D1％ 81％ D0％ BC％ D0％ B8％ D1％ 87％ D0％ B5％ D1％ 81％ D0％ BA％ D0％ B8％ D0％ B9％ 20％ D1％ 80％ D1％ 8B％ D0％ BD％ D0％ BE％ D0％ BA. html.

［8］ Nadezhdin, V. （2016）. Problems and prospects of the Russian Astronautics. Information-analytical portal of the Union State. http：//www. soyuz. by/news/expert/25648. html.

［9］ Ribeiro, J. , Belderrain, M. C. , & Devezas, T. （2016）. Space exploration： Global analysis of a changing scenario, to be published in Acta Astronautica.

［10］ Yakovlev, M. S. , & Farafontova, E. L. （2013）. Private space companies in Russia. *Actual Problems of Aviation and Astronautics*, 2 （9）, 307 – 308.

［11］ Zheleznyakov, A. （2014）. Space activities around the world in 2013. *Scientific and Technical News of St. Petersburg State Polytechnic University*, 2 （195）, 7 – 17.

［12］ Zheleznyakov, A. （2015）. Space： The results of 2014. Innovations, 2, 5 – 11.

［13］ Zheleznyakov, A. （2016）. Space： The results of 2015. Innovations, 2, 3 – 6.

［14］ Zhiganov, A. N. , Zaichko, V. A. , & Maksimov, A. V. （2014）. Methodical approach to classification of space products and services. *Services in Russia and Abroad*, 8 （4）, 176 – 187.

即将到来的技术革命中的 MANBRIC 技术

Leonid Grinin[①]   Anton Grinin[②]   Andrey Korotayev[③]

摘要： 在本章中，我们基于生产原理和生产革命理论分析了康德拉季耶夫周期与主要技术革命之间的关系，并对第六个康波/第四次工业革命的特征进行了一些预测。我们表明，第六个康波的技术突破可能被解释为第四次工业革命和控制论革命的最后阶段。我们假设 21 世纪 30 年代和 40 年代的第六个康波将与控制论革命的最后阶段（我们称为自我调节系统阶段）合并。这一时期的特点是医疗技术的突破，能够将许多其他技术结合到一个新的和创新的技术系统中（我们将这个系统表示为 MANBRIC 技术系统，即医疗、增材制造、纳米、生物、机器人、信息和认知技术）。

关键词： 医疗技术　增材制造技术　纳米技术　生物技术　机器人学　信息技术　认知技术

一、引言：控制论革命、科学控制论生产原则、第六个康波和第四次工业革命

从 20 世纪 50 年代开始并仍在进行的生产革命，已经强有力地加速了科学技术进步。考虑到未来 50 年的变化，这场革命应该被称为控制论。这场革命的初始阶段（20 世纪 50 年代至 90 年代）可以称为科学信息阶段，因为它的特点是过渡到规划、预测、营销、后勤、生产管理、资源分配和流通，以及沟通的科学方法。最激进的变化发生在信息学和信息技术领域。最后阶段将在 21 世纪 30 年代或 40 年代开始，并将持续到 21 世纪 70 年代（请注意，本书的许多作者将这一即将到来的技术突破称为第四次工业革命）。我们认为它也可以被解释为控制论革命中自我调节系统的一个阶段（见下文）。我们认为这些解释不相互排斥；相反，它们完全兼容。现在我们处于控制论革命的中间（现代化）阶段，这将持续到 21 世纪 30 年代。它的特点是强有力的改进和在初始阶段所做的创新的传播，特别是通过广泛传播的易于操作的计算机、通信手段和提供服务的宏观部门的成立，其服务主要包括信息和金融服务。与此同时，控制论革命最后阶段所需的创新也在准备当中。

---

①　Leonid Grinin，国立研究大学高等经济学院。
②　Anton Grinin，教育、社会与人文国际研究中心。
③　Andrey Korotayev，国立研究大学高等经济学院。

控制论革命是从工业生产到基于自我调节系统运作的生产和服务的重大突破。

表 1 显示了科学控制论生产原则的三个阶段（与控制论革命的三个阶段相吻合）和三个康波①（第四、第五和第六）之间的联系。

（一）与控制论革命源起相关的第四个康波特性

第四个康波（20 世纪 40 年代至 80 年代后半期）与控制论革命的初始阶段重合。新生产革命的开始是一个特殊时期，与快速向更先进的经济技术组成部分过渡有关。所有积累的创新和大量的新创新构成了一个具有真正协同效应的新系统。它看起来很合理，与生产革命同期开始的康波的上行阶段看起来比其他康波的 A 阶段更强大。

这是第四次康波（1947—1974）的 A 阶段上行的特征，它恰好与控制论革命的科学信息阶段相吻合。因此，在此期间形成了比通常更为密集的创新集群（与第二、第三和第五个波相比）。所有这些也解释了为什么在 20 世纪 50 年代和 60 年代，世界体系的经济增长率高于第三和第五个康波的 A 阶段。第四个康波（20 世纪 70 年代至 80 年代）的下行阶段与控制论革命的最初阶段的最后阶段同期。这在很多方面解释了为什么这个下行阶段比其他康波更短。

表 1　　　　科学控制论生产原则（初始阶段）和康德拉季耶夫波

科学控制论生产原则的阶段	第一阶段（控制论革命的初始阶段）1955—1995≈40 年	第二阶段（控制论革命的中期阶段）1995—21 世纪 30/40 年代 ≈35 ~ 50 年	第三阶段（控制论革命自我调节系统的最后阶段）21 世纪 30/40 年代至 2055/21 世纪 70 年代 ≈25 ~ 40 年	总时长：100 ~ 120 年
康波及其阶段	第四个波，1947—1982/1991 ≈ 35 ~ 45 年	第五个波，1982/1991—21 世纪 20 年代。第六个波的上行阶段（21 世纪 20—50 年代）≈ 30 ~ 40 年	第六个波，21 世纪 20 年代至 21 世纪 60/70 年代。上行和下行阶段的结束（后者约于 21 世纪 50 至 60/70 年代结束）≈40 ~ 50 年	总时长为 110 ~ 120 年
康波及其阶段	上行阶段，1947—1969/1974	第五个波的下行阶段，2007 年至 21 世纪 20 年代	—	
康波及其阶段	下行阶段，1969/1974—1982/1991	第六个波的上行阶段，2020 年至 21 世纪 50 年代	—	
康波及其阶段	第五个波，1982/1991—21 世纪 20 年代，上行阶段，1982/1991 至 2007 年	—	—	

① 更多康波的相关信息见康德拉季耶夫（1926，1935，1984，1998，2004）[1922]；熊彼特（1939）；Hirooka（2006）；Devezas（2006，2010，2012）；Korotayev 等（2011）；Grinin 等（2012，2014，2016c）；Korotayev 和 Grinin（2012）；Grinin 和 Grinin（2015，2016）。

（二）第五个康波与新一轮创新的延迟

预计在 20 世纪 90 年代和 21 世纪将迎来全新的创新浪潮，其革命性与计算机技术相当，能够创造新的技术范式。有望在那些已经出现的方向和那些应该成为第六个康波基础的方向上取得突破。然而，现有数字电子技术的发展和多样化以及金融技术的快速发展却成为第五个康波的基础。而那些在第五个康波期间出现的创新，例如能源技术，在一般能源中仍占很小的份额，最重要的是，它们没有得到应有的发展。一些研究人员认为，从 20 世纪 70 年代到现在是科学技术进步放缓的时候 [见 Brener (2006) 关于这一主题的讨论；Khaltourina 和 Korotayev (2007)；另见 Maddison (2007)]。Polterovich (2009) 也提出了技术暂停的概念。但是，总的来说，我们认为所提到的技术延迟没有得到充分的解释。我们认为，考虑生产革命的中间现代化阶段（生产原则的第二阶段）的特征可以帮助解释这一点。从功能上讲，它的创新性较差；而在此阶段，早期创新得到更加广泛的传播且得到改善。

关于 20 世纪 90 年代至 21 世纪 20 年代（控制论革命的中间阶段），问题在于启动新的创新突破要求发展中国家达到发达国家的水平，世界的政治组成部分赶上与经济的组成部分 [见 Grinin 和 Korotayev (2010，2014a，b)；Korotayev 和 de Munck (2013，2014)；Korotayev 和 Zinkina (2014)；Korotayev 等 (2011a，b，c，2012，2015)]。

因此，关于新一代创新的推迟引入首先要解释的是，中心不能无休止地超越发展中的边缘，即发达国家和发展中国家之间的差距不能一直扩大。其次，经济不能不断超越政治和其他因素，因为这会导致强烈的不均衡和畸形。当然，新的通用技术的出现将加速经济发展并扩大差距。最后，新基础技术的引入和分配不是自动发生的，其仅在适当的社会政治环境中发生 [见 Grinin 和 Grinin (2016)；Grinin 和 Korotayev (2014a，b)；Perez (2002)]。为了让基本创新适合商业，政治和社会领域的结构变化是必要的，最终促进基本创新在商业世界中的协同作用和广泛实施。

因此，延迟是由于在区域乃至全球范围内改变政治和社会制度，以及在国际经济机构内改变制度所面临的困难造成的。后者只能根据主要参与者的强烈政治意愿而改变，这些政治意愿难以在现代政治制度的框架内执行。这些制度可能会在压迫发展（以及矛盾可能加剧的外交关系）的条件下发生变化，迫使它们重组并改变在一般情况下由于缺乏勇气和机会而不可能改变的传统制度 [我们对世界秩序未来的展望见 Grinin 和 Korotayev (2010a，2015a)；Grinin 等 (2016a)]。

以上解释了第五个康波期间世界体系中心和周边发展速度不同的原因 [更多细节见 Grinin 和 Korotayev (2010，2015a)；Grinin 等 (2016a)]。由于周边发展速度加快，中心发展放缓，预计外围国家将赶上中心。然而，人们不应该期望外围国家继续无危机的发展——危机将在以后发生，而且可能以其他形式发生。如果不减缓外围发展和严重变化，就无法达成经济和政治因素的充分协调。由此可以认为，在未来十年（大约到 2020—2025 年），外围经济体的增长率也会放缓，内部问题会加剧，这会刺激周边国家的结构变化，从而也加剧国际紧张局势。

世界秩序已经开始发生变化，它将在未来 10～20 年继续发生变化，这一变化的一些明显结果可能会在新的康波开始时出现。我们将这种变化称为世界体系重新配置［见 Grinin 和 Korotayev（2012，2015a）；Grinin 等（2016a，b）］。因此，我们认为在未来 10～15 年，世界将面临严重而痛苦的变化。世界体系重新配置过程进一步解释了近年来观察到的非常动荡的发展过程。

二、控制论的特点

（一）什么是自我调节系统及为什么他们如此重要？

自我调节系统是以预先编程和智能的方式响应来自环境的反馈。这些系统既可以由人进行输入操作，也可以完全不包含人为干预。今天有许多自动调节系统，例如，无人驾驶电动汽车、人造地球卫星、无人驾驶飞机和为驾驶员铺设路线的导航系统。另一个很好的例子是生命支持系统（例如医疗通风设备或人造心脏）。它们可以控制许多参数，选择最合适的操作模式并检测危急情况。还有一些特殊项目可以确定股票和其他证券的价值，对价格变化作出反应，买卖它们，在一天内完成数千次操作并确定利润。目前已经创建了大量的自我调节系统，但它们主要是技术和信息系统（如机器人或计算机程序）。在控制论革命的最后阶段，将会有许多与生物学和仿生学、生理学和医学、农业和环境相关的自我调节系统。这些系统的数量及其复杂性和自主性将大大增加。这些系统还将显著减少能源和资源消耗。通过这种自我调节系统（例如通过监测健康、日常治疗方案、调节或推荐个人运动水平、控制患者状况、防止非法行为等），人类生活将在更大程度上变得有条理。有关自我调节系统的更多细节请参阅 Grinin 和 Grinin（2016）。

因此，我们将现代革命称作控制论，因为它的主要意义是自我调节自治系统的广泛创造和分布。众所周知，网络是监管系统的科学。其主要原理非常适合于描述自我调节系统（Wiener，1948；Ashby，1956；Foerster 和 Zopf，1962；Beer，1967，1994；Umpleby 和 Dent，1999）。

因此，在没有直接人为干预（现在不可能或极其有限）的情况下控制各种自然、社会和生产过程的机会将会增加。在科学控制论生产原则（21 世纪 70 年代和 80 年代）的第四阶段（成熟和扩张）中，控制论革命的成就将在其最后阶段变得相当系统和广泛（Grinin，2006；Grinin 和 Grinin，2016）。

下面我们列举控制论革命及其技术的最重要特征和趋势。这些功能紧密相连，相互支持。

（二）控制论革命最重要的特征和趋势

1. 系统分析中信息量和复杂性的增加（包括系统进行独立通信和交互的能力）。
2. 系统调节和自我调节体系的可持续发展。
3. 大量使用以前缺乏适当结构特征的人造材料。
4. 定性地提高下列事物的可控性：构造（包括生活资料）发生变化的系统和过

程；管理物质组织的新水平（达到亚原子水平，以及使用微小颗粒作为基础材料）。

5. 小型化是颗粒、机械、电子设备、植入物等不断减小的趋势。

6. 节省各领域的资源和能源。

7. 个性化是最重要的技术趋势之一。

8. 智能技术的实施和功能的人性化趋势（使用共同语言、语音等）。

（三）控制论革命最重要的特征和趋势

1. 信息的转换和分析是技术的重要组成部分。

2. 技术系统与环境之间的联系越来越紧密。

3. 随着可控性和系统自我调节水平的提升，能观察到控制自动化的趋势。

4. 材料和技术适应不同目标的能力和任务（智能材料和技术）的能力以及在某些目标和任务的背景下选择最佳制度的能力。

5. 大规模合成不同本质的系统中的材料和特性（例如有生命和无生命的本质）。

6. 将机械、设备和硬件与技术整合成为统一的专业技术体系[①]。

7. 自我调节系统（见下文）将成为技术进步的主要组成部分。这就是为什么控制论革命的最后（即将到来）阶段被（或应该）称为自我调节系统的时代（见下文）。

（四）医疗是初始技术突破和 MANBRIC 技术综合体出现的一个领域

值得记住的是，（第一次）工业革命始于棉纺织制造这个相当狭窄的领域，并且与解决相当具体的问题有关。首先是消除纺纱和织造之间的差距，其次是提升织工生产力，寻找机械化纺纱的方法。然而，这些狭隘任务的解决方案引发了创新的爆发，这些创新的条件是存在大量机器生产的主要元素（包括丰富的机制，原始的蒸汽机，相当大的煤炭生产量等）推动工业革命的发展。以类似的方式，我们假设控制论革命将首先在某个特定领域开始。

鉴于科学成就和技术发展的一般载体，并考虑到未来的突破性领域应具有高商业吸引力和广阔的市场，我们预测这场革命的最后阶段将发生在医学和许多其他技术领域（我们将在下面提供相应原因）。在 21 世纪 30 年代之前，将在医学领域出现独有机会（见下文）。然而，在谈到医学时，应该记住，就潜在的革命性转变而言，医学是一个非常不同寻常的领域。这就是为什么突破不会发生在所有医学领域，而是在其中一两个创新领域。也许，创新已经发生（作为生物医学或纳米医学），或者它可以通过将一些其他创新技术引入医学而发生。至于其他医学分支，革命性的转变将在稍后开始。此外，由于保守主义，一些医学分支无法改变。因此，未来将在这些领域进行更激进的改革。

通常，医学和相关分支中的突破向量可以定义为矫正甚至修改人类生物学性质的机会的快速增长。换句话说，有可能扩展我们改变人体的机会，或许在某种程度上改变它的基因组；大幅扩大微创影响和微创手术，而不是现代外科手术；运用广泛的方法培养单独生物材料、用于生物体再生和康复的整体和部分，以及生物材料（身体、

---

① 在工业时代，这些元素是分开存在的，技术保存在纸上或工程师的脑海中。目前，由于信息技术和其他技术，技术成分具备了管理功能，促进了自我调节系统时代的发展。

受体）等的人工类似物。

这将有可能从根本上大幅提高预期寿命的可能，提高人们的生理能力以及与健康相关的生活质量（HRQoL）。它将是以大众市场服务的形式被普遍使用的技术。当然，沿着这个方向（21 世纪 30 年代和 40 年代），从第一步到它们的共同使用需要相当长的时间（大约二三十年）（关于一些可能即将出现的医疗技术见附录）。

总的来说，控制论革命最后阶段的驱动因素将是医疗技术、增材制造（3D 打印机）、纳米和生物技术、机器人技术、信息技术和认知科学，它们将共同构成一个复杂的自我调节生产系统。我们可以将这种复杂的系统表示为 MANBRIC 技术综合体（医疗、增材制造、纳米、生物、机器人、信息和认知技术）。众所周知，第六种技术范式（也称第六种技术系统或风格），被广泛认为与 NBIC 会聚技术（或 NBIC - 收敛）的概念相关（Lynch，2004；Bainbridge 和 Roco，2005；Dator，2006；Korotayev，2008；Akaev，2012）。还有一些研究人员（Jotterand，2008）在其中看到另一个技术方向——GRAIN（基因组学、机器人学、人工智能、纳米技术）。但是，我们认为后一个方向会更大，并且医疗技术会将上述技术整合起来。

值得注意的是，Leo Nefiodow 长期以来一直在撰写有关健康作为第六个康波的主要技术的文章（Nefiodow，1996；Nefiodow 和 Nefiodow，2014a，b）。他解释说，健康不仅仅是医学，还包括心理、社会心理、环境和精神方面。他认为，医学只涵盖我们今天面临的一小部分健康问题。我们同意健康不仅仅是医学。然而，我们认为医学是与医疗保健相关的最重要的商业领域（请注意，卫生领域的绝大多数研究人员都使用医疗技术）。我们也同意 Nefiodow 的观点，即商业和利润远非始终为人们服务。但我们不知道除了医疗事业还有哪方有机会（与美国国立卫生研究院等国家机构合作）资助该领域的研究和开发，以及制定新的抗击致命疾病的方法，投资延长寿命的项目。在 Nefiodow 看来，健康领域不仅包括心理治疗、心理和精神服务，还包括许多健康改善措施，用他的话来说，这些措施将减少社会熵。基于减少社会熵（例如腐败、小型和大型犯罪、吸毒成瘾、缺乏道德指导、离婚、暴力等）的这一论点的问题在于，社会熵（正如 Nefiodow 自己指出的那样）始终存在于社会中。社会变革对于创造长期减少社会熵的起始条件非常重要（Grinin 和 Grinin，2013，2015）。然而，生产和/或商业技术代表了康波上升阶段的驱动力。还有一点很重要。Nefiodows 认为，生物技术将成为新技术范式的整合核心。然而，我们认为生物技术的主导作用首先在于它们解决重大医学问题的可能性。这就是为什么说医疗技术作为新技术范式的核心是有道理的。此外，我们预测纳米技术比 Nefiodows 预测的还要重要（Nefiodow 和 Nefiodow，2014b）。纳米技术在生物和医学技术的发展方面具有重要意义（它们应该会在抗击癌症方面发挥关键作用；同时纳米技术也将在其他领域发挥关键作用，特别是节约能源和资源方面）。

因此，我们作出以下结论：

第一，医学将是开启控制论革命最后阶段的第一个领域，但随后，自我调节系统的开发将涵盖生产、服务和生活中最多样化的领域。

第二，我们广义地看待医学，因为它将包括（并且已经积极地包括）许多用于医学目的的其他科学分支。例如，在手术和患者护理中使用机器人、远程医疗中的信息技术、用于治疗精神疾病和脑研究的神经接口；基因治疗和基因工程、用于创造人工免疫的纳米技术和监测有机体的生物芯片；人造器官和其他许多新材料的培养将成为一个强大的经济部门。

第三，医学领域有独特的机会将上述技术整合到一个系统中。

第四，自我调节系统阶段将从医学开始的人口和经济原因有：（1）平均预期寿命的提升和人口老龄化的加剧不仅有利于增加医疗机会，帮助人们保持健康，而且还有利于延长工作年龄，鉴于人口老龄化将伴随着工作年龄人口的短缺。（2）一般来说，人们总是愿意花钱购买健康和美容服务。然而，全球中产阶级的扩大和人们文化标准的提升意味着更强烈的购买意愿和更强的偿付能力。（3）医疗公司通常不会阻碍技术进步，恰恰相反，它对技术进步很感兴趣。

因此，今天的医学是一个非常重要的经济部门，明天它将变得更加强大。

三、全球人口因素

许多全球人口因素解释了为什么医学领域尤其应该开始向新技术范式过渡。

到 2030 年，经济、人口、文化、生活水平等方面发展将会形成特别有利的形势，这将带来对科学和技术突破的巨大需求。上述的有利形势并不意味着一切都将在经济中完美地发挥作用；恰恰相反，一切都不会发展到应有的那么好。用于延长先前趋势的储备和资源将耗尽，而与此同时，目前发达和发展中社会的需求将增加，这将为发展创造有利条件。因此，人们将寻找新的发展模式。

应特别注意全球人口老龄化（见图 1 至图 4）。如上所示，预计未来 20 年全球退休年龄人口数量将迅速增加，这一数字实际上会在短期内翻倍，也就是说会增加近 6 亿人口且总人数将远超十亿。

特别是 80 岁或以上的人数会快速增加。到 2050 年，退休年龄人口将增加一倍，80 岁或以上的老年人数几乎会翻两番，与 1950 年相比，到 2075 年 80 岁及以上的人数将增加近 50 倍（见图 4）。

我们可以看到，在接下来的 35 年里，80 岁以上的人口将会出现真正的爆炸式增长。到 21 世纪 50 年代，处于该年龄段的全球人口会翻两番。21 世纪 30 年代和 40 年代将出现一个特别快速的增长，那时高龄人群（因此具有特别急需的医疗保健需求）将在 20 年内从 2 亿增长到 4 亿。而这正是我们期待医学技术出现突破的时期。我们可以看到，联合国的预测表明，在上述年份会出现推动技术突破的有利人口状况。高龄人群数量的爆炸式增长意味着医疗服务需求同样的爆炸式增长，这将成为增加该领域更多研究和开发的强大动力。另外，这将意味着这类服务市场的快速增长，即该领域的新发展将有商业化的绝佳机会，这将刺激预期寿命的进一步增长，形成一个积极的反馈循环，可以作为这一技术突破的强大动力。

到 21 世纪 30 年代，中老年人口数量将增加；经济将迫切需要额外的劳动力资源，国家希望提高老年人的工作能力，而富裕和受过教育的人的数量将显著增长。换句话说，将会出现刺激商业、科学和国家在医学领域取得突破的独特条件，只有这些独特的条件才能开启生产革命的创新阶段！

值得注意的是，技术突破将积累巨大的财政资源，例如养老金的数量将以高利率增长；政府支出用于医疗和社会需求；老年人在健康（相关）服务和不断扩大的全球中产阶级所获得的卫生服务上的支出不断增加。所有这些都会有初期的大投资，比如各个风险投资项目对高额投资的吸引力以及对创新产品的长期高需求，从而为强大的技术突破提供一整套有利条件。

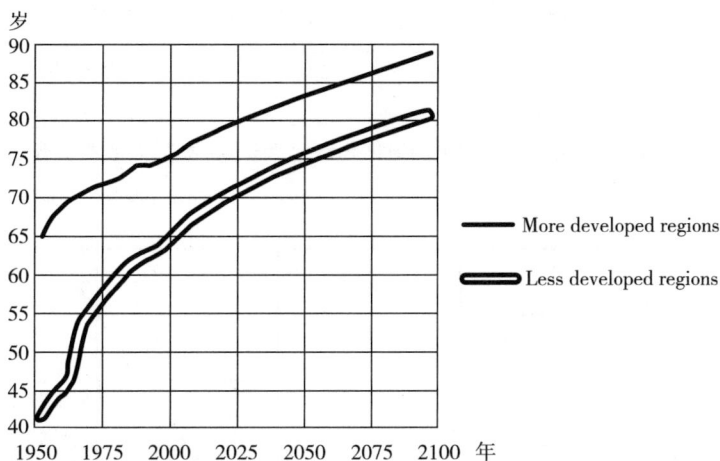

资料来源：2016 年联合国人口分布。

图 1 2050 年前联合国中期预测 1950—2015 年世界体系核心和全球边缘不同年份出生人群的预期寿命动态变化

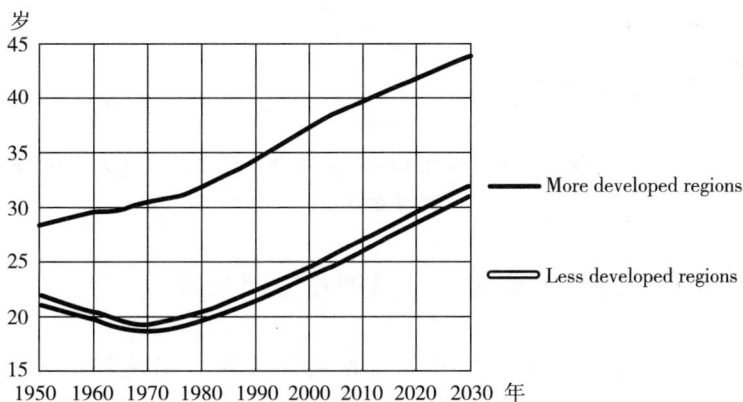

资料来源：2016 年联合国人口分布。我们想提醒读者，例如一个国家的人口年龄中位数为 40，那么这个国家有一半的人口不到四十岁，一半的人口大于四十岁。

图 2 2030 年前联合国中期预测 1950—2015 年世界体系核心和全球边缘人口年龄中位数的动态变化

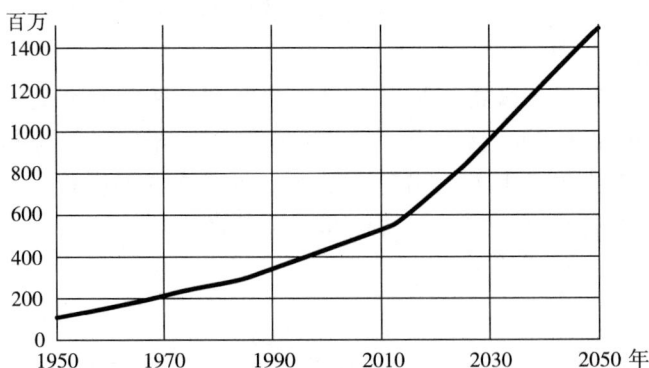

资料来源：2016 年联合国人口分布。

图 3　2050 年前联合国中期预测退休年龄（大于 65 岁）人数的上升趋势

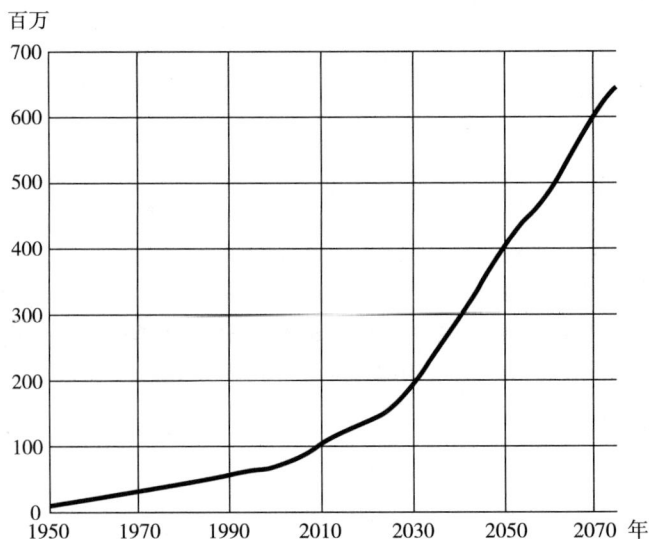

图 4　2075 年前联合国平均预测 1950—2015 年全球老年人（大于 80 岁）数量的上升

四、自我调节系统阶段和第六个康德拉季耶夫波

（一）第六个康波的 A 阶段：开始于控制论革命最后阶段的开端

第六个康波可能开始于 21 世纪 20 年代前后。与此同时，控制论革命的最后阶段必须随后展开，至少在 21 世纪 30 年代或 21 世纪 40 年代后期展开。因此，我们认为，即使在 21 世纪 20 年代，新的技术范式也不会成为必要的发展（因此，创新需要停顿比预期更长的时间（Grinin 等，2016c）。但是，应该记住，康波上升阶段的开始并非直接由新技术引起。这一开始与中期商业周期的开始同步。随着经济比例的平衡，资源的积累以及其他因素会刺激需求和提升行情，现状得到改善。人们应该记住，第二次康波的开始与加利福尼亚和澳大利亚的金矿床的发现有关，第三次浪潮与小麦价格上

涨有关，第四次浪潮与战后重建相关，第五次是与英国和美国的经济改革，以及石油价格冲击相关。此后，随着已有的上升趋势，一种新的技术范式（如果完全没有实现其潜力，则无法完全实现其潜力）辅助克服周期性危机并带来进一步增长。

因此，一些同期发生的事件也会刺激第六个康波的上升趋势。例如，欠发达世界区域（如热带非洲、伊斯兰东部和一些拉丁美洲国家）的快速增长或新的金融和组织技术可能成为主要的推动力。当然，也会出现一些技术和技术创新，然而，这些创新还不会形成新的范例。此外，我们认为金融技术尚未完成其在世界范围内的扩张。如果我们能够以某种方式修改和保护它们，它们将会扩散到现在还未充分使用金融技术的各个区域。人们不应忘记，大规模应用这些技术需要法律和其他系统进行必要的变革，这对于世界的发展平衡是绝对必要的。考虑到新一代技术的延迟，21 世纪 20 年代可能类似于 20 世纪 80 年代。换句话说，在此期间，经济既不会衰退，也不会真正的上升，而是在某种程度上加速发展（在某些地区有更强的发展，在其他地区持续萧条（Grinin 等，2016c）。

鉴于上面提到的有利条件，控制论革命的最后阶段将在此浪潮期间展开。在这种情况下，可以假设第六个康波的 A 阶段（21 世纪 20 年代至 50 年代）将具有更强的表现，并且由于更密集的技术更新的组合，其持续时间会比第五个波更长。由于控制论革命将演变，预计第六个康波的向下 B 阶段（21 世纪 50 年代至 60 年代/70 年代）不会像第三波或第五波的情况那么糟糕。总的来说，在这次康波（21 世纪 20 年代至 60 年代/70 年代）期间，科学和信息革命将会落下帷幕，科学和控制论的生产原则也将成熟。

（二）另一种情形

控制论革命的最后阶段可能在晚些时候开始，不是在 21 世纪 30 年代，而是在 21 世纪 40 年代。在这种情况下，第六个康波的 A 阶段将在调节系统革命开始之前终止；因此，它不会以新的技术为基础，也不会像以前的情况那样变得如此强大。在这种情况下，控制论革命的最后阶段将与第六个康波的 B 阶段（正如第一次工业革命期间无康波的情况，1760—1787，见 Grinin 等，2016c）以及第七个康波的 A 阶段同步进行。在这种情况下，第七个康波的出现是非常可能的。由于新一代技术的出现，第六个康波的 B 阶段应该相当短，第七个康波的 A 阶段可能相当长而且相当强大。

（三）控制论革命的结束及康波可能消失不见

与第一个康波一样，第六个康波（大约 21 世纪 20 年代至 60/70 年代）将在生产革命完成期间进行（Grinin 等，2016c）。但二者有一个重要的区别。在第一个康波期间，工业生产原理一个阶段的持续时间显著超过整个康波的持续时间。但现在康波的一个阶段将超过一个生产原则的持续时间。仅这一点就应该从基本上改变第六个康波的过程；第七个康波将无力表达或根本不会发生（关于其他情况见上文的可能性）。这种预测也是基于如下事实，即控制论革命的结束和其结果的传播将促进世界体系的整合和新的普遍监管机制影响力的大幅增长。考虑到即将到来的革命最后阶段将是制度监管的革命，上述预测是非常合理的。因此，经济管理应能达到一个新的水平。康波曾出现在全球演化的某个阶段，它们很可能在某个阶段消失。

五、结论：未来可能的医疗技术

（一）作为自我调节超级体系的持续医疗监管

如今，医学诊断与治疗之间的界限已经越来越难以察觉。诊断是控制疾病和药物剂量的必要措施。在控制论革命的最后阶段，我们期待在许多医疗领域取得突破。因此，自我调节的一个非常重要的方向可以与健康监测系统的发展相关联，该系统将允许早期诊断和疾病预防。这些装置的关键组成部分是生物传感器。

生物传感器是自我调节系统和个性化发展的一个很好的例子（如 Cavalcanti 等，2008）。很容易能想到，未来生物传感器将会成为人类生命中不可或缺的一部分，持续监测有机体或其某些器官，甚至可以在有潜在威胁或健康状况严重恶化的情况下将有关信息传输到医疗中心。内置传感器将会控制和调节所有重要过程，并提供药物摄入时间、剂量以及体力活动时间，并根据不同情况的所需运动推荐最合适的饮食等。

这些小型系统可以集成到监控大量人员的大型系统中，例如医疗中心、治疗设施、酒店等。我们可以预测医院数量的减少，以及这种监控和远程在线访问可以大大缓解医院的工作量。可以想象，这样的系统将能够检测到潜在的危险情况并快速响应危急情况。这是预测和预防问题的一个很好的例子。我们认为创建这样的系统需要很长时间。此外，在上述监控方面存在复杂的道德和法律问题，因为总是存在"老大哥"正利用这个系统监视你的危险。

（二）人工抗体和使用免疫系统机会的增多

永远不会有任何针对所有疾病的通用药物。但是，加强免疫系统是能够改变这一状况并帮助对抗不同疾病的斗争的普遍方向之一。人体免疫系统有一种特殊的工具——抗体。

抗体是分子，合成后以对抗外来源抗原的某些细胞。抗原造成的损害通常会导致外来生物的破坏和恢复。机体针对每种抗原产生特异性抗体。它们由特殊的免疫细胞——淋巴细胞产生，这些细胞在一生中累积并在血液中循环。因此，每个人都有自己的基于疾病史的保护系统。它是个性化发展最重要的方向之一。医学总是与患者的个性联系在一起。然而，在 20 世纪，人们倾向发展大规模医学（与大规模疫苗接种，预防性检查等有关）。目前，有一些从大众医学转向个体/个人医学的迹象，这与控制论革命走向个性化的总体趋势有关。但是，当基于生物体的独特特征（其中之一是免疫系统）时，将表现出更大程度的个体化。人工抗体会加强药物个体化的趋势。

科学家们多次尝试生产人工抗体。1970 年，Cesar Milstein 和 Georges Köhler 发现了生产单克隆抗体的方法。如今，许多医学研究的焦点在于通过其他手段（Schirhagl 等，2012）生产抗体和化学感受器的产生上（Dickert 等，2001）。在实验室实验中，抗体已经广泛用于妊娠试验和许多疾病的诊断中。

我们假设在控制论革命的最后阶段，人造抗体的产生及生物体对其的接受程度将会有相当大的进步。毫无疑问，这一领域的进步将导致医学上的突破。人工抗体的形成将在许多重大疾病的预防和治疗中发挥重要作用，它们将防止移植器官的排斥等。这有助于控制疾病的进程变得更容易；有助于抑制疾病，如果可能的话就能战胜疾病。创造人工抗体取得进展将意味着明显有更多机会来控制先前无法控制的可控干扰过程，控制用于这种干扰的自我调节系统的形成。

控制程序性细胞死亡（细胞凋亡）是抵抗包括癌症在内的重大疾病的有前景的方法之一。该领域的研究自20世纪60年代以来持续开展。结果表明，一些细胞经常死于严格遵守预订的计划。比如，微观蠕虫线虫的胚胎在孵化前由1090个细胞组成，但后来其中一些细胞死亡，成虫体内只有959个细胞（Raff，1998；Ridley，1996）。细胞凋亡的机制与信号分子和接收信号的特殊受体的活性有关，这一机制启动形态和生化变化的过程，并由此导致细胞死亡。

触发致病细胞自我毁灭的机会可以使对抗疾病的斗争可控。此外，它可确保快速恢复，无须很长时间，这在手术干预、化疗或放射治疗后都是必要的（这是节省患者精力和时间的一个例子）。假设在控制论革命的最后阶段，医学将能够在这个方向并在科学控制论生产原则的成熟阶段期间取得进展，控制细胞凋亡过程。在这种情况下，创建自我调节系统的进展将基于对生物体子系统的关键要素的影响而发生，以便在特定目标和任务的背景下选择最佳方案。因此，在某些情况下，有可能故意导致不需要的细胞死亡，并在其他情况下阻止必需细胞的死亡机制。

关闭细胞自我毁灭的机制将有助于从一些疾病中拯救生物体，并可能控制衰老过程。但这只是减缓衰老过程的可能方法之一。关于确定衰老的过程和"抗争"衰老的机会，请参阅 Aubrey de Gray 和 Michael Rae（2007）的专著。

参考文献

[1] Akaev, A. A. (2012). *Mathematical basis of Schumpeter—Kondratieff innovation-cyclical theory of economic development.* In A. A. Akaev, R. S. Grinberg, L. E. Grinberg, A. V. Korotayev, & S. Y. Malkov (Eds.), *Kondratieff waves. Aspects and perspectives.* Uchitel Publishers (in Russian).

[2] Ashby, R. (1956). *An introduction to cybernetics.* London: Chapman and Hall.

[3] Bainbridge, M. S., & Roco, M. C. (2005). *Managing nano-bio-info-cogno innovations: Converging technologies in society.* New York: Springer.

[4] Beer, S. (1967). *Cybernetics and management.* London: English Universities Press.

[5] Beer, S. (1994). *Decision and control: The meaning of operational research and*

management cybernetics. London: Wiley.

[6] Brener, R. (2006). *The economics of global turbulence. The advanced capitalist economies from long boom to long downturn*, 1945 – 2005. London-New York: Verso.

[7] Cavalcanti, A., Shirinzadeh, B., Zhang, M., & Kretly, L. C. (2008). Nanorobot hardware architecture for medical defense. *Sensors*, 8 (5), 2932 – 2958.

[8] Dator, J. (2006). *Alternative Futures for K-Waves.* In T. C. Devezas (Ed.), *Kondratieff waves, warfare and world security.* Amsterdam: IOS Press.

[9] de Grey, A. B., & Rae, M. (2007). *Ending aging: The rejuvenation breakthroughs that could reverse human aging in our lifetime.* New York: St. Martin's Press.

[10] Devezas, T. C. (Ed.). (2006). *Kondratieff waves, warfare and world security.* Amsterdam: IOS Press.

[11] Devezas, T. C. (2010). Crises, depressions, and expansions: Global analysis and secular trends. *Technological Forecasting and Social Change*, 77 (5), 739 – 761.

[12] Devezas, T. C. (2012). *The recent crisis under the light of the long wave theory.* In L. E. Grinin, T. C. Devezas, & A. V. Korotayev (Eds.), Kondratieff waves. Dimensions and prospects at the dawn of the 21st century, Uchitel Publishing.

[13] Dickert, F. L., Hayden, O., & Halikias, K. P. (2001). Synthetic receptors as sensor coatings for molecules and living cells. Analyst, 126, 766 – 771.

[14] Grinin, Л. Е. (2006). *Productive forces and historical process. Moscow:* KomKniga/URSS.

[15] Grinin, L. E., & Grinin, A. L. (2013). Macroevolution of technology. In L. E. Grinin, & A. V. Korotayev (Eds.), *Evolution: Development within Big History, Evolutionary and World-System Paradigms.* Volgograd: Uchitel Publishing.

[16] Grinin, L. E., & Grinin, A. L. (2015). Global technological perspectives in the light of cybernetic revolution and theory of long cycles. *Journal of Globalization Studies*, 6 (2), 119 – 142.

[17] Grinin, L. E., & Grinin, A. L. (2016). *The cybernetic revolution and the forthcoming epoch of selfregulating systems.* Moscow: Moscow Branch of the Uchitel Publishing House.

[18] Grinin, L. E., & Korotayev, A. V. (2010). Will the global crisis lead to global transformations. 1. The global financial system: *Pros and Cons. Journal of Globalization Studies*, 1 (1), 70 – 89.

[19] Grinin, L., & Korotayev, A. (2012). Does "Arab Spring" mean the beginning of world system reconfiguration? *World Futures*, 68 (7), 471 – 505.

[20] Grinin, L. E., & Korotayev, A. V. (2014a). *Globalization and the shifting of global economicpolitical balance.* In E. Kiss & A. Kiado' (Eds.), *The dialectics of moderni-*

ty—*Recognizing globalization. Studies on the theoretical perspectives of globalization.* Budapest：Arostotele'sz.

［21］Grinin, L. E., & Korotayev, A. V.（2014b）. Globalization shuffles cards of the world pack：In which direction is the global economic-political balance shifting? *World Futures*, 70（8）, 515 – 545.

［22］Grinin, L., & Korotayev, A.（2015a）. *Great divergence and great convergence. A global perspective.* New York：Springer.

［23］Grinin, L., & Korotayev, A.（2015b）. Population ageing in the west and the global financial system. In J. Goldstone, L. Grinin, & A. Korotayev（Eds.）, *History & mathematics：Political demography & global ageing.* Volgograd：Uchitel Publishing.

［24］Grinin, L. E., Devezas, T. C., & Korotayev, A. V.（Eds.）.（2012）. *Kondratieff waves. Dimensions and prospects at the dawn of the 21st century.* Volgograd：Uchitel.

［25］Grinin, L. E., Devezas, T., & Korotayev, A. V.（Eds.）.（2014）. *Kondratieff waves. Juglar—Kuznets—Kondratieff.* Volgograd：Uchitel.

［26］Grinin, L. E., Ilyin, I. V., & Andreev, A. I.（2016a）. World order in the past, present, and future. *Social Evolution & History*, 15（1）, 60 – 87.

［27］Grinin, L., Issaev, L., & Korotayev, A. V.（2016b）. *Revolutions and instability in the Middle East.* Moscow：Uchitel（in Russian）.

［28］Grinin, L., Korotayev, A., & Tausch, A.（2016c）. *Economic cycles, crises, and the global periphery.* New York：Springer.

［29］Hirooka, M.（2006）. *Innovation dynamism and economic growth. A nonlinear perspective.* Cheltenham：Edward Elgar.

［30］Jotterand, F.（2008）. *Emerging conceptual, ethical and policy issues in bio-nanotechnology.* Berlin：Springer.

［31］Khaltourina, D. A., & Korotayev, A. V.（2007）. *Secular cycles and millennial trends：A mathematical model.* In M. G. Dmitriev, A. P. Petrov, & N. P. Tretyakov（Eds.）, *Mathematical modeling of social and economic dynamics.* Moscow：RUDN Publishing.

［32］Kondratieff, N. D.（1926）. Die langen Wellen der Konjunktur. *Archiv fur Sozialwissenschaft und Sozialpolitik*, 56（3）, 573 – 609.

［33］Kondratieff, N. D.（1935）. The long waves in economic life. *Review of Economic Statistics*, 17（6）, 105 – 115.

［34］Kondratieff, N. D.（1984）. *The long wave cycle.* New York：Richardson & Snyder.

［35］Kondratieff, N. D.（1998）. *The Works of Nikolai D. Kondratiev. 4 vols.* London：Pickering and Chatto.

［36］Kondratieff, N. D.（2004［1922］）. *The world economy and its conjunctures during and after the War*. Moscow: International Kondratieff Foundation.

[37] Korotayev, A., & de Munck, V. (2013). Advances in development reverse inequality trends. *Journal of Globalization Studies*, 4 (1), 105 – 124.

[38] Korotayev, A., & de Munck, V. (2014). Advances in development reverse global inequality trends. *Globalistics and Globalization Studies*, 3, 164 – 183.

[39] Korotayev, A. V., & Grinin, L. E. (2012). Kondratieff waves in the world system perspective. In L. E. Grinin, T. C. Devezas, & A. V. Korotayev (Eds.), *Kondratieff waves*. Dimensions and Prospects at the Dawn of the 21st Century, Uchitel Publishing.

[40] Korotayev, A., & Zinkina, J. (2014). On the structure of the present-day convergence. *Campus-Wide Information Systems*, 31 (2), 41 –57.

[41] Korotayev, A., Zinkina, J., & Bogevolnov, J. (2011a). Kondratieff waves in global invention activity (1900 – 2008). *Technological Forecasting & Social Change*, 78, 1280 – 1284.

[42] Korotayev, A., Zinkina, J., Bogevolnov, J., & Malkov, A. (2011b). Global unconditional convergence among larger economies after 1998? *Journal of Globalization Studies*, 2 (2), 25 –62.

[43] Korotayev, A., Zinkina, J., Bogevolnov, J., & Malkov, A. (2011c). Unconditional convergence among larger economies. In D. Liu (Ed.), *Great Powers, World Order and International Society: History and Future*. The Institute of International Studies, Jilin University.

[44] Korotayev, A., Zinkina, J., Bogevolnov, J., & Malkov, A. (2012). Unconditional convergence among larger economies after 1998? *Globalistics and Globalization Studies*, 1, 246 –280.

[45] Korotayev, A., Goldstone, J., & Zinkina, J. (2015). Phases of global demographic transition correlate with phases of the great divergence and great convergence. *Technological Forecasting and Social Change*, 95, 163 – 169.

[46] Lynch, Z. (2004). Neurotechnology and Society 2010 – 2060. *Annals of the New York Academy of Sciences*, 1031, 229 – 233.

[47] Maddison, A. (2007). *Contours of the world economy, 1 – 2030 AD: Essays in macro-economic history*. Oxford-New York: Oxford University Press.

[48] Nefiodow, L. (1996). *Der sechste Kondratieff. Wege zur Produktivitat und Vollbeschaftigung im Zeitalter der Information*. Sankt Augustin: Rhein-Sieg-Verlag.

[49] Nefiodow, L., & Nefiodow, S. (2014a). The sixth Kondratieff. The growth engine of the 21st century. In L. E. Grinin, T. C. Devezas, & A. V. Korotayev (Eds.), *Kondratieff waves*. Juglar—Kuznets—Kondratieff, Uchitel.

[50] Nefiodow, L., & Nefiodow, S. (2014b). *The sixth Kondratieff. The new long*

wave of the world economy. Sankt Augustin：Rhein-Sieg-Verlag.

［51］Perez，C.（2002）．*Technological revolutions and financial capital：The dynamics of bubbles and golden ages.* Cheltenham：Elgar.

［52］Polterovich，V.（2009）．Innovation pause hypothesis andmodernization strategy. *Voprosy economici*，6，4－23（in Russian）.

［53］Raff，M.（1998）．Cell suicide for beginners. Nature，396，119－122.

［54］Ridley，M.（1996）．*The origin of virtue.* New York：Viking.

［55］Schirhagl，R.，Qian，J.，& Dickert，F. L.（2012）．Immunosensing with artificial antibodies in organic solvents or complex matrices. *Sensors & Actuators：B. Chemical*，173，585－590.

［56］Schumpeter，J. A.（1939）．*Business cycles. A theoretical，historical and statistical analysis of the capitalist process.* New York：McGraw-Hill.

［57］Umpleby，S. A.，& Dent，E. B.（1999）．The origins and purposes of several traditions in systems theory and cybernetics. *Cybernetics and Systems：An International Journal*，30，79－103.

［58］UN Population Division.（2016）．*UN population division database.* Accessed January 17，2016，from http：//www. un. org/esa/population.

［59］von Foerster，H.，& Zopf，G.（Eds.）．（1962）．*Principles of self-organization.* New York：Pergamon Press.

［60］Wiener，N.（1948）．*Cybernetics，or control and communication in the animal and the machine.* Cambridge：MIT Press.

全球材料消耗模式实证研究

Tessaleno C. Devezas[①]   António M. Vaz[②]   Christopher L. Magee[③]

摘要： 本文研究了 1960—2013 年全球九大类共 98 种主要工业材料的产量，旨在寻找以下问题的答案：在减少维持目前经济增长率所需的材料用量的同时，能否保持全球经济增长。我们在非物质化理论和脱钩概念的框架内对研究结果进行了分析，回顾过去 50 年使用最广泛的工业材料，试图发现这一大组材料的非物质化趋势。在我们的研究结果中，一个模式最引人注目，即在 21 世纪第一个十年，一些关键材料的消耗量出现猛增；最近几年，这一趋势似乎会持续；有人认为，是中国过去三十年的现代化建设导致了这种现象的出现。我们的研究结果不能证明人类社会正在经历全球经济非物质化阶段，但研究发现的部分模式表明我们有理由保持乐观。

关键词： 非物质化　脱钩　杰文斯悖论　材料消耗　回弹效应　可持续性

一、引言

21 世纪初，全人类面临的最严峻的、亟待解决和/或急需在短期内应对的挑战是什么？若我们就此在全球范围内开展民意调查，最终调查结果势必为如何保持健康的经济增长，使世界上最贫困的十亿人摆脱极端贫困；如何管控确保全球人民未来幸福安康的自然资源，同时还要将环境影响控制在可接受的范围内，确保自然生命支持系统可持续发展。

目前，人们已达成共识：人类大量使用各种材料是造成全球环境变化的主要原因之一。这样的认识合情合理。我们所说的环境变化指的是对环境造成的各种破坏，如自然资源耗竭、原材料开采与加工过程中出现的问题、废气排放、加工使用材料后又将废物排放到自然环境中。毫无疑问，由人类引起的环境变化越来越明显，20 世纪的工业代谢（投入到社会经济系统中的材料与能源）已经证实了这一点。虽然已有各种迹象表明全球人口增长率、全球经济产出（GDP）、人均材料消耗量下降，但是人们依然十分担心地球的承载力能否继续以可持续的方式支持经济增长。

本文旨在就经济活动与材料使用之间的相互影响提出一些新的阐述；换言之，本

---

① Tessaleno C. Devezas，贝拉英特拉大学。

② António M. Vaz，贝拉英特拉大学。

③ Christopher L. Magee，麻省理工学院。

文关乎全球辩论的主题——经济增长与材料消耗脱钩这一关键事项。脱钩在技术文献中也被称为经济非物质化。

二、脱钩与非物质化

经济学家在使用脱钩和非物质化这两个术语的时候，取了相同的意思；但是必须指出，在本文语境中，两者之间存在些许细微差别：两者描述的概念框架并非完全相同。

简单来说，脱钩是指减少用于推动经济增长的资源（如水、化石燃料、矿石）的用量，解除经济增长与环境恶化之间的联系。换句话说，脱钩本身是一个与财富和使用材料造成的环境影响相关的概念。

自然资源领域的脱钩一词源于 1992 年世界企业永续发展委员会（World Business Council for Sustainable Development，WBCSD）提出的生态效率的概念；2001 年，经济合作与发展组织（OECD）将脱钩定义为解除环境问题与经济发展之间的联系。现在，脱钩一词已经超出了这个概念和定义。随着世界的快速发展，2004 年，联合国拉丁美洲和加勒比经济委员会（Economic Commission for Latin America and the Caribbean，ECLAC）提出了非物质经济增长的理念，其本质是解除经济增长与资源消耗之间的联系。Krausmann 等（2009）、Steinberger 等（2010）及其他多位作者纷纷指出，脱钩是发展物质生产力的结果，用经济产量/吨材料消耗量来衡量。图 1 涵盖的是截至 2013 年的数据，图中的曲线说明了脱钩现象的本质；显而易见，过去 50 年，与全球人均材料消耗量相比，人均收入曲线的斜率更大，增长更快（这些曲线和数据会在第 4 部分说明）。

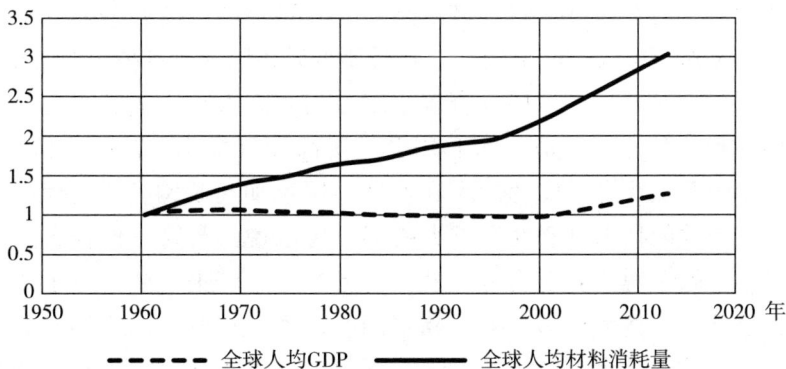

注：在这个时间段内，全球人均 GDP 翻了两番，全球人均材料消耗量增长了 30% 左右（具体内容参见第 4 部分）。

图 1　过去 50 年，全球人均 GDP 和全球人均材料消耗量的变化（两个指标在 1960 年时的值均设定为 1）

不过，重要的是，两个指标的增长率呈现明显不同的趋势，这不仅是因为物质生产力的提高，还有其他因素推动了 GDP 的增长，如数字经济。近年来，数字经济的重要性日益凸显；这点 Brian Arthur（2011）和诸多经济学家都已经有所提及。实际上，现如今，还有很多经济活动都能创造财富（人均 GDP），无须增加材料消耗量，下文也会就此进行阐释。

相比而言，非物质化的含义或许更窄；在技术文献中，非物质化一般是指在一段时间内，减少生产有用物品所需的物质（材料与能源）的用量；这个术语与不断提高的技术能力相关。换言之，非物质化指的是在技术发展不倒退、技术不断进步的情况下，减少要获得相同产出所需的材料的用量；非物质化衡量的是生产某个特定商品的材料消耗量变化速率与技术完善速率之间的关系。

简而言之，在表达以少做多这个意思的时候，经济学家两个术语都会用到。但是，如上所述，两个术语在各自领域所包含的内容比其字面意思更为丰富。

2007 年，联合国环境署（United Nations Environmental Programme，UNEP）成立了国际资源小组（International Resource Panel，IRP），专门负责就自然资源与环境管理提供清晰、独立、权威、科学的评估，评估围绕相关政策开展，旨在实现现代人类及其子孙后代的利益最大化。IRP 已经发布了两份详尽的报告：第一份报告于 2011 年发布，题为《脱钩——自然资源使用与经济增长造成的环境影响》（*Decoupling – natural Resource Use and Environmental Impacts from Economic Growth*）（IRP，2011）；第二份报告于近期发布，题为《脱钩 2——技术、机遇与政策选项》（*Decoupling 2 – Technologies, Opportunities, and Policy Options*）（IRP，2014）。

两份报告均呼吁人们关注现实情况：资源过度开采、气候变化、污染、土地利用变化、生物多样性减少等已跃升至全球环境问题榜单之首，所以各国政府、国际组织和商业界认为保持可持续性已成为社会经济发展的重中之重。如今，各行各业的领军人物都已经意识到，需要通过扩张经济活动，并减轻对环境的影响才能实现人类的幸福安康，而要想创造可持续的经济发展，则需要世界各国减少各种资源的绝对使用量。

在第一份报告（2011）中，国际资源小组指出解除人类幸福安康与资源消耗之间的联系的必要性和可行性，但是实际上几乎一切都没有变化。在第二份报告（2014）中，国际资源小组重点突出了发达国家和发展中国家加速脱钩、通过提高资源生产力获得环境、经济效益的技术可能性和重大机遇。可以说，与第一份报告相比，第二份报告更为乐观，反映了脱钩的现实可能性；作者在第二份报告中介绍了很多用于脱钩的工艺技术，这些工艺技术能够大大提高资源生产力，在发达国家和发展中国家都已经投入商用。这些技术能使我们在减少资源投入的同时实现经济产出，能减少浪费、节约成本，有助于未来经济扩张、降低资源风险。

不过，可能性不等于现实。事实上，20 世纪，随着人口和收入不断增长，人们对物质资源的需求也呈现爆发式增长的趋势；增长还会继续。20 年内，预计 30 多亿人会达到中产阶级收入水平，目前只有 18 亿人实现了中产阶级收入。近期的一份报告（GFN，2014）指出，如果世界人口和材料消耗量按照目前的趋势继续增长的话，截至 2030 年，我们需要两个地球当量的材料才能继续生存。当然，我们只有一个地球。

在 20 年内，让近三分之一的世界人口达到最发达国家目前的生活水平，同时还减少所需资源的使用量（这与部分经济学家探讨的去增长模型相反），这样的目标有可能实现吗？

本文旨在呈现给我们在全球材料消耗量方面的最新数据和实证分析结果，结果表明上述问题的答案或许是一个肯定的答案。鉴于我们的客观分析主要围绕涉及材料消耗量和物质生产力方面的数据和资料，并不涉及工业代谢造成的环境影响，所以我们全文分析引用的都是非物质化这个术语。

三、文献综述（非物质化）

最近，Magee 和 Devezas（2016）翻阅了关于非物质化理论的现有出版物。起初 Bernardini 和 Galli（1993）提出了一个根本性问题，而 Kander（2005）指出这个问题可能是非物质化分析中的一个重要变量。Magee 和 Devezas（2016）围绕这个根本性问题继续提问：提高技术能力是否意味着能在很大程度上保持全球经济增长，同时还能绝对减少地球资源的使用量？Magee 和 Devezas 认为这个问题至关重要，因为材料的绝对使用量持续增长的话，环境损害不可避免。实际上，翻遍此前出版的所有关于非物质化的文献就会发现，针对这一主题的研究不够细致，都不能令人满意，也找不到针对上述问题的答案。

Magee 和 Devezas 首次在非物质化分析中明确考虑了技术进步对减少实现特定功能所需的材料使用量的影响并扩充了非物质化理论，他们还涉及了至关重要的回弹效应[又称为杰文斯悖论（Jevons，1865）、Khazzoom - Brookes 假设（Khazzoom，1980；Brookes，1984，2000），有时也称为逆反效应、反弹效应]。不管这个术语怎么叫，回弹效应均是指需求随着技术进步而增长；随着技术的进步，用更少的材料就能实现特定功能，因而需求会下降；但是回弹效应中的增长会抵消部分下降的需求。Magee 和 Devezas 并未在理论扩充中涉及替代技术或者经济结构变化，只涉及了技术变革和回弹的长期直接影响。

Magee 和 Devezas 的量化理论识别了在技术完善程度足够高、需求弹性足够低的时候可能实现非物质化的领域。他们还制定了（在知道技术性能、产量和时间的函数关系时）能评估技术完善程度和需求弹性的方法。根据现有数据（Nagy 等，2013），Magee 和 Devezas 指出，尚无证据表明能够实现长期非物质化。然而，本文没有技术性能数据，所以我们不能对他们的文章进行补充或修订。不过，我们加大了对部分材料类别的关注，也呼吁大家关注近期的材料使用量趋势和模式，这些趋势和模式非常耐人寻味。

在这个部分中，一定要评价一下 Vaclav Smil 的新书《创造现代世界：材料与非物质化》（*Making the Modern World：Materials and Dematerialization*）（Smil，2014）。在这本书中，Smil 详细描述了人类使用材料的历史，呈现了各种关于人类所用的最重要的材料的数据，细致说明了现代世界中材料流的复杂性。Smil 在其中一章抛出了这样的问题："我们在进行非物质化吗？"他试图回答这个复杂的问题，还试图区分表面非物质化和相对非物质化。

关于表面非物质化，Smil 举了材料替代的复杂形式（引用他的原话）的例子。在他的例子中，一项技术的消失意味着一系列特定材料的消失，即一项技术被另一项更为复杂的技术替代，需要更庞杂的基础设施，要使用更多的材料。Smil 举了很多例子，其中，较为典型的是采用 CAD 之后出现的情况：设计的普遍非物质化（仍旧引用他的原话）。制图板、各种蓝图、钢制存储柜被替代，各种蓝图以电子图像的形式显示在屏幕上、保存在磁性装置或其他传播工具上。按照 Smil 的理解，其中的问题是这种新技术需要大量计算基础设施、海量数据存储、平面屏幕、（用其他电脑编写的）专用软件，此外还会增加用电需求。

关于相对非物质化，Smil 考虑到以下几种情况能减少生产过程中的材料投入：（1）技术逐步完善，不涉及新材料；（2）用更轻、更耐用的材料替代原来使用的材料；（3）加强回收利用；（4）采用能实现预期功能的全新设备，而需要投入的材料则比原先设备所需的投入少。Smil 分析了 20 世纪后半叶的一系列案例，并总结，在绝大部分的案例中，材料更便宜更轻便、能源和批量生产更便宜，这些因素相互交错、相互作用，使越来越多的产品走入寻常百姓家，人们越来越频繁地享受各式各样的服务，所以在消耗量不断增长的情况下，即便是材料质量大大减轻也不等于材料总体用量的绝对减少。在评论 Magee 和 Devezas 的文章时，Smil 表示这就是上文提到的回弹效应或杰文斯悖论作用，他指出，相对非物质化大大推动了材料总消耗量的大幅增长。

虽然 Smil 在其分析报告中根据有关材料和技术的稀疏数据得出他的论据，但是这些论据有些离题，可能存在偏见，只是为了证明用得少实际导致了最终用得多的情况（引用他的原话）。虽然 Smil 的整体观点本质上与 Magee 和 Devezas 的研究结果一致，但是 Magee 和 Devezas 的研究框架更经得起时间的检验。鉴于诸多人士对经济非物质化假设持有消极态度，我们认为，对过去 50 年 98 种我们选定的主要工业材料的使用情况变化进行全面细致的量化研究至关重要。

四、方法与数据

为了开展上文提及的统计调查，我们调查了全球共 98 种主要工业材料在 1960—2013 年的产量，将其划分为九大类：纤维素及其衍生物（10 种材料）、木材（10 种材料）、纤维（4 种材料）、半金属（6 种材料）、金属（31 种材料）、非金属（4 种材料）、矿物（26 种材料）、岩石（6 种材料）和塑料（所有塑料制品计为一种材料）。

上述材料的产量数据分别来源于以下数据库：纤维来自美国农业部（USDA）、世界银行、欧洲化纤协会（CIRFS）和联合国贸易和发展会议（UNTAD）官网；金属、非金属、半金属和矿物来自美国地质勘探局（USGS）；纤维素/木材来自联合国粮食及农业组织（FAO）；塑料来自欧洲塑料市场研究协会（PEMRG）和欧洲塑料加工商协会（EuPC）。

值得一提的是，此次研究并未试图全面覆盖全球物质流账户（MFA），因为我们并未涵盖从生物量中提取出来的物质（木材除外），也不包括从化石能源载体中提取出来的物质。此次研究的目的仅限于回顾过去50年使用最广泛的工业材料，并试图发现这些材料的非物质化趋势。

通过计算得出，我们所选的这些材料在2013年的总产量约为206亿吨（是1960年相同材料总产量的3倍左右，或者说在1960年的基础上翻了两番）。据估计（Krausmann 等，2009；Steinberger 等，2010），21世纪初，全球材料开采量在50~60吨；这意味着我们的研究选定的材料约占人类使用的全部材料的三分之一。他们还指出，2000年，全球人均材料消耗量为8.1吨/人/年；而针对选定的98种材料，我们计算得出，2013年人均消耗量为2.87吨/人/年（较1960年约增长27%）——也占人类使用的全部材料的三分之一左右。

根据上述对比，我们可以得出两个结论：其一，因为此次研究的目的是识别一切非物质化趋势，我们选定的工业材料在当今人类使用的全部材料中占有举足轻重的地位；其二，人均消耗量增长（较1960年增长27%）低于总体消耗量增长（较1960年增长200%），这表明人口增长比经济增长更能增加材料的使用量——下文会对此作出进一步阐述（同期人口增长为136%）。

我们的大部分分析都考虑了选定材料的全球总产量。这种做法尤为重要，因为这种情况下我们就不需要考虑材料进出口净贸易了；而分析各个国家的产量与消耗量时，则要考虑材料进出口净贸易。Steinberger 等（2010）也曾指出，看全球总体水平的话，总净贸易为零，因为所开采的资源总量（一般称为直接开采量，DE）等于所使用的资源总量（直接材料消耗量，DMC）。在本文中，我们只在对比中美数据时考虑到了（某些消耗最多的材料的）进出口因素（第6部分）。

在我们分析的98种材料中，在总量中占比最大的就是水泥（占19.8%）和铁矿（占15.1%），其次是钢，占7.8%。不过，水泥不仅是消耗量最大的材料，也是仅用于建筑行业的材料（这是水泥在98种选定材料中的不同之处），没有应用于其他行业，也不用于材料转变。出于这种考虑，我们不仅就水泥开展了全球范围的详细研究，也对比了世界上最大的水泥消耗国/生产国：美国和中国。而其他97种材料，我们探讨了全球人均材料消耗量变化和全球单位GDP材料消耗量变化。

世界人口数据和世界产出（GDP）数据均来自世界银行。众所周知，购买力平价消除了各国不同的价格水平的影响，因此可以比较各国不同的经济活动，能进行统一的时空比较。所以本文中GDP数据以购买力平价（PPP）计算。中国的进出口平衡数据来源于中国国家统计局。

五、研究结果

表1统计的是此次研究分析的主要指标在1960—2013年的变化，包括GDP（PPP）、世界人口、98种材料的总消耗量、98种材料的人均消耗量。表2显示的是九

大类材料中每类材料的消耗量变化及占比变化。

根据表 1 的数据，我们要突出强调两点：

（1）过去 50 年，世界产出（GDP）增长了 7 倍，而同期世界人口增长了 2.36 倍，选定的 98 种材料的全球消耗量增长了 3 倍。换言之，人类创造财富的能力快速提高，超过了人口的增长速度，而材料消耗量增长比例不一定相同。在某种程度上，全球材料消耗量随着人口增长而增长。

表 1　　　　　　　　　　过去 50 年，全球主要指标变化概览

年份	GDP（PPP）（2011）美元	世界人口	人均 GDP（PPP）	98 种材料消耗量（吨）	98 种材料人均消耗量
1960	14.01×10^{12}	3.03×10^{9}	4.6×10^{3}	6.83×10^{9}	2.25 吨/年
2013	100.40×10^{12}	7.17×10^{9}	13.89×10^{3}	20.59×10^{9}	2.87 吨/年
变化	616%	136%	202%	201%	27.5%

表 2　　　　　　　　　　各大类材料的全球消耗量及占比

年份	纤维素及其衍生物	木材	纤维	金属	半金属	非金属	矿物	岩石	塑料
1960（10^{6} 吨）	200	4800	14.93	640	1.48	19.7	1090	39.81	6.65
1960 年占比	2.94%	70.40%	0.24%	9.43%	0.02%	0.29%	16.08%	0.59%	0.01%
2013（10^{6} 吨）	1035	7370	88.83	2860	11.67	70.84	8406	453.9	299
2013 年占比	5%	35.8%	0.45%	13.9%	0.05%	0.35%	40.8%	2.2%	1.45%
1960—2013 年的变化	415%	53%	495%	346%	689%	260%	670%	1040%	4396%

（2）我们可以看到，上文中的结论再次得到证实，人均财富（人均 GDP）增长了 3 倍，而人均材料消耗量增长还不到 30%，这与上文中图 1 显示的结论一致。

细看表 2，我们可以发现，九大类材料中，消耗量增长速度最快的是塑料（45 倍）和岩石（11.5 倍），其次是半金属（7.9 倍）和矿物（7.7 倍）。其他几类材料的消耗量增长速度均比 GDP（PPP）增长速度慢。表 2 中最引人注目的是 1960—2013 年各类材料占比的巨大变化：20 世纪中叶，消耗量最大的材料明显是木材（占 70%），但到了 21 世纪初，其占比下降近一半（占 36%）；下文探讨经济增长的可持续性时，会考虑这一重要因素。2013 年，消耗量占比最大的材料变成了矿物，其占比从 16% 上涨到 41%，这主要是因为水泥和长石的消耗量出现大幅增长，下文会就此进行分析。

不过，我们必须记住，这些指标与各大类材料的绝对重量相关；在我们的分析中涉及的材料的比重迥然不同，在工业应用中的用量也截然不同。在下文对非物质化趋势的探讨中，这也是一个重要的考量因素。拿塑料举例，塑料是选定材料中质量最轻的材料之一，其消耗量占比从 0.01% 增长到 1.45%，前后占比可谓天壤之别。

在陈述我们分析的 98 种材料中每一种材料的消耗量变化细节之前，我们先给出下面的 10 张图（图 2 至图 11，每 5 年记录一个数据），图中是 1960 年以来九大类材料中

各种材料的人均消耗量和 98 种材料的人均消耗量变化信息。

细看这一组图，我们可以发现：

（1）98 种材料的全球人均消耗量（见图 2）从 1960 年的人均 2.25 吨稍稍下降到了 2000 年的人均 2.21 吨，降幅为 0.02%；但此后上涨了近 30%（在 2013 年达到人均 2.87 吨）。换言之，表 1 已表明了人均消耗量增长；如上文中的第 1 点所述，这是 21 世纪伊始的情况。

（2）在我们关注的 50 年间，只有木材的人均消耗量（见图 4）随着时间的推移平稳下降；针对表 2 的评价中已经指出，直观来看，就是木材消耗量占比从 70% 下降到 36%。全球各类木材的消耗量从 1960 年的人均 1.58 吨下降到 2013 年的人均 1.03 吨。

（3）纤维素及其衍生物的人均消耗量（见图 3）在 1975—1995 年上涨近 74%，此后保持稳定，而在 2010—2013 年下降 2%，从人均 153 千克下降到人均 144 千克，这表明纸制品消耗量呈现较大的下降趋势。

（4）纤维的人均消耗量（见图 5）在 1960—1995 年稳步上涨，2000 年后呈现快速上升趋势，这主要是因为合成纤维的消耗量大幅上涨。1960 年，合成纤维的消耗量在纤维类材料的消耗量中只占 5% 左右，但到了 2013 年，这一占比骤升到 65%。棉料则呈现相反的趋势，其消耗量占比从 1960 年的 68% 下跌到 2013 年的 28%。

（5）金属的人均消耗量（见图 6）在 1970—2000 年下降了 1% 左右，但在 2000—2010 年呈现大幅上涨；2010—2013 年，31 种金属材料的消耗量似乎有所稳定。

（6）非金属的人均消耗量（见图 7）变化趋势与众不同，在 1960—1975 年呈现上升趋势；此后则呈现下降趋势；最近几年则好像稳定在人均净消耗 1 千克左右。

（7）半金属的人均消耗量（见图 8）在 1960—2005 年呈现上升趋势，从 2005 年开始则明显趋于稳定，人均消耗量约为 1.6 千克。

（8）矿物的人均消耗量（见图 9）在 1975—2000 年几乎没有变动，但此后却急剧上升（涨幅高达 112%），从人均 513 千克上升到人均 1170 千克。在讨论表 2 中的数据时，已经指出这一涨幅使矿物的消耗量占比在九大类材料中的占比大大提高，这主要是因为 2000 年后水泥的消耗量大幅上涨（2013 年，水泥的产量占矿物类材料总产量的 48.5%）。

（9）在观察期内，岩石（见图 10）和塑料（见图 11）的人均消耗量（见图 10）呈现上升趋势，区别在于塑料的人均消耗量稳步上升，而岩石的人均消耗量在 1975—1985 年骤升，随后下跌，又在 2005 年后出现上涨。

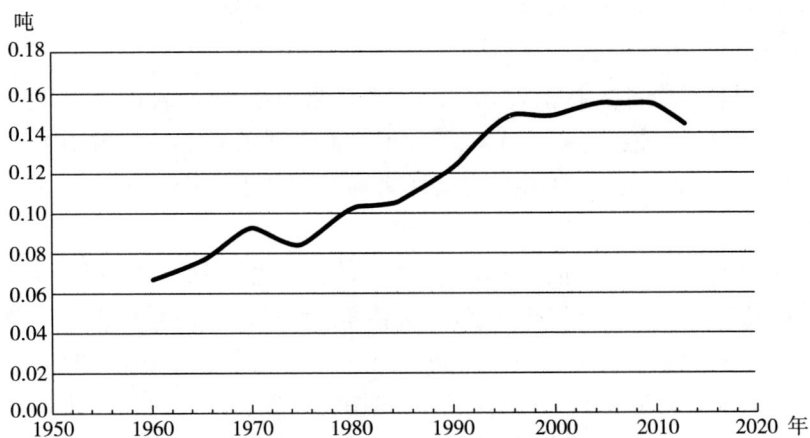

图2　98 种材料的人均消耗量变化

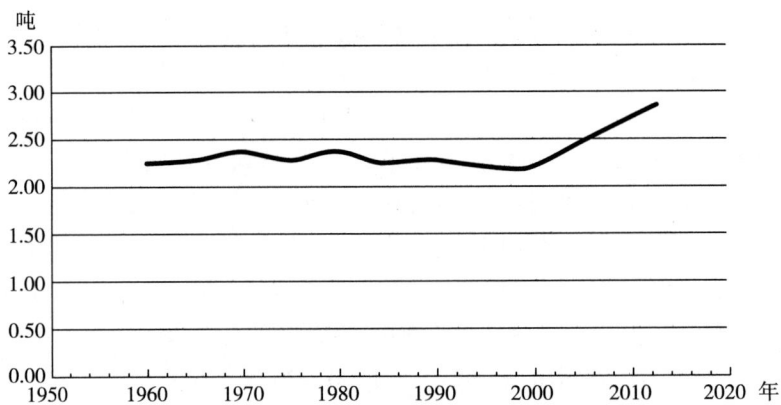

图3　纤维素及其衍生物的人均消耗量变化

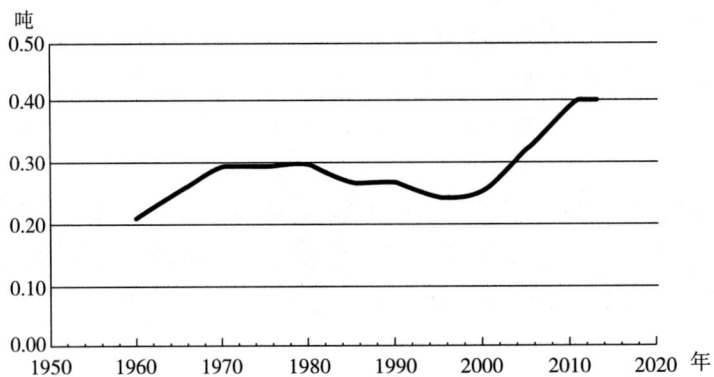

图4　木材的人均消耗量变化

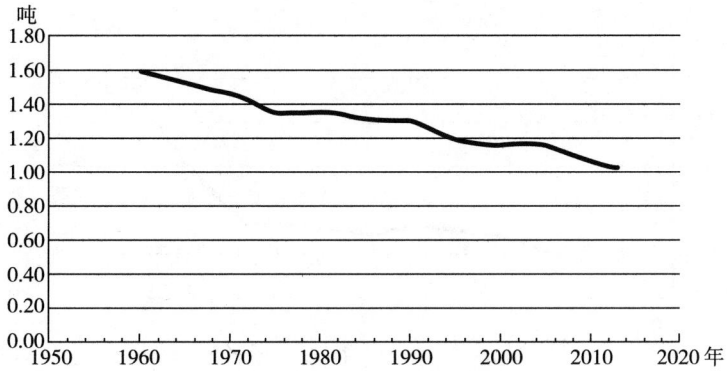

图 5　纤维的人均消耗量变化

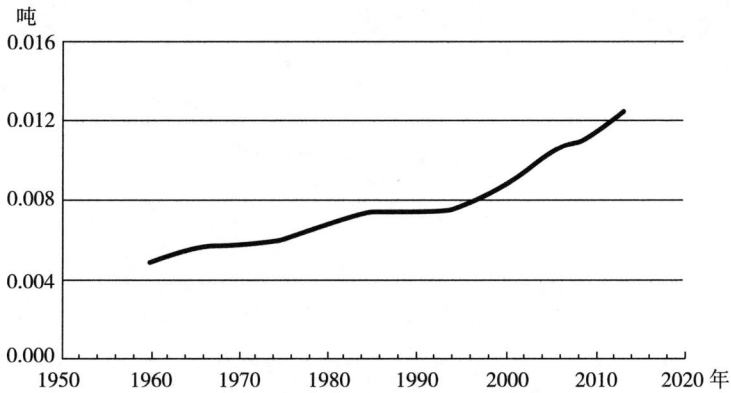

图 6　金属的人均消耗量变化

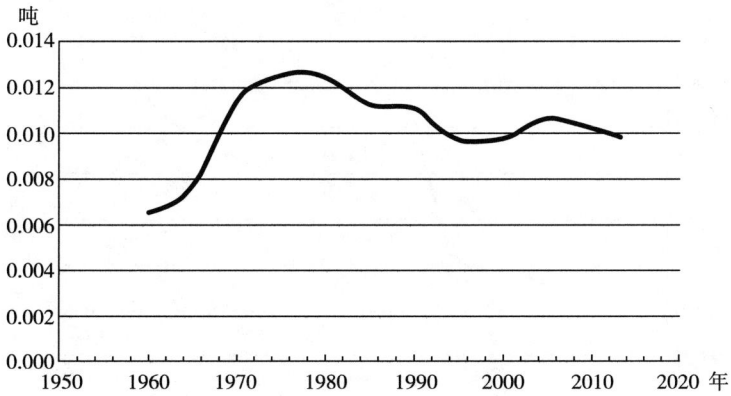

图 7　非金属的人均消耗量变化

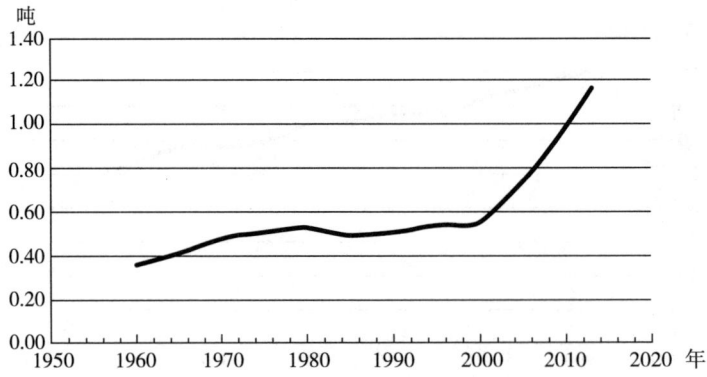

图 8　半金属的人均消耗量变化

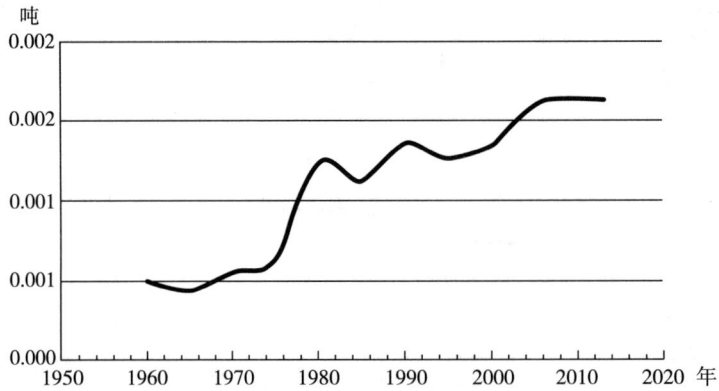

图 9　矿物的人均消耗量变化

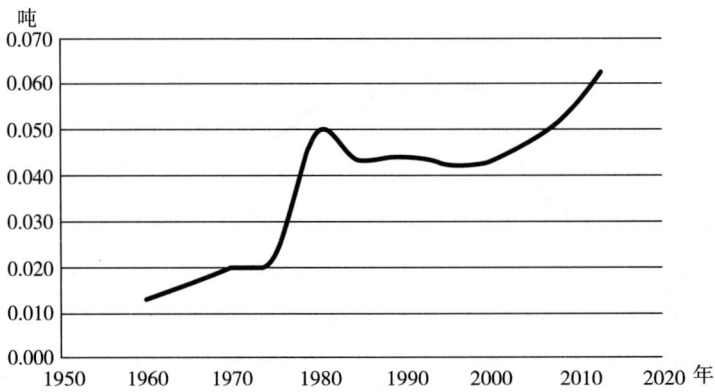

图 10　岩石的人均消耗量变化

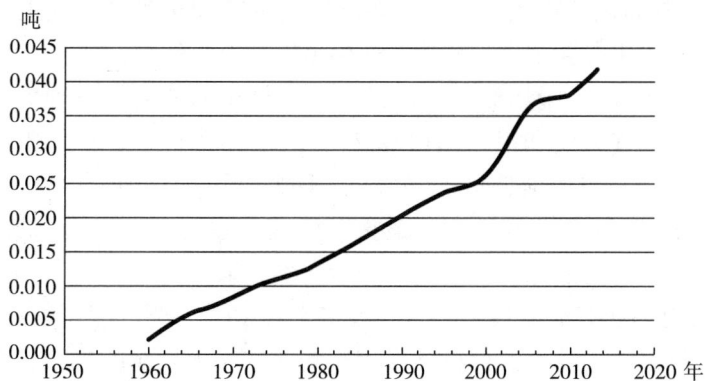

图 11　塑料的人均消耗量变化

现在，根据表 4 至表 8 中的百分比变化，仔细看看 98 种选定材料中每种材料的变化（自 1960 年起，每 10 年为一个时间单位）。在编制这些表格的时候，我们采用了以下定义非物质化界限的标准，符合可持续性逻辑。

（1）物质化→低度非物质化界限，是指单位 GDP 的材料使用量从之前的值（物质化是指后期创造单位 GDP 比早期要使用更多的材料）下降。这一界限与之前的界定相关，不过在经济增长过程中，材料使用量仍会随着时间大幅增长。

（2）低度非物质化→中度非物质化界限，是指人均使用量下降。一旦跨过这一界限，只有人口增长才会增加材料使用量，Ziolkovski 和 Ziolkovska（2011）早已指出了这一点。

（3）中度非物质化→高度非物质化界限，是指不论出现经济增长或人口增长，材料使用量都随时间绝对下降，则表明跨过了这一界限。

跨越最后一个界限能全力支持我们实现可持续发展。在选定的材料中，有多种材料处于这一界限范围内，我们会重点关注这些材料，融合所有数据，判断人类文明是否朝着这个方向发展。

在这些表格的方格中，我们用不同颜色的阴影和字母来区分物质化（Mat）—低度非物质化（WD）—中度非物质化（MD）—高度（绝对）非物质化（SD）；GDP（PPP）（2011）百分比变化和世界人口百分比变化见表 3。比如，按下表所示，深色方格和其中字母表示在那 10 年间材料消耗量百分比变化超过了 GDP（PPP）百分比变化，依此类推。

Mat	WD	MD	SD
Xx%	Xx%	Xx%	Xx%

浏览一下这组表格，我们发现不同的材料的消耗量变化情况大不相同：有些材料跨越了界限（3）；有些材料甚至还没有跨越界限（1）；还有一些材料的表现变化无常，连续多个 10 年的消耗量增加和/或下降。

看到这些表格的最后一列（1960—2013 年总百分比变化），我们发现：

（1）有 23 种材料高度物质化（其消耗量变化超过 GDP 变化），但是通盘考虑，其中有些材料高度物质化有利于生态环境，如再生纸和合成纤维。

（2）关于研究的 31 种金属类材料，只有 8 种材料的消耗量呈现大幅上涨的趋势，有些材料质量非常轻（如镁和铝），有些材料的消耗量很小（如铌、锶、钒）。

（3）有些矿物类材料的消耗量大幅增长，即便如此，其中一些材料的消耗量依然微不足道，如稀土。在矿物类材料中，最重要的便是水泥，考虑到其比重及其消耗量在矿物类材料消耗量中的占比，值得具体分析，参见下一部分。

（4）塑料的消耗量涨幅最快，原因有很多，其中一个原因很可能是材料替换，即广泛应用轻质材料来替代较重的材料（如汽车与航空航天领域的复合材料）。在可持续发展的背景下，这可能是一个积极的例子。

（5）或许，让人失望的是，只有 10 种材料的消耗量呈现了绝对下降趋势；从非物质化趋势的角度来看，这并不乐观。此外，有些材料的消耗量出现变化是因为材料替换（如包装用纸、毛料）；有些材料的技术完善能消除回弹效应，推动非物质化；但显然，其中至少有 4 种材料的出现变化趋势并非如此；石棉、铍、汞和铊的消耗量出现下降是因为这些材料具有毒性，其使用量受到法律限制。

表 3　　　　　1960 年以来的 GDP（PPP）百分比变化和世界人口百分比变化

单位:%

年份	1960—1970	1970—1980	1980—1990	1990—2000	2000—2010	2010—2013	1960—2013
GDP PPP（2011）	68	45	37	34	45	11	617
世界人口	21	20	19	16	13	4	136

但是，除了表格最后一列外，我们也关注 98 种材料中各种材料的消耗量变化（每 10 年为一个时间单位），可以发现，这是一个截然不同的视角。表 9 总结了 98 种材料的非物质化结果，图 12 以图表的形式显示了两个极端的情况——物质化和非物质化的材料的数量（每 10 年为一个时间单位）。

表 4 至表 8 和图 12 显示，每 10 年跨越界限（3）的材料的数量大幅上涨（最近 4 年，一半以上的材料跨越了该界限，有 51 种）；而处于界限（1）范围内的材料则减少了 30%。毋庸置疑，在图 12 与表 9 中，最引人注目的就是 2000—2010 年似乎出现了反常情况，即物质化趋势加剧，而非物质化趋势则有所缓和。最近 4 年的情况表明，或许之前的非物质化趋势会在近期继续上演。[①] 按顺序浏览图 2 至图 11，这种现象显而易见，即 2000 年后曲线突然上扬。这提醒了我们，以 10 年为一个时间单位的非物质化变化或许不足以暗示各种材料消耗量的长期变化。下一部分会针对这一现象展开具体讨论。

---

① 读者须记住，虽然最后一段时间要短一些（2010—2013，4 年），作对比时也是采用相同短时间的相应的 GDP 变化和世界人口变化。

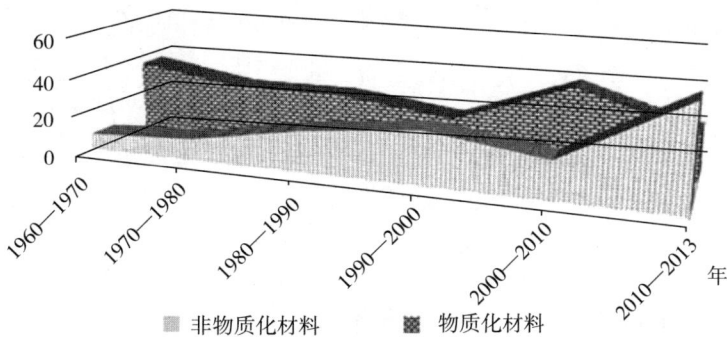

图 12　两个极端的情况（每 10 年为一个时间单位）——物质化和
非物质化的材料的数量

表 4　　　纤维素及其衍生物类、木材类和纤维类材料的消耗量百分比变化

单位：%

纤维素及其衍生物（t）	1960—1970	1970—1980	1980—1990	1990—2000	2000—2010	2010—2013	1960—2013
铜版纸	NA	NA	NA	NA	9	−8	0
机械浆	37	12	39	0	−17	−13	55
其他纤维纸浆	48	24	111	−1	21	−26	244
其他包装用纸	NA	NA	NA	NA	−16	−15	−29
纸和纸板	69	35	41	36	23	−1	435
新闻纸	50	18	29	20	−17	−11	103
印刷书写纸	70	55	69	42	11	−4	572
纸浆	66	25	29	11	1	−2	193
再生纸	100	64	67	70	48	1	1293
包装纸（1960＝1961）	NA	NA	NA	NA	12	−2	9

木材（t）	1960—1970	1970—1980	1980—1990	1990—2000	2000—2010	2010—2013	1960—2013
木屑颗粒	NA	NA	NA	NA	12	−11	0
纤维配料	73	34	40	31	22	0	412
胶合板（m³）*	102	18	22	21	46	0	415
原木（m³）*	12	11	13	−2	1	3	42
锯木	20	8	10	−17	7	1	28
无涂层机械	NA	NA	NA	NA	56	−8	43
无涂层双胶	NA	NA	NA	NA	−6	−4	−9
薄木（m³）*	18	22	30	4	−11	−1	73
木材燃料	3	9	9	−1	4	0	26
木浆*（t）＝（m³）	65	24	23	11	0	1	180

纤维（t）	1960—1970	1970—1980	1980—1990	1990—2000	2000—2010	2010—2013	1960—2013
纤维织物	28	5	−12	−11	53	35	117
棉料	16	19	37	−1	29	0	143
合成纤维	570	126	45	97	61	18	8087
毛料	9	0	21	−30	−20	−1	−27

表 5 　　　　　　　　　　　金属类材料的消耗量百分比变化

金属（t）	1960—1970	1970—1980	1980—1990	1990—2000	2000—2010	2010—2013	1960—2013
铝	115	60	25	26	70	16	960
铍	−44	50	−24	−20	−10	27	−42
铋	55	−3	−5	9	137	−6	250
镉	49	10	11	0	15	−6	98
铬	53	48	40	20	59	18	610
钴（1970 = 1973）	220	35	13	8	148	0	309
铜	50	22	28	43	23	12	364
直接还原铁（1980 = 1984）	NA	NA	97	133	63	−3	624
金	24	−18	79	19	0	8	135
铟	NA	−27	137	184	98	20	1068
铅	42	4	−4	−5	27	34	129
锂	−16	27	76	25	140	27	613
锰	34	18	−6	−23	113	14	176
镁	137	44	12	19	77	18	844
镁化合物	28	32	−9	21	115	−9	264
汞	17	−30	−40	−67	58	−13	−77
镍	96	24	25	32	28	4	438
铌（1960 = 1964）	241	78	1	62	151	−5	2275
生铁	66	19	3	8	82	−4	286
铂	232	61	37	25	30	−5	1031
钾碱	101	53	−1	−2	33	−4	280
铼	NA	45	254	7	38	−1	649
银	28	14	55	9	32	8	254
钢	72	21	8	10	68	13	368
锶	421	59	153	65	−7	−10	2796
钽（1960 = 1969）	−18	71	−27	170	−11	−18	101
铊	NA	NA	15	0	−33	0	−23
锡	27	6	−10	26	0	6	60

金属（t）	1960—1970	1970—1980	1980—1990	1990—2000	2000—2010	2010—2013	1960—2013
钨	4	60	0	− 15	55	19	161
钒	196	141	− 8	23	75	10	1467
锌	77	9	20	23	40	9	334

表6　　　　　　　　半金属类和非金属类材料的消耗量百分比变化

半金属（t）	1960—1970	1970—1980	1980—1990	1990—2000	2000—2010	2010—2013	1960—2013
锑	31	− 4	− 10	95	56	− 16	245
砷	− 5	− 37	71	18	10	− 14	33
硼	− 1	916	11	58	− 10	− 13	1485
锗	86	37	− 34	− 8	69	31	160
硅（1960 − 1964）	45	68	50	− 15	98	14	380
碲（2013 = 2012）	− 6	− 34	− 39	63	− 13	0	− 46

非金属（t）	1960—1970	1970—1980	1980—1990	1990—2000	2000—2010	2010—2013	1960—2013
溴（1960 = 1961）	128	40	49	23	− 13	− 14	337
碘	173	40	38	22	47	9	933
硒	73	− 2	38	− 18	47	1	186
硫	114	31	5	3	18	1	259

表7　　　　　　　　矿物类材料的消耗量百分比变化

矿物（t）	1960—1970	1970—1980	1980—1990	1990—2000	2000—2010	2010—2013	1960—2013
石棉	58	35	− 15	− 47	− 5	0	− 9
重晶石	45	93	− 23	12	33	6	241
水泥	81	54	18	59	98	24	1189
长石	61	26	87	59	116	3	1250
萤石	107	20	2	− 13	56	− 2	235
石墨	− 10	52	58	− 11	37	− 4	155
石膏	29	52	33	4	115	6	513
钛铁矿	72	32	9	21	52	5	378
铁矿	47	17	11	10	140	20	505
氧化铁（1970 = 1976）	NA	− 11	2	98	47	− 31	82
石灰（1960 = 1963）	43	24	13	− 11	155	14	419
云母（片状）	28	44	− 3	58	238	− 1	848
云母（板状）	− 32	6	− 22	− 29	0	0	− 60

续表

矿物（t）	1960—1970	1970—1980	1980—1990	1990—2000	2000—2010	2010—2013	1960—2013
钼	104	35	14	6	81	5	539
珍珠岩（1970 = 1975）	NA	20	3	23	10	− 8	29
磷酸岩	128	55	10	− 19	39	22	438
稀土	600	72	94	72	39	− 13	4746
金红石	301	5	5	− 10	55	17	612
盐	72	16	8	7	38	− 3	209
纯碱	33	48	13	8	44	1	249
硫酸钠（1970 = 1972）	NA	20	10	15	39	0	113
滑石与叶蜡石	91	56	24	− 7	− 17	− 4	174
钛矿	91	34	16	18	44	2	414
蛭石	60	38	6	− 9	− 19	− 16	47
硅灰石	99	54	140	94	9	11	1612
锆	209	70	25	− 14	122	− 8	1055

表 8　　　　　　　　岩石类和塑料类材料的消耗量百分比变化

岩石（t）	1960—1970	1970—1980	1980—1990	1990—2000	2000—2010	2010—2013	1960—2013
铝土矿	109	54	27	20	76	18	925
硅藻土	13	− 4	11	13	1	19	61
宝石	99	− 21	402	28	10	− 5	952
工业钻石	39	11	1090	25	815	0	21090
浮岩	32	7	− 28	25	32	− 8	54
砂砾（工业）	NA	NA	− 4	4	11	20	32

塑料（t）	1960—1970	1970—1980	1980—1990	1990—2000	2000—2010	2010—2013	1960—2013
塑料	336	90	81	50	66	13	4396

表 9　　　　　　　处于各个界限范围内的材料数量（每 10 年为一个时间单位）

年份	界限			绝对非物质化	无数据	合计
	❶ 物质化	❷ 低度非物质化	❸ 中度非物质化			
1960—1970	36	31	9	8	14	98
1970—1980	27	26	25	11	9	98
1980—1990	27	16	28	21	6	98
1990—2000	20	24	21	27	6	98

续表

年份	界限			绝对非物质化	无数据	合计
	❶	❷	❸			
	物质化	低度非物质化	中度非物质化			
2000—2010	41	23	15	19	0	98
2010—2013	24	11	12	51	0	98
1960—2013	23	42	23	10	0	98

六、详述

(一) 研究结果中, 什么最重要?

如前文所述, 本文旨在就全球材料消耗量进行实证研究, 旨在回答这个问题: 在减少所需的材料资源用量的同时, 能否保持全球经济增长? 或者从更加极端的角度来提问: 为了有效实现社会经济系统的非物质化, 是否有必要推行去增长?

为了进行实证研究, 我们选定了 98 种主要工业材料进行分析, 约占人类使用的全部材料的三分之一。第 5 部分展示了大量图表, 但并不能让我们断言: 实际上, 我们正在非物质化; 或者, 工业代谢出现了明显的绝对非物质化趋势; 抑或短期内环境损害大大减轻。不过实际上, 我们的一些研究结果较为乐观, 或许我们不需要去增长。

为了说明为何我们发现一些研究结果较为乐观, 就必须对我们观察到的一些模式的细节进行分析。如图 1 所示, 需要考虑一个事实, 我们正在脱钩; 在某种程度上, 这是因为我们提高了自然资源的使用效率。看到图 13, 我们会发现这一现象更为明显。图 13 描绘的是选定的 98 种材料在过去 50 年的使用强度 (吨/全球 GDP - PPP), 呈现明显的下降趋势, 从 1960 年的创造一美元需要消耗 0.48 千克材料到 2013 年的创造一美元需要消耗 0.20 千克材料。换言之, 与 20 世纪 90 年代的父母相比, 现在每个人创造同等财富时消耗的材料少了 58%。

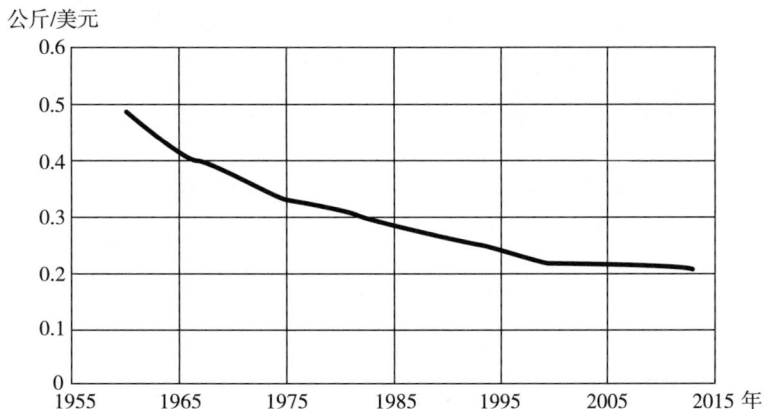

图 13 1960—2013 年 98 种所选材料的能源使用强度

在提高能耗效率方面，Dahmus（2014）的近期研究结果发人深省。在他的博士论文（麻省理工学院）中，他探讨了提高 10 种不同技术的能效的长期影响：生铁生产（1805—1990）、铝生产（1905—2005）、氮肥生产（1925—2000）、煤炭发电（1925—2009）、柴油发电（1925—2009）、天然气发电（1925—2009）、货物铁运（1955—2009）、乘客空运（1955—2009）、机动车运输（1940—2009）、住宅制冷（1960—2009）。Dahmus 指出，历史上，消耗量降低是科技创新、市场力量和政府政策相互作用的结果，其中的相互影响错综复杂。

在某种程度上，若看长期研究结果的平均值，Dahmus 的研究结果与我们的研究结果相似。他指出，在研究调查的技术中，没有一项技术的能效改善超过了所提供的商品和服务的数量。不过，如果（像我们一样）以 10 年为一个时间单位来看的话，在有些时间段（10 年）里，还是有些技术的能效改善与所提供的商品和服务数量相当，还有些技术的能效改善超过了所提供的商品和服务的数量；值得一提的是，这种情况大多出现在近期（2000—2009[①]，机动车运输除外）；如果我们看表 4 至表 8 的倒数第二列的话，Dahmus 的研究结果再次与我们的研究结果相吻合。他怀着乐观的态度作出总结，若有适当的鼓励（如颁布提高能效的指令、运用价格机制），未来的资源消耗会趋于稳定甚至会减少，而其造成的环境影响也会趋于稳定甚至减轻。

根据第 5 部分的研究结果，可以推断出一些显著特点，而其中最显著的特点可以归纳如下（排序不分重要性）：

（1）全球材料消耗量增长（1960—2013）随着全球人均产量（约 200%，见表 1）的增长而增长，这主要由同期人口增长引起，而非 GDP 增长；从图 12a 可见，全球人均材料消耗量在 1960—2000 年其实很稳定，只上涨了 27% 左右。

（2）看到九大类材料中每类材料的全球消耗量（见表 2），我们发现消耗量增长最多的是塑料类（4396%）和岩石类（1040%）。塑料的情况在下文第 6 点中阐述。至于岩石类材料，在表 8 中，我们发现，在所研究的 98 种材料中，工业钻石的消耗量增长最大（21090%）。20 世纪 50 年代发明的工业钻石因其硬度大和导热性好而价值倍增，作为理想材料被应用于无数领域，如切割打磨工具，20 世纪 80 年代后又被广泛用作集成电路的散热器，而这也极大地刺激了工业钻石的消耗量。此外，与本文中提及的总体消耗量相比，工业钻石的产量（2014 年约 900 吨）微不足道；事实上，90% 的工业钻石产于中国。众所周知，铝土矿是生产铝的原材料；而铝土矿的消耗量也呈现较大的变化，具体情况见下一段。

（3）在我们的研究报告（截至 2013 年）中，在所选的材料中，有三大类材料的总消耗量占九大类材料消耗量的 90%，即矿物（占比 40.8%）、木材（占比 35.8%）和金属（占比 13.9%），见表 2。如图 4 所示，自 1960 年以来，木材是消耗量下降最大

---

① 不过，Dahums 超越的十年与我们的物质化的十年相同；以 10 年为一个时间单位所做的比较明显会受到经济衰落的影响，比如爆发于 2007 年末的国际金融危机。

的一类材料，且这一趋势似乎会持续。① 我们在下文第 5 点着重分析矿物类材料。金属类是研究中材料种类最多的一类（31 种材料）；值得一提的是，其中有 6 种材料的消耗量百分比变化为 1000% ～ 2800%，即铝（960%）、铟（1068%）、铌（2275%）、铂（1031%）、锶（2796%）、钒（1467%）。但最重要的一点是，这几种消耗量百分比变化最大的材料在 2010—2013 年已经下降为一位数或两位数（如铌和铂的消耗量百分比变化都为 –5%）。百分比变化之所以下降，可能是因为技术变革、材料替代。关于技术变革带来的影响，我们可以以锶为例（在金属类材料中，锶的百分比变化最大），20 世纪 70 年代是盛产电视机阴极射线管（CRTs）的时候，高达 75% 的锶用于制作荧光屏。但当电视机的阴极射线管被替代后，锶的消耗量就大大减少了。说到材料替代，事实上，在很多应用领域，铝材正在替代钢材，比如汽车与航空航天领域；这种情况大大减少了合金元素的使用量，如铌、钒等。铝是一种颇受欢迎的替代材料，因为其材质轻、易于回收，回收成本只需原铝的十分之一左右。虽然铝材在现代工程领域的应用非常广泛，而且其消耗量不断增加，但是 2013 年铝材产量只占 98 种所选材料产量的 0.23%；而钢材的占比为 7.9%。这说明即便铝材和钢材的产量相同，钢材的应用还是比铝材（价格更高）更广泛。

（4）按顺序看，纤维素及其衍生物的使用量趋势引人关注。图 12b 表明，1920—1995 年，这类材料的全球人均消耗量上涨，随后趋于稳定，1995—2013 年则有所下降。通过表 4，我们可以清楚地看到，前 40 年，表格中的方格大部分是黑色和/或深灰色的，而最后两列则变成浅灰色或白色；这说明近期纤维素及其衍生物的界限跨越更为明显，跨越到了界限（3）——处于中度非物质化→高度非物质化界限范围内。如前文所述，显示最大的百分比变化的材料是再生纸，用再生纸替代新纸，这是一个好的趋势，可以促进非物质化，减轻物质化。百分比变化第二大的材料是印刷书写纸，变化第三大的是包装用纸和纸板；2013 年，包装用纸和纸板的消耗量占这大类材料的 38% 左右。纸的消耗量呈现下降趋势，其中有两个非常有说服力的技术替代案例：第一，照片的传播和存储方式转变，人们倾向于使用电子照片，所以相纸市场日渐消亡；第二，新闻、杂志、电子书在网络上出版发行，这种趋势在全球各地迅速扩张，导致很多实体书店关门停业，很多新闻报刊停止发行纸质版（或者大大减少印刷版报纸的数量），最终使全球纸类材料消耗量在 2000—2013 年下降近 26%。此外，每个地方都有各式各样的微博、论坛，这也属于日常信息来源。人们可以从大量通信设备中获取各类信息，如手机、平板电脑、笔记本电脑等。近期还有一个例子，似乎也很有说服力：发行 244 年后，大英百科全书现已停止印刷。世纪交替之时，一些作者（Ausubel 和 Sladovich，1990；Ausubel 和 Waggoner，2008）指出，虽然人们宣称电子信息革命能够打造无纸化办公室，但是打印纸的总消耗量大幅飙升。实际上，计算能力和存储能力的提升兴起了信息革命，但纸张仍然是重要的信息载体，新兴信息存储技术似乎只

---

① 我们还要指出，至少在某种程度上，作为燃料的木材正被石油产品取代，而我们所选的 98 种材料不包括石油产品。

是增加了信息的种类和存储量，并不会减少纸张用量。不过，书写纸和新闻纸的消耗量变化和近期趋势表明，一个重大积极的变化或许正在发生。

（5）矿物类（26 种材料）是所研究的第二大类材料，同样值得关注。在矿物类材料中，消耗量百分比变化极大的是稀土（4746%）（称作稀土并不是说稀土在地球表面很稀少，而是说稀土难以提炼加工）。稀土是 15 种镧系元素和钪、钇金属元素的总称。这些材料广泛应用于高新技术产业，其用途数不胜数，在此不便赘述。引人关注的是，虽然稀土的技术应用范围非常广泛，但是其消耗量也减少了［跨越了界限（3）］，与 98 种所选材料的消耗总量相比，简直微乎其微（约 110×10^3 吨）。在矿物类材料中，有三种材料的消耗量百分比出现明显上涨：水泥（1189%）、长石（1250%）和硅灰石（1612%）。水泥是主要建筑材料，在 98 种所选材料中，其消耗量占比最大（20%）（在矿物类材料中，占 48.5%）；近期（2010—2013），在矿物类材料中，水泥的消耗量百分比变化最大（24%）。鉴于水泥的特殊情况，会在下一部分进行分析。虽然硅灰石在陶瓷（市场占比约 40%）、聚合物（35% 用于塑料橡胶）、涂料（15%）和冶金（<10%）领域中均有多种应用，但是其消耗量还是不大。长石是一种铝硅酸盐矿物，广泛应用于玻璃制品和陶瓷制品中，还有小部分用作涂料和聚合物中的填料；但在表 7 中，长石的消耗量呈现中度非物质化趋势（3%）。

（6）如图 11 和表 2 所示，在过去 50 年，塑料的消耗量增长最快、变化最大。Smil（2014）指出，在 20 世纪，塑料是一种非常常见的材料，特别是在第二次世界大战后迅速普及，替代了家用、工业和交通运输产品中的木材、金属和玻璃等。我们还可以说，塑料（或许称为聚合物更合适）在我们的日常生活中随处可见，家庭、服饰、手机、电脑、包装、汽车甚至是飞机上都有塑料的踪影。还有，在 LCD 屏幕和触摸屏中，塑料聚合物也是尤为重要的组成部分。1950—1960 年，塑料的产量增长了 6 倍；而随后 50 年，塑料的产量增长了 50 倍；这一趋势还可能会持续。塑料可以分为两大类：热塑性塑料和热固性塑料。热塑性塑料经过适度加热就可以软化，容易加工，大部分热塑性塑料可以回收。热固性塑料即使经过适度加热也不会软化，难以回收。目前，热塑性塑料占全球塑料总产量的 80% 左右；可以分成多种产品，其中最重要的是聚乙烯（简称 PE，约占全球塑料总产量的 30%）、聚丙烯（简称 PP，占 20%）和聚氯乙烯（简称 PVC，占 12%）。目前，这三种主要聚合物占全球塑料总产量的五分之三。热固性塑料中产量最大的是聚氨酯（大部分用于绝热）和环氧树脂（生产高强度复合材料的主要材料）。如今，消费者、生产商和环保主义者对使用塑料的认识不一，他们不断争论其中的利弊。环保主义者认为塑料至少会对环境构成三大威胁：塑料的合成需使用化石燃料（主要是天然气）和有害化学制品（如生产 PVC 所需），塑料使用后被填埋在地里或者丢弃在海里，这个问题尤为突出，尚未解决。最后，在功能完整性方面，塑料的使用寿命有限，一般为 3～5 年（PVC 的使用寿命更长一些，为 20～30 年）；随着塑料消耗量的不断增加，这势必是消极的一面，因为塑料使用寿命短，这会刺激厂家生产更多的产品来替代老旧塑料（Lokensgard，2010）。不过，替代合成技术（所谓的绿色塑料）（Stevens，2002）、生物降解技术和回收利用技术（Goodship，2007，2010）都已取得了巨大的进步；在某种程度上，这也有助于减轻使用塑料造成的环境危害。虽然塑料的用途非常广泛，但是在 98 种选定的材料中，其消耗量只占 1.45%（相应的全球人均消耗量约为 42 千克）；这些数据呈现使用塑料的积极的一面：因为塑料材质非常轻，替代了大量质量更重的材料，所以广泛应用塑料会引发瀑布效应，降低了运输成本和燃料消耗量，减少了装卸设备的数量。

（二）2000—2010 年的猛增

正如第 5 部分最后一段所述，20 世纪的最后十年，98 种材料的消耗量呈现缓慢下降趋势；然而，21 世纪之初，这些材料的消耗量大幅上涨。这非常值得关注。这一增长趋势在近 4 年似乎出现了逆转，如图 12 所示，曲线走势显而易见。消耗量突然增长，称其为猛增或许言过其实了，但是无论如何，2000—2010 年，的确有一股力量推高了全球材料消耗量。

这股新的力量便是中国的现代化建设。中国的现代化建设缓慢起步于 20 世纪 80 年代，90 年代加速建设。1992 年，中国的 GDP 年均增长达到了惊人的 14.3%。20 世纪 90 年代后期，中国的 GDP 增长稍有下滑；21 世纪前 10 年，中国的经济增长依然强劲，大部分时间都保持了两位数增长。重要的是，在这段时间内，中国的经济地位也大大提高；2010 年，中国成为全球第二大经济体；现如今，中国的经济总量是日本的两倍多。图 14 对比了中国、美国和全世界的年均经济增长率（百分比）；即使是在 2008—2009 年国际金融危机期间，中国的经济增长率也超过了 9%。回顾历史，中国如此高速的经济增长甚至超过了先前日本和韩国在巅峰时期的增长速度。

1980—2010 年，中国的经济增长接连 4 次实现了翻一番；显然，这意味着物质流的增加，也意味着必须进口大量材料。这一增长前所未有，也与大量基础设施网络的构建和民用工程的大规模扩建息息相关。毋庸置疑，这是全球最大规模的扩建，涉及住房、商业用房、工业用房、道路等，这势必会大大刺激市场对建筑材料的需求。中国不仅成为全球第二大经济体，也成为全球最大的商品生产国和进口国。

巨大的材料消耗量增长推动了世界经济的发展；但如果说 20 世纪后半叶出现了非物质化趋势的话，也因这样的增长而削弱了。如前文第 4 部分所述，我们选用水泥来说明这种影响，对比中国、美国和全世界对水泥的需求；在 98 种所选材料中，水泥的消耗量占比近 20%。水泥是主要建筑材料，制作混凝土时必不可少，应用单一，与其他材料不同（多数产品需要用到其他 97 种材料）。因此，从国家或地区层面来分析水泥的消耗量和产量都简单多了，调研水泥的进出口数据也容易得多；相比而言，塑料应用于大量产品中，所以要调研塑料的进出口数据就很难。

Smil（2014）做了一个引人注目的对比，描述了中国的"混凝土化"：整个 20 世纪，美国的混凝土消耗量是 4.56Gt——而中国在短短的 3 年内（2008—2010 年）用于新建筑工程的水泥就多达 4.9Gt，超过了美国；2009—2011 年，中国的水泥消耗量更大，达到 5.5Gt。图 15 描绘的是 1990—2015 年，中国与全世界（除中国外）的水泥产量对比。2014—2015 年，中国的水泥产量占全世界产量的 57% 左右；显而易见，中国的水泥产量大大提高了全世界的水泥产量。除中国外，全世界水泥产量年均增长仅为 40Mt，基本呈线性关系。

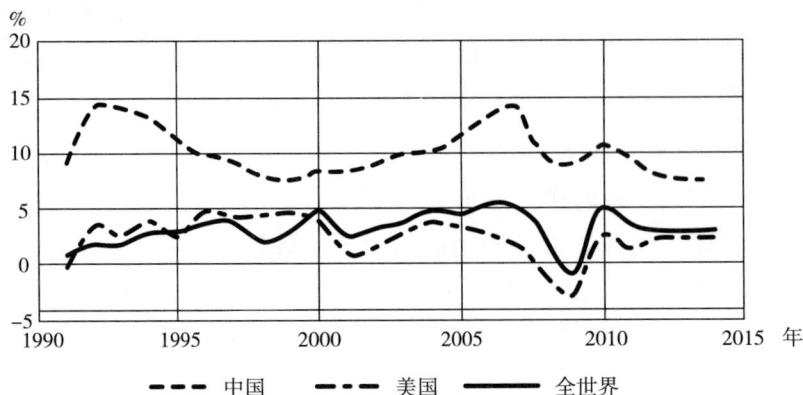

资料来源：世界银行，2016。

图 14　GDP 年均增长率（基于当地稳定的货币市场价格）

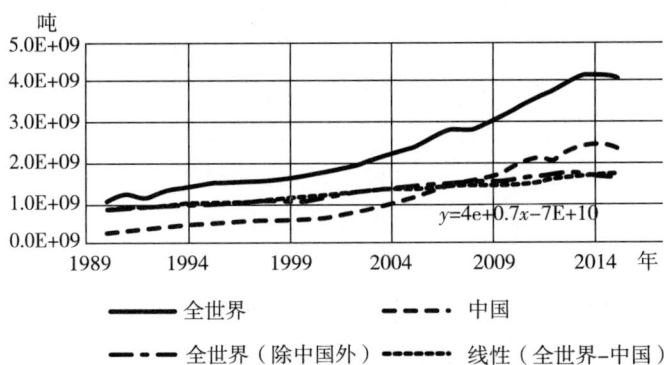

图 15　水泥产量对比——全世界总量、中国的产量及全世界（除中国外）总量

图 16 对比了 1990—2015 年中国的水泥消耗总量和总产量（减去中国的水泥出口量）；我们可以看到，两者之间的差距几乎为零，也就是说，事实上中国所生产的水泥都用于中国的基础设施建设。图 17 显示的是 1990—2013 年，美国、中国和全世界（除中国和美国外）的人均水泥消耗量。美国的人均水泥消耗量是按净消耗量来算的，即水泥总产量、进口量和出口量的差额。可以发现，1994—2013 年，中国的人均水泥消耗量翻了五番，而同期美国和全世界的人均消耗量并无太大变化，甚至美国的人均消耗量还稍有下降。2015 年，中国的人均水泥消耗量约为 1.71 吨，而美国的人均水泥约为 0.25 吨。

当然，如此巨大的建筑浪潮也推动了其他建筑材料的消耗与进口，如石灰、钢材、铁、平板玻璃、铝等，这也带动了矿物类材料和岩石类材料（这些是生产上述材料的必需品）的消耗与进口。在 21 世纪前 10 年里，就这些材料的消耗量变化，我们也发现了相似的猛增趋势。

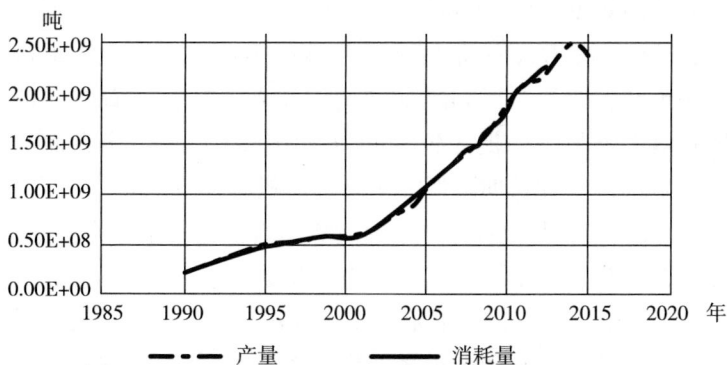

图16 中国水泥产量与消耗量之间的残差

最后，中国的现代化建设确实引起了全球物质化趋势和非物质化趋势的失衡。研究结果表明，越来越多的中国人能够承担更好的住房和更高的生活品质，相应的需求也越来越大，所以中国的人均材料消耗量相对大一些。但是，其中大部分属于一次性的建筑浪潮，等中国达到一定的住宅存量，等中国完成现代化的基础设施建设，这波浪潮就会退却，届时，中国也会遵循与世界其他国家和地区相同的模式，否则不合逻辑。图17的最后一段（2014—2015年）表明这种情况或许正在发生。不过，它们会被其他发展迅速的经济体（如印度）所取代，而取代的程度对于未来非物质化的结果至关重要。

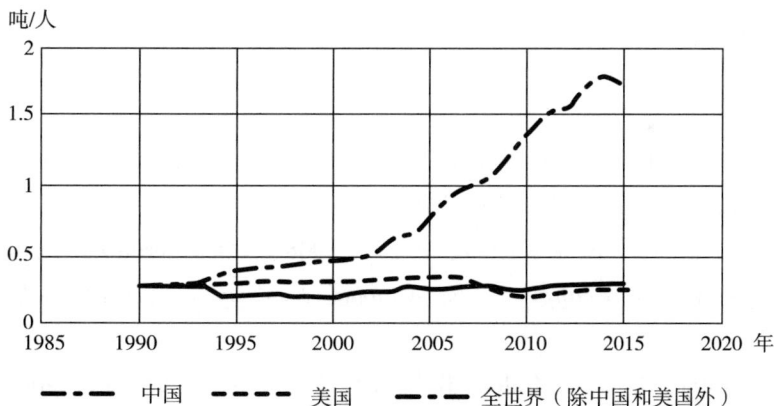

图17 美国、中国和全世界（除中国和美国外）的人均水泥消耗量

七、结语

本文旨在调查研究广泛应用于现代工程中的98种所选材料在过去50年的全球产量和消耗量，试图发现这些材料的非物质化和/或物质化趋势。研究结果并不能让我们说人类社会正在经历非物质化；但是我们也已在文中指出一些积极的趋势，而这些趋势能让我们对未来怀有乐观的态度：未来材料消耗量会减少，对环境造成的损害也会减少。总而言之，这些模式表明，商业模式不会单纯地一如既往，技术能力不断提高，也能够提高材料的使用效率。图 12 和图 13 呈现了我们对未来的美好期许：即便不会出现绝对非物质化，至少也呈现了一条可持续发展的康庄大道——在不持续增加材料消耗量的情况下，实现经济增长。正如之前的两位作者所述，随着时间的推移，要实现这样的目标需要降低需求弹性，提高技术能力。中国在水泥生产方面的重要角色显而易见，这很可能就是这样一种长期降低需求弹性的机制。

有些人或许认为图 12 呈现的结果（51 种材料呈现非物质化趋势）主要是因为过去几年，全球经济去增长或者全球经济衰退。就此，需要思考一下，许多经济学家指出，我们所经历的既不是全球经济衰退，也不是常见的经济危机；而是全球经济再也不会出现过去 60 年里出现的高速增长。近年的很多书籍（Gordon，2016；Heinberg，2011；Rubin，2012；Galbraith，2014）和技术报告（Summers，2016；Lang 等，2016；Buchanan，2016）都宣称，经济增长不复从前；换言之，不一定需要消耗更多的材料，就能创造财富。根据我们的研究分析，就 98 种所选材料而言，1960 年，人类创造一美元的价值，需要消耗 480 克材料；如今，只需 200 克材料就可以创造相同的价值。

致谢：作者 T. Devezas 和 A. Vaz 感谢葡萄牙科学技术基金会（FCT）通过机械与航空航天科研中心（C-MAST，UID/EMS/00151/2013）提供的资金支持，也感谢欧洲区域发展基金和葡萄牙中部地区协调发展委员会通过 EMaDeS 项目（CENTRO-01-0145-FEDER-000017）提供的赞助。

参考文献

［1］ Ausubel, J. H., & Sladovich, H. E. （1990）. Dematerialization. *Technological Forecasting & Social Change*, 37, 333 – 348.

［2］ Ausubel, J. H., & Waggoner, P. E. （2008）. Dematerialization：Variety, caution, and persistence. *Proceedings of the National Academy of Sciences* （*PNAS*）, 105, 12774 – 12779.

［3］ Bernardini, O., & Galli, R. （1993, May）. Dematerialization：Long-term trends in the intensity of use of materials and energy. *Futures*, 25, 432 – 448.

［4］ Buchanan, M. （2016）. *Humanity's race against itself*. Bloomberg View （February 16）.

［5］ Brookes, L. G. （1984）. Long-term equilibrium effects of constraints in energy supply. In L. Brookes & H. Motamen （Eds.）, *The Economics of Nuclear Energy*. London：Chapman and Hall.

［6］ Brookes, L. G. （2000）. Energy efficiency fallacies revisited. *Energy Policy*, 28, 6 – 7.

［7］ Dahmus, J. （2014）. Can efficiency improvements reduce resource consumption？

Journal of Industrial Ecology, 18 (6), 883 – 897.

[8] Galbraith, J. K. (2014). *The end of normal: The great crisis and the future of growth*. New York: Simon & Schuster.

[9] GFN. (2014). *Global Footprint Network (on line)*. Retrieved April 4, 2014, from http://www. footprintnetwork. org.

[10] Goodship, V. (2007). *Introduction to plastics recycling* (2nd ed.). London: Smithers Rapra.

[11] Goodship, V. (2010). *The instant expert: Plastics, processing, and properties*. Toronto: ChemTec Publishing.

[12] Gordon, R. (2016). *The rise and fall of American growth*. Princeton: Princeton University Press.

[13] Heinberg, R. (2011). *The end of growth: Adapting to our new economic reality*. Gabriola Island, Canada: New Society Pub.

[14] IRP. (2011). International Resource Panel (UNEP). Decoupling—natural resource use and environmental impacts from economic growth. United Nations Environmental Programme.

[15] IRP. (2014). International Resource Panel (UNEP). Decoupling 2—Technologies, Opportunities, and Policy Options. United Nations Environmental Programme.

[16] Jevons, W. S. (1865). The coal question: Can Britain survive? In A. W. Flux (Ed.), *The Coal question: An inquiry concerning the progress of the nation, and the probable exhaustion of our coal-mines*. New York: Augustus M. Kelley.

[17] Kander, A. (2005). Baumol's disease and dematerialization of the economy. *Ecological Economics*, 55, 119 – 130.

[18] Khazzoom, J. D. (1980). Economic implications of mandated efficiency in standards for household appliances. *Energy Journal*, 1 (4), 21 – 40.

[19] Krausmann, F. , et al. (2009). Growth in global materials use, GDP and population during the 20th century. *Ecological Economics*, 68 (10), 2696 – 2705.

[20] Lang, S. , Putz, P. , & Kopp, T. (2016). *Do Maure economies grow exponentially?* . arXiv: 1601. 04028.

[21] Lokensgard, E. (2010). *Industrial plastics—Theory and applications* (5th ed.). New York: Delmar, Congage Learning.

[22] Magee, C. L. , & Devezas, T. (2016). *A simple extension of dematerialization theory: Incorporation of technical progress and the rebound effect*. arXiv: 1602. 00090, 26 pgs (to be published in Technological Forecasting & Social Change).

[23] Nagy, B. , Farmer, J. D. , Bui, Q. M. , & Trancik, J. E. (2013). Statistical basis for predicting technological progresso. PLoS One, 8, 1 – 7.

[24] Rubin, J. (2012). *The end of growth*. Canada: Random House.

[25] Smil, V. (2014). *Making the Modern World: Materials and dematerialization*. New Jersey: Wiley.

[26] Summers, L. (2016). The age of secular stagnation: What it is and what to do about it. *Foreign Affairs*, February 15.

[27] Steinberger, J. K., Krausman, F., & Eisenmenger, N. (2010). Global patterns of materials use: A socioeconomic and geophysical analysis. *Ecological Economics*, 69, 1148 – 1158.

[28] Ziolkowska, J. R., & Ziolkowski, B. (2011). Product generational dematerialization indicator: A case of crude oil in the global economy. *Energy*, 36, 5925 – 5934.

第三部分

创业发展

技术创业的挑战：管理生物制药企业中专业间的冲突

Călin Gurău[①]

摘要：生物制药企业是典型的知识组织，其融合了多种专业领域的文化。商务人士和科学家是该行业两大主要的专业团体，这两大团体需要相互合作，以推动新兴生物制药企业走向成功。然而，这两大团体拥有不同的价值观，这也导致了组织内部的紧张和冲突。本文旨在找出生物制药中小企业中共存的专业人士之间的亚文化冲突，并分析经理人—企业家应采取何种冲突管理程序来协调组织中各个团体的利益、需求和愿景。

关键词：专业团体　生物制药中小企业　团体间的紧张与冲突　冲突管理　管理程序

一、引言

组织通常是指包含多元文化的系统（Lumineau 等，2015）。研究组织中文化问题的社会学家发现，与不同工种的社会异质性相似，组织文化中也包含异质系统（Gregory，1983；Herkenhoff 和 Heydenfeldt，2011；Martin 和 Siehl，1983；Martin 等，1985；Van Maanen 和 Barley，1985）。每个个体都代表并展现着不同专业（职业）文化，有时也代表特定阶层的文化（如工人阶层）。因此，组织文化与公司员工息息相关，公司中不同的专业和社会团体相互交流、和平共处，共同打造了组织文化（Irrmann，2002；Mudambi 和 Swift，2009）。

Francfort 等在 1986—1994 年进行了一项广泛研究，其选取 262 个组织作为样本，以证明存在多种文化身份。其中，只有 34% 的组织具有统一的组织文化（并不意味着是同质文化），这些组织通常是具有一定专业身份特征的公司，如面临巨大市场不确定性的中小企业，以及通过晋升奖励来鼓励共同应对挑战的跨国公司。此外，在同一组织内有多个文化团体的情况占 42%，这些组织通常可以明确界定，但这些组织之间没有相关关系。在所调查的组织中，有 24% 的组织存在文化解体情况，由于公司社会经济背景发生巨大变化，其旧有的、具有强大凝聚力的企业文化逐渐瓦解。

---

① Călin Gurău，蒙彼利埃商学院。

生物制药企业是典型的融合多种专业文化的知识组织（Hodgson，2001）。Mehta（2004）认为一家新的生物制药公司需要由两类企业家共同开创：技术发明者和市场感知者（见图 1）。实际上，在大多数情况下，生物技术企业的成功得益于科学家和市场营销人员的合作。企业家团队需要结合并运用两大团体互补的能力，使其初创公司度过各个发展阶段（见表 1）。

商务人士和科学家这两大专业团体需要合作，共同推动新兴生物制药企业走向成功。然而，这两大团体有着不同的价值观。因此，经理人（企业家）面临的挑战的核心是关于科学目的的两种不同理念的冲突（Ernø – Kjølhede 等，2001）。

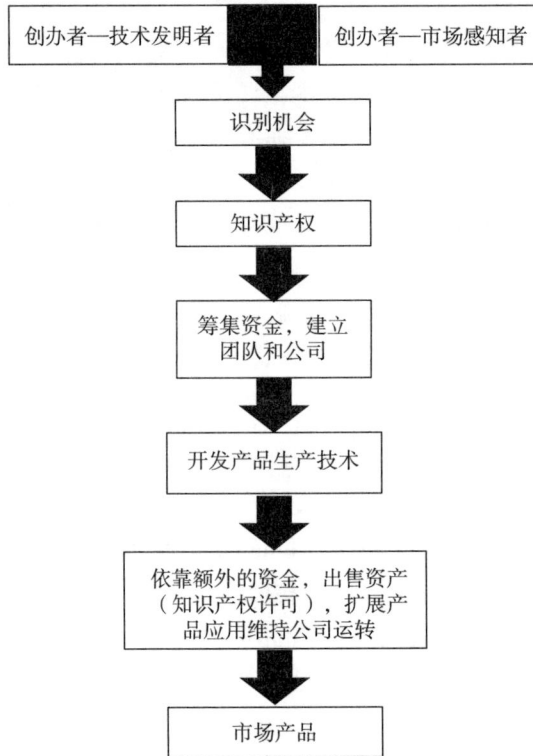

图 1　生物制药行业新兴企业创立过程（Mehta，2004）

表 1　　市场感知者和技术创业者的优势和劣势（改编自 Mehta，2004）

企业发展阶段	市场感知者	技术创业者
发现机遇	能力：全面了解市场，清楚产品特征 需要：探索合适的技术以满足市场的特定需求	能力：扎实掌握具体特定技术的专业知识。已取得同行、投资者和客户（学术研究人员，生物技术公司和大型制药企业）的信任 需要：确认产品拥有市场，界定产品特征

续表

企业发展阶段	市场感知者	技术创业者
保护知识产权	能力：明确了解市场应用，能熟练撰写知识产权声明 需要：完全获得知识产权专利组合	能力：有权许可其发明的使用权从大学转移到创业公司 需要：技术创业者兼具学术发明者、雇员以及公司高管多重身份，与许可权谈判双方均有关系，因此需要消除由此引发的利益冲突，了解未来知识产权的需求
筹建团队，创办企业	能力：能够推动商业化稳步发展，针对市场需求制订企业计划，且在这些方面拥有良好的企业信誉 需要：仔细评估技术发展的时间线，权衡大市场的热点，随着技术不断成熟，制订发展计划。如果在没有技术发明者参与的情况下获得技术许可，则需丰富的经验以应对信誉危机问题	能力：在公司发展初期，技术创业者拥有强大优势。在该阶段，公司主要致力于研究，大部分员工是技术人员。技术创业者可凭借其技术专长与投资者建立信任 需要：应对投资者提出的企业和商业贸易的问题。学习如何管理非科学家员工
开发产品生产技术	能力：以外部视角看待问题，着重关注产品开发过程，致力于扩大生产规模以达到大规模生产水平，获得市场认可，符合监管标准 需要：了解从研发到大规模生产阶段的过渡	需要：商业产品开发的经验，特别是扩大生产规模的经验。客观评估技术实际的潜力和优势
维持公司运转	能力：对业务需求和财务状况敏感，能够准确制定战略并管理知识产权	需要：明确其在成长型公司中或许并不是掌舵者，但其是特定技术岗位的领导者，如首席技术官，首席战略官或科学顾问委员会成员
市场	能力：能够根据各利益攸关者需要向他们提供市场潜在信息，组建商业团队，建立商业伙伴关系	需要：将重心从开发技术转移到迅速高效地建立强大商业团队上来

　　本文试图找出生物制药中小企业中共存的各专业亚文化的冲突，并分析经理人（企业家）应采取何种冲突管理程序来协调组织中各团体的利益和愿景。首先，本文简要介绍生物制药企业的营商环境。由于生物制药企业属于知识密集型行业，我们进而作出一系列假设，将冲突情况和冲突解决程序与具体情况（业务定位）和生物制药企业的发展（生命周期阶段和发展形势）相联系。在下一节中，将介绍用于收集和分析一手与二手数据的研究方法。其次，将介绍研究假设的相关结果。最后，本文将总结主要研究成果和研究局限性，并对未来研究提出建议（见表2）。

表2	对待科学的两种态度 ［改编自 Ernø – Kjølhede 等，2001］
个人主义者的视角	高技能员工的视角
研究人员为自雇人士，能够自我激励	研究人员有时需要激励
研究人员必须有自主权，自由决定自己的研究过程：自由思考是创造力和原创性的基础	研究人员必须将其研究过程与相关利益方的愿望相结合：自由思考和制度性思考
研究是少数人的个人事业，是精英人才的独特活动	研究是具有专业性的工作，是可以传授的技能
研究人员是个人主义者或是独来独往的人	研究人员是个人主义者也是团队成员

二、生物制药组织的营商环境

生物制药企业处于特殊的营商环境中，在该环境下，科学技术与产品开发各阶段的业务决策紧密相连。

对于大多数革新的治疗药物来说，其开发过程十分漫长，风险较高，且成本高昂（Phrma，2015）。开发新药需要对大量的原药材进行筛选（成功率通常为 0.025%），从开发到上市需历时 10 年或更久。同时，其成本可能会超过 5 亿美元（DiMasi 和 Grabowski，2007）。从新想法产生到最终产品实现商业化这一系列活动构成一条完整的增值链，该增值链可分为三个主要阶段：产品创新、产品开发以及产品商业化（Evans 和 Varaiya，2003；Walsh，1993）。每个阶段都由特定的活动和流程组成（Chandrasekar 等，1999；Phrma，2015）。

第一阶段是产品创新：

——萌生想法；

——检验想法的科学原创性和有效性；

——召集必要人才，整合技术和财务资源，以落实最初的想法；

——创建产品原型；

——为产品原型或生产过程申请专利。

第二阶段是产品开发：

——组织、启动小规模制造；

——测试产品；

在测试治疗药物时，这些试验需按照一系列连续的子阶段完成：

——临床前试验：在人体试验前，开展实验室研究和动物试验，确定产品的安全性和生物活性；

——临床试验：基于临床前试验结果，公司会获得批准，进而开展人体试验：

——阶段一：安全性试验——开展小规模的安全性试验，受试者为身体健康的志愿者；

——阶段二：安全性和有效性试验，初次试验完成后，公司进一步开展大规模试验以评估生物制药在治疗目标疾病、调节身体状况方面是否有效；不同于阶段一的试验，此次的受试者为患者；

——阶段三：控制安全性和有效性，若产品在阶段二的试验中呈现较好的有效性，产品将接受更大规模的临床评估以验证阶段二的结果。

根据所研究的疾病和数据评估要求，阶段三的试验需要数百甚至数千名患者参与。

——收集试验结果，提交产品申请，以获得政府专门机构的批准；

——获得政府专门机构批准后，大规模销售产品。公司需继续监控产品的不良反应，并向政府专门机构报告。

第三阶段是产品商业化：

——开展市场调研。

从理论上来说，市场调研应该在创新阶段之前开展。然而，在大多数情况下，生物技术的发现基于企业潜在的需求（Walsh，1993），在商业化阶段，企业需开拓其自己的市场。

——确定潜在客户的需求与主要客户群；

——制定适当的营销组合策略（产品、价格、分销、传播），将客户需求转变为市场需求；

——针对目标细分市场应用营销组合策略；

——开发市场，提高报价。

大多数生物制药中小企业着重于产品开发过程的前两个阶段（Saviotti，1998；Senker，1998），这与生物制药行业的特定结构有关。制药行业拥有完备的产品商业化基础设施，由特定的传统组织（药房、零售店、医院、国家卫生机构）控制和管理。既定的药品发展渠道由大型制药企业所控制（Azzone 和 Pozza，2003），而新兴生物制药企业则为新药开发周期提供了新选择。这些公司凭借基因工程技术的专业知识和高水平的创新能力，打破了制药行业的传统增值链（Pisano，2006）。

同时，生物制药产品的研发过程更简单且更便宜，例如诊断试剂和疫苗。另外，对配套服务，试剂和实验仪器的需求使许多专业服务商得以发展，这些服务商向专门的生物制药公司（所谓的平台技术企业）提供服务。

生物制药创业公司的主要竞争优势是灵活性和创新性。许多生物制药公司的研究人员都是由学术界转入商界的，而吸引他们的是商业活动潜在的回报（Briggs，1994）。这些科学家为创业组织营造了十分浓厚的学术氛围。许多生物制药中小企业的研发结构与大学研究团队类似，研发团队不再关注特定产品，而是关注技术或具体的研究领域（Pisano，2006），并且科学家拥有高度的自由和独立性。

研究表明，如果生物制药中小企业被收购或合并到更大、更官僚化的组织中，其高度创新性则会大打折扣（Briggs，1994）。这也解释了小公司和大型制药企业之间战略联盟和研究伙伴关系日益风行的原因。

在这个十分复杂的营商环境中，生物制药企业的企业家—经理人面临着两个相互冲突的挑战：一方面，他必须整合组织内的业务和科学文化，解决专业间的冲突，为开展对话和合作搭建平台；另一方面，他必须保护并发展组织的创新文化，以确保公司的竞争优势。

基于生物制药公司特殊的组织背景，本文的主要研究目的如下：

（1）找出生物制药创业公司中各专业的亚文化，并明确具体情况。

（2）探索各个专业团体之间利益，价值观以及工作方式的冲突。

（3）介绍创业团队用来协调生物制药公司中各专业亚文化的冲突管理程序。

下一节中，我们将依据上述研究目的作出一系列研究假设。

三、研究假设

在生物制药行业，知识是企业竞争力的核心。然而，生物制药知识是多维且复杂的：一方面，其有机整合了科学和商业知识；另一方面，其是显性知识（专利、研究和临床试验过程）与人力资本的结合。

知识管理各关键节点与创业组织战略性重组的各阶段紧密相关。通常，生物制药公司在其生命周期内会经历多个发展阶段：首先，创业团队将建立其知识产权组合，打造优秀的专业团队；其次，管理团队将设立战略目标，并开发产品和服务；最后，最终产品/服务成功开发后，公司方可进入商业化阶段。在这些阶段中，生物制药企业内部的专业团队的角色和文化以及各专业团队之间的关系都将会发展和变化。基于这种情况，本文作出下列研究假设：

假设 1　在生物制药公司生命周期的各个阶段，各专业团体之间的冲突不断演变。

此外，公司的发展也将带来组织结构的重要变化。微型企业（最多有 10 名员工）发展为小型企业（拥有 11 ~ 50 名员工），之后发展为中型企业（拥有 51 ~ 250 名员工），这一转变过程将会改变企业文化，使员工之间建立新的关系，并且会决定专业团体之间的紧张关系。因此，第二个研究假设为：

假设 2　随着生物制药公司的发展，专业团体之间的冲突将会不断演变。

公司的业务定位也是造成冲突的具体原因。对于生物制药公司来说，药品开发组织与平台技术企业之间存在着巨大的差异。药品开发组织面临着漫长且充满风险的研发过程，而平台技术企业则可以较快融入生物制药活动的增值链中，向其他制药组织提供专门的或标准的服务。考虑到这些差异，我们作出如下研究假设：

假设 3　专业团队之间的冲突受生物制药公司的业务定位影响。

受专业间冲突和生物制药公司背景情况之间关系的影响，管理者在处理这些情况时采用的解决办法也会变化——换句话说：

假设 1a（H1a）冲突管理程序将会在生物制药公司生命周期的各阶段不断演变。

假设 2a（H2a）冲突管理程序将随着生物制药公司的发展而改变。

假设 3a（H3a）冲突管理程序将会受到生物制药公司业务定位的影响。

四、研究方法

为了验证上述研究假设的有效性，本文收集并分析了二手和一手数据。首先，通过广泛的案头调研得到生物技术行业的具体特征以及生物制药公司所需的主要能力。在研究的第二阶段，通过在线数据库 Biotechanalytics（http：//www.biotechanalytics.com）访问了 82 家英国生物制药中小企业的网站。这些公司网站发布的数据深入剖析了生物制药中小企业中共存的主要专业类别，各专业的具体知识以及各专业在组织结构中的位置。最后，在研究的第三阶段，通过邮件或电话联系这 82 家企业，采访各个专业团体的代表和公司的经理或首席执行官。其中，有 28 家企业同意接受采访，回复率达 34.14%，这与同类研究相比有明显优势。

在每个受访组织中，开展 3~5 次半结构化访谈，受访者包括至少一名科学团队代表，至少一名营销团队成员以及公司的企业家—经理人。访谈时长为 45~90 分钟，访谈的问题涉及组织内部各专业的文化，各专业团体间产生冲突的领域，以及企业家—经理人用于调和各专业团体间分歧的冲突管理程序。

之后，通过定量和定性分析处理所获得的数据，统计出组织文化内部冲突的原因以及冲突管理的不同程序，并将其与这些公司的组织特征（规模、业务定位、所处的组织生命周期的阶段）交叉列表，由此来突出这些具体事件发生的特定条件，并区分不同类型的组织。另外，详细分析访谈的主题，以深入了解这些公司中文化之间的交流发展过程，管理不同类型知识间冲突所采用的方法以及受访组织的成功经验。

五、数据结果与数据分析

（一）受访生物制药中小企业的组织概况

在受访的生物制药中小企业中，有 5 家微型企业（员工人数低于 10 名），16 家小型企业（拥有 11~50 名员工），7 家中型企业（拥有 51~250 名员工）。这些企业中，22 家为药品开发公司，6 家为平台技术/服务提供商。此外，6 家企业处于发展的第一阶段：建立自己的知识产权组合，17 家企业处于产品/服务开发阶段（已经从产品或服务中获得直接收入）。

（二）生物制药公司中各专业的亚文化

在线收集的数据及通过访谈获得的数据均表明生物制药公司中有两大主要的专业团体：

（1）科学/学术团体：由生物学、生物化学、医学和遗传学专家与研究人员组成；

（2）商务专家：有经营/管理研究与经验（曾在大公司或创业公司工作，或曾担任企业顾问）。

这两大团体之间的区别并不是绝对的，大多数科学家也是管理团队的成员，他们曾进行过经营研究，也拥有在企业任职的工作经历。此外，企业的科学家创始人受到企业精神的影响，改变了其传统的专业观念。事实上，若将公司研究人员与科学界完全分离，对公司是不利的。应鼓励科学家与大学和研究机构保持联系，这样科学家能够获取最近科学发现的相关信息（Lam，2004）。因此，科学研究与企业经营这两大能力之间的关系是复杂的，在许多情况下，两者相互补充而并非相互冲突（Cohen 等，1999）。找出并运用适当的冲突管理程序能够促进两大能力相互补足，提升生物制药公司的竞争优势。

（三）组织内部专业间冲突的层面和类型

受访者提供的信息表明，两大专业团体有时相互冲突。冲突的主要原因如下：

（1）资源水平和分配——许多科学家认为分配给研发的资源不足，而商务人士则认为研究团队的要求不合理并且不符合其工作的预期成果；

（2）战略目标——就某些战略目标的可行性问题，科学家与营销专家会展开激烈辩论；

（3）项目及实施的时长——科学家经常备受压力，因为商务人士希望其能快速取得成果，但科学家认为就生物学实验和分析所需的具体时间来说，这是不切实际的；

（4）发展过程和内容层面的内部沟通问题——受访者认为应该采用更好的程序以促进两大专业团体之间的沟通，还应对发展内容进行调整以符合双方的理解水平；

（5）不满于有关战略目标问题的对外沟通——许多科学家认为管理团队发布的新闻稿过于乐观，忽视或掩盖了生物制药产品的风险和不确定性；

（6）某些科学团队成员担负的工作责任过于繁重，其研究潜力受到限制；

（7）科学的自主性——一些科学家认为他们的活动受到公司商业目标的限制，有时由于知识产权的原因，他们无法或需推迟公布重大的科学发现；另外，一些经理认为研究人员应该更加明确自己在企业中的角色，并且应更加严格遵守工作纪律。

总的来说，这些引起冲突的原因可分为两类：价值观冲突（战略目标、工作责任、科学的自主性），以及工作方式的冲突（资源的水平和分配、项目及实施的市场、内部及外部沟通）。这种分类相对而言具备参考价值，但是要更明确地界定专业间冲突的主要原因还需进一步研究。此外，这两类冲突紧密相连，因为工作方式的差异可视为价值观冲突的表现。

（四）公司背景情况对专业间冲突类型的影响

表3、表4及表5列出了与公司背景情况的不同特征相关的专业间冲突的原因。在一个组织中，可以发现不止一种冲突类型。在采访过程中，一些公司发现并报告了这种冲突，表中数据代表公司数量的百分比。

发展阶段影响着公司中专业间冲突的类型。在发展的第一阶段——建立知识产权组合，相较于其他两个阶段，经历冲突的公司比例相对较低。这主要是因为两大专业团体有共同的目标——将科学知识转化为独家专利，这一过程会形成特殊的协同关系。然而，即使在这一阶段，有一半的受访公司也曾经历公司战略目标方面的冲突，引发争论的原因是公司的未来业务定位——药品开发或平台技术。

在发展的第二阶段，所有公司都经历了多种形式的冲突。其中，最常见的原因是公司的战略目标（占比 88.2%），还有公司资源分配、项目时长、外部沟通（均占比 82.3%）。

对于发展到商业化阶段的公司来说，某些类型冲突的发生频率有所下降（战略目标和内部沟通），但其他类型冲突的发生频率仍然很高甚至不断上升（科学的自主性）。根据表 3 中的数据，研究假设 1 可以得到确认：

假设 1（H1）在生物制药公司生命周期的各个阶段，各专业团体之间的冲突不断演变。

组织的规模也会影响两大专业团体之间的冲突类型（见表 4）。在微型组织中，冲突出现的频率较低且类型较少。其他研究人员（Francfort 等，1995）也证实了这种现象，其原因是为了应对难以预测的营商环境带来的竞争挑战，要协同组织所有的能力。采访也指出，出现这种现象的原因可能是少数人之间良好的沟通以及创始人的创业动力。

在小型企业中，冲突的数量和种类显著增加。通常在这一阶段，公司仍面临着竞争挑战，但是战略选择的范围更加多样化，随着公司的不断发展，更偏向专业化。沟通程序变得更加复杂，简单的层级系统也已形成，在该系统中，业务经理担任首席执行官，科学家创始人担任科技官员或产品开发经理。

随着公司进一步发展为中等规模，组织程序变得更加成熟，内部结构更加固化。两大专业团体已明确界定，但通常以部门化和官僚化的形式共存。由于对职业能力的明确限定，关于科学自主性的冲突出现得更加频繁。这些数据证实了下列假设：

假设 2（H2）随着生物制药公司的发展，专业团体之间的冲突将会不断演变。

在业务定位方面，与平台技术组织相比，药品开发公司会经历更多的冲突。采访中，关于该情况有种有趣的解读：通常情况下，冲突频发是充满活力、灵活性和创新性的标志。然而，该解读也受到了这些冲突结果以及组织内部实施的冲突管理程序的有效性的影响。由此看来，平台技术公司出现较少冲突的原因是两大专业团体部门化程度的提高以及层级化组织程序的建立。很大一部分出现有关科学自主性冲突的公司支持这一解读。因此，其收集的数据可以证明以下假设：

假设 3（H3）专业团队之间的冲突受生物制药公司的业务定位影响。

表 3　　　　　　受访组织生命周期各阶段影响下的团体间冲突的原因

冲突原因/发展阶段	建立知识产权组合		产品/服务开发		商业化	
	数量（N）	百分比（%）	数量（N）	百分比（%）	数量（N）	百分比（%）
资源水平和分配	0	0	14	82.3	3	60
项目和实施的时长	1	16.7	14	82.3	3	60

续表

冲突原因/发展阶段	建立知识产权组合		产品/服务开发		商业化	
	数量（N）	百分比（%）	数量（N）	百分比（%）	数量（N）	百分比（%）
内部沟通	1	16.7	13	76.5	1	20
外部沟通	1	16.7	14	82.3	2	40
战略目标	3	50	15	88.2	1	20
工作责任	2	33.4	8	47.1	3	60
科学自主性	1	16.7	9	52.9	4	80
总计	6	100	17	100	5	100

表 4 组织规模影响下的团体间冲突的原因

冲突原因/公司规模	微型企业		小型企业		中型企业	
	数量（N）	百分比（%）	数量（N）	百分比（%）	数量（N）	百分比（%）
资源水平和分配	1	20	12	75	4	57.1
项目和实施的时长	0	0	15	93.7	3	42.8
内部沟通	0	0	13	81.2	2	28.6
外部沟通	0	0	15	93.7	2	28.6
战略目标	2	40	14	87.5	3	42.8
工作责任	1	20	11	68.7	1	14.3
缺乏科学自主性	0	0	9	56.2	5	71.4
企业总数	5	100	16	100	7	100

表 5 生物制药公司业务定位影响下的团体间冲突的原因

冲突原因/业务定位	药品开发		平台技术	
	数量（N）	百分比（%）	数量（N）	百分比（%）
资源水平和分配	15	68.2	2	33.3
项目和实施的时长	16	72.7	3	50
内部沟通	18	81.8	0	0
外部沟通	12	54.5	3	50
战略目标	16	72.7	1	16.7
工作责任	13	59.1	0	0
科学自主性	9	40.9	5	83.3
总计	22	100	6	100

六、冲突管理程序

管理团队实施的冲突管理程序应有效应对组织内部出现的冲突情况。恰恰相反的是，在采访中许多经理强调这些程序的目的不是完全消除专业团体之间的紧张关系，而是要在组织的两大团体间实现动态平衡。许多人认为这种可控的紧张关系远比没有冲突更加有益，因为没有冲突可能是组织僵化和官僚化的预兆。

访谈收集的数据表明，存在两种主要的冲突管理程序：

（1）综合程序，旨在促进组织内部沟通，增强人员之间的凝聚力和协同性；指出共同挑战；跨专业工作团队；奖励/晋升与公司整体业绩挂钩；通过采用参与程序来建立和实施公司战略。

（2）监管程序，旨在将组织能力集中于特定团体中（部门化），之后在结构清晰的层级系统（平行的层级结构）下建立明确的部门间互动程序（管理专业之间关系和标准化各专业的任务）。

在公司发展的初始阶段，管理层大多采用综合程序以提高组织的协同力（见表6）。在商业化阶段，情况完全相反。公司已经发展成熟，此时需要更明确具体的专业角色和任务。就战略可能性而言，产品/服务开发阶段最为复杂：经理试图协调综合程序和监管程序来减少内部冲突。表6的结果证实了下列假设：

假设1a（H1a）冲突管理程序将会在生物制药公司生命周期的各阶段不断演变。

所有受访的微型企业都采用第一类冲突管理程序以增强组织协同力的作用（见表7）。小型企业主要采用综合程序，但是在关键领域开始采用监管程序。虽然综合程序仍然留存，但是中型企业主要采用监管程序。随着公司的发展，参与程序越发难以推行（只有一家中型公司仍然采用该程序因为其员工数量较少，仅有55人）。该数据证明了下列假设：

假设2a（H2a）冲突管理程序将随着生物制药公司的发展而改变。

据表8显示，与公司业务定位相关的冲突管理程序有一定的差异。虽然这两类程序都为受访公司所采用，但是药品开发公司似乎主要运用综合管理程序，而平台技术组织多采用监管程序。因此，下列假设可以得到印证：

假设3a（H3a）冲突管理程序将会受到生物制药公司业务定位的影响。

表6 受访组织生命周期各阶段影响下的冲突管理程序

冲突管理/发展阶段	建立知识产权组合		产品/服务开发		商业化	
	数量（N）	百分比（%）	数量（N）	百分比（%）	数量（N）	百分比（%）
指出共同挑战	5	83.3	16	94.1	2	40
跨专业工作团队	5	83.3	16	94.1	1	20
奖励/晋升与公司整体业绩挂钩	6	100	15	88.2	3	60

续表

冲突管理/发展阶段	建立知识产权组合		产品/服务开发		商业化	
	数量（N）	百分比（%）	数量（N）	百分比（%）	数量（N）	百分比（%）
采用参与程序建立和实施公司战略	6	100	8	47.1	2	40
部门化	0	0	7	41.2	5	100
管理专业间关系	1	16.6	8	47.1	5	100
标准化专业任务	1	16.6	9	52.9	5	100
平行层级系统	0	0	5	29.4	5	100
公司总数	6	100	17	100	5	100

表 7　　　　　　　　　　　组织规模影响下的冲突管理程序

冲突管理/公司规模	微型企业		小型企业		中型企业	
	数量（N）	百分比（%）	数量（N）	百分比（%）	数量（N）	百分比（%）
指出共同挑战	5	100	14	87.5	4	57.1
跨专业工作团队	5	100	15	93.7	2	28.6
奖励/晋升与公司整体业绩挂钩	5	100	14	87.5	5	71.4
采用参与程序建立和实施公司战略	5	100	10	62.5	1	14.3
部门化	0	0	5	31.2	7	100
管理专业间关系	2	40	6	37.5	6	85.7
标准化专业任务	0	0	9	56.2	6	85.7
平行层级系统	0	0	5	31.2	5	71.4
公司总数	5	100	16	100	7	100

表 8　　　　　　　　　生物制药公司业务定位影响下的冲突管理程序

冲突管理/业务定位	药品开发		平台技术	
	数量（N）	百分比（%）	数量（N）	百分比（%）
指出共同挑战	20	90.9	3	50
跨专业工作团队	19	86.4	3	50
奖励/晋升与公司整体业绩挂钩	22	100	2	33.3
采用参与程序建立和实施公司战略	15	68.2	1	16.6
部门化	10	45.4	2	33.3
管理专业间关系	11	50	3	50

续表

冲突管理/业务定位	药品开发		平台技术	
	数量（N）	百分比（%）	数量（N）	百分比（%）
标准化专业任务	10	45.4	5	83.3
平行层级系统	5	22.7	5	83.3
总计	22	100	6	100

七、结论

本文采用此前研究组织亚文化的方法，以英国生物技术部门为例，旨在找出生物制药公司中存在的专业文化，并研究不同专业团体之间的关系。

依据团体间冲突的关系以及生物制药中小企业的概况，本文提出三个研究假设：

假设1（H1）：在生物制药公司生命周期的各个阶段，各专业团体之间的冲突不断演变。

假设2（H2）：随着生物制药公司的发展，专业团体之间的冲突将会不断演变。

假设3（H3）：专业团队之间的冲突受生物制药公司的业务定位影响。

此外，冲突管理程序的采用也与公司的具体特点息息相关，因此本文进而提出另外三个研究假设：

假设1a（H1a）：冲突管理程序将会在生物制药公司生命周期的各阶段不断演变。

假设2a（H2a）：冲突管理程序将随着生物制药公司的发展而改变。

假设3a（H3a）：冲突管理程序将会受到生物制药公司业务定位的影响。

通过采访生物制药企业中的两大专业团体的代表——科学家和商务专家收集到相关数据，并且证实了上述研究假设。

冲突管理程序是对组织内部冲突情况的直接反映，因此，研究这两个要素之间的关系具有重要意义。专业间冲突的类型和冲突管理程序选择之间的关系如下列矩阵所示（见图2），图2反映了四种不同类型组织的情况。

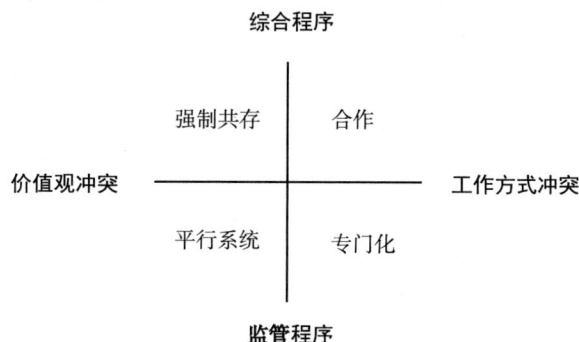

图2　冲突管理矩阵

（1）合作：若采用综合程序在不同工作方式之间成功建立动态协同，这会是最为积极的情况，既利于保持公司实力，又可以保持灵活性，提高公司创新能力和竞争优势。

（2）强制共存：采用综合冲突管理程序应对由不同价值观引发的冲突，会造成不稳定的局面，这也是反复出现的负面紧张局势和冲突的重要来源。

（3）平行系统：采用强有力的监管程序解决各专业间价值观的冲突，管理人员并不寻求不同价值观的虚假和解，而是将两个专业团体彻底分离，在组织中建立平行层级系统，这会最大限度地减少互动机会。

（4）专门化：采用监管程序解决工作方式冲突，明确的专业角色，规范两大专业团体间的互动。

相对而言，该模型仅具有一定的解释价值，因为研究结果表明，实际上，大多数组织处于多种冲突混合的境况。但是，尽管冲突管理矩阵在理论上有一定的局限性，业内人士仍可以使用该矩阵来确定组织类型，并选择最佳程序来调和内部冲突。

本文的局限主要体现在研究方法上，尽管回复率很高，但是所调研的组织数量较少，这可能会导致研究成果不能代表总体。但是，学者和业内人士仍可以在权衡这些局限的基础上，采纳本文的研究成果：

在所提出的研究结果的基础上，研究人员可以改进高科技公司中专业间冲突和冲突管理程序模型，在其他工业部门（信息、电子、农业生物技术等）或其他国家开展类似研究。

生物制药中小企业的经理人—企业家可以运用现有的结果来更好地了解并改善其组织的运作，基于公司具体情况采用更有针对性的冲突管理程序。

今后的研究可采用两种不同的研究方法。一方面，更多的定量研究可以更清晰地划分各类组织中的冲突管理方法。另一方面，案例研究可以帮助更好地理解每个受访组织的文化环境，以及各种冲突解决方法的具体影响。最后，应将这两种方法结合，建立解决专业间文化冲突的综合模型，并提出具体措施，以增强创新型组织的凝聚力。

参考文献

［1］Azzone, G., & Pozza, I. D. (2003). An integrated strategy for launching a new product in the biotech industry. *Management Decision*, 41 (9), 832–843.

［2］Briggs, P. S. (1994). *Biotechnology: A commercial evaluation*. Richmond: Script Reports.

［3］Chandrasekar, C. R., Helliar, C. V., Lonie, A. A., Nixon, W. A., & Power, D. M. (1999). Strategic management of innovation risk in the biopharmaceutical industry: A UK perspective. *International Journal of Healthcare Technology and Management*, 1 (1–2), 62–76.

［4］ Cohen, L. , Duberley, J. , & McAuley, J. （1999）. Fuelling discovery or monitoring productivity: Research scientists' changing perceptions of management. *Organization*, 6 （3）, 473 – 497.

［5］ DiMasi, J. A. , & Grabowski, H. G. （2007）. The cost of biopharmaceutical R & D: Is biotech different? *Managerial and Decision Economics*, 28 （4 – 5）, 469 – 479.

［6］ Dorabjee, S. , Lumley, C. E. , & Cartwright, S. （1998）. Culture, innovation and successful development of new medicines—An exploratory study of the pharmaceutical industry. *Leadership & Organization Development Journal*, 19 （4）, 199 – 210.

［7］ ErnφKjφhede, E. , Husted, K. , Mφsted, M. , & Wenneberg, S. B. （2001）. Managing university research in the triple helix. *Science and Public Policy*, 28 （1）, 49 – 55.

［8］ Evans, A. G. , & Varaiya, N. P. （2003）. Anne Evans: Assessment of a biotechnology market opportunity. *Entrepreneurship: Theory and Practice*, 28 （1）, 87 – 106.

［9］ Francfort, I. , Osty, F. , Sainsaulieu, R. , & Uhalde, M. （1995）. *Les Mondes Sociaux de l' Entreprise*. Paris: Descle'e de Brouwer.

［10］ Gregory, K. （1983）. Native-view paradigms: Multiple cultures and culture conflicts in organizations. *Administrative Science Quarterly*, 28 （3）, 359 – 376.

［11］ Gue'rin, G. , Wils, T. , & Lemire, L. （1996）. Le malaise professionnel: Nature et mesure du concept. *Relations Industrielles/Industrial Relations*, 51 （1）, 62 – 96.

［12］ Herkenhoff, L. M. , & Heydenfeldt, J. A. （2011）. A correlational study of professional culture and intraorganizational conflict. *The International Journal of Management and Business*, 2 （1）, 61 – 76.

［13］ Hodgson, J. （2001）. The headache of knowledge management. *Nature Biotechnology*, 19 （6）, 44 – 46.

［14］ Irrmann, O. （2002）. Organizational culture and identity strategies in international management: An interdisciplinary review. 28th EIBA Conference Proceedings, 8 – 10 December, Athens. www. aueb. gr/deos/EIBA2002. files/PAPERS/C63. pdf. Accessed January 2007.

［15］ Lam, A. （2004）. Work roles and careers of R & D scientists in network organisations. Brunel University, Working Paper No. 6. www. brunel. ac. uk/research/brese/pub/docs/lam_wp6. PDF. Accessed January 2007.

［16］ Lumineau, F. , Eckerd, S. , & Handley, S. （2015）. Inter-organizational conflicts: Research overview, challenges, and opportunities. *Journal of Strategic Contracting and Negotiation*, 1 （1）, 42 – 64.

［17］ Martin, J. , & Siehl, C. （1983）. Organizational culture and counter-culture: An uneasy symbiosis. *Organizational Dynamics*, 12 （2）, 52 – 64.

［18］ Martin, J. , Sitkin, S. B. , & Boehm, M. （1985）. Founders and the elusiveness of a cultural legacy. In P. J. Frost, L. F. Moore, M. R. Louis, C. C. Lundberg, &

J. Martin (Eds.), *Organizational culture*. Beverly Hills: Sage.

[19] Mehta, S (2004). Paths to entrepreneurship in the life sciences. *Bioentrepreneur*, vol. 26, October. http: //www. nature. com/cgi-taf/gateway. taf? g = 6 & file = bioent/building/entre/102004/full/bioent831. html. Accessed December 2004.

[20] Mudambi, R. , & Swift, T. (2009). Professional guilds, tension and knowledge management. *Research Policy*, 38 (5), 736 – 745.

[21] Persidis, A. (1996). Building molecular value. *Journal of Business Strategy*, 17 (2), 18 – 21.

[22] Phrma. (2015). Biopharmaceutical research & development: The process behind new medicines. www. phrma. org/sites/default/files/pdf/rd_brochure_022307. pdf. Accessed January 2016.

[23] Pisano, G. P. (2006). Can science be a business? Lessons from Biotech. *Harvard Business Review*, 84 (10), 114 – 124.

[24] Saviotti, P. P. (1998). Industrial structure and the dynamics of knowledge generation in biotechnology. In J. Senker (Ed.), *Biotechnology and competitive advantage*. Cheltenham: Edward Elgar.

[25] Senker, J. (1998). Biotechnology: The external environment. In J. Senker (Ed.), *Biotechnology and competitive advantage*. Cheltenham: Edward Elgar.

[26] Van Maanen, J. , & Barley, S. (1985). Cultural organization: Fragments of a theory. In P. J. Frost, L. F. Moore, M. R. Louis, C. C. Lundberg, & J. Martin (Eds.), *Organizational culture*. Beverly Hills: Sage.

[27] Walsh, V. (1993). Demand, public markets and innovation in biotechnology. *Science and Public Policy*, 20 (3), 138 – 156.

跨国公司创业中的认知差距：知识转移工具的作用

Mara Brumana① Lucio Cassia② Davide Gamba③ Tommaso Minola④

摘要：本文重点介绍跨国公司中的知识转移，并分析知识共享中认知差距在多大程度上以及在何种条件下会对绩效产生影响。本文构建并测试了有调节的中介模型，该模型表明知识共享认知差距是能力认知差距的先决条件，而能力认知差距又会对子公司绩效产生负面影响。研究结果表明，知识转移工具，特别是技术协调机制，在为跨国公司间共享知识营造最佳环境方面发挥着至关重要的作用。

关键词：认知差距 跨国公司创业 知识转移 知识转移工具 跨国公司

一、引言

当今社会处于全球化进程中，并深受自由主义和自由市场体系的影响，随着变革和创新的加速，当前经济不断发展。人们生活在第四次工业革命（Schwab，2016），也称工业4.0的热潮之中。基于物联网和云计算带来的新技术（Kagermann 等，2013），这场革命涵盖了自动化和经济领域的知识交流（Hermann 等，2016），其特点是波动性、不确定性、复杂性和模糊性（Abidi、Joshi，2015）。

在新形势下，跨国公司（MNCs）内部的知识共享关系仍然至关重要。此外，由于地理、文化和制度差异（Kostova，1999；Berry 等，2010），知识共享关系也是决定国际化战略成败的主要因素（Reus 等，2015）。换句话说，组织间网络的协调是跨国公司的主要问题（Bartlett 和 Ghoshal，1988）。由于双方对整体的不同看法以及双方的利益不尽相同，跨国公司中的关系可以通过二元混合动机模型表示（Birkinshaw 等，2000）。例如，其中一方希望自主经营，而另一方需要管理；一方看到的是创业机会，而另一方则视其为投机主义。在这些情况下，一系列认知差距便会相继出现（Birkinshaw 等，2000；Chini 等，2005）。

认知差距是国际企业中的普遍现象（Ghoshal 和 Nohria，1989；Nohria 和 Ghoshal，

---

① Mara Brumana，贝加莫大学。
② Lucio Cassia，贝加莫大学。
③ Davide Gamba，贝加莫大学。
④ Tommaso Minola，贝加莫大学。

1994），其可能会引发跨国公司（Birkinshaw 等，2000）中异常的紧张关系和组织冲突，而这都与不满和消极情绪有关（Schotter 和 Beamish，2011）。认知差距可能会破坏组织的经济和社会结构，进而影响绩效（Chini 等，2005；Monteiro 等，2008）。

本文研究了跨国公司内部的知识共享过程，特别是：（1）与知识共享和子公司能力相关的认知差距对子公司绩效的影响；（2）知识转移工具的作用。

二、理论背景与研究假设

（一）跨国公司中的知识转移

对跨国公司创业的研究着眼于跨国公司，研究国际市场中对商业机会的定义、评估和利用（Zahra 等，2004）。跨国公司是跨越国界、寻求探索、制定规章、评估并利用机会以提供未来商品和服务的企业（Oviatt 和 McDougall，2005）。

在跨国公司内部，通常有两个组织参与者：总部（HQ）和子公司。总部为公司执行办公室所在地，但这并不一定是大多数员工工作的地方。子公司是跨国公司的附属公司，位于国外，并且其至少 51% 的所有权由母公司拥有（Bouquet 和 Birkinshaw，2008）。总部和子公司的标准组织配置模型为以总部为中心的模型，该模型中，相对于子公司而言，总部地处中心区域（Freeman，1979）并掌控关键资源（Pfeffer 和 Salancik，1978）。然而，当子公司在当地拥有高度自由，并独立于总部时，便形成以子公司为中心的模型。无论如何，基于总部和子公司相互作用的网络是知识转移的重要工具（Oviatt 和 McDougall，1994）。

知识是指所积累的实践技能或专业知识，其可使人们顺利有效地做事（Kogut 和 Zander，1992）。人们通常基于知识的性质将其分类（Campisi 和 Passiante，2007）。因此，学者们确定了两类知识：显性知识和隐性知识（Polanyi，1966）。显性知识可以通过单词和数字轻松表达、编撰、获取，并可以描述（He′lie 和 Sun，2010），其表现形式为数据、科学公式和规范（Nonaka 等，1998）。相反，隐性知识深深嵌入个体（Ravetz，1971）和具体情境（Sternberg，1994）中，难以形式化和分享（Nonaka，1991）。

知识管理是指创造、获取、分享和应用知识的过程或表现，其可促进学习、提高绩效（Armstrong，2010）。知识管理涵盖识别、共享和生成知识的过程。知识管理需要系统构建并保存知识库，进行知识转移和组织学习。据文献定义，传递知识的行为是指一个单位（例如，团体或部门）受另一个单位的经验影响的过程（Argote 和 Ingram，2000）。知识管理项目的回报与知识管理工具的质量和充分性直接相关（Quagini，2004）。用于管理组织内知识的工具包括专题论坛、聊天、动态 FAQ（常见问题解答，例如雅虎知识堂 Yahoo！Answer）和内容管理系统（例如 MediaWiki 平台）。大体上，此前研究将知识转移工具分为两类：个人协调机制（PCM）和技术协调机制（TCM），这两类工具既相互替代又相互补充（Wang 和 Noe，2010；Ambos 和 Ambos，2009；Haas 和 Hansen，2005；Schulz 和 Jobe，2001）。

个人协调机制关系到接收方和发送方之间的紧密合作。这种关系为知识交流提供了社会基础（Nonaka 等，2000），并支撑着组织内的知识共享（Szulanski，1996；Dyer 和 Nobeoka，2000；Hakanson 和 Nobel，2001；Almeida 和 Phene，2004）。一方面，发送方和接收方之间的牢固关系有利于各参与者的理解；另一方面，这种牢固关系也会使相关知识更加可信。个人协调机制包含以下工具：

- 教练计划，员工在练习新技能时会受到主管的反馈和指导。
- 导师计划，属于组织赞助计划，将员工与经验较丰富的员工或经理配对，使其获得有关职业发展的指导和建议。导师会对在特定情况下应该做什么，如何做以及为什么值得做等相关问题提出建议。
- 两人一职，两名员工暂时担任同一职位。当隐性信息在实现预定结果中发挥基础性作用时，该工具会有利于共享隐性信息。
- 工作影子计划，经验不足的员工与拥有相关技能的员工配对。在处理日常问题时共享知识。
- 在职培训，学习过程的一部分，是指在实际工作现场内，通过完成任务对员工进行指导。这既能使员工学习技能，又能以实践或在职的方式应用知识。
- 退休员工，退休老员工重返工作岗位，为组织提供知识和专业技能，培训经验不足的员工，分享专业知识。
- 工作轮换，属于正式计划，一名员工与另一名员工交换工作，进行交叉培训，以获得更多的组织知识。这与日本持续改善方法中的多元能力和多重价值理念直接相关。
- 实践社区（CoP），属于个人团体，没有正式的工作团队，员工分享一段时间内的工作经验，聚在一起共享信息和知识。

个人协调机制以相关参与者之间面对面的联系为特征，具体体现为联络人员（例如导师计划）、临时任务组（例如两人一职）或是常设团体（例如实践社区）。

相反，技术协调机制旨在最大限度地利用嵌入分离单元网络中的资源。信息技术工具是此类知识转移工具的核心。公司若能够使用信息技术基础设施进行知识转移，往往会表现出较高的组织效率（Irma Becerra-Fernandez，2001；Gold 和 Arvind Malhotra，2001）。技术协调机制包含以下工具：

- 在线学习，结合人工智能，实时学习方法和计算机，旨在传递知识和信息。当用户遇到问题时，可以通过信息技术系统（IT 系统）访问所有的组织政策和程序，甚至可以使用培训组件实时学习。
- 维基（Wikies）是协作网站，个人可以轻松编辑、删除和修改与特定主题相关的内容。
- 工作流程图，系统记录整个流程，该工具使用图片和符号来讲述故事，通过书面和图形来表示该做什么、何时做，以及如何进行关键流程的操作。
- 聊天群和网络讨论组：发送方通过聊天或论坛将知识传递给接收方。

（二）跨国公司中的认知差距

当知识无法完全转移时，可能会出现一些现实扭曲，也就是认知差距。相关文献将跨国公司中的认知差距（PG）定义为总部与子公司之间关于跨国公司管理过程的认知差异（Chini 等，2005）。社会心理学（March 和 Simon，1958；Cyert 和 March，1963）认为，认知理论解释了个体如何解读、评估并根据他们对他人的认知开展行动。

本文研究了两个主要的认知差距：知识共享认知差距（KSPG）和能力认知差距（CPG）（Asakawa，2001；Monteiro 等，2008）。知识共享认知差距将跨国公司视为由不同组织组成的开放系统，且面临着不确定性（Thompson，1967）。由于跨国经营存在很大的不确定性，总部与子公司之间共享的信息量很大。当双方对当地环境不确定性程度的认知不同时，就会出现问题。在这种情况下，知识共享认知差距便会出现（Asakawa，2001；Chini 等，2005）。能力认知差距是指对子公司能力认知的差距（例如收集和共享当地市场信息的能力），其影响着跨国公司中知识转移的频率。能力认知差距会导致子公司受到孤立，因为双方都低估了分支机构的能力，分支机构没有收到任何知识转移，最终导致子公司绩效下滑（Monteiro 等，2008）。

（三）研究问题和假设

假设知识转移是能力发展的前提，我们认为知识共享的差距越大，知识共享所带来的能力差距就越大。换句话说，本文旨在将知识共享认知差距视为能力认知差距的可能前提。此外，我们认为技术协调机制和个人协调机制的选用将影响这种关系。基于 Monteiro 等（2008）的研究，本文假设能力认知差距影响跨国公司内的知识流动（频率），会使子公司受到孤立，从而影响子公司绩效。

因此，本文的研究问题如下：知识共享认知差距在多大程度以及何种条件下影响跨国公司内的能力认知差距，从而影响子公司绩效？为了解决这个问题，本文提出了四组假设，构建并进行了有调节的中介模型检验。在该模型下，知识共享认知差距（自上而下和自下而上的知识流动）影响着能力认知差距，并且通过知识转移工具来调节这种关系。最终，能力认知差距会影响子公司绩效。

第一个假设涉及自上而下的知识流动，本文认为与总部信息共享过程相关的知识共享认知差距水平越高，能力认知差距水平越高。

• *假设 1A*：知识由总部共享给子公司，在该情况下，知识共享认知差距与能力认知差距呈正相关。

• *假设 1B*：总部采用的知识转移工具能够调节知识共享认知差距与能力认知差距的关系，在这种情况下，随着总部采用更高水平的技术协调机制和个人协调机制，总部的知识共享认知差距与能力认知差距之间的正相关关系会变弱。

同样，在自下而上的知识流动中，与子公司信息共享过程相关的知识共享认知差距水平越高，能力认知差距水平越高。因此：

• *假设 2A*：知识由子公司共享给总部，在该情况下，知识共享认知差距与能力认知差距正相关。

• *假设 2B*：子公司采用的知识转移工具能够调节知识共享认知差距与能力认知差距的关系，在这种情况下，随着子公司采用更高水平的技术协调机制和个人协调机制，分支的知识共享认知差距与能力认知差距之间的正相关关系会变弱。

此外，基于 Monteiro 等（2008）的研究，本文假设能力认知差距会对子公司绩效产生负面影响。从而作出下列假设：

● 假设 3：能力认知差距与子公司绩效呈负相关关系。

为评估能力认知差距在整个模型中的中介作用，本文还作出以下假设。

● 假设 4：能力认知差距可以调节总部知识共享认知差距（子公司知识共享认知差距）与子公司绩效之间的关系。

图 1 总结了整体模型以及变量之间的预期关系。

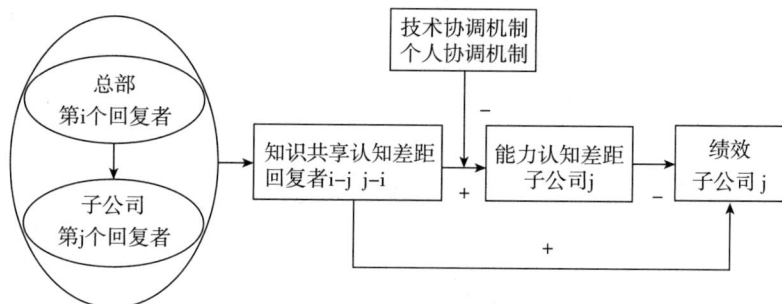

注：二元对（虚线椭圆形）包含总部的"第 i 个"回复者和子公司的"第 j 个"回复者。自上而下的知识共享认知差距以下标"i–j"标记，而自下而上的知识共享认知差距以下标"j–i"标记。"第 j 个"受评估子公司的能力认知差距和绩效则以下标"j"标记。

图 1　理论模型

三、方法

此前研究（Chini 等，2005；Monteiro 等，2008）对一家意大利跨国公司进行调研，其通过问卷调查的方式收集相关数据（有关案例的简要说明见附录一）。问卷的发放对象为 51 名总部员工和来自 9 家分支机构的 13 位经理。总回复率为 56%（34 名受访者），其中，29 名（约占人数 51 的 57%）来自总部，5 名（约占人数 9 的 59%）来自分支机构。同时，研究还将所收到的调查结果组成二元对。而本文基于 Asakawa 的方法（2001），旨在衡量总部和子公司彼此间的信息认知差距，我们认为只有当双方（总部和相关分支机构）都作出回应时，调查问卷才有效。基于此，本文收集了 78 个二元对。受访者针对每个问题，在 1~5 和 1~7 李克特量表上选出其满意度。调查问卷涉及以下项目（完整的项目列表，请参见附录二；有关变量的控制，请参见附录三）。

能力认知差距。我们通过向总部和子公司的受访者询问分支机构的能力来调查该项目。具体而言，使用 Monteiro 等（2008）提出的多项量表，通过三项量表和 1~7 李克特量表（1 表示低于平均值，4 为平均值，7 为高于平均值）来评定第 j 个子公司的能力等级。基于 Birkinshaw 等（2000）的方法，我们首先从子公司的回复中减去总部的回复，计算出双方认知差距，得到 13 级顺序量表。用数学符号表示为

$$C_{pgk} = C\_h_{i \to j} - C\_s_j$$

总部向子公司的知识共享认知差距。该变量涉及从总部到子公司的信息流动，本文基于 Asakawa（2001）的成果对该变量加以操控。受访者根据 1~5 李克特量表评估从总部到子公司的知识流动，其中 1 表示非常不同意，5 表示非常同意。针对每个评估，我们首先从子公司的回复中减去总部的回复，计算出能力认知差距并得到 9 级顺序量表。用数学符号表示为

$$KSH_{pgk} = KS\_h_i - KS\_s_j$$

子公司向总部的知识共享认知差距。该项涉及从子公司到总部的信息流动（Asakawa，2001）。受访者基于 1~5 李克特量表评估此类知识流动，其中 1 表示非常不同意，5 表示非常同意。我们首先从总部的回复中减去子公司的回复，计算出能力认知差距，并得到 9 级顺序量表。用数学符号表示为

$$KSSpg_k = KS\_s_j - KS\_h_j \to j$$

子公司财务绩效。基于 Monteiro 等（2008）的方法，我们请子公司的受访者自行评估其财务绩效。该项评估基于 1~7 李克特量表（1 表示比平均值低，4 为平均值，7 表示高于平均值）。用数学符号表示为

$$FQ_j = \{1, 2, 3, 4, 5, 6, 7\}$$

知识转移工具。我们采用两种不同方法评估个人协调机制（PCMs）和技术协调机制（TCMs）。本文采用了 Ambos 和 Ambos（2009）使用的多项量表，同时还引入了二元对概念（Asakawa，2001）。此外，个人协调机制变量包括对个人协调机制的三项评估。本文要求受访者说明他们对联络人员，临时任务组和常设团队的依赖和使用情况。受访者基于 1~7 李克特量表对三种知识共享进行评估，其中 1 为非常不同意，7 为非常同意，进而得到 7 级顺序量表。此外，我们还引入个人协调机制使用缺口的概念，用来表示总部和子公司之间对这些工具的使用差距，进而得到 13 级顺序量表。用数学符号表示为

$$PCMpg_k = PCM\_s_j - PCM\_h_i$$

技术协调机制包含多个项目，旨在评估受访单位使用技术工具进行单位间知识共享的能力。该项涵盖不同的工具，这些工具通常是知识管理系统的一部分，包括用于绘制知识图谱的技术工具、团队协作工具、专业知识指导、最佳范例和经验教训。受访者基于 1~7 李克特量表评估四种知识共享技术协调机制，其中 1 表示非常不同意，7 表示非常同意，并得出 7 级顺序量表。同样，我们也引入技术协调机制使用差距，用来表示总部和子公司之间对这些工具的使用差距，并得到 13 级顺序量表。用数学符号表示为

$$TCMpg_k = TCM\_s_j - TCM\_h_i$$

在我们的实验中，我们将受访者的任期、知识的性质（通过衡量其隐性）、总部与子公司之间的地理距离以及东道国的经济发展水平作为控制变量。

任期。通过要求总部受访者量化其在公司的工作时间来操控该变量。

知识的隐性。基于 Monteiro 等（2008）的方法来控制该变量。受访者会读到 4 个句子，句子内容为其对组织知识的看法，受访者基于 1 ~ 7 李克特量表进行评估，其中 1 表示非常不同意，7 表示非常同意。我们计算出绝对值，以得到隐性程度的总览图（在这种情况下，知识流动的方向无关紧要），我们得到 7 级顺序量表。用数学符号表示为

$$TACpg_k = |TAC\_s_j - TCM\_h_i|$$

地理距离。本文基于 Ambos 和 Ambos（2009）的方法来控制此变量。本文中，我们将发送方和接收方两个单位之间的绝对公里[①]作为地理距离。分析时，本文使用这些绝对值的自然对数（Monteiro 等，2008）。

东道国经济水平。现有文献指出，东道国的经济发展水平可能会影响知识共享流动（Monteiro 等，2008；Gupta 和 Govindarajan，2000）。因此，本文收集了世界银行发布的 2014 年人均收入报告（单位：美元)[②]。

在进行回归分析之前，我们进行了三次准备测试，检查了以下数据：所用量表的可靠性、调查项目的有效性以及自变量的潜在多重共线性。第一次准备测试主要评估调查所用量表的可靠性，特别是所有多项目量表。我们使用克朗巴哈系数 α（1951）检验量表的可靠性，该系数为一个统计量，用来测量内部一致信度（Gliem 和 Gliem，2003；Litwin，1995；Churchill，1979）。测试结果显示，所调查项目具备可靠性，其 α 系数值高于 0.8。然而，唯一的例外是隐性知识，其克朗巴哈系数 α 为 0.51。因此，必须谨慎使用该项目。第二项准备测试通过因子分析评估调查项目的有效性。因子分析是一项统计技术，旨在减少用来解释现象的因子数量，其主要目标是确定一些潜在变量，并且这些变量少于初始变量。所选调查项目的可靠性和内部一致性已得到证实后，我们通过主成分分析（PCA）提取因子。具体而言，每个项目只有一个特征值大于 1（隐性值是唯一的例外，有两个特征值大于 1）。隐性值的结果是两个控制变量的分解：

$$因子 1 \rightarrow 知识的外部运用 = \frac{项目 3 + 项目 4}{2} \tag{1}$$

$$因子 2 \rightarrow 知识的内部运用 = \frac{项目 1 + 项目 2}{2} \tag{2}$$

最后，使用方差膨胀因子（VIF）检查自变量的多重共线性。方差膨胀因子是衡量共线性的指标，VIF 值越大，模型中所研究的自变量之间的关系越紧密。Hair 等（2006）的拇指规则指出，VIF 值大于 10，则表示具备多重共线性。然而，我们的样本中没有发现多重共线性。

四、结果

为验证假设 1，共采用四个模型，以清楚地解释变量之间的关系。

---

① 公里计算工具为 www. distancefromto. net。
② 2014 年数据来自 data. worldbank. org。

表1验证了假设1，并表明知识认知差距越大，子公司能力认知差距越大。技术协调机制可降低知识共享认知差距对能力认知差距的影响。最终的模型如表1所示：

表1　　回归分析结果——能力认知差距以及自上而下知识流动的技术协调机制

变量	模型1	模型2	模型3	模型4
任期	-0.142 (0.107)	-0.182** (0.0784)	-0.202*** (0.0775)	-0.215*** (0.0762)
距离	0.116 (0.0999)	-0.0690 (0.0767)	-0.132 (0.0824)	-0.0739 (0.0865)
内部隐性	-0.503*** (0.107)	-0.252*** (0.0839)	-0.0898 (0.120)	-0.0501 (0.119)
外部隐性	0.0203 (0.112)	0.0559 (0.0822)	-0.0103 (0.0880)	-0.0444 (0.0880)
总部的知识共享认知差距		0.659*** (0.0805)	0.574*** (0.0912)	0.519*** (0.0938)
技术协调机制使用差距			-0.246* (0.132)	-0.283** (0.131)
技术协调机制·知识共享认知差距				-0.178* (0.0957)
常量	-0.159** (0.0801)	-0.469*** (0.0801)	-0.491*** (0.0801)	-0.513*** (0.0801)
校正决定系数	0.2123	0.5703	0.5827	0.5947
观测数	78	78	78	78

注：①括号中为标准误差。
②***$p<0.01$，**$p<0.05$，*$p<0.1$。

$$\text{能力认知差距（TCM）} = \begin{aligned} & -0.513 \\ & +0.519 \times 知识共享认知差距(总部 \rightarrow 分公司) \\ & -0.215 \times 任期 \\ & -0.283 \times 技术协调机制 \\ & -0.178 \times 技术协调机制知识共享认知差距 \end{aligned} \qquad (3)$$

个人协调机制的分析结果表明，知识认知差距越大，子公司能力认知差距越大（见表2）。但是，个人协调机制不会影响知识共享认知差距和能力认知差距之间的关系。

个人协调机制的最终模型如式（4）所示：

$$
能力认知差距（个人协调机制） = \begin{array}{l} -\,0.520 \\ +\,0.496 \times 知识共享认知差距（总部 \rightarrow 子公司） \\ -\,0.215 \times 任期 \\ -\,0.332 \times 个人协调机制 \end{array}
$$

$$(4)$$

本文同样采用四种模型验证假设 2。研究发现，技术协调机制使用差距能够调节知识共享认知差距对能力认知差距的影响。相反，数据显示，个人协调机制对自下而上的知识流动的调节作用并不显著。技术协调机制下的自下而上的知识流动的最终模型如式（5）所示：

$$
能力认知差距（技术协调机制） = \begin{array}{l} -\,0.513 \\ -\,0.215 \times 任期 \\ +\,0.519 \times 知识共享认知差距 \\ -\,0.283 \times 技术协调机制 \\ -\,0.178 \times 技术协调机制知识共享认知差距 \end{array}
$$

$$(5)$$

此外，个人协调机制的最终模型如式（6）所示：

$$
能力认知差距（个人协调机制） = \begin{array}{l} -\,0.360 \\ -\,0.213 \times 任期 \\ -\,0.686 \times 个人协调机制 \end{array}
$$

$$(6)$$

表 2　回归分析结果——能力认知差距以及自上而下知识流动的个人协调机制

变量	模型 1	模型 2	模型 3	模型 4
任期	-0.142 (0.107)	-0.182^{**} (0.0784)	-0.213^{***} (0.0758)	-0.215^{***} (0.0754)
距离	0.116 (0.0999)	-0.0690 (0.0767)	-0.107 (0.0745)	-0.0764 (0.0811)
内部隐性	-0.503^{***} (0.107)	-0.252^{***} (0.0839)	-0.0740 (0.103)	-0.0582 (0.104)
外部隐性	0.0203 (0.112)	0.0559 (0.0822)	-0.0109 (0.0823)	-0.0219 (0.0827)
总部的知识共享认知差距		0.659^{***} (0.0805)	0.510^{***} (0.0943)	0.496^{***} (0.0951)
个人协调机制使用差距			-0.327^{*} (0.120)	-0.332^{**} (0.119)
个人协调机制·知识共享认知差距				-0.0899 (0.0976)

续表

变量	模型 1	模型 2	模型 3	模型 4
常量	-0.159^{**} (0.0801)	-0.469^{***} (0.0801)	-0.515^{***} (0.0801)	-0.520^{***} (0.0801)
观测数	78	78	78	78

注：①括号中为标准误差。

②$***p<0.01$，$**p<0.05$，$*p<0.1$。

为检验假设 3 和假设 4，我们采用了两个模型（见表 3）。

结果表明，能力认知差距越小，子公司财务绩效越好。总而言之，多种回归模型均验证了假设 3 并证实了 Monteiro 等的发现：能力认知差距对子公司财务绩效的影响是十分显著的，并且两者呈负相关关系。最终模型如式（7）所示：

$$子公司绩效 = -0.0146 \times 东道国经济发展水平 + 4.667 - 0.301 \times 能力认知差距 \tag{7}$$

表 3　　　　　　　　　　回归分析结果——子公司绩效

变量	模型 1	模型 2
东道国经济发展水平	-0.0183^{***} (0.00514)	-0.0146^{***} (0.00477)
能力认知差距		-0.301^{***} (0.0734)
常量	4.986^{***} (0.222)	4.667^{***} (0.216)
观测数	78	78
决定系数	0.142	0.229

注：①括号内为标准误差。

②$***p<0.01$，$**p<0.05$，$*p<0.1$。

表 4　　　中介分析结果——知识共享认知差距和自上而下知识流动情况

影响	值
间接	$-.16225201$
直接	$-.32631083$
总计	$-.48856284$

为完善分析，假设 4 着眼于知识共享认知差距与子公司财务绩效之间可能存在的直接关系。结果表明，能力认知差距对总部知识共享认知差距与子公司财务绩效之间直接关系的调节效应所占的比例为 33%，该数值为间接效应与总体效应之差（见表 4）。

据统计显示，子公司向总部共享知识时，认知差距的影响并不显著，因此我们没有对自下而上的知识流进行这种分析。为了详细测试上述调节效应，我们以 Baron 和 Kenny（1986）提出的四个满足条件为理论依据。具体而言，自变量必须影响因变量，自变量必须影响中介变量，中介变量必须影响因变量，并且若中介变量增多，那么自变量对因变量的影响变弱。数据显示，在上述四种情况下，各种关系都十分突出（数值达 10%），因此，我们认为调节是有效的。

五、总结

本文致力于探索跨国公司中的知识转移。分析表明，跨国公司参与者对知识共享过程的认知差距是能力认知差距的先决条件，能力认知差距进而又会对子公司绩效产生负面影响。研究成果还指出，知识转移工具，特别是技术协调机制，为跨国公司网络内部营造知识共享最佳环境方面发挥着至关重要的作用。因此，总部应在自上而下和自下而上的知识流动中引入技术协调机制而非个人机制。事实上，引入技术共享工具可以减少知识共享认知差距对能力认知差距的影响。例如，加大对维基或电子学习平台等内容管理工具的投资可以减少能力认知差距的出现，从而提高子公司的财务绩效。而这正是工业 4.0 时代信息技术工具（Ambos，2009）所带来的距离的消失。因此，本文有着直接的影响作用，并提出新颖的观点，特别是在知识共享工具作用的研究中，有进一步的发现。与此同时，本文的分析也有一定的局限性，在数据收集方面，本文仅调研了一家公司。此外，对跨国公司内部知识流动的研究，本文只关注了垂直流动——总部和子公司之间的知识共享，而忽略了横向流动——同级子公司之间的知识共享。今后的研究可以在本文定量分析的基础上，进一步分析文中提及的关系。例如，可以研究其他行业（例如服务业）或总部位于其他地方的公司，以对比验证本文的研究结果。

附录一　案例研究[①]

派克（PACK）是一家意大利制造公司，经营包装行业。该公司成立于 20 世纪 70 年代，创始人为杰克·内里（Jack Neri），最初是位于意大利北部的一家机械车间。杰克有四个儿子，作为成年的生日礼物，杰克给每个儿子 25% 的车间股份。当他最小的儿子成年时，公司的全部所有权便从第一代转移到第二代。内里兄弟（Brothers Neri）机械车间便由此起步，后来更名为派克（PACK）。多年来，特别是网络通信尚未普及时，包装行业的客户要求供应商与他们保持紧密联系，以便提高其生产工厂的效率。因此，内里兄弟开始在世界各地建立自己的子公司。1996 年，派克（PACK）在马来西

[①] 由于匿名需要，案例中的公司和家庭成员均使用化名。

亚开设了第一家极具代表性的绿地办事处，其国际化进程便由此展开。次年，开设墨西哥办事处。

目前，派克（PACK）拥有约 700 名员工，总营业额约为 1.3 亿欧元，在全球拥有 10 家子公司和 3 家代表处。公司根据自身情况量身定制了企业资源计划（ERP）系统以管理和控制跨国公司网络内的通信流，从而使意大利总部及其子公司之间的关系得到了加强。

附录二　调查项目

变量	项目
能力认知差距	基于您的工作经验，请就以下方面对子公司加以评估（1 表示极度低于平均值，7 表示极度高于平均值）：收集信息、传播信息、分析信息、执行信息内容
知识共享认知差距（总部→子公司）	依据您的工作经验，以 1~5 分的标准对总部加以评估，1 表示完全不同意，5 表示非常同意 母公司向当地分支机构提供足够的信息 母公司明确表明其对当地分支机构的期许
在总部 i 的任期	您在该跨国公司工作多长时间了？
隐性	依据您的工作经验，选出您对下列说法的满意度（1 表示非常不同意，7 表示非常同意） 应该编写我们活动执行方法的手册 新员工可以与经验丰富的员工交流，学习如何提供当地公司所经营的服务项目 对我们来说，培训新员工通常是一项快速而轻松的工作 拥有大学教育背景的新员工能够较好地提供当地公司所经营的服务项目
知识共享认知差距（子公司→总部）	基于您的工作经验，请以 1~5 分为子公司打分（1 表示完全不同意，5 表示非常同意） 母公司从各当地分支机构处获得足够的信息
技术协调机制个人协调机制	选出下列知识管理方法和工具的使用频率（1 为极度低于平均值，7 为极度高于平均值） 技术协调机制：小组学习（多种资源或多地同时开展学习），绘制特定知识图谱（个人特定系统或数据库），聊天组/网络讨论组，专业知识指导（公司内的技能黄页） 个人协调机制：联络人员、临时任务组、常设团队
子公司财务绩效	依据您的工作经验，就以下方面对子公司加以评估（1 表示极度低于平均值，7 表示极度高于平均值）：总销售收入、总市场份额、营业利润（息税前利润≈收入−成本）

附录三　变量控制

	变量的类型	变量	来源
假设 1	因变量	能力认知差距	Monteiro 等（2008）
	自变量	知识共享认知差距（总部→子公司）	Asakawa（2001）
	中介变量	技术协调机制 个人协调机制	Ambos（2009）
	控制变量	在总部 i 的任期	—
		隐性 i	Monteiro 等（2008）
		地理距离	
假设 2	因变量	能力认知差距	Monteiro 等（2008）
	自变量	知识共享认知差距（子公司→总部）	Asakawa（2001）
	中介变量	技术协调机制 个人协调机制	Ambos（2009）
	控制变量	在总部 i 的任期	—
		隐性 i	Monteiro 等（2008）
		地理距离	
假设 3	因变量	子公司财务绩效	Monteiro 等（2008）
	自变量	能力认知差距	Monteiro 等（2008）
	控制变量	东道国经济发展水平	Monteiro 等（2008）

参考文献

［1］Abidi, S., & Joshi, M.（2015）. *The VUCA company*. Mumbai：Jaico.

［2］Almeida, P., & Phene, A.（2004）. Subsidiaries and knowledge creation：The influence of the MNC and host country on innovation. *Strategic Management Journal*, 25（8 - 9）, 847 - 864.

［3］Ambos, T., & Ambos, B.（2009）. The impact of distance on knowledge transfer effectiveness in multinational corporations. *Journal of International Management*, 15（1）, 1 - 14.

［4］Argote, L., & Ingram, P.（2000）. Knowledge transfer：A basis for competitive advantage in firms. *Organizational Behavior and Human Decision Processes*, 82（1）, 150 - 169.

［5］ Armstrong, M. (2010). HR strategic management. *Tehran, Cultural Researches Office Publications.*

［6］ Asakawa, K. (2001). Organizational tension in international R & D management: The case of Japanese firms. *Research Policy*, 30 (5), 735 – 757.

［7］ Bartlett, C. , & Ghoshal, S. (1988). Tap your subsidiaries for global reach. *Harvard Business Review*, *Nov-Dec* 1986, 87 – 94.

［8］ Berry, H. , Guille'n, M. , & Zhou, N. (2010). An institutional approach to cross-national distance. *Journal of International Business Studies*, 41 (9), 1460 – 1480.

［9］ Birkinshaw, J. , Holm, U. , Thilenius, P. , & Arvidsson, N. (2000). Consequences of perception gaps in the headquarters-subsidiary relationship. *International Business Review*, 9 (3), 321 – 344.

［10］ Bouquet, C. , & Birkinshaw, J. (2008). Weight versus voice: How foreign subsidiaries gain attention from corporate headquarters. *Academy of Management Journal*, 51 (3), 577 – 601.

［11］ Campisi, D. , & Passiante, G. (2007). *Fondamenti di knowledge management: Conoscenza e vantaggio competitivo.* Rome: Aracne.

［12］ Chini, T. , Ambos, B. , & Wehle, K. (2005). The headquarters-subsidiaries Trench: Tracing perception gaps within the multinational corporation. *European Management Journal*, 23 (2), 145 – 153.

［13］ Cyert, R. M. , & March, J. G. (1963). *A behavioral theory of the firm.* Englewood Cliffs, NJ: Prentice Hall.

［14］ Dyer, J. , & Nobeoka, K. (2000). Creating and managing a high-performance knowledge-sharing network: The Toyota case. *Strategic Management Journal*, 21 (3), 345 – 367.

［15］ Freeman, L. (1979). Centrality in social networks conceptual clarification. *Social Networks*, 1 (3), 215 – 239.

［16］ Ghoshal, S. , & Nohria, N. (1989). Internal differentiation within multinational corporations. *Strategic Management Journal*, 10 (4), 323 – 337.

［17］ Gold, A. , & Arvind Malhotra, A. (2001). Knowledge management: An organizational capabilities perspective. *Journal of Management Information Systems*, 18 (1), 185 – 214.

［18］ Gottschalk-Mazouz, N. (2002). Diskursethische Varianten. *Deutsche Zeitschrift fur Philosophie*, 50 (1), 87 – 104.

［19］ Haas, M. , & Hansen, M. (2005). When using knowledge can hurt performance: The value of organizational capabilities in amanagement consulting company. *Strategic-Management Journal*, 26 (1), 1 – 24.

［20］Hakanson, L. , & Nobel, R. （2001）. Organizational characteristics and reverse technology transfer. MIR：*Management International Review*, 395 – 420.

［21］He′lie, S. , & Sun, R. （2010）. Incubation, insight, and creative problem solving：A unified theory and a connectionist model. *Psychological Review*, 117 （3）, 994.

［22］Hermann, M. , Pentek, T. , & Otto, B. （2016, January）. Design Principles for Industrie 4. 0 Scenarios. In 2016 49*th Hawaii International Conference on System Sciences* （HICSS）（pp. 3928 – 3937）. IEEE.

［23］Kagermann, H. , Helbig, J. , Hellinger, A. , & Wahlster, W. （2013）. *Recommendations for implementing the strategic initiative INDUSTRIE* 4. 0：*Securing the future of German manufacturing industry*；*final report of the Industrie* 4. 0 *Working Group*. Forschungsunion.

［24］Kogut, B. , & Zander, U. （1992）. Knowledge of the firm, combinative capabilities, and the replication of technology. *Organization Science*, 3 （3）, 383 – 397.

［25］Kostova, T. （1999）. Transnational transfer of strategic organizational practices：A contextual perspective. *Academy of Management Review*, 24 （2）, 308 – 324.

［26］Irma Becerra-Fernandez, R. （2001）. Organizational knowledge management：A contingency perspective. *Journal of Management Information Systems*, 18 （1）, 23 – 55.

［27］March, J. G. , & Simon, H. A. （1958）. *Organizations*. Oxford：Wiley.

［28］Monteiro, L. , Arvidsson, N. , & Birkinshaw, J. （2008）. Knowledge flows within multinational corporations：Explaining subsidiary isolation and its performance implications. *Organization Science*, 19 （1）, 90 – 107.

［29］Nonaka, I. （1991）. The knowledge-creating company. *Harvard Business Review*, 69 （6）, 96 – 104.

［30］Nonaka, I. , Konno, N. , & Toyama, R. （1998）. Leading knowledge creation：A new framework for dynamic knowledge management. In *Second Annual Knowledge Management Conference*, *Haas School of Business*, University of California, Berkeley, CA.

［31］Nonaka, I. , Toyama, R. , & Konno, N. （2000）. SECI, Ba and leadership：A unified model of dynamic knowledge creation. *Long Range Planning*, 33 （1）, 5 – 34.

［32］Nohria, N. , & Ghoshal, S. （1994）. Differentiated fit and shared values：Alternatives for managing headquarters-subsidiary relations. *Strategic Management Journal*, 15 （6）, 491.

［33］Oviatt, B. , & McDougall, P. （1994）. Toward a theory of international new ventures. *Journal of International Business Studies*, 25 （1）, 45 – 64.

［34］Oviatt, B. , & McDougall, P. （2005）. Defining international entrepreneurship and modeling the speed of internationalization. *Entrepreneurship Theory and Practice*, 29 （5）, 537 – 554.

［35］Pfeffer, J. , & Salancik, G. (1978). *The external control of organisations* (p. 175). New York: Harper & Row.

［36］Polanyi, M. (1966). *The logic of tacit inference. Philosophy*, 41 (155), 1 – 18.

［37］Quagini, L. (2004). *Business intelligence e knowledge management. Gestione delle informazioni e delle performances nell'era digitale.* Milan: Franco Angeli.

［38］Ravetz, J. (1971). *Scientific knowledge and its social problems.* Oxford: Oxford University Press.

［39］Reus, T. , Lamont, B. , & Ellis, K. (2015). A darker side of knowledge transfer following international acquisitions. *Strategic Management Journal*, 37, 932 – 944.

［40］Schotter, A. , & Beamish, P. (2011). Performance effects of MNC headquarters-subsidiary conflict and the role of boundary spanners: The case of headquarter initiative rejection. *Journal of International Management*, 17 (3), 243 – 259.

［41］Schulz, M. , & Jobe, L. (2001). Codification and tacitness as knowledge management strategies: An empirical exploration. *The Journal of High Technology Management Research*, 12 (1), 139 – 165.

［42］Schwab, K. (2016). *The fourth industrial revolution.* Geneva: World Economic Forum.

［43］Sternberg, R. (1994). *Tacit knowledge and job success. Assessment and selection in organizations: Methods and practice for recruitment and appraisal* (pp. 27 – 39). London: John Wiley.

［44］Szulanski, G. (1996). Exploring internal stickiness: Impediments to the transfer of best practice within the firm. *Strategic Management Journal*, 17 (S2), 27 – 43.

［45］Wang, S. , & Noe, R. (2010). Knowledge sharing: A review and directions for future research. *Human Resource Management Review*, 20 (2), 115 – 131.

［46］Zahra, S. A. , Neck, H. M. , & Kelley, D. J. (2004). International corporate entrepreneurship and the evolution of organizational competence: A knowledge-based perspective. In *Advances in entrepreneurship, firm emergence and growth* (Vol. 7, pp. 145 – 171). Bingley: Emerald Group Publishing.

家族企业与创业：能力与组织行为

Serena Cubico[①]　Giuseppe Favretto[②]　Piermatteo Ardolino[③]　Stefano Noventa[④]
Diego Bellini[⑤]　Giovanna Gianesini[⑥]　João Leitão[⑦]

摘要：在家族企业的第二代或是其后的继承人进入企业后，家族企业便会经历多个成长和发展阶段。由于代际传承、角色混乱、不同的企业愿景、能力与技能差异等因素，在各个发展阶段，家族企业均会出现一系列独特的挑战和问题。本文采取定量研究的方法，深入探索家族企业成功所需的能力，以及这些能力对于组织行为和家庭动力的重要影响。研究结果表明，家族企业这一独特的背景对于研究组织行为具有重要意义，并且证实了家族企业会受家族文化和亲属关系的影响。

关键词：能力　继承　天赋　技能　家族企业管理

一、引言

（一）意大利经济系统中的家族企业

家族企业代表了绝大多数企业［Astrachan 和 Shanker，2006；Beckhard 和 Dyer，1983；Corbetta，1995；国际家族企业研究院（IFERA），2003］。综观全球，就贡献，尤其是企业数量而言，家族企业都是主流的经济组织形式（Chrisman 等，2003）。

在意大利，据全国工业和服务业普查的最新结果显示，70% 的企业为家族企业（意大利国家统计局，2013）。家族企业是经济的核心；资本主义家族企业大多是小企业，在这些企业中，家族成员担任管理者（Cnel，2005；Colli，1998）。

家族在创造社会财富，推动经济繁荣方面发挥着举足轻重的作用，这也得到了多方证实（Habbershon 和 Pistrui，2002）。家族是经济发展和创造就业的掌控者（Shanker 和 Astrachan，1996），是创业资金的主要来源（Steiner，2001），也是在发展中国家开

---

①　Serena Cubico，维罗纳大学。
②　Giuseppe Favretto，维罗纳大学。
③　Piermatteo Ardolino，维罗纳大学。
④　Stefano Noventa，维罗纳大学。
⑤　Diego Bellini，维罗纳大学。
⑥　Giovanna Gianesini，维罗纳大学。
⑦　João Leitão，贝拉英特拉大学。

展创业活动最持久的组织形式（Pistrui 等，1997）。

还有数据（Olivari，2009）显示，事实证明，在经济危机期间，家族企业比其他类型企业更强大，而其成功的因素似乎是稳定的领导，较少依赖财政支持以及可持续增长。Olivari 还强调，担任战略要职的青年人和女性人数较少也是危险因素。

由此，本文依据家族企业的传统定义展开研究，家族企业是由两个或两个以上家庭成员共同影响企业业务方向的组织，并且该影响通过亲属关系，管理角色以及所有权来实现（Tagiuri 和 Davis，1982）。基于该定义，本文深入探索企业的具体动态特征，其中包括家族、所有权、管理和雇用一系列综合因素。

（二）家族企业中的代际共存

许多社会观察家都指出，近几十年来，现在与过去之间的差距越来越大，年轻一代与年长一代人的思考和行动方式也越显不同。这一现象不仅存在于我们的社会中，在其他社会中也是如此……（Calvi，2005）。我们引用这句话是为了表明代际之间的沟通联系是关键因素。人们的预期寿命增加了，企业家/创始人任职时间更长了，而后代继承人与其父母共同工作的时间也随之延长。在家族企业中，家族、工作、财产和企业相互交融，因此，家族成员不仅参与企业经营，而且较之在其他环境工作的人们，家族成员在生活中的联系也更加紧密（Gersick 等，1997）。

家族与社会、家族与企业逐渐失去了原有的界限，从而形成家族与社会活动者相互交流的关系场域（Scabini 等，2008）。

在家族企业中，不同年龄的人，更确切地说，同一家族中不同代际的人生活在一起（Davis 和 Tagiuri，1989）。这种共存为年轻一代和年长一代人之间独有的互动的发展创造了条件（Togni，2008）。年轻人要经历三个成长阶段：包容、自主、成功；年长一代所处的阶段则是成熟、续任、正直。对于两代人来说，其生命周期的特征表现为不同的动机、防御能力、关系动态、群体动态、冲突管理、时间结构、冲突管理与改变。Togni 还表示，挑战就是如何充分利用这种关系出现的时间，在决策、风险、自我实现和公司管理方面建立有效的代际平衡。

（三）创业能力：变量与模型

能力涉及不同的学科，而我们试图通过研究创业能力采用的方法来定义能力。第一位发现这一主题的伟大学者是 White（1959），之后 McClelland（1973，1976）将其加以应用；美国传统上将能力定义为与人们卓越表现和动机相关的个人特征（该模型采用的是行为方法，通过观察人们的表现以突出个体差异）。在 McClelland 之后，Lyle Spencer 和 Signe Spencer（1993）认为，能力可以定义为任何能够被可靠地测量或计算的个人特征，其中包括动机、特质、自我概念、态度或价值观、知识、认知或行为技能，并且这些特征可以用来明显区分高手和普通人，贡献大的人和无贡献的人。

文献中还有许多其他的模式，如英国传统的*功能法*（关于职业能力标准的框架，Mansfield 和 Mitchell，1996）；Cheetham 和 Chiver 提出的整体模型（1996，1998），该模型包括认知、功能、个人、伦理和元能力五个维度；欧洲大陆的*多维方法*（Winterton

等，2005）；还有*整体能力模型*，其以元能力为核心，结合了认知能力、功能能力和社会能力（Delamare-Le Deist 和 Winterton，2005）。

基于能力模型的总结（尚不完整），我们选择采用欧洲议会理事会的提议，其提出要培养终身学习的关键能力，并将创业定义为将想法转化为行动的个人能力，其中包括实现目标所需的创造力、创新力、承担风险的能力和项目计划与管理能力（欧洲议会理事会，2006），以及有前瞻性的项目管理能力（包括计划、组织、管理、领导与选派、分析、沟通、汇报、评估与记录的能力），有效的表达和协商，个人工作能力和团队协作能力。此外，判断和确定个人优势与短板的能力，以及在必要时作出评估和承担风险的能力都是至关重要的（欧洲委员会，2007）。

该机构的观点使学者们关注家族企业中的代际共存以及传承，深入研究创业能力中的不同变量，包括技能、天赋、态度、动机、关系。

二、家族企业和能力动态研究

家族企业董事会的组成体现了家族特征和目标（Voordeckers 等，2007；Corbetta 和 Salvato，2004）。家族企业高度依赖于单一决策人，即企业所有者（Feltham 等，2005），因此，中小型家族企业的日常战略决策与企业家的个人特点（Garcia-Alvarez 和 Lopez-Sintas，2001）紧密相连，并且年长一代与新一代（年轻人）共存的情况则要求留出空间让年轻人做决策并发挥作用。

基于上述情况，界定和了解两代人的能力动态更为重要，这样便于了解何时何地以及如何通过干预来度过代际传承的关键时刻。

（一）研究目标、研究方法、研究对象

研究的主要目标如下：

描述不同代际的能力（工作动机、处理不同组织任务的技能水平、创业天赋）；

说明在工作和家族生活中的关系质量；

说明有关代际传承的不同态度；

发现家族企业中能力与代际间关系的联系。

研究假设如下：

假设 1 家族企业中同一家族的不同代际在创业动机上各有不同；

假设 2 年长一代和年轻一代以不同方式描述个人专长和他人的专业技能；

假设 3 年长一代和年轻一代以不同的标准衡量关系质量；

假设 4 两代人的创业天赋以不同的方式展现；

假设 5 年长一代和年轻一代对代际传承过程持有不同观点；

假设 6 能力与代际关系息息相关。

表 1 列明了变量和研究假设。

表 1   研究构想、变量和假设

能力模型	变量	研究假设
动机	需要： 挣够日常生活所需 保障个人和家庭的未来 获得作为社会一部分的存在感 得到赞赏和尊重 对个人的成功负责	家族企业中同一家族的不同代际在创业动机上各有不同
技能	个人专长/他人的专业技能： 提升个人技术和数据处理能力 产品/服务创新 思考企业未来 获得合作伙伴的赞扬 规避财政限制 行政和会计管理 问题意识、注重安全规章 现金管理与投资 适当使用银行服务 预测和解读消费者需求 选择对企业最有利的供应商 销售技能 与对手竞争 开拓独家市场	年长一代和年轻一代以不同方式描述个人专长和他人的专业技能
代际关系质量	工作关系/家庭关系： 十分和谐 平行关系，各自独立 冲突 彼此间积极的评价 作出评价 收到评价	年长一代和年轻一代以不同的标准衡量关系质量
创业天赋	因素： 目标导向 领导力 适应力 获得成就的需要 自我赋权的需要 创新力 灵活性 自主	两代人的创业天赋以不同的方式展现

续表

能力模型	变量	研究假设
对代际传承的态度	代际传承： 是难题 我们已经做好准备	年长一代和年轻一代对代际传承过程持有不同观点
	个人专长/他人的专业技能 工作关系、家庭关系 彼此间积极的评价	能力与代际关系息息相关

本文共采用两种研究方法：专门的代际传承调查问卷【QGT】（Favretto 等，2003）和创业能力测试【TAI】（Cubico，2001）。

代际传承调查问卷①分为年长一代版和年轻一代版，这两版都包含了 19 个项目，并且所列项目相同或者相似，以便对两组所调查的变量数据进行比较。唯一的不同之处是，年长一代的调查问卷中包含了一些为收集企业数据所设置的项目（在企业特征分析中有列出）。

两版调查问卷中的 19 个项目可概括为三大门类：关于企业家角色、技能以及愿景的构想；年长一代与年轻一代关系的心理社会因素；代际传承的概念。

创业能力测试（Cubico 等，2010；Sartori 等，2007）通过 8 个因素来描述创办和经营企业以及自我雇佣的潜能（Cubico 等，2010）。

目标导向——创造和创新的趋向，实现目标的决心程度，从全局把控工作情况的个人见解；

领导力——管理和领导能力；

适应力——感知环境变化的能力和适应能力；

对成就的需要——对名誉、成功和社会认可的渴望；

对自我赋权的需要——抛开经济目标，通过工作实现自我价值的渴望必定是愉悦、满足和有趣的；

创新力——好奇新事物；

灵活性——根据外部情况的变化，重新调整目标；

自主——拥有自己独立决策和选择的必要性。

上述两种方法均用于调研每一位年长一代和年轻一代的受试者（在所有调研中都有一名面试官）。

研究对象为 57 家位于意大利北部的微型、中小型家族企业，这些企业从事不同的行业（商业、旅游、粮食种植、电子和金属机械、运输、木材和家具、为公司和个人提供服务的服务业）。

具体来说：

---

① 克朗巴哈系数 = 0.858。

共 117 名企业家，父亲和儿子。

年长一代有 57 人；平均年龄 58.51 岁；标准差 7.63；男性占 81%。

年轻一代有 60 人；平均年龄 30.12 岁；标准差 6.45；男性占 73%。

（二）研究结果

本文依照各变量将研究结果进行如下归类：动机、技能、代际关系质量、天赋、对代际传承的态度，以及这些变量间的关系。

动机：创业动机有助于反映年长一代和年轻一代人对企业投入的期望。从表 2 中可得知，对于两代人来说，"确保个人和家庭的未来"是最大的动机（尽管水平较低）。此外，年轻一代比年老一代更渴望成功。

希望对自己的成功负责是新一代人的特点，由此可见，在企业中，儿子会更易觉得不受重用。因此，我们认为假设 1 成立。

表 2   在企业中，企业家的哪些需求得到了满足？

需求	平均值 标准差 年长一代	平均值 标准差 年轻一代	p 值
挣够日常生活所需	1.91　1.96	1.70　0.79	无显著差异
保障个人和家庭的未来	1.98　0.98	1.89　0.96	无显著差异
获得作为社会一部分的存在感	1.04　0.19	1.09　0.45	无显著差异
得到赞赏和尊重	1.11　0.32	1.12　0.48	无显著差异
对个人的成功负责	1.13　0.39	1.39　0.59	0.009

注：方差分析；N = 108；李克特量表 = 1 不足 - 5 极好。

技能：年长一代和年轻一代对他们自己和其他人所拥有的技能的认知十分耐人寻味。年长一代更加侧重于思考企业的未来并选择最好的供应商。特别是，较之年轻一代，年长一代更多地意识到他们拥有管理、会计、金融投资、处理与银行和供应商关系的技能。然而，年轻一代则认为自己拥有了解顾客需求，以及不断提高个人技术水平的技能，也正是不断提高个人技术水平这一专长彰显了年轻一代的自我定义（见表 3）。

当我们让受试者思考另一代人的技能特征时，年长一代认为年轻一代的能力主要显现在技术和人力资源方面，年轻一代则认为年长一代在涉及财政、会计、投资和银行服务方面的能力较为突出（见表 4）。

表 3 　　　　　　　　在下列各领域中，你的技能可达到哪种等级？

个人技能领域	平均值 标准差 年长一代	平均值 标准差 年轻一代	p 值
提升个人技术和数据处理能力	2.22 1.16	3.39 1.09	0.000
产品/服务创新	3.54 1.09	3.44 1.00	无显著差异
思考企业未来	4.09 1.15	3.76 0.97	无显著差异
获得合作伙伴的赞扬	3.57 1.08	3.37 0.96	无显著差异
规避财政限制	2.07 1.21	2.02 1.16	无显著差异
行政和会计管理	3.30 1.11	2.85 1.19	0.047
问题意识、注重安全规章	3.30 1.09	3.22 1.14	无显著差异
现金管理与投资	3.57 1.13	2.61 1.05	0.000
正确运用银行服务	3.39 1.12	2.65 1.07	0.001
预测和解读消费者需求	3.91 0.99	3.89 1.02	无显著差异
选择对企业最有利的供应商	3.85 0.86	3.37 1.09	0.012
销售技能	3.80 0.86	3.44 1.18	无显著差异
与对手竞争	3.70 0.90	3.37 0.94	无显著差异
开拓独家市场	3.37 1.19	3.31 1.28	无显著差异

注：方差分析；$N = 108$；李克特量表 = 1 不足 – 5 极好。

表 4	在下列各领域中，另一年代人的技能能达到何种等级?		

另一年代人的技能领域	平均值 标准差 年长一代	平均值 标准差 年轻一代	p 值
提升个人技术和数据处理能力	4.07 0.93	2.15 1.16	0.000
产品/服务创新	3.74 1.01	3.46 1.02	无显著差异
思考企业未来	3.67 1.23	3.96 1.81	无显著差异
获得合作伙伴的赞扬	3.78 1.02	3.28 1.17	0.020
规避财政限制	2.24 1.24	2.80 1.28	0.024
行政和会计管理	2.81 1.30	3.46 1.19	0.008
问题意识、注重安全规章	3.48 1.19	3.26 1.17	无显著差异
现金管理与投资	2.83 1.24	3.61 1.14	0.001
正确运用银行服务	2.78 1.22	3.43 1.24	0.007
预测和解读消费者需求	3.83 1.01	3.81 1.17	无显著差异
选择对企业最有利的供应商	3.70 1.13	3.67 1.20	无显著差异
销售技能	3.85 1.17	3.76 1.24	无显著差异
与对手竞争	3.63 0.99	3.65 0.94	无显著差异
开拓独家市场	3.30 1.27	3.63 1.19	无显著差异

注：方差分析；N = 108；李克特量表 = 1 不足 – 5 极好。

对比表 3 和表 4 可知，年轻一代倾向于认为年长一代比他们拥有更高的技能水平。此外，针对一些特定的技能，两代人的看法一致。

假设 2 在很大程度上是成立的：年长一代和年轻一代以不同的方式描述自己和另外一代人的大部分专业技能。

代际关系质量：表 5 和表 6 是两代人对工作和家族关系质量的看法。值得注意的是，家族生活中有着最积极的关系，但是可以发现，与年长一代相比，年轻一代在这两个环境中都明显没有得到满足。

代际关系质量在年长一代和年轻一代作出或收到的评论中也有所体现。从表 7 可以看出，年轻一代满意度较低。

表 5   你怎样定义你的工作关系？

工作关系	平均值 标准差 年长一代	平均值 标准差 年轻一代	p 值
十分和谐	3.78 0.92	3.39 1.10	0.050
平行关系，各自独立	3.44 1.25	3.20 1.17	无显著差异
冲突	2.19 1.20	2.28 1.17	无显著差异

注：方差分析；N＝108；李克特量表＝1 不足 －5 极好。

表 6   你如何定义家族关系？

家族关系	平均值 标准差 年长一代	平均值 标准差 年轻一代	p 值
十分和谐	4.15 0.96	3.67 1.17	0.021
平行关系，各自独立	3.83 1.13	3.61 1.16	无显著差异
冲突	1.89 1.08	2.04 1.17	无显著差异

注：方差分析；N＝108；李克特量表＝1 不足 －5 极好。

表 7   你多久作出／收到积极的评价？

彼此间积极的评价	平均值 标准差 年长一代	平均值 标准差 年轻一代	p 值
作出评价	3.33 1.10	2.83 1.14	0.023
收到评价	3.09 1.10	2.67 1.17	无明显差异

注：方差分析；N＝108；李克特量表＝1 从不 －5 总是。

创业天赋：创业天赋的八大因素反映了两代人之间的略微不同（并不显著）（见表 8）。

假设 4 不成立；在家族企业中，两代人的创业天赋相似，而这一现象十分鼓舞人心。

对代际传承的态度：企业家认为代际传承是积极的，并且为此做好了准备，但是年轻一代则更加悲观，担忧未来的愿景（见表 9），并且认为，与第一代人相比，代际传承对于他们来说是一大难题。

与竞争对手之间的关系：技能、关系、质量、对代际传承的看法之间的关系十分耐人寻味。同时，这些联系能够帮助更好地理解家族企业中的能力动态。

表 8 年长一代和年轻一代创业天赋因素评估结果

创业天赋因素	平均值 标准差 年长一代	平均值 标准差 年轻一代	p 值
因素 1 目标导向	64.67 10.89	66.07 9.81	无明显差异
因素 2 领导力	60.79 14.30	59.67 14.59	无明显差异
因素 3 适应力	64.49 7.44	66.78 8.29	无明显差异
因素 4 获得成就的需要	58.39 15.84	57.33 13.25	无明显差异
因素 5 自我赋权的需要	72.86 9.91	73.25 11.04	无明显差异
因素 6 创新力	71.68 13.61	74.10 14.79	无明显差异
因素 7 灵活性	68.04 11.28	68.50 12.26	无明显差异
因素 8 自主	60.26 12.73	60.25 14.03	无明显差异

注：方差分析；N = 117。

表 9 你如何定义代际传承？

代际传承	平均值标准差年长一代	平均值标准差年轻一代	p 值
是难题	2.69 1.43	3.33 1.29	0.015
我们已经做好准备	3.06 1.27	3.15 1.22	无明显差异

注：方差分析；N = 108；李克特量表 = 1 不足 - 5 极好。

为综合描述技能概况，我们设置①了两个变量，并将其标记为个人专长和他人的专

---

① 该过程验证了量表的可靠性，以获得唯一的分值。

业技能（技能分值分别取决于自己和他人的评分）。如表 10 所示，个人/他人的专业技能与对关系的看法还有对代际传承的态度息息相关。

表 10　　　技能与关系变量之间的相关性（斯皮尔曼相关系数 rho；N = 108）

	1	2	3	4	5	6	7	8	9	10	11	12
1. 和谐的工作关系	—											
2. 工作中处于平行关系	0.264**	—										
3. 工作冲突	-0.568**	-0.274	—									
4. 和谐的家族关系	0.666**	0.246*	-0.317**	—								
5. 家族中处于平行关系	0.274**	0.517**	-0.114	0.445**	—							
6. 家族冲突	-0.569**	-0.152	0.553**	-0.712**	-0.401**	—						
7. 作出评价	0.507**	0.259**	-0.293**	0.507**	0.220*	-0.344*	—					
8. 收到评价	0.451**	0.189	-0.297**	0.420**	0.213*	-0.371**	0.560**	—				
9. 代际关系：是难题	-0.273**	0.024	-0.215*	-0.176	-0.064	0.225*	-0.168	-0.164	—			
10. 代际关系：我们已做好准备	0.164	0.150	-0.151	0.203*	0.083	-0.108	0.116	0.144	-0.124	—		
11. 个人专长	0.316**	0.228*	-0.101	0.350**	0.435**	-0.229*	0.223*	0.233*	-0.075	0.165	—	
12. 他人的专业技能	0.383**	0.201*	-0.136	0.457**	0.280*	-0.290*	0.433**	0.344**	-0.219*	0.130	0.289**	

相关性较高的变量如下所示（rho > 0.300**）：

与个人专长呈正相关的变量有：和谐的工作/家族关系，以及家族中的平行关系；

与他人的专业技能呈正相关的变量有：和谐的工作/家族关系，以及作出/收到积极评价。

这些数据表明，在代际关系中（家族和工作环境），意识到个人专长和他人的专业技能具有重要意义。

表 11 为回归模型分析的结果。其中，模型 2 涵盖了他人的专业技能，在工作和家族环境中，该模型更能有力解释关系质量。因此，将另一代人的能力视为家族企业中建立良好代际关系的重要变量具有显著意义。

假设 6 得到部分证实：能力与代际关系相关。

表 11　　　　　　　回归模型：能力与关系变量之间的关系（N = 108）

因变量	关系			
	和谐的工作关系		和谐的家族关系	
	模型 1ß	模型 2ß	模型 1ß	模型 2ß
常量	2.467	1.189	2.361	1.031
个人专长	0.171	0.34	0.209	0.076
他人的专业技能		0.486**		0.472**
调整 R^2	0.014	0.223	0.029	0.225
F	1.969	10.485	2.974	10.600
显著性	0.165	0.000	0.089	0.000

注：* $p < 0.05$；** $p < 0.01$。

三、讨论

可以看出代际之间有差异存在，并且结果显示代际传承的关键时刻会受到不同的个人和关系变量的影响。然而这些差异是否为积极因素同样也引发了思考。

因此，重点是要理解年长一代和年轻一代人之间的差异，以及这些差异是否能够帮助公司未来的发展，还是他们会在代际传承时造成阻碍、带来风险，进而给公司带来损失。

研究表明，意识到双方的能力以及代际共存中不同的组成部分有助于推动代际传承的进程。

能力的动态影响着代际关系以及之后享受有益工作生活的可能性。

此外，本文存在局限性，缺少对于能力的定义和能力模型。但同时，这一局限性也为未来指明了方向，未来研究会探索一个综合模型，该模型将涵盖呈现相关关系的变量。

参考文献

[1] Astrachan, J. H., & Shanker, C. M. (2006). Family businesses's contribution to US economy: A closer look. In P. Z. Poutziouris, K. X. Smirnyos, & B. Klein (Eds.), *Handbook of research in family business* (pp. 56 – 64). Cheltenham: Edward Elgar Publishing.

[2] Beckhard, R., & Dyer Jr., W. G. (1983). Managing continuity on the family owner business. *Organizational Dynamics*, 12 (1), 5 – 12.

[3] Calvi, G. (2005). Le percezioni esistenziali, un indice della distanza tra generazioni. In G. Calvi (Ed.), *Generazioni a confronto. Materiali per uno studio* (pp. 115 – 152). Venezia, IT: Marsilio.

[4] Cheetham, G., & Chivers, G. (1996). Towards a holistic model of professional competence. *Journal of European Industrial Training*, 20 (5), 20 – 30.

[5] Cheetham, G., & Chivers, G. (1998). The reflective (and Competent) practitioner: A model of professional competence which seeks to harmonise the reflective practitioner and competence – based approaches. *Journal of European Industrial Training*, 22 (7), 267 – 276.

[6] Chrisman, J. J., Chua, J. H., & Steier, L. P. (2003). An introduction to theory of family business. *Journal of Business Venturing*, 18 (4), 441 – 448.

[7] Cnel—onsiglio nazionale dell'conomia e del lavoro (2005). *Piccole Imprese: concorrenza e competitivita nel mercato globale*. Roma, IT: Pronounce 76. http://www.cnel.it/

53? shadow_documenti = 10526.

[8] Colli, A. (1998). Networking the market: Evidence and conjectures from the history of the Italian industrial districts. *European Yearbook of Business History*, 1, 75 - 92.

[9] Corbetta, G. (1995). Patterns of development of Family businesses in Italy. *Family Business Review*, 8 (4), 255 - 265.

[10] Corbetta, G., & Salvato, C. A. (2004). The board of directors in family firms: One Size Fits All? *Family Business Review*, 17 (2), 119 - 134.

[11] Cubico, S., Bortolani, E., Favretto, G., & Sartori, R. (2010). Describing the Entrepreneurial Profile: The Entrepreneurial Aptitude Test (TAI). *International Journal of Entrepreneurship and Small Business*, 11 (4), 424 - 435.

[12] Davis, J. A., & Tagiuri, R. (1989). The influence of life stage on Father-Son work relationships in family companies. *Family Business Review*, 2 (1), 47 - 74.

[13] Delamare-Le Deist, F., & Winterton, J. (2005). What is competence? *Human Resource Development International*, 8 (1), 27 - 46.

[14] European Commission (2007). Key competences for lifelong learning: European reference framework. https://www.britishcouncil.org/sites/default/files/youth-in-action-key-compen.pdf.

[15] European Parliament and Council. (2006). Recommendation of the European Parliament and of the Council of 18 December 2006 on Key Competences for Lifelong Learning. Official Journal of the European Union (2006/962/EC). http://eur-lex.europa.eu/LexUriServ/LexUriServ.do? uri = OJ: L: 2006: 394: 0010: 0018: EN: PDF.

[16] Favretto, G., Sartori, R., & Bortolani, E. (2003). Il passaggio generazionale nella PMI a gestione familiare. *Risorsa Uomo*, 9 (3 - 4), 361 - 374.

[17] Feltham, T. S., Feltham, G., & Barnett, J. J. (2005). The dependence of family business on a single decision-maker. *Journal of Small Business Management*, 43 (1), 1 - 15.

[18] Garcia-Alvarez, E., & Lopez-Sintas, J. (2001). A taxonomy of founders based on values: The root of family business heterogeneity. *Family Business Review*, 14 (3), 209 - 230.

[19] Gersick, K. E., Davis, J. A., Hampton, M., & Lansberg, I. (1997). *Generation to generation: Life cycles of the family business*. Boston, MA: Harvard Business School Press.

[20] Habbershon, T. G., & Pistrui, J. (2002). Enterprising families domain: Family-influenced ownership groups in pursuit of transgenerational wealth. *Family Business Review*, 15 (3), 223 - 237.

[21] IFERA—International Family Enterprise Research Academy. (2003). Family

business dominate. *Family Business Review*, 16 (4), 235 – 239.

[22] Istat—Italian National Institute of Statistics. (2013). *Rapporto Annuale* 2013. *La situazione del paese.* Roma, IT: Istat http: //www. istat. it/it/files/2013/05/Rapporto _ annuale_2013. pdf.

[23] Mansfield, B. , & Mitchell, L. (1996). *Towards a competent workforce.* London, UK: Gower.

[24] McClelland, D. (1973). Testing for competence rather than for 'intelligence' . *American Psychologist*, 28 (1), 1 – 14.

[25] McClelland, D. (1976). *A guide to job competency assessment.* Boston, MA: McBer.

[26] Olivari, L. (2009). Piu forti di fronte alla crisi. *L'impresa*, 1, 48 – 51.

[27] Pistrui, D. , Welsch, H. , & Roberts, J. (1997). The [re] -emergence of family businesses in the transforming Soviet Bloc: Family contributions to entrepreneurship development in Romania. *Family Business Review*, 10 (3), 221 – 238.

[28] Sartori, R. , Favretto, G. , & Sartori, A. (2007). Aspetti quantitativi dell'attitudine imprenditoriale. Il TAI (Test di Attitudine Imprenditoriale). In G. Favretto & R. Sartori (Eds.), *Le eta dell'impresa* (pp. 101 – 122). Milano, IT: Franco Angeli.

[29] Scabini, E. , Tamanza, G. , & Pozzi, M. (2008). Dinamiche familiari e trasmissione generazionale nelle imprese di famiglia. In G. Trentini & M. Togni (Eds.), *Continuita generazionale d'impresa. Dimensioni psicologiche e relazionali* (pp. 19 – 38). Franco Angeli: Milano, IT.

[30] Shanker, M. C. , & Astrachan, J. H. (1996). Myths and Realities: Family Business's Contributions to the US Economy. *Family Business Review*, 9 (2), 107 – 123.

[31] Spencer, L. , & Spencer, S. (1993). *Competence at Work: A Model for Superior Performance.* New York: Wiley.

[32] Steiner, L. (2001). Family Firms, plural Forms of Governance, and the Evolving Role in Trust. *Family Business Review*, 14 (4), 353 – 368.

[33] Tagiuri, R. , & Davis, J. A. (1982). Bivalent Attributes of the Family Firm. Cambridge, MA: Working Paper Harvard Business School [reprint (1996), *Family Business Review*, 9 (2), 199 – 208].

[34] Togni, M. (2008). La relazione tra generazioni nell'impresa. Fasi e percorsi di sviluppo. In G. Trentini & M. Togni (Eds.), *Continuita generazionale d'impresa. Dimensioni psicologiche e relazionali* (pp. 83 – 106). Franco Angeli: Milano, IT.

[35] Voordeckers, W. , Van Gils, A. , & Van den Heuvel, J. (2007). Board composition in small and medium-sized family firms. *Journal of Small Business Management*, 45 (1), 137 – 156.

［36］White，R.（1959）．Motivation reconsidered：The concept of competence. *Psychological Review*，66，279 – 333.

［37］Winterton，J.，Delamare-Le Deist，F.，& Stringfellow，E.（2005）．*Prototype typology of knowledge，skills and competences*. Thessaloniki，GR：CEDEFOP http：//www. cedefop. europa. eu/files/3048_en. pdf.

创新和创业网络评价指标

Luís Farinha[①]   João J. Ferreira[②]

摘要： 本文旨在探索评价区域动态的创新三螺旋模型学术界—企业—地方政府以及创新四螺旋模型学术界—企业—地方政府—公民社会。为此，本文对相关研究中对具体区域竞争力管理机制的不同观点进行划分，概述了研究的最新进展，并加以适当的评估，从而提出了一个分析框架，即通过综合方法分析协作动态。最后，本文提出区域螺旋记分牌（RHS），用于研究区域协作动态。该方法将不同的背景融合在一起，确定了评估研究挑战的一些关键绩效指标。

关键词： 创业 关键绩效指标 创新 平衡记分卡 区域竞争力 区域螺旋记分牌

一、引言

可持续发展的研究必须结合环境、经济和社会维度（Gopalakrishnan 等，2012）。从区域发展的角度来看，公司富有竞争力的生产会决定区域营商环境下的收入水平和就业情况，而需求则由相对成本决定（Budd 和 Hirmisf，2004）。

Budd 和 Hirmisf（2004）认为，竞争力就是生产力，其是一个经济体生活水平的长期决定因素。而沈建法教授等（2010）认为，需要以平衡的视角看待竞争力，该观点也将重点放在可持续发展方向上。Acs 和 Amoro 认为，竞争力是构成全球竞争力指数（GCI）的不同支柱项目的加权结果，其中包括创新和商务成熟性支柱，该指数由世界经济论坛（WEF）每年公布一次（Acs 和 Amoro，2015）。具体而言，进步地区在吸引发展机会、引进高科技公司和高技术人才、创造更多的社会财富、扩大就业方面具有竞争优势（Audretsch 等，2012）。

欧盟公布的区域创新记分牌指出，创新是决定生产力和经济增长的关键因素（欧盟，2014 a，b）。同时，这三十年来，对于区域创新和区域创新系统作为竞争优势来源的关注也显著增多（Asheim 等，2009，2011）。

此前研究通常将创造力和创新作为同义词使用，即便一些学者强调这两个概念的区别：创造力会带来新想法，而创新需要在实践中贯彻实施（Osterwalter 和 Pigneur，2010）。Porter 和 Stern 提出一系列支持创新的经济因素，其中包括为推动科技进步所配

---

① Luís Farinha，贝拉英特拉大学。

② João J. Ferreira，贝拉英特拉大学。

备的人力和财力资源、技术成熟度、影响创新相关活动的公共政策、对知识产权的保护、刺激创新的财政政策、反垄断法和打击滥用职权法的制定和贯彻落实（Porter 和 Stern，2001）。

一些专家一直以来都主张将创新和创业作为竞争力和区域发展的决定因素（Porter 和 Stern，2001；Wong 等，2005；Nordqvist 和 Melin，2010）。

依托于创业板，创业为当地经济在开发新业务方面带来众多益处，如创新、创造新的就业机会和社会财富（Kelley 等，2011）。

总的来说，商业活动、关系网和生产力之间存在着重要的联系，同时要重视创业和创新能力在激烈竞争环境中的重要性（Huggins 等，2014）。当前，战略联盟、合作、工作关系网在区域发展中发挥着重要作用。在国际市场中，这些协作网络也会转化为竞争优势（Semlinger，2008）。因此，研究应明确当地公司向国外市场销售其产品的实际能力、销售额以及生产效率，同时也应考虑与当地资源相结合，包括人力和财力资源（Turok，2004）。

合作网络和商业网络是提升区域竞争力的关键，其能推动新投资项目的开展，促使当地新兴供应商增加供给量，推动产业集群的形成，进而使该地能在激烈的市场竞争中立足（Porter 和 Stern，2001；Budd 和 Hirmis，2004）。推动区域发展的理论指出，学术界（A）—产业（I）—政府（州政府或市政府）（G）三螺旋模型与当地具体活动（例如，当地技术转让、人力资本的发展、关系网）之间关系的优势以及各方的协调配合能够带来更好的总体效果（Smith 和 Bagchi-Sen，2012）。

Kaplan 和 Norton 提出平衡记分卡用来衡量绩效（Chytas 等，2001）。如今，其作为战略管理工具已在世界范围内广泛使用（Chytas 等，2001；Wu 和 Chang，2012）。然而，该模型本身有一定的局限性，其不能对所有需要分析的情况作出有效回应。机构和区域发展项目管理之间的联合使绩效评估需求发生改变，为满足这一不断变化的需求，新的绩效评估模型已在原有平衡记分卡模型的基础上得以建立（Philbin，2008；Al-Ashaab 等，2011；Ioppole 等，2012）。遗憾的是，在创新、创业和竞争的区域背景下，传统的平衡记分卡及其升级版在衡量三螺旋模式的区域互动（学术界—产业—政府）中并不适用。因此，本文提出衡量学术界—产业—政府三方互动的区域螺旋记分牌模型（RHS），从而丰富该领域的研究。

本文旨在解决下列四个研究问题：

问题 1　在区域关系网中，知识、技术转移、研发是否对竞争力有重要影响？

问题 2　学术界—产业—政府的协作网络是否在创新和创业发挥重要作用？

问题 3　政府在学术界—产业—政府这一关系网中扮演什么角色？

问题 4　应如何衡量学术界—产业—政府协作网络对区域竞争力的影响？

本文旨在建立一个综合概念模型——区域螺旋记分牌，以衡量三方的动态互动，并且平衡同为区域竞争力支柱的创新和创业举措之间的关系。

本文的章节结构如下：首先，回顾关于创新、创业、竞争力、三螺旋体系的出现及发展；其次，建立区域竞争力螺旋记分牌模型；最后，对本文研究进行总结。

二、合作与协作网络：三螺旋模型

在当前区域政策中，商业网络和合作网络越来越被视为是成功的关键（Semlinger，2008）。研发合作关系网营造了真实的组织环境和经济背景，在该关系网中，公司与其他机构（如公司、研究中心、大学等）合作，共同建立覆盖各个地点的伞形网络，以开发能够提高竞争力的技术项目。公共机构致力于其技术政策，并且在公共框架计划的支持下建立推动研发项目发展的网络（Arranz 和 Arroyabe，2008）。组织需要与外部实体建立关系网，从而获取资源，特别是技术资源，而这些资源无法通过其他方法获得。此外，组织还能由此获得基础设施和技术知识，建立符合财政、经济、法律要求的协议，或就知识转移达成共识（Awazu，2006）。

对于许多人来说，合作与协作这两个术语很难区分。合作包括沟通、信息交流；互补的目标和协调一致的活动；目标、个人身份、独立工作的相容配合（Verdecho 等，2012c；Al–Ashaab 等，2011）。而协作的概念中增加了共同目标、共同身份、共同创造和共同责任，相比之下，协作展现了更高层次的一体化和成熟度。

有学者指出，区域竞争力和区域发展会决定企业生产能力和区域收入水平与就业情况（Budd 和 Hirmisf，2004），其他学者在支持该观点的同时还强调了学术界—产业—政府（州政府、区政府、当地政府）与当地具体活动之间关系的主导作用，指出这一关系能带来最佳的商业效益（Smith 和 Bagchi-Sen，2012）。埃茨科威兹（Etzkowitz）认为在越来越以知识为基础的社会中，三螺旋模型中三方的交迭互动是创新的关键，能够帮助学生、研究人员、政策制定者解决一定的问题（2008）。例如，应如何加强学术界在区域经济社会发展中的作用？政府应如何鼓励市民在推动创新中发挥积极作用？企业如何与学术界和政府合作？三螺旋模型关注的是学术界—产业—政府（A-I-G）三方之间的互动动态，包括关系网伙伴之间通过研发和创新进行知识转移、促生新形式的融资、保持生产增长、加强市场准入管理（Etzkowitz，2003）。在不同的发展阶段，要考虑三螺旋模型中三方之间的多种互动（Etzkowitz，2003，2008）。创新系统的演变和当前关于哪条路最适合产学关系的争论使学术界—产业—政府总体关系中出现了不同的机构排列组合方式（Etzkowitz 和 Leydesdorff，2000）。

三螺旋模型建构在区域知识空间、创新空间、趋同空间之上，从而基于关系网中三方机构的互动，三螺旋模型在推动区域发展和提升区域竞争力方面发挥着重要作用（Etzkowitz，2008；Hira，2013）。Ozman 进一步强调，关系网无疑发挥着重要的创新作用。同样，一系列学术研究也已经意识到，三个机构之间的合作在改善区域和国家创新体系中至关重要（Etzkowitz，2003，2008；Hira，2013；Ozman，2009；Leydesdorff 和 Meyer，2006；Nissan 等，2011）。

学术界—产业—政府间互动的稳定性对研发和创新能力还有生产竞争力有重要的影响（Etzkowitz，2003；Etzkowitz 和 Leydesdorff，2000）。同时，三方互动的稳定性也是推动区域创新系统发展的基础（Smith 和 Bagchi-Sen，2012；Hira，2013；Farinha 等，2016；Smith 和 Bagchi-Sen，2006）。

Etzkowitz（2008）的多项研究指出，大学和产业两大领域间的互动衍生出当代各领域间的关系，从而带来第三次机构混合潮流，即基于共同利益的基础研究合作、产业和高等教育机构间的合伙项目、共同创立的研发项目。过去几十年来，得益于知识转移机制和产学互动，区域政策不断推动衍生公司的成立。科技园便是组织创新的重要体现，总的来说，其能够支持这些衍生公司和商业社区的发展，并且往往处于部门集群之中。孵化器和加速器公司也不断加固公司间的合作网络，推动其自身与学术界还有政府部门之间合作网络的建设（Salvador，2010）。

运用三螺旋模型解决区域竞争力的问题表明了提高创新能力和促进当地商业发展的需要，同时反映出人们对于该理论更深入的理解（Kim 等，2012）。

当前社会已经不再由一个中心统治，鉴于此变化，一些作者已经意识到需要基于提升区域竞争力和推动区域发展（Audretsch 等，2015，2012）的新变量（Leydesdorff，2012；MacGregor 等，2010）建立新的四螺旋或更多螺旋的替代模型。Porter 和 Stern 认为创新是确保全球竞争力的决定性因素（Porter 和 Stern，2001）。一些研究者指出，四螺旋模型中的第四个螺旋体是独立机构，这些机构没有任何盈利动机，但享有公共和私人资助。学术界—产业—政府间的互动力求吸引公共和私人投资，同时寻求时间来推动研发和创新，不然微小企业将无法获得资源。该四螺旋模型也将共享基础设施和技术知识，增强市场上产品供应方面的协同效应视为重中之重（MacGregor 等，2010；Audretsch 和 Keilbach，2005）。

三、衡量学术界—产业—政府网络效用的方法

Kitson 在 2004 年提出，区域竞争优势涵盖了各类资本优势，其要求各方在各种情景中能够交互参与并采取行动（Kitson 等，2004）。通过强化研发创新，刺激人力资本和创造性资本的潜力，优化生产资本，获取金融资本，重新定位支持创新创业的政策选择，能够提升商务成熟度并在全球市场中占有更富有竞争力的地位（Kelley 等，2011）。

Lawton Smith 指出，创业以及人才的地理分布与经济表现直接相关，并为区域可持续发展作出巨大贡献（Smith 等，2005）。其他学者认为，创业活动是推动区域发展的重要机制，其能创造就业机会和地方财富。创业活动表现为学术界的知识和技术转移，或创立新企业（Salvador，2010；Nordqvist 和 Melin，2010）。

Van Looy 认为，创业型大学理念的提出与创新系统中存在的缺陷密切相关（Van Looy 等，2011）。当代大学与产业间关系的发展受两大趋势影响：研究机构和理事会资助基础研究的开展，大学参与工业项目建设，这种有多种资金来源的联合研究项目催生了第三次机构混合潮流（Etzkowitz，2008）。

Carayannis 指出，还应考虑环境、经济、社会三个维度的可持续性，从而提高区域竞争优势（Carayannis 等，2012）。Harris 在 2009 年提出，道德与创业有着内在联系，创业活动与区域发展也息息相关。

三螺旋模型不仅将三大领域置于外部环境之中考虑（政治、经济、社会、文化、技术环境），还展现了基于合作网络的伙伴关系的动态发展和互动模式，旨在提升竞争力（Bernasconi，2005）。

地方知识资本和机构支持能够促进私人和公共利益集团间的互动发展，双方基于

组织和机构间的协定，共同促进知识、技术、区域创新技能的传播（Hira，2013）。

基于此前研究，本文发现为解决所提出的研究问题，需要衡量学术界—产业—政府间的互动的成效，进而衡量其对区域竞争力的影响（见图1）。

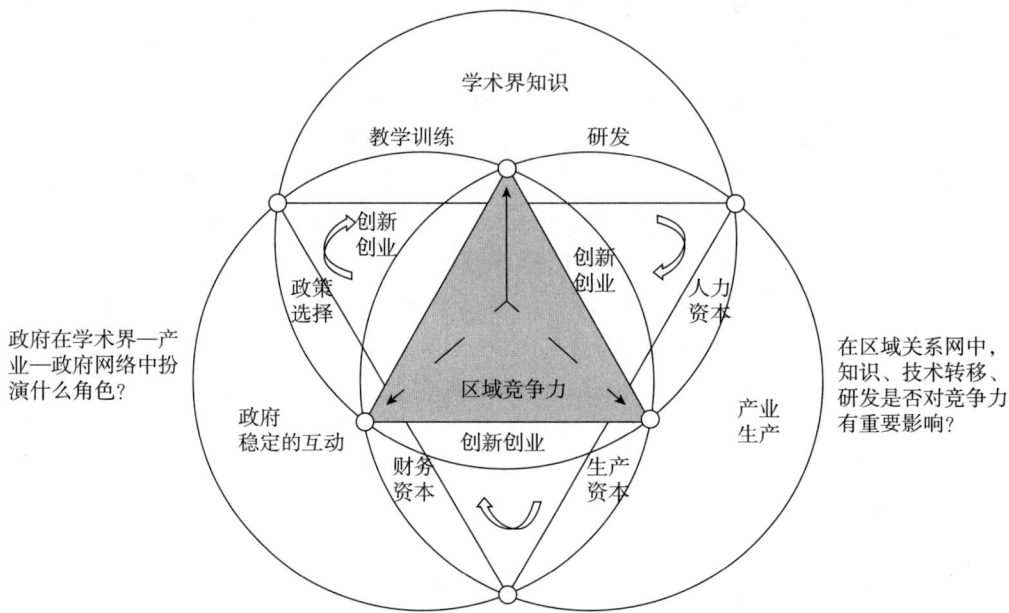

如何衡量学术界—产业—政府协作网络对区域竞争力的影响？

学术界知识

教学训练　　　研发

创新创业　　　创新创业

政策选择　　人力资本

政府在学术界—产业—政府网络中扮演什么角色？

政府稳定的互动

区域竞争力

在区域关系网中，知识、技术转移、研发是否对竞争力有重要影响？

产业生产

创新创业

财务资本　　生产资本

学术界—产业—政府协作网络是否在创新创业中发挥重要作用？

资料来源：作者本人设计制作。

图 1　三螺旋动态模型

平衡记分卡由 Kaplan 和 Norton 提出，其使管理者除了利用传统的以财务量度为主的绩效评价方法之外，还能以平衡的视角衡量组织发展的其他重要战略因素，包括不断的进步、伙伴关系、团队合作、全球规模。平衡记分卡旨在回答下列四个基本问题：

- 顾客如何看待我们？（顾客角度）
- 我们擅长什么？（内部运营角度）
- 我们能够继续增加和创造价值吗？（创新和学习角度）
- 我们如何看待股东？（财务角度）

为推动平衡记分卡的使用，两位学者在《哈佛商业评论》上发表了文章，并在文中列举了三个采用平衡记分卡衡量绩效和战略的案例（Kaplan 和 Norton，2001a；Kaplan 和 Norton，2001b）。

如今，Kaplan 和 Norton 提出的平衡记分卡这一衡量绩效的战略管理工具已在全球范围内得到广泛应用（Chytas 等，2011；Dror，2008；Kanji 和 Sa，2002；Lazzarotti 等，2011；Philbin，2008；Sundin 等，2009；Taylor 和 Baines，2012；Tseng，2010；Verdecho 等，2012a，b，c；Wu 和 Chang，2012；Al-Ashaab 等，2011；Ioppolo 等，2012）。但是，该模型本身有一定的局限性，其不能对所有需要分析的情况作出有效回应（Kanji 和 Sa，2002；Philbin，2008；Verdecho 等，2012c；Al – Ashaab 等，2011；Ioppolo 等，2012）。

四、数据收集和研究方法

在建构了创新、创业、竞争力的总体框架和三螺旋的动态关系后，本文对平衡记分卡和采用平衡记分卡衡量关系网绩效的相关研究进行了系统回顾。文献综述反映了该特定领域的研究现状（D'Este 和 Perkmann，2010）。

本文旨在分析使用平衡记分卡衡量不同机构间合作和协作网络绩效方面的研究现状，为此本文采取了以下步骤。首先，确定所有发表于 1990—2013 年的有关平衡记分卡的研究。本文使用预先确定的关键词（平衡记分卡、合作与平衡记分卡、协作与平衡记分卡、网络绩效衡量），对汤森路透（Thomson Reuters）网络数据库（ISI）中已发表的文章和同行评议类文章的标题和摘要进行了广泛检索。随后，本文人工检索出过去 21 年（1992—2013）中"高被引"的期刊，从所确定的 1000 篇文章中筛选出该时间段内前 50 篇"高被引"文章。

分析表明，2010—2013 年关于平衡记分卡的出版物数量激增。本文采用建构主义方法进行文献检索，即明确实际问题，确定理论联系，作出主要假设。因此，本文筛选出 2010—2013 年被引次数最高的文章，从而得到 ISI 期刊中前 25 篇高被引文章。下文表格对比了历史上 50 篇高被引文章和 25 篇最新的高被引文章（见表 1）。

完成该阶段研究后，本文进一步了解了平衡记分卡在衡量合作和协作网络绩效方面的使用趋势。之后，本文对数据库进行进一步筛选。

此次，本文将关键词限定为合作与平衡记分卡；协作与平衡记分卡；网络绩效衡量，出版年份限定为 1992—2013 年。在内容分析后，本文筛选出前 10 篇高被引文章，这也为本文提出的模型奠定了基础（见表 2）。

本文发现所选文章涉及不同领域，包括健康、管理、计算机科学，并且采用了不同的研究方法。

表 1　　　　　　　　　　　以时间序列划分的高被引文章

期刊	文章数量	被引次数	期刊	文章数量	被引次数
1992—2013：前 50 篇高被引文章（历史上）			2010—2013：前 25 篇高被引文章（最新趋势）		
会计、组织与社会	6	382	欧米茄—国际管理科学学报	3	16
哈佛商业评论	5	2072	会计学评论	2	6
会计学评论	4	351	专家系统及其应用	2	9
长远规划	3	201	环境检测与评估	1	21
专家系统及其应用	3	157	经济的技术和经济化发展	1	20
加利福尼亚管理评论	2	171	皇家医学会杂志	1	11
生产与运营管理	2	171	国际接待业管理杂志	1	9
计算机与工业工程	2	148	评估与项目规划	1	7
欧洲运筹学杂志	2	114	Plos 医学	1	6
运筹学杂志	2	114	临床心理科学与实践	1	5

期刊	文章数量	被引次数	期刊	文章数量	被引次数
1992—2013：前 50 篇高被引文章（历史上）			2010—2013：前 25 篇高被引文章（最新趋势）		
工业用计算机	2	101	运营管理杂志	1	4
其他	17	1301	其他	10	26
合计	50	5283	合计	25	140

资料来源：作者本人整理。

表 2　　　　　　采用平衡记分卡衡量网络绩效——前 10 篇高被引文章

作者	杂志	标题	研究方法	发表年份	被引次数
Alfaro 等（2009）	国际计算机集成制造杂志	业务流程互操作性和协作性度量	概念分析法	2009	8
Stanley 等（2010）	当代临床试验	儿科学术研究网络中绩效衡量工具的研发与实施	案例分析	2010	2
Herath 等（2010）	会计学和公共政策杂志	协作环境中平衡记分卡目标和权重的联合甄选	数学规划模型/单纯形法	2010	2
Ioppolo 等（2012）	土地利用政策	运用区域平衡记分卡管理当地发展项目：以两个案例为例	两个案例分析	2012	2
Perkmann 等（2011）	研究与发展管理	企业如何评估产学联盟的成功？绩效衡量系统	概念分析法	2011	2
Verdecho 等（2012a）	欧米茄—国际管理科学学报	管理企业间协作关系的多标准方法	案例分析/网络分析法	2012	1
Verdecho 等（2012b）	决策支持系统	企业间协作绩效的优先化和管理	定量分析/网络分析法	2012	1
Wu 和 Chang（2012）	决策支持系统	运用平衡记分卡评估电子商务供应链管理：多阶段解读	定量分析/结构方程模型	2012	1
Chytas 等（2011）	国际信息管理杂志	积极的平衡记分卡	模糊逻辑/模糊认知图	2011	1
Al—Ashaab 等（2011）	生产计划与控制	运用平衡记分卡衡量产学合作的影响	两个案例分析	2011	1

资料来源：作者本人整理。

五、区域螺旋记分牌

企业间协作是为了提高竞争力而采取的共同战略。因此，需要从企业间互动的角度，采用战略方法来衡量企业运营绩效，还需定义和运用绩效衡量/管理框架，且该框架需包含影响绩效的因素（目标、绩效指标等），从而推动活动管理，监督战略落实和实施过程（Verdecho 等，2012a，b，c；Grubic 和 Fan，2010；Alfaro 等，2009；Stanley 等，2010；Herath 等，2010）。

促进高质量研究网络的发展本质上需要建立绩效评估工具并相应地定义评估标准和绩效指标（Singhal 等，2012）。虽然越来越多的企业与大学建立正式联盟，但是缺乏衡量此类协作绩效的工具（Perkmann 等，2011）。

平衡记分卡是一种战略衡量工具。公司纷纷将其用于衡量组织绩效，主要衡量四个关键指标：财务、客户、内部运营、学习与成长。然而，这个原始模型无法衡量现如今开放式创新战略指导下的合作研究项目的影响（Al - Ashaab 等，2011）。

为满足机构间协作联盟带来的绩效衡量新要求，新的绩效衡量模型已基于原始平衡记分卡得以建立（Philbin，2008；Al - Ashaab 等，2011；Ioppolo 等，2012）。Al - Ashaab 提出了协作平衡记分卡，用于衡量产学合作的影响。Ioppolo 提出了区域平衡记分卡来管理地方发展项目（Al - Ashaab 等，2011；Ioppolo 等，2012）（见表3）。

KTForce 项目由欧洲区域发展基金（ERDF）资助，在区域创新合作资本化项目（INTERREG IVC Capitalisation Programme）支持下进行。该项目旨在提高区域发展政策在促进创新和知识经济发展方面的有效性。项目参与者为来自六个地区的 11 位合作伙伴，这些地区中有的是温和的创新者（立陶宛、葡萄牙、罗马尼亚），有的是创新追随者和领导者（法国、德国、爱尔兰）（EC，2014a，b；Sternberg，2012；Farinha 等，2014）。为衡量创新绩效，KTForce 项目中设定了一系列指标，主要有技术许可、衍生公司创立和创业以及产学关系。

支持和决定区域经济成果的关键因素还包括劳动力（人力资本）的素质和能力、社会和机构网络的广度、深度和重点（社会/机构资本），基础设施和文化资产的覆盖范围和质量（文化资本），创造和创新阶层（知识/创造力资本），基础设施政策和建设成果（基础设施资本）（Huggins 等，2014；Cuckovic 等，2013；Balkyte 和 Tvaronaviciene，2010）。

近年来，新兴国家齐心协力将本国工业经济转型为后工业知识型经济。科学和技术的发展也需要支持该经济转型战略。

三螺旋模型得到了学者们的广泛支持（Etzkowitz，2008；Etzkowitz 等，2005；Etzkowitz 和 Leydesdorff，2000；Viale 和 Etzkowitz，2010），为了填补学术界—产业—政府间互动绩效衡量模型的研究空白，本文基于三螺旋模型，建立了新的概念模型，将创新和创业视为提升区域竞争力的重要因素，因为创新和创业能够刺激新投资并创造就业机会，从而推动经济竞争力达到新水平（Kelley 等，2011）。

由此，本文提出了区域螺旋记分牌（RHS）（见图2）。

区域螺旋记分牌（RHS）源自 Kaplan 和 Norton 提出的原始平衡记分卡模型，基于三螺旋动态，设置了此前文献综述中定义的各项指标，侧重于创新与创业以及竞争力与区域发展两大方面，旨在衡量学术界—产业—政府间的互动绩效（Kaplan 和 Norton，2001a）。因此，针对每个方面，该模型也相应提出了一系列可持续性支柱，包括既定的战略目标、关键绩效指标、目标和倡议，这些支柱的共同目标都是解决主要的研究问题：创新和创业三螺旋模式如何促进区域竞争力的提高和区域发展？

因此，可通过可持续发展的三大支柱来界定创新与创业：创业倡议、创新努力、人民就业。而区域竞争力和发展与下列可持续发展支柱相关联：经济和金融、知识和技能、战略发展。本文针对该模型中的每个方面以及可持续发展的每个支柱都设置了战略目标和关键绩效指标，并且可根据各自的创新和竞争力网络性质进行调整。

与创新和创业最相关的战略目标和关键绩效指标：

- 战略目标/关键绩效指标：

新的合作项目/新业务/新公司的增加

- 创建的新公司数量
- 创建的技术型公司数量（衍生公司）
- 创建的员工多于 250 人的公司数量
- 得到资助的创业公司数量
- 拟创造的价值总额
- 制订的新业务计划总量
- 成功获得公共资助的合作提案数量

新产品/新技术的增加：

- 专利申请和专利数量
- 工业产权许可证数量
- 合作项目产生的无形资产数量，包括专利、许可证、版权、商标。

就业岗位的增加：

- 创造的工作岗位数量
- 创造的技术岗位数量

与竞争力和区域发展相关联的指标：

- 战略目标/关键绩效指标：

利润

- 营业额
- 销售额

成本降低

- 联盟节约的成本比例
- 依托大学的研究节约的成本比例

国际化

- 出口量百分比
- 国际集群网络间的联系

学习和知识传播

- 研发开支
- 在科学期刊或会议刊物上联合发表的出版物数量

环境、安全和生活质量提高

- 发展新模型项目和推进可持续性发展措施的数量：健康和安全、回收方法、可持续建筑
- 组件重复利用百分比
- 在环境和社会方面改善地区或设施的合作项目的数量

最后，为了得出绩效评估结论，本文提出未来目标价值和实现目标的倡议。需要注意的是，要根据学术界—产业—政府间互动的性质（产学合作项目、区域集群、科技园、技术企业孵化器等）适当调整战略目标和关键绩效指标。

方面：创新与创业				
可持续性支柱	战略目标	关键绩效指标	目标	倡议
创业计划	增加新合作项目/新业务/新公司	根据创新和竞争力网络的性质设定该模型（学术界—产业—政府）		
创新努力	增加新产品/新技术			
人民就业	增加技术岗位数量			
…	…			

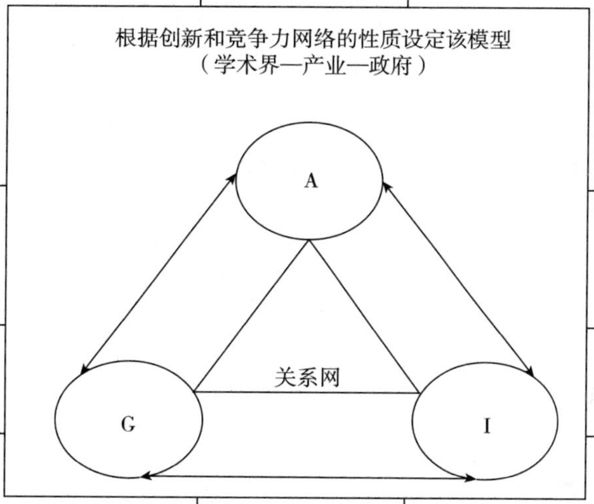

方面：竞争力和区域发展				
可持续性支柱	战略目标	关键绩效指标	目标	倡议
经济与金融	利润 成本降低 国家化	根据创新和竞争力网络的性质设定该模型（学术界—产业—政府）		
知识与技能	学习与知识传播			
战略发展	环境，健康，生活质量提高			
…	…			

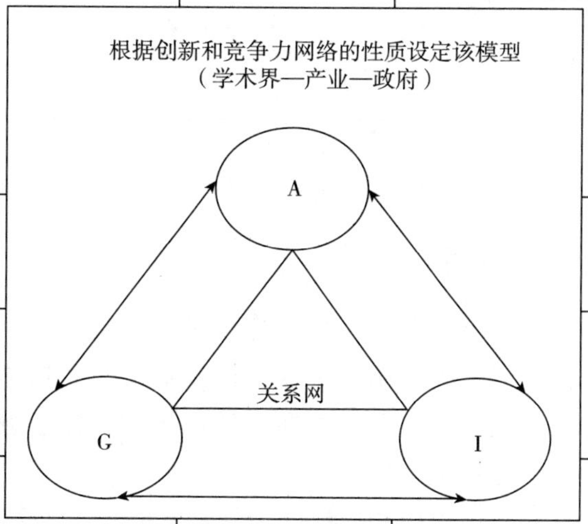

资料来源：作者本人设计制作。

图 2　区域螺旋记分牌模型（RHS）

表3 不同绩效衡量模型的特征

作者	企业间		学术研究网络				产学合作		国际合作项目
	企业间运营互操作性	协作型企业网络	一般贡献	智力发展	项目实施	按时完成项目	投入;过程中的活动;产出;影响	竞争力;可持续发展;创新;战略知识伙伴;人力资本;内部运营	内部运营;新的公共治理政策;学习与创新;区域战略发展
Alfaro 等(2009)	×								
Stanley 等(2010)			×	×	×	×			
Verdecho 等(2012c)		×							
Verdecbo 等(2012b)	×								
Perkmann 等(2011)							×		
Al-Ashaab 等(2011)								×	
Ioppolo 等(2012)									×

资料来源:作者本人设计制作。

六、总结

本文提出一个动态交互的三螺旋模型,该综合概念模型阐明创新和创业是区域竞争力的重要因素。相关文献将创业定义为高风险行为,并且高度遵循付出—回报二项式原理。因此,企业需要在全球市场中创新、设计、生产并且商业化新产品,并且比竞争对手更快地发展。

区域发展可以相应地分为外生发展和内生发展(Hira,2013)。三螺旋模型侧重于大学—产业—政府间的持续互动,这一互动关系推动了工业社会向知识社会的转变,并且是改善创新所需条件的关键。就区域竞争力和区域发展而言,私营生产部门的能力决定了区域普遍收入水平和就业情况。全球创业观察报告指出,新公司的成立将带来投资流入,创造新的就业岗位,推动整体竞争力的提高并促进发展(Kelley 等,

2011）。

三螺旋关系模型反映了三大机构（学术—产业—政府）之间的互动关系，这三大机构旨在基于相互关联的行动框架确保多种情境下的区域竞争优势。因此，三螺旋模型是设计和进行实证研究的出发点，能够解决不同领域的互动所产生的问题。同时，该模型基于一项假设而建立，即创新动力与为提升区域竞争力和促进区域发展的创业呈正相关关系，而该假设需要通过适当的研究方法（定量/定性）进行实证验证。针对三螺旋区域动态互动，本文提出的模型旨在解决本文前言章节中提出的研究问题，从而提供一种机制来衡量这些关系网络对区域竞争力的影响。

当前全球经济面临着衰退压力，新投资项目正经历重新调整和推迟，全球化和竞争性经济要求创造就业机会，同时，创新成为提高竞争力的关键因素。无论就当前的经济形势还是该领域未来的研究而言，这些因素都要求将推动区域发展和提高区域相关竞争力作为重中之重。

这也从根本上要求通过可持续的组织间网络传播知识和技术。基于假设，本文建议未来研究可对区域螺旋记分牌的绩效衡量效果进行实证测试，主要测试其在衡量基于平衡记分卡模型建立的三螺旋/四螺旋动态关系的绩效方面的作用，以及其在衡量区域和组织间协作关系绩效方面的发展。同时，还需根据具体的三螺旋互动对该模型加以调整。

最后，本文建议未来研究可结合定量和定性研究两种方法，通过观察、文本分析、实地考察、访谈、问卷调查等方式收集并验证数据，以便最充分地检验本文提出的区域螺旋记分牌模型。

参考文献

［1］Acs, Z., & Amoro's, J. (2015). Entrepreneurship and development: The role of clusters. *Small Business Economics*, 39 (3), 561 – 574.

［2］Al-Ashaab, A., Flores, M., Doultsinou, A., & Magyar, A. (2011). A balanced scorecard for measuring the impact of industry-university collaboration. *Production Planning and Control*, 22 (5 – 6), 554 – 570.

［3］Alfaro, J. J., Rodriguez-Rodriguez, R., Verdecho, M. J., & Ortiz, A. (2009). Business process interoperability and collaborative performance measurement. *International Journal of Computer Integrated Manufacturing*, 22 (9), 877 – 889.

［4］Arranz, N., & Arroyabe, J. C. (2008). The choice of partners in R & D cooperation: An empirical analysis of Spanish firms. *Technovation*, 28 (1 – 2), 88 – 100.

［5］Asheim, B. T., & Coenen, L. (2005). Knowledge bases and regional innovation systems: Comparing Nordic clusters. *Research Policy*, 34 (8), 1173 – 1190.

［6］ Asheim, B. T. , Ejermo, O. , & Rickne, A. (2009). When is regional 'Beautiful' ? Implications for knowledge flows, entrepreneurship and innovation. *Industry and Innovation*, 16 (1), 1 −9.

［7］ Asheim, B. T. , Smith, H. L. , & Oughton, C. (2011). Regional innovation systems: Theory, empirics and policy. *Regional Studies*, 45 (7), 875 −891.

［8］ Audretsch, D. B. , & Keilbach, M. (2004). Entrepreneurship and regional growth: An evolutionary interpretation. *Journal of Evolutionary Economics*, 14 (5), 605 −616.

［9］ Audretsch, D. B. , & Keilbach, M. (2005). Entrepreneurship capital and regional growth. *The Annals of Regional Science*, 39 (3), 457 −469.

［10］ Audretsch, D. B. , Link, A. N. , & Pena, I. (2012). Academic entrepreneurship and economic competitiveness: Introduction to the special issue. *Economics of Innovation and New Technology*, 21 (5 −6), 427 −428.

［11］ Audretsch, D. B. , Belitski, M. , & Desai, S. (2015). Entrepreneurship and economic development in cities. *The Annals of Regional Science*, 55 (1), 33 −60.

［12］ Awazu, Y. (2006). Managing technology alliances: The case for knowledge management. *International Journal of Information Management*, 26 (6), 484 −493.

［13］ Balkyte, A. , & Tvaronaviciene, M. (2010). Perception of competitiveness in the context of sustainable development: Facets of sustainable competitiveness. *Journal of Business Economics and Management*, 11 (2), 341 −365.

［14］ Bernasconi, A. (2005). University entrepreneurship in a developing country: The case of the P. Universidad Cato'lica de Chile, 1985 −2000. *Higher Education*, 50 (2), 247 −274.

［15］ Budd, L. , & Hirmis, A. (2004). Conceptual framework for regional competitiveness. *Regional Studies*, 38 (9), 1015 −1028.

［16］ Budd, L. , & Hirmisf, K. (2004, December). Conceptual framework for regional competitiveness. *University Business*, 3, 1015 −1028.

［17］ Carayannis, E. G. , Barth, T. D. , & Campbell, D. F. (2012). The Quintuple Helix innovation model: Global warming as a challenge and driver for innovation. *Journal of Innovation and Entrepreneurship*, 1 (1), 2.

［18］ Chytas, P. , Glykas, M. , & Valiris, G. (2011). A proactive balanced scorecard. *International Journal of Information Management*, 31 (5), 460 −468.

［19］ Cuckovic, N. , Jurlin, K. , & Vuckovic, V. (2013). Measuring regional competitiveness: The case of Croatia. *Southeast European and Black Sea Studies*, 13 (4), 503 −523.

［20］ D'Este, P. , & Perkmann, M. (2010). Why do academics engage with industry? The entrepreneurial university and individual motivations. *The Journal of Technology Transfer*, 36 (3), 316 – 339.

[21] Dror, S. (2008). The balanced scorecard versus quality award models as strategic frameworks. *Total Quality Management and Business Excellence*, 19 (6), 583 – 593.

[22] EC. (2014a). European competitiveness report 2014: Helping firms grow. Belgium.

[23] EC. (2014b). Innovation union scoreboard. Brussels.

[24] Etzkowitz, H. (2003). Innovation in innovation: The triple helix of University—Industry—Government relations. *Social Science Information*, 42 (3), 293 – 337.

[25] Etzkowitz, H. (2008). *The triple helix: University-Industry-Government innovation in action* (1st ed.). Oxon: Routledge.

[26] Etzkowitz, H., & Leydesdorff, L. (2000). The dynamics of innovation: From national systems and "Mode 2" to a triple helix of University—Industry—Government relations. *Science and Technology*, 109 – 123.

[27] Etzkowitz, H., Mello, J. M. C., & Almeida, M. (2005). Towards 'meta-innovation' in Brazil: The evolution of the incubator and the emergence of a triple helix. *Research Policy*, 34 (4), 411 – 424.

[28] Farinha, L., Ferreira, J., & Gouveia, J. B. (2014). Innovation and competitiveness: A high-tech cluster approach. *The Romanian Review Precision Mechanics*, *Optics & Mechatronics*, 45, 41 – 48.

[29] Farinha, L., Ferreira, J., & Gouveia, B. (2016). Networks of innovation and competitiveness: A triple helix case study. *Journal of the Knowledge Economy*, 7 (1), 259 – 275.

[30] Gopalakrishnan, K., Yusuf, Y. Y., Musa, A., Abubakar, T., & Ambursa, H. M. (2012). Sustainable supply chain management: A case study of British Aerospace (BAe) systems. *International Journal of Production Economics*, 140 (1), 193 – 203.

[31] Grubic, T., & Fan, I. -S. (2010). Supply chain ontology: Review, analysis and synthesis. *Computers in Industry*, 61 (8), 776 – 786.

[32] Herath, H. S. B., Bremser, W. G., & Birnberg, J. G. (2010). Joint selection of balanced scorecard targets and weights in a collaborative setting. *Journal of Accounting and Public Policy*, 29 (1), 45 – 59.

[33] Hira, A. (2013). Mapping out the triple helix: How institutional coordination for competitiveness is achieved in the global wine industry. *Prometheus*, 31 (4), 271 – 303.

[34] Huggins, R., Izushi, H., Prokop, D., & Thompson, P. (2014). Regional competitiveness, economic growth and stages of development. *Zbornik radova Ekonomskog fakulteta u Rijeci*, *c̆asopis za ekonomsku teoriju i praksu*, 32 (2), 255 – 283.

[35] Ioppolo, G. , Saija, G. , & Salomone, R. (2012). Developing a territory balanced scorecard approach to manage projects for local development: Two case studies. *Land Use Policy*, 29 (3), 629 – 640.

[36] Jiang, Y. , & Shen, J. (2010). Measuring the urban competitiveness of Chinese cities in 2000. *Cities*, 27 (5), 307 – 314.

[37] Kanji, G. K. , & Sa', P. M. (2002). Kanji's business scorecard. *Total Quality Management*, 13 (1), 13 – 27.

[38] Kaplan, R. S. , & Norton, D. P. (2001a). *The strategy-focused organization: How balanced scorecard.* Boston: Harvard Business School.

[39] Kaplan, R. S. , & Norton, D. P. (2001b). Transforming the balanced scorecard from performance measurement to strategic management: Part I. *Accounting Horizons*, 15 (1), 87 – 104.

[40] Kelley, D. J. , Singer, S. , Herrington, M. (2011). The global entrepreneurship monitor 2011 global report.

[41] Kim, Y. , Kim, W. , & Yang, T. (2012). The effect of the triple helix system and habitat on regional entrepreneurship: Empirical evidence from the U. S. *Research Policy*, 41 (1), 154 – 166.

[42] Kitson, M. , Martin, R. , & Tyler, P. (2004). Regional competitiveness: An elusive yet key concept? *Regional Studies*, 38 (9), 991 – 999.

[43] Lazzarotti, V. , Manzini, R. , & Mari, L. (2011). A model for R & D performance measurement. *International Journal of Production Economics*, 134 (1), 212 – 223.

[44] Lengyel, I. , & Rechnitzer, J. (2013). Drivers of regional competitiveness in the Central European Countries. *Transition Studies Review*, 20 (3), 421 – 435.

[45] Leydesdorff, L. (2012). The triple helix, quadruple helix, . . . , and an N-Tuple of helices: Explanatory models for analyzing the knowledge-based economy? *Journal of the Knowledge Economy*, 3 (1), 25 – 35.

[46] Leydesdorff, L. , & Fritsch, M. (2006). Measuring the knowledge base of regional innovation systems in Germany in terms of a triple helix dynamics. *Research Policy*, 35 (10), 1538 – 1553.

[47] Leydesdorff, L. , & Meyer, M. (2006). Triple helix indicators of knowledge-based innovation systems Introduction to the special issue. *Research Policy*, 35 (10), 1441 – 1449.

[48] Leydesdorff, L. , Dolfsma, W. , & Vanderpanne, G. (2006). Measuring the knowledge base of an economy in terms of triple-helix relations among 'technology, organization, and territory'. *Research Policy*, 35 (2), 181 – 199.

[49] MacGregor, S. P. , Marques-Gou, P. , & Simon-Villar, A. (2010). Gauging

readiness for the quadruple helix: A study of 16 European organizations. *Journal of the Knowledge Economy*, 1 (3), 173 – 190.

[50] Mendes, P., Santos, A., Perna, F., & Ribau Teixeira, M. R. (2012). The balanced scorecard as an integrated model applied to the Portuguese public service: A case study in the waste sector. *Journal of Cleaner Production*, 24, 20 – 29.

[51] Nissan, E., Galindo Mart′n, M. -A′., & Me′ndez Picazo, M. -T. (2011). Relationship between organizations, institutions, entrepreneurship and economic growth process. *The International Entrepreneurship and Management Journal*, 7 (3), 311 – 324.

[52] Nordqvist, M., & Melin, L. (2010). Entrepreneurial families and family firms. *Entrepreneurship and Regional Development*, 22 (3 – 4), 211 – 239.

[53] Osterwalder, A., & Pigneur, Y. (2010). *Business model generation: A handbook for visonairies, game changers and challengers.* Hoboken, NJ: Wiley.

[54] Ozman, M. (2009). Inter-firm networks and innovation: A survey of literature. *Economics of Innovation and New Technology*, 18 (1), 39 – 67.

[55] Perkmann, M., Neely, A., & Walsh, K. (2011). How should firms evaluate success in university industry alliances? A performance measurement system. *R & D Management*, 41 (2), 202 – 216.

[56] Philbin, S. (2008). Process model for university-industry research collaboration. *European Journal of Innovation Management*, 11 (4), 488 – 521.

[57] Porter, M. E., & Stern, S. (2001). Innovation: Location matters. *MIT Sloan Management Review*, 42 (4), 28 – 36.

[58] Salvador, E. (2010). Are science parks and incubators good 'brand names' for spin-offs? The case study of Turin. *The Journal of Technology Transfer*, 36 (2), 203 – 232.

[59] Semlinger, K. (2008). Cooperation and competition in network governance: Regional networks in a globalised economy. *Entrepreneurship and Regional Development*, 20 (6), 547 – 560.

[60] Singhal, S., McGreal, S., & Berry, J. (2012, June). Application of a hierarchical model for city competitiveness in cities of India. *Cities*, 31, 114 – 122.

[61] Smith, H. L., & Bagchi-Sen, S. (2006). University-Industry interactions: The case of the UK biotech industry. *Industry and Innovation*, 13 (4), 371 – 392.

[62] Smith, H. L., & Bagchi-Sen, S. (2012). The research university, entrepreneurship and regional development: Research propositions and current evidence. *Entrepreneurship and Regional Development*, 24 (5 – 6), 383 – 404.

[63] Smith, H. L., Glasson, J., & Chadwick, A. (2005). The geography of talent: Entrepreneurship and local economic development in Oxfordshire. *Entrepreneurship and*

Regional Development, 17 (6), 449 – 478.

[64] Stanley, R., Lillis, K. A., Zuspan, S. J., Lichenstein, R., Ruddy, R. M., Gerardi, M. J., & Dean, J. M. (2010). Development and implementation of a performance measure tool in an academic pediatric research network. *Contemporary Clinical Trials*, 31 (5), 429 – 437.

[65] Sternberg, R. (2012). Do EU regional policies favour regional entrepreneurship? Empirical evidence from Spain and Germany. *European Planning Studies*, 20 (4), 583 – 608.

[66] Sundin, H., Granlund, M., & Brown, D. A. (2009). Balancing multiple competing objectives with a balanced scorecard. *European Accounting Review*, 19.

[67] Taylor, J., & Baines, C. (2012). Performance management in UK universities: Implementing the balanced scorecard. *Journal of Higher Education Policy and Management*, 34 (2), 111 – 124.

[68] Theriou, N. G., Demitriades, E., & Chatzoglou, P. (2004). A proposed framework for integrating the balanced scorecard into the strategic management process. *Operations Research*, 4 (2), 147 – 165.

[69] Tseng, M. -L. (2010). Implementation and performance evaluation using the fuzzy network balanced scorecard. *Computers in Education*, 55 (1), 188 – 201.

[70] Turok, I. (2004). Cities, regions and competitiveness. *Regional Studies*, 38 (9), 1069 – 1083.

[71] Van Looy, B., Landoni, P., Callaert, J., van Pottelsberghe, B., Sapsalis, E., & Debackere, K. (2011). Entrepreneurial effectiveness of European universities: An empirical assessment of antecedents and trade-offs. *Research Policy*, 40 (4), 553 – 564.

[72] Verdecho, M. -J., Alfaro-Saiz, J. -J., & Rodriguez-Rodriguez, R. (2012a). Prioritization and management of inter-enterprise collaborative performance. *Decision Support Systems*, 53 (1), 142 – 153.

[73] Verdecho, M. -L., Alfaro-Saiz, J. -J., Rodriguez-rodriguez, R., & Ortiz-bas, A. (2012b). A multicriteria approach for managing inter-enterprise collaborative relationships. *Omega*, 40, 249 – 263.

[74] Verdecho, M. -J., Alfaro-Saiz, J. -J., Rodr guez-Rodr guez, R., & Ortiz-Bas, A. (2012c). The analytic network process for managing inter-enterprise collaboration: A case study in a collaborative enterprise network. *Expert Systems with Applications*, 39 (1), 626 – 637.

[75] Viale, R., & Etzkowitz, H. (2010). *The capitalization of knowledge: A tripla helix of University-Industry-Government* (1st ed.). Cheltenham: Edward Elgar.

[76] Wong, P. K., Ho, Y. P., & Autio, E. (2005). Entrepreneurship, innova-

tion and economic growth: Evidence from GEM data. *Small Business Economics*, 24 (3), 335 – 350.

［77］ Wu, I. -L., & Chang, C. -H. (2012). Using the balanced scorecard in assessing the performance of e-SCM diffusion: A multi-stage perspective. *Decision Support Systems*, 52 (2), 474 – 485.

企业进入、退出及流动的决定因素和相互依赖性

Rui Baptista[①]   Murat Karaöz[②]

摘要：产业的结构性变革与市场选择机制相关，包括企业进入、退出、在位企业的市场份额变化，即流动。然而，有关企业进入和退出的研究只关注了进入与退出之间的相互依赖性。因此，本文还会分析第三个维度——流动。产业和区域多样化、失业、单位成本都阻碍了企业进入、退出和在位企业的流动。但是，区域多样化仅阻碍了大公司的进入，而且单位成本对在位企业流动的影响并不显著。若产业中的企业规模较小且产业增长波动较大，那么该产业中企业进入、退出和流动的变化较大。产业发展会使更多企业进入，在位企业的流动增多，更少企业退出。企业进入与退出具有对称性，有时同步发生，但有时也存在延迟，本文在考虑流动的基础上对该现象加以分析。本文所用数据的来源是葡萄牙纵向数据集，其汇总了 1986—1993 年的数据，共涵盖 320 个六位数产业。本文将产业划分为三种类型：成长型产业、成熟产业、衰退产业。评估结果显示，成长型产业中企业进入与退出更频繁，在位企业的市场份额变化也更显著。研究证明衰落产业中进入企业较少，但是有关退出方程中衰退产业的结果为正值且具有显著性的论证仍然不足。总体而言，研究结果表明，企业进入、退出与在位企业流动有着共同的未观测的决定因素。此外，企业进入、退出与在位企业流动之间存在相互依赖性。

关键词：企业进入 退出与流动 依赖性 对称性 同步性 更迭 替代 产业生命周期

一、引言

产业的结构性变革与一系列机制相关，包括企业进入、退出以及在位企业市场份额变化（流动）（Caves，1998；Baldwin 和 Gorecki，1994）。在产业初创、成熟到后期衰退的各个阶段，企业进入、退出和企业流动都不断推动市场结构向长期均衡水平演变。这三种机制相互依赖，其对彼此的影响既有同步性，又有延迟性。此外，这三种

---

① Rui Baptista，里斯本大学。
② Murat Karaöz，阿卡德尼兹大学。

机制还受同一组外部因素的影响。新的企业进入会提升该产业的生产能力，也可能带来创新的产品和运营模式，这会冲击在位企业。企业进入可能会带来更多的竞争，迫使一些效率低下的在位企业离开该产业。进入和退出这种流动一直存在，如果进入与退出没有持平，在位企业会不断地通过扩展或收缩调整其市场份额，以此来应对这种变化。随着产业生命周期的演进，企业进入、退出和流动的过程会勾勒出产业结构。产业可能由部分企业集中掌控，也可能陷入原子状竞争，或是介于两种境地之间，这些境况都取决于影响企业进入、退出以及企业流动的一系列因素。企业进入、退出和流动的起因和影响已经成为许多实证研究和理论研究的主题（Orr，1974；Khemani 和 Shapiro，1986；Shapiro 和 Khemani，1987；Audretsch 和 Acs，1990；Baldwin 和 Gorecki，1991；Geroski 和 Schwalbach，1991；Rosenbaum 和 Lamort，1992；Baldwin，1998；Foto-poulos 和 Spence，1998；Lay，2003；等等）。

虽然企业进入与退出之间存在明显的正相关关系，但是有关产业生命周期的一系列研究表明，在不同的周期阶段，进入率和退出率呈现不同的规律。在产业随着时间推移不断演进的同时，企业进入、退出和流动也不断地扩充胜利者队伍，缩小失败者队伍，并且推动生产率提高（Caves，1998）。因此，在产业生命周期的各个阶段，产业演化过程不仅仅涉及进入和退出的企业，还涉及在位企业。在新兴产业、成长中产业以及结构快速变化的产业中，往往会出现较高的进入率和退出率（Gort 和 Klepper，1982；Klepper 和 Graddy，1990；Klepper 和 Miller，1995；Agarwal 和 Gort，1996，2002；Agarwal，1997；Klepper 和 Simons，2005；Agarwal 和 Audretsch，2001；等等）。进入的企业要么将富有创新性和更具竞争力的产品推向市场，要么仅仅碰碰运气。企业一波又一波进入，会导致那些能力处在边缘的企业接连退出。

本文基于此前有关企业进入、退出和市场份额流动的研究，对企业进入、退出和在位企业市场份额变化的决定因素加以分析。在此前研究的基础上，本文分别建立了企业进入和退出，还有在位企业市场份额变化的方程。本文认为各产业中进入和退出行为也同时受在位公司市场份额变化的影响。这三种机制也可能受到同一组未观测因素影响。截至目前，尚未有研究将流动方程纳入市场选择系统中。若这三种机制同属于一个系统，而又将流动方程从系统中排除，那么可能会导致估计系数的设定偏差。

二、企业进入、退出与在位企业流动间的相互依赖性

一直以来，研究人员都致力于为产业变革建模。产业中的市场结构随着不断变化的产业特性（企业进入和退出）和公司规模的调整（流动）而演变（Caves，1998；Baldwin 和 Gorecki，1994）。有关总进入量、总退出量、流动，以及三种机制的决定因素和其间的相互依赖性的研究揭示了产业的重要信息。Marshall（1920）通过比喻来阐明企业进入、退出和流动之间的相互依赖性，以及其对产业变革的重要影响。他解释，产业变革就好比森林中树木的变化，老树会被新芽取代，而一些衰退企业会退出，新兴企业会进入并成长壮大。同样，Audretsch（1995）提出旋转门理论，认为企业进入

和退出现象能够诠释产业变革，但产业中企业进入和退出活动主要与年轻企业有关，对于处于底部的年轻企业来说，旋转门的转速较快，意味着年轻企业可能成为短命企业。这两个比喻都表明，在位企业市场份额的变化也是产业变革的重要组成部分。新芽萌发，一些年轻企业进入产业后存活下来并成长壮大，最后到达旋转门出口处，而一些处于旋转门出口处的在位企业有所松懈和收缩，最后便退出了该产业。

产业出现后，在其早期发展阶段会不断扩张，而在最后的衰退期则会不断收缩。由此可见，正是进入、扩张、收缩、退出这样的机制塑造了产业结构（Duetsch，1975；Klepper 和 Graddy，1990）。企业进入可能会为产业带来新技术和生产能力，也会增加选择、学习、创新和价格方面的竞争（Jovanovic，1982；Grossman 和 Helpman，1991；Hopenhayn，1992；Ericson 和 Pakes，1995；Baldwin 和 Rafiquzzaman，1996）。公司决定进入后，就要根据其自身的特性、产业和经济状况，不断采取新行动，作出扩张、收缩或是退出的决策。Klepper 和 Graddy（1990）提出一项颇具影响力的研究，其分析了新产业的发展和市场结构的决定因素，并指出产出增长率与企业进入与退出带来的生产者数量变化以及在位企业的产能调整相关。在位企业根据新环境调整其规模，而效率极低的企业将会退出。理论和实证研究均表明这三种机制之间的相互作用具有同步性，又兼具延迟性。同时这三种机制彼此相互依赖，具体表现为，进入和退出的流动始终存在，在位企业也不断地通过扩张或收缩调整其市场份额来对该流动过程作出回应。企业进入、退出和流动可能会使产业由部分企业集中掌控，也可能陷入原子状竞争，或是介于两种境地之间。

进入、退出与流动之间的关系和相互依赖性可以通过结构—行为—绩效（SCP）模型来解释。在任何时候，产业的市场结构都反映了产业中企业规模分布和企业数量。在 SCP 模型中，产业的结构（企业数量和规模）决定了企业行为（投资、广告、研发活动、限制定价等策略），而绩效（产出、利润）则由行为决定。然而，这种从结构到行为，从行为到绩效的模型并不仅是单向关系，其中也存在行为和绩效对于产业结构的反馈。这种反馈机制能够推动产业结构调整。Weiss（1965）指出，在两个时间点之间，由于企业进入、退出和在位企业市场份额变化，市场结构会自然而然地调整。企业进入会降低市场集中度，也会增加企业退出。现存企业的扩张会提高集中度，而收缩则会降低集中度。Davies 和 Geroski（1997）对英国 200 强企业进行调研，其发现幸存企业市场份额的变化对集中度有重要影响。需求上涨、技术变革、企业进入、退出以及其他内在和外在干扰都会带来市场结构变化（Curry 和 George，1983；Geroski 等，1987）。Rosenbaum（1993）还特别模拟出集中度变化同时由净进入率（进入—退出）以及利润决定的模型。

作为市场选择过程的潜在机制，企业进入、退出和在位企业市场份额的变化也可以用动荡的概念来解释。动荡率是进入率和退出率之和（Caves 和 Porter，1976；Beesley 和 Hamilton，1984；Audretsch 和 Acs，1990；Dunne 和 Roberts，1991；Fotopoulos 和 Spence，1998），其包含了进入和退出企业的身份信息和在位企业市场份额的变化

（Baptista 和 Karaoz，2006）。因此，动荡率反映了整个市场选择强度的范围，展现了产业变革过程。作为最广泛的变量，动荡率实际上通过表明产业的动荡程度来反映选择强度。另外，动荡率能够得出产业中净剩企业数量，具体表现为产业中企业的净增长或净减少。净进入率是进入率与退出率之差，其表示的是产业中企业数量的变化，并且与产业生命周期各个阶段中产业的发展和在位企业的市场份额变化相关。例如，净进入率为正值，而产业呈现零增长，那就表明净进入是由在位企业市场份额减少引起的。在成长型产业中，增长率和在位企业市场份额变化都对净进入率和动荡率有影响。然而，在衰退行业中，产业规模缩小会带来负净进入，因为一些在位企业退出，其他企业也减少其市场份额。动荡率和净进入绝对值之间的差值表示的是进入率和退出率的波动程度，其包含了在位企业的身份变化（Fotopoulos 和 Spence，1998；Dunne 和 Roberts，1991）。Fotopoulos 和 Spence（1998）指出，最不稳定的产业表现为大量新企业取代大量新晋企业，而又不影响长期存在的企业的数量（Geroski，1995），或是产业旋转门在转动过程中将最新进入的企业抛出（Audretsch，1995）。

Agarwal 和 Gort 指出，企业进入与退出密切相关。第一，企业进入则竞争加剧，竞争便会使低效企业退出，这也就是更迭效应的机制。第二，由于新晋企业的夭折率较高，因此，高进入率就会带来高退出率。在替代效应的机制下，大量企业蜂拥而入便会给在位企业带来压力。这种压力会导致企业退出，尤其是年轻、缺乏经验的小规模企业。此外，另一组关系证明了可能存在一些共同的未观测因素影响着企业进入、退出和在位企业流动。这种假设被称为对称性假设。这最早在 Caves 和 Porter（1976）、Eaton 和 Lipsey（1980，1981）以及 Harrigan（1981）的著作中有所体现。企业进入、广告宣传、研发活动的成本，资本耐用性、资本专用性以及资本承担造成的企业资本性支出减少会带来较高的沉没成本，这也可能造成退出壁垒。退出企业变少，空缺会减小，替代效应的压力也会变少。此外，进入壁垒也会阻碍企业退出。进入企业减少，在位企业面临的退出压力就会减少。Hopenhayn（1992）认为，当进入成本很高，且无法回本的时候，想进入企业将会望而却步。因此，进入企业所带来的竞争压力便减少，退出的可能性也会同样变小。另外，企业事先知道，选择进入就要承担失败的风险，一旦产生进入成本，进行资本清算时就可能造成巨大损失。这也说明退出壁垒阻碍了企业进入。

多项研究已证明企业进入与退出之间存在相互依赖性（Baldwin 和 Gorecki，1991；Shapiro 和 Khemani，1987；Austin 和 Rosenbaum，1991；Rosenbaum 和 Lamort，1992；Evans 和 Siegfried，1992；Fotopoulos 和 Spence，1998；Lay，2003）[①]。这些研究均表明，除了企业进入与退出，在位企业市场份额变化是产业变革的第三个重要机制。Fotopoulos 和 Spence（1998）率先通过产业内部动态、动荡、反复试验的概念将在位企业市场份额变化明确纳入产业变革机制中。他们指出，想要了解产业动荡的原因就需要了解

---

① 详见 Siegfried 和 Evans（1994）、Fotopoulos 和 Spence（1998）。

产业内部流动的决定因素，并认为在位企业的更迭主要涉及新晋企业、老企业和大型企业，而这也是一段较为漫长的过程。有关希腊制造业中产业进入与退出变化幅度的研究也剖析了产业内部的变化。

多项实证研究表明，市场份额流动与企业进入和退出相互依赖。Baldwin 和 Gorecki（1991）认为，进入企业的重要性取决于其进入的可能性、其企业规模以及成立后企业的增长率，这三方面因素都需要加以考量，才能充分了解企业进入和退出的影响。McGuckin（1972）研究了净进入对集中度变化和市场份额稳定性的影响。他将产业中前 r 个大企业的集中度变化分解为净进入（进入率和退出率之差）和前 r 个大企业市场份额变化，其中市场份额变化包括企业总出货量的变化和产业中企业平均规模的变化。Duetsch（1975）指出，尽管企业进入和退出量表明潜在的强大竞争对手的变化，但它们忽视了进入和退出企业的规模。一个实现规模经营的企业进入产业，其带来的竞争远比小型企业激烈。他进一步指出，零净进入产业和零净进入且零营业额产业中的竞争激烈程度可能大不相同。假设某产业零进入且零退出，即便某些在位企业的排名或流动发生改变，集中度都将不会变化。另外，如果进入市场和退出市场的企业数量相同，且规模分布相同，那么集中度的变化仍将为零。市场结构无形地反映了企业身份，而市场结构零变化造成的壁垒可以通过潜在的进入率和退出率来消除。事实上，企业进入、退出以及流动都是市场结构变化的一部分。如果想要充分了解市场集中度的变化，那么需要对这三方面都加以分析。许多研究分析了新晋企业和其产品，结果表明，随着时间的推移，有些新晋企业会退出该产业，而有些则会占有现有企业的市场份额并进行扩张（Muller，1976；Dunne 和 Hughes，1994；Baldwin 和 Rafiquazzaman，1996；Baldwin 和 Gorecki，1991；Agarwal 和 Gort，1996，2002）。传统的市场选择方法认为，企业进入与企业退出对彼此有重要影响。但是，如果仅仅考虑进入率和退出率，则默认了所有新晋企业和退出企业具有同等规模。然而，新晋企业的数量和规模都有很大差异。规模和数量的不一致性需要在位企业市场份额变化机制的调节，该机制假设，产业总需求不足（过剩）总能通过企业进入（退出）或在位企业规模调整来消除。

总而言之，关于产业变革的实证研究和理论研究表明，企业进入和退出的决策以及企业规模的调整并不是彼此独立的。因此，除了进入和退出方程，本文还将在位企业市场份额变化方程作为机制的一部分，由此来研究企业进入、退出和在位企业流动的决定因素和对称性，验证三者之间的因果依赖性假设。

三、研究假设和模型

最近关于企业进入和退出的研究详细分析了两者之间明显的相互依赖性和高度相关性（Austin 和 Rosenbaum，1991；Dunne 和 Roberts，1991；Shapiro 和 Khemani，1987；Fotopoulos 和 Spence，1998；Lay，2003）。初步研究方法包括更迭效应和替代效应。本文研究了企业进入和退出的更迭效应和替代效应，以及两者之间的同步关系和滞后关系。企业进入或滞后进入会导致在位企业退出，这就是文献中所说的更迭效应。

新企业进入会带来竞争压力，造成企业过剩，而那些处在边缘的在位企业，无论年龄大小，都会被迫退出。然而，假设企业进入不会立即迫使那些边缘企业作出退出决策，而会有延迟，这也是合理的。在位企业需要一定时间意识到退出压力，也需要时间做退出前的评估、资产清算或资产转移，这就延迟了实际退出。此外，那些面临退出压力的在位企业可能甚至还期待负面影响会是暂时的。相关研究也表明，企业进入与退出之间近乎同步或存在滞后的原因是企业退出。企业退出会带来空缺，会吸引企业进入，这就是所谓的替代效应。同步性假设是指在位企业退出会在市场中留出空位，因此会吸引新企业立即进入市场。然而，作出进入的决定和进入前准备会推迟实际进入，因此可以合理地认为同样的进程可能需要额外的时间。在替代效应的分析中，还研究了企业进入和退出率是否具有对称性，以及进入（退出）壁垒是否会成为退出（进入）壁垒。该假设认为，企业进入和退出由共同的未观测因素决定。本文采用类似于Lay（2003）提出的三步法来验证假设。本文还引入了第三个方程——现存企业市场份额变化，并验证了这种市场选择现象是否具有对称性和同步性。

以下方统计方程（1.1）-（1.3）表示的是进入率（EN）、退出率（EX）、在位企业流动率（MSC）与激励向量（X）、产业壁垒（Z）和其他经济变量（W）之间的函数关系。方程中，i 表示产业，t 表示时间。

$$EN_{it} = f\ (X,\ Z,\ W)\ + \varepsilon_{it} \tag{1.1}$$

$$EX_{it} = f\ (X,\ Z,\ W)\ + \gamma_{it} \tag{1.2}$$

$$MSC_{it} = f\ (X,\ Z,\ W)\ + \phi_{it} \tag{1.3}$$

在方程（1.1）、（1.2）和（1.3）中，本文假定误差 ε_{it}、γ_{it} 和 ϕ_{it} 是自变量，通过将退出率的滞后值（进入率的滞后值）代入进入方程来检验替代（更迭）效应的合理性。该文进一步假设，当在位企业面对产业内企业进入和退出时，所采取的扩张和收缩决策与实际的扩张和收缩行动之间存在延迟。因此，得到模型（2.1）-（2.3）：

$$EN_{it} = f\ (X,\ Z,\ W)\ + EX_{i,t-1} + \varepsilon_{it} \tag{2.1}$$

$$EX_{it} = f\ (X,\ Z,\ W)\ + EN_{i,t-1} + \gamma_{it} \tag{2.2}$$

$$MSC_{it} = f\ (X,\ Z,\ W)\ + EN_{i,t-1} + EX_{i,t-1} + \phi_{it} \tag{2.3}$$

最后，除了验证存在滞后的相互依赖性之外，本文还验证了替代效应和更迭效应的同步性（Rosenbaum 和 Lamort，1992）。验证方法是将进入率代入退出方程，将退出率代入进入方程。本文进一步假设，一些在位企业的扩张和收缩与新企业的进入和退出决策同步，并对新企业进入和在位公司的退出决定有类似的影响。同步依赖性假设已将在位企业市场份额变化这一变量列入进入和退出方程中。进入和退出变量也同样列入了市场份额方程式。由此得到模型（3.1）-（3.3）：

$$EN_{it} = f\ (X,\ Z,\ W)\ + MSC_{it} + EX_{it} + EX_{i,t-1} + \varepsilon_{it} \tag{3.1}$$

$$EX_{it} = f\ (X,\ Z,\ W)\ + MSC_{it} + EN_{it} + EN_{i,t-1} + \gamma_{it} \tag{3.2}$$

$$MSC_{it} = f\ (X,\ Z,\ W)\ + EX_{it} + EN_{it} + EN_{i,t-1} + EX_{i,t-1} + \phi_{it} \tag{3.3}$$

四、数据和变量

本文基于葡萄牙企业数据库 SISED（Quadros de Pessoal）建立了产业进入与退出的纵向数据集。该数据库由葡萄牙就业和社会保障部建立，其信息几乎涵盖了葡萄牙全部企业（不包括个体户）。该数据库汇总了 1986—1993 年这 8 年的数据，其中前四年宏观经济出现扩张，后四年经济增长缓慢，由此得以验证经济周期对动荡的影响。该数据分析始于 1986 年，而就在这一年，葡萄牙加入欧共体，这解除了市场管制，也为新老企业提供了更多的融资机会。

（一）因变量

进入率（EN）为在 t 时进入产业 i 中的企业数量和 t-1 时产业 i 中企业存量的比率。同样，退出率（EX）则为在 t 时退出产业 i 中的企业数量和 t-1 时产业 i 中企业存量的比率。在位企业市场份额变化[①]（不稳定指数，MSC）的计算公式为 $\sum_{i=1}^{n}(|m_{it}-m_{i,t-1}|)$，其中，$m_{it}$ 和 $m_{i,t-1}$ 分别表示在 t 时和 t-1 时企业的市场份额（Hymer 和 Pashigian，1962；Mazzucato，2002）。

（二）产业壁垒、激励和其他自变量

可竞争市场理论（Baumol 等，1982）强调，在退出壁垒较低时，如果更好的盈利机会出现，一些企业可能会退出当前产业。然而，大部分产业都存在沉没成本，而沉没成本对产业壁垒在阻碍企业进入、退出和流动方面的有效性和强度有着重要影响。建立、发展和清算企业方面的支出均属于沉没成本（Kessides，1990）。Caves 和 Porter（1976）以及 Harrigan（1981）指出，影响沉没成本的技术和结构性因素阻碍的不仅是企业进入，还有企业退出。同时，进入壁垒也延长了企业退出的时间。随着产业发展，壁垒会降低老生产商市场份额下降的可能性（Gort，1963）。高额的沉没成本会加剧对企业进入、退出和增长投资的阻碍。产业中的壁垒都是独特的，其产生的原因包括不同的政府法规，如专利、许可协议，以及自然供给条件。结构性因素，如规模经济，涵盖研发、学习、生产、营销和分配等方面，是形成企业进入、退出和流动壁垒的重要原因。想要收回这些支出需要大量且成功的销售活动，这通常需要一定时间。总体而言，当行业壁垒适度时，企业进入（退出）和扩张有利于（不利于）把握市场机会。同时，在高度集中的市场中，如果少数大公司共同限制企业进入和渗透，则会出现战略性进入壁垒（Strickland 和 Weiss，1976；Duetsch，1975；Bunch 和 Smiley，1992）。各种无形资产，如企业形象、积累的客户群、通用分销渠道、纵向整合以及可与竞争对手抗衡的工厂会使企业尽管面临损失也不愿放弃某些业务，这就形成退出壁垒（Harrigan，1981）。往往产业壁垒越高，市场集中度和在位企业市场份额稳定性就越高。

[①] 详见 Cable（1997）关于市场份额指标的总结。

资本持久性也与沉没成本相关（Kessides，1990）。公司资本的快速贬值会增加沉没成本，并且如果企业不更新其过期资产，便会自然而然地使企业被迫退出。当出售的设备和材料的专业化程度较高时，资本专用性和流动也会带来沉没成本。此时，很难找到愿意支付合理价格的感兴趣的买方或租赁方。然而，资本持久性、专用性和流动在一开始便形成了进入壁垒并降低了进入率，因此最终的退出率将会降低。

本文在进入和退出方程中设置的变量是四企业集中率（CR4），而在市场份额变化方程中设置的变量是赫芬达尔指数（LNHERF），由此把握市场份额的总体变动。虽然产业集中度高是规模经济的标志，但是集中度指标并不能直接证明垄断（McGuckin，1972）。卖方集中度部分取决于进入条件的特性（Encaoua 和 Jacquemin，1980）。多项研究发现，在快速增长（萎缩）的市场中，集中度的调整越快（Pashigian，1969；Scherer，1979；Caves 和 Porter，1980；Levy，1985；Rosenbaum，1993）。相关经济理论认为，产业规模和企业数量与市场集中度之间呈负相关关系。如果进入壁垒较低，那么任何高水平的集中度，尤其是新兴和成长中产业的集中度，都将因企业进入和动荡而下跌。Hymer 和 Pashigian（1962）发现，正是该原因，市场越集中则越不稳定。他们发现，越集中的产业往往发展最快。产业利润、增长、最小有效规模等产业特征更具吸引力。在产业生命周期中，随着产业规模扩大，市场会允许更多企业进入，市场集中度也会下降。

Levy（1985）认为，集中度变化率增大会减少企业进入。事实上，市场集中度在短期内的急剧上升可能意味着规模经济水平的提高和产业壁垒相应的增加，而产业壁垒的增加使企业进入、退出和流动减少。Gort（1963）指出，进入壁垒往往与集中度有关，且集中度和稳定性之间存在正相关关系。上一年赫芬达尔指数（LCHERF）的百分比变化能够反映这一效应。上一年集中度水平的提高会使当年在位企业间的市场份额更稳定，并且增加当年进入和退出壁垒。

产业中微型企业的份额与企业进入与退出之间呈正相关关系。其反映出产业中企业规模具有异质性且平均企业规模较小。微型企业市场份额的衡量方法为计算产业中员工数多于 5 人的企业所占的份额（SML5）。小企业较多会使更多企业进入和退出，同时不会引起大企业规模的大幅调整。此外，Caves 和 Porter（1977）也指出，在某些产业中，不同规模企业共存是可能的。尽管小规模企业可以进入并存活，但当进入规模要求较高时，可能会阻碍企业进入。产业中平均新晋企业的资本—劳动比（ENTKL）也列入了进入方程中。另外，规模异质性意味着大公司和小公司的共存，这可以保证大企业的流动，同时，如果最小有效规模（MES）较小，流动则会加速变化。然而，小企业的规模和产业中在位企业平均规模之间的差距加大了对流动的阻碍，而该流动正是新晋企业向上游企业群体攀升的需要。Bloch（1981）提出小型企业和大型企业之间的成本差距变量，与此类似，本文基于规模差距的流动变量，建立了平均在位企业规模（不包括新晋企业）（INCSZ）与低于最小有效规模企业的平均规模（LWMES）之间的比率，并将此比率列入进入方程中。本文认为，企业进入与规模差距变量呈正相关关系。随着规模经济的发展，平均在位企业规模（INCSZ）不断变大。同时，平均最小有效规模（LMES）较小，相应地，进入门槛变低且存活机会更多，规模较小的企业无须与上游企业竞争。规模差距（SZGAP）较大则会带来较高的进入率。Fotopoulos和 Spence（1998）以及 Pashigian（1969）提出，最小有效规模（MES）的计算方法为

$$\sum_{i=1}^{n}(A_i/n_i)(A_i/A)$$，其中，A 表示企业就业总数，A_i 表示企业规模位列第 i 级的企业就业总数，n_i 表示企业规模位列第 i 级的企业数量。因此，（A_i/n_i）就表示第 i 级产业中平均企业规模，其是该级别中就业与公司数量之比的加权值，而所有级别的总和就是产业的最小有效规模（MES）值。

   Duetsch（1975，1984）在分析企业进入的决定因素时发现，多工厂经营极大地限制了企业进入。多工厂经营表明规模经济的存在，例如专业化、地理灵活性、产品差异化，这有助于分散风险、吸引更多客户、降低成本、筹集资金（Duetsch，1984；Mayer 和 Chappell，1992）。Duetsch（1984）指出，在两种类型产业中，多工厂经营的平均成本低于经营单一工厂。第一种类型是企业在较大的地理区域经营并提供服务，且运输成本较高。第二种情况是多工厂经营能够降低各段产品线的平均成本。在这样的产业中，规模经济形成的原因是特定产品线上工厂的专业化。企业以多工厂经营模式进入产业需要大量的资本承诺和经验，因为多样化程度会随着企业规模和规模经济的发展而增大（Berry，1971；Caves，1981；Schwalbach，1987）。Caves 和 Porter（1978）发现，多样化会降低产业中市场份额的不稳定性。本文认为，企业进入、退出及流动在此类产业中并不容易。对于每类产业，本文设定了平均产业多样化指数（IDIVX）和平均区域多样化指数（RDIVX）两个变量（Berry，1971；Gorecki，1980，Von der Fehr，1991），以研究多工厂经营模式的影响。这两个指数是行业内所有企业多样性指数的平均值。Berry（1971）提出企业的产业多样性指数的计算公式为 $D = 1 - \sum_{i=1}^{n} p^2$，其中 p 是第 i 个产业中企业就业与所有产业中企业就业的比率。从数据库中可得知，公司的主营业务通常是最大的工厂的经营业务。如果公司仅在单一产业中经营，该指数为 0，而当公司在不同产业中生产均等时，该指数趋近统一。该公司也可以用于计算平均区域多样化指数，此时 p 是第 i 个区域中企业就业（本文采用三级标准地域统计单元）与所有区域中企业就业的比率。这两个变量更详细地指出是否需要多产业联结和多产业生产（经济规模）以及区域多样性对企业进入、退出和流动的有利因素。假定该行业的平均单位成本能够反映经济规模的存在，本文设定了另一个成本指标。Caves 和 Porter（1978）指出，成本结构影响产业中市场份额的稳定性。为此，本文引入了平均产业工资率（LNWAGE）。本文认为，若每单位成本平均工资较高，会阻碍进入和扩张。然而，这可能导致退出和规模缩小，因为相较于清算具有高沉没成本的有形企业资产，清退在职员工可能会更容易，这种现象在小规模产业中更为突出。考虑到葡萄牙经济更注重服务业，也专注于发展劳动密集型产业，因此该指标是合理的。总体而言，平均产业工资（LNWAGE）对在位企业流动的净影响取决于扩张活动的负面作用和缩减

员工规模的积极作用。

较高的产业研发密度会阻碍进入、退出和在位企业市场份额变化。同样，产业中较高的广告密度也会阻碍流动，降低在位企业市场份额的不稳定性。由于缺乏可用数据，本文未将研发和广告作为解释变量。但是国际统计数据显示，葡萄牙不是研发密集型国家。本文所用的数据库显示葡萄牙仅有少数的科研人员且仅存在于个别产业中，这也证明了以上发现。虽然在位企业作出较多的研发投入和广告宣传会阻碍进入和退出，但本文已引入其他指标来控制这一引起动荡的特殊决定因素。

国际数据证明了市场增长和利润会增加进入、退出和流动（Caves 和 Porter，1980；Geroski 和 Schwalbach，1991；Davies 和 Geroski，1997；Baldwin，1998；Geroski，1995）。由于需求过剩的压力，市场需求增长会刺激进入，这也可能使价格水平不断提升（Martin，1979）。高增长意味着更多的盈利机会，并且标志着产业会吸引大量小规模企业进入，而这些新晋企业往往知名度较低，不切实际且过于自信，并且它们对企业前景的规划是未知且不确定的（Vivarelli 和 Audretsch，1998；Vivarelli，2004）。产业发展是刺激进入和停留的主要动力，由于需求不断增长且尚未满足，较高的增长率使一些低效企业得以存活，这在需求缺乏弹性的产业中更为突出。进入（退出）与产业增长率正相关（负相关），流动则随产业发展而不断增大（Allen，1981）。产业增长率（EMPGRO）的计算方法为计算产业中每年的就业增长率。为了解持续增长对市场选择过程的影响，本文按照产业生命周期将产业分为成长型、成熟型和衰退型，并对产业增长虚拟变量（GRDM）和产业衰退虚拟变量（DCDM）加以分析。本文的研究对象为320 个六位数产业，其涵盖了 95% 的 1993 年产业总就业。本文采用 Thietart 和 Vivas（1984）提出的分类法将产业划分为成长型、成熟型和衰退型。若产业 8 年（1986—1993）平均增长率超过 4.5% 即为成长型；若增长率在 0～4.5%，则为成熟型产业；若产业平均增长率低于 0，则为衰退型产业。在 320 个产业中，有 148 个成长型产业，83 个成熟型产业，89 个衰退型产业。本文认为在成长型产业中，进入较多，退出较少，流动较高。而在衰退型产业中，进入较少，退出更多。此外，由于合并、收缩和收购，流动预计会更高。

除了增长之外，增长波动也可能是动荡的重要来源。Gort（1963）、Caves 和 Porter（1978）发现，需求水平的急剧变动会降低市场份额的稳定性。Gort（1963）认为，快速增长会以两种方式带来不稳定性。第一种为不完美的预见，一些企业会根据预期增长调整其生产规模，并且该预期增长比其他企业更快，这就使市场份额发生变化。第二种是假设面对需求的快速变化，供给的调整经常出现滞后，那么收益将不断上升并超过正常收益率。这会使企业进入产业，从而改变市场份额。Caves 和 Porter（1978）认为，需求的不稳定性使寡头垄断受到考验，因为需求波动会影响利润最大化的条件并造成更大的工厂生产量误差。他们还提出，较高的增长会吸引企业进入，而这本身就会使在位企业市场份额不稳定，并造成更多的退出。不同学科对市场的研究，包括产业组织和组织生态学，均已表明需求增长波动是不确定性的重要来源，因此，其也是风险的重要来源（Hannan 和 Freeman，1989；Geroski，1991）。Geroski（1991）指出，价格和产出的冲击、增长和技术变革都将提高营业额（进入和退出）。产业中技术、社会经济和监管的发展步伐加快，或价格和产出的变化带来较高的增长率，这都会造成更大的波动，且会对进入、退出和流动产生正向影响（Owen，1971；Caves 和 Porter，1977；Sutton，1997；Caves，1998）。基于 Baptista 和 Karaoz 的研究，本文从产业就业增长率（EMPGRO）与实践的回归分析中分别得出 1986—1989 年和 1990—1993 年两段时间内平均产业增长波动指数。本文用残差绝对值之和除以回归年份跨度（本文中为 4），从而得到每四年的平均波动指数。为简化这两个变量之间相对较高的相关性，本文在回归分析中运用的是波动率的自然对数（LNVOL），这样可以大大简化增长和其波动之间的线性相关，因此两个变量能够共同用于评估。

本文在检验更迭效应和替代效应时，考虑了带有滞后的情况，也考虑了没有滞后的情况。除了进入率（EN）和退出率（EX），本文还分析了滞后期为 1 年的进入率（ENTLAG；$EN_{i,t-1}$）和退出率（EXTLAG；$EX_{i,t-1}$），以评估更迭和替代效应，并验证滞后性的存在。新晋企业所带来的更迭（替代）效应，在进入方程中起反向作用（正向作用），在退出方程中起正向作用（反向作用）。同时，本文还研究了动荡水平与产业规模的关系。市场规模体现了技术条件和资本密度（Geroski 和 Pomproy，1990）。关于进入和退出的各项研究表明，较大的产业会经历更多的进入和退出活动（Orr，1974；Khemani 和 Shapiro，1986），因此本文分析了产业就业占国民经济中总就业的份额（ECOSHR）。本文通过宏观经济中的失业率（UNEMP）来衡量宏观经济环境对进入、退出和流动的影响。本文认为，当失业率较高时，更多企业进入，更少企业退出。失业率与市场份额变动之间呈负相关；当宏观经济预期较低时，进入企业更多，退出企业更少，企业也会取消其扩张计划。

表 1 总结了每个方程中的变量，附录中的表 4 和表 5 给出了附加的统计数据。在基本模型中，本文在进入方程中使用了两个附加变量，在流动方程中引入衡量集中度的不同指标。此外，本文在退出方程中考虑了进入的滞后性，在进入方程中考虑了退出的滞后性。

（三）估算结果

本文基于计算公式（1）、（2）、（3）给出的模型，从单个、系统和同步性三个视角，对进入、退出以及在位企业市场份额变化方程加以估算。在估算前，本文发现，因为观察数量有限，所使用的解释变量的多样性和数据中产业聚集水平的不同，潜在的异方差性可能成为严重问题，其会影响估计结果的可靠性，也可能造成较大的标准误差从而影响假设的验证。然而，最小二乘法（OLS）适用于大样本，本文的样本中达到六位数标准的企业的平均数为 409.5，标准差为 1017.7，最小值为 1，最大值为 13014。由此，我们推断产业间存在明显差异。Cook-Weisberg 测试（Cook 和 Weisberg，1983）表明，在三个方程中，异方差性均达到 1%，其中进入方程为 $\chi^2 = 747.4$，退出方程为 $\chi^2 = 16.8$，流动方程为 $\chi^2 = 1107.6$。因此，可以合理推断在全产业中，误差会随着时间的推移而增大。本研究基于 Breusch-Pagan Lagrange 乘数（LM）进行了一阶（AR1）序列相关性的测试（Baltagi 和 Li，1995；Baltagi，2005）。测试结果表明存在序列相关性，且显著性达到 1%，其中进入方程为（$\chi^2 = 47.1$），退出方程为（$\chi^2 = 10.6$），流动方程为（$\chi^2 = 123.8$）。因此，本文在计算这三个模型时，考虑了异方差性和自相关性问题。

基于模型（1）、模型（2），本文分别估算了每个方程。可行的广义最小二乘法（FGLS）能够矫正每组的一阶（AR1）序列相关性，并且在需要时也可以解决异方差性问题（Beck 和 Katz，1995；Parks，1967；Cameron 和 Trivedi，2005）。表2中列出了基于模型（1）和模型（2）还有可行的广义最小二乘法（FGLS）得出的每个面板数据模型的估算结果，两组估算结果相似。然而，模型（2）中的替代效应虽然为正值，但并不显著。在退出方程中，更迭效应较显著，且为正值。在流动方程中，替代和更迭效应都为正值。由于结果类似，本文进而将两种结果一起评估。两个模型的估计结果均表明多元化产业吸引的进入企业较少，带来的企业退出和在位企业流动也较少。

然而，进入与区域多样化之间存在明显的正相关关系，也就是说，区域多样化会增加企业进入。[1] 区域多样化会阻碍企业退出和市场份额流动。若产业进入规模较大（ENTSZ），也会造成进入壁垒。产业若拥有较大的经济份额，那么进入和退出企业会更多，因为市场结构更加原子化并且流动更明显。平均产业工资率（LNWAGE）表明，较高的单位成本会阻碍产业进入和退出。然而，在模型（1）中，较高的工资引起了更频繁的市场份额流动，但是在模型（2）中并不显著。[2] SML5 的正值且显著相关系数表明产业中小规模企业越多，产业中进入、退出和市场份额变化越大。就业增长（EMPGRO）会使更多企业进入，更少企业退出。如果产业增长较大，那么市场份额不稳定性也较高。增长波动（LNVOL）会使进入、退出和市场份额不稳定性增多。然而，模型（2）中的退出方程的系数是不显著的。如果产业的市场集中度较高（CR4），那么进入企业更多。但是，退出方程中的相关系数是不显著的。市场份额不稳定性与市场份额集中度（LNHERF）之间呈负相关关系。在两个模型中市场集中度（LCHERF）增长的滞后值都是不显著的，不过有一个例外，即在模型（1）中，市场集中度与退出呈正相关。在三个方程中，成长型产业的虚拟变量（GRDM）都是正值，且具有显著性。模型（1）结果表明，衰退型产业中，进入企业较少，退出企业较多，但在模型（2）中则相反。在两个模型中流动都是不显著的。失业率与进入之间存在负相关关系，

---

① 本文猜想并测试了进入方程中的正值是否与产业中小规模企业的建立相关。本文在产业中的小企业份额（小于等于10）与区域多样化之间建立了交互项。在两个模型中，区域多样化的估算结果显示，交互项为正值且显著性为 1% 时，之后区域多样化显著性变为 10%，且结果为负。该结果清晰地表明具有较大企业规模且呈现区域多样化的产业会阻碍进入，只有拥有更多小型企业的产业会刺激进入。

② 在流动方程中，本文在产业中小企业份额与员工（小于等于10）和平均产业工资率（LNWAGE）之间建立了交互项，以检验这种效应是否只对小企业有效。而较大的企业在雇用和解雇工会及办理其他手续方面有较多限制。在两个方程中，交互项都是正值，显著性达到 1%。而平均产业工资率（LNWAGE）方程的结果为不显著，这表明大企业与在位企业流动的正值之间关联较小。

这似乎表明失业率意味着较低的利润预期和较低的存活率，进而导致低进入率。当流动方程结果为负值且呈现显著性时，则表明在严峻的经济环境中，企业不太愿意调整其当前规模。

此外，有可能存在一些影响进入、退出和市场份额流动的共同的未观测因素。这表明，关于误差项是自变量的假设是不成立的。由于模型（2）中误差项的瞬时关系，本文还采用了似无关回归（SUR）估计，并且测试了带有滞后性的替代和更迭效应。表 3 中前三列为似无关回归的结果。进入、退出与在位企业流动之间相关系数和方程独立性的 Breush - Pagan 测试表明，误差项之间的相关性是显著的，相关性结果为 1%。实际上，这也表明了存在共同的未观测因素。虽然似无关回归（SUR）结果改变了一些变量的正负值和显著性，但是三个方程的 IDIVX、SML5 和 EMPGRO 的估算结果的正负值和显著性没有发生改变，仅有流动方程中的 RDIVX、ECOSHR 和 LNWAGE 的结果变为不显著。

在进入和流动方程中 LCHERF 为负值，而在退出方程中没有。CR4 较高使更多企业进入和退出，同时流动受到市场结构变化的反向影响。产业越集中则越稳定。进入和退出企业的身份通常是相同的，且规模都较小，并且其不会影响在位企业的身份和规模分布。虽然企业进入很容易，但是向更高群体攀升并不简单。GRDM 和 DCDM 的重要性在一定程度上有所消失。LNVOL 变量在三个方程中都变得具有显著性。UNEMP 的结果在进入方程中是不显著的，但在退出方程中是显著的。SUR 估计结果显示滞后的替代效应是显著的，且与进入和流动呈正相关。在退出方程中更迭效应的结果为正值，在流动方程中其结果为负值，且具有显著性。总而言之，本文对方程之间的相关性的分析已进一步推动研究的改进。

在模型（3）中，本文将进入、退出和流动方程联立，所采用的方法为两阶段最小二乘法（2SLS）和三阶段最小二乘法（3SLS）。2SLS 分别估算了系统中的每个方程。本文通过估算其他两个方程右侧的内生变量来估算结构方程，而右侧内生变量的估算方法则是简化方程，其所使用的工具为系统中所有外生变量。本文中的进入方程是恰好可识别方程，而退出和流动方程为过度识别方程。估算每个方程采用的方法是 2SLS，该方法通过广义矩估计法（GMM）衡量自相关性和异方差性。此外，本文还采用了三阶段最小二乘法（3SLS）。与 2SLS 不同，3SLS 对所用方程一起进行参数估算。模型（3）的估算结果在表 3 的相关列中呈现。一般来说，2SLS 和 3SLS 的估算结果不足以证明进入、退出和流动之间的同步相互依赖关系。相反，结果表明进入、退出和流动彼此间存在滞后反应，这与模型（1）和模型（2）的结果一致。2SLS 估算结果显示，退出率和滞后退出率对进入有重要影响。3SLS 的结果显示，在进入和流动方程中所得到的退出率为正值，而滞后退出率则不然。3SLS 的结果表明，流动与进入和退出呈显著正相关，但 2SLS 的结果显示，仅有退出方程所求得的流动为正值。此外，两种估算结果均表明，流动方程所求得的进入和退出还有滞后值均没有体现显著性，而仅有 3SLS 中的退出结果是显著的。另外，2SLS 和 3SLS 估算显示，退出和流动并不会同时受到进入的影响。总而言之，同步性假设得到了一定的证实，这表明进入、退出和流动一定程度上能够对彼此产生直接影响。分析结果指出，退出和流动似乎对其他两个方程有直接影响。

五、总结

本文采用单一方法和联立三方程的系统方法分析决定企业进入、退出和流动的因素。本文进一步检验了进入和退出活动是否相互作用，并引入第三种现象，即流动。本文已验证了所提出的对称性假设，证明了进入、退出和在位企业市场份额变化均受未观测因素的影响。进入、退出和市场份额流动之间的相互依赖性得以检验，结果表明三种情况既有同步性，又有延迟性。此外，本文还探索了是否市场选择过程中的这三种因素的相互依赖性和规律性在产业生命周期的不同阶段各有不同。本文通过进入、退出以及在位企业市场份额变化（流动）方程解答所提出的假设。本文基于单独的和系统的估计方法，估算了进入、退出和在位企业流动方程，同时还考虑了关于系统方程中误差项的相互依赖性的不同假设。本文所用数据是葡萄牙的纵向数据集，其包含320个六位数产业，汇集了1986—1993年的数据。

本文分析了决定进入、退出和流动的因素，并发现与规模经济相关的变量，即产业和区域多样化还有单位成本，会阻碍进入、退出和在位企业流动。然而，区域多样化仅阻碍大企业的进入，单位成本对在位企业流动的影响并不显著。若产业中小规模企业较多且增长波动较大，那么进入和退出企业更多，流动更大。失业率则会使进入、退出和流动减少。集中度与进入呈正相关，而与在位企业流动呈负相关，且与退出之间的正相关关系较弱。产业增长会使更多企业进入，提高在位企业流动，同时使更少企业退出。本文还验证了对称性和相互依赖性假设。相互依赖性包括同步性或即时效应，以及变量相互作用的滞后效应。结果显示，进入、退出和在位企业流动受共同的未观测因素的影响。本文关于进入和退出的结论与此前发现一致，而流动也对市场选择系统作出了巨大的贡献。估算结果还表明，进入、退出和在位企业流动之间存在相互依赖性。然而，三种机制能同步对彼此作出响应的假设仅部分得以验证，因为在市场选择过程中，这种相互依赖性也延迟发生。进入对于其他方程没有直接影响，但是退出率和在位企业波动性一定程度上对进入和在位企业流动有着直接且重要的影响。估算结果显示，成长型企业所经历的进入、退出和在位企业市场份额变化显著不同。研究发现，在衰退产业中，企业进入较少。而对于衰退产业与退出之间的显著且正相关关系的支撑不足。同样，本文也没有发现其与流动之间的显著关系。本文这一介绍性发现能够进一步推动对产业生命周期不同阶段的单独分析，能够推动发现更详尽的成果，以回答对称性和相互依赖性假设是否会随产业生命周期的演进而改变。但是，这超出了本文的研究范围，但是在进一步研究中可以加以分析。总之，本文首次将在位企业流动方程与进入和退出方程结合，并提出市场选择过程包含这三种机制。未来研究可以进一步探索在位企业流动对于市场选择的影响以及其与进入和退出之间的相互作用。

表 1   模型中变量的预测符号

进入率（EN）	预测系数符号	退出率（EX）	预测系数符号	市场份额变化（MSC）	预测系数符号
IDIVX	−	IDIVX	−	IDIVX	−
RDIVX	−	RDIVX		RDIVX	
SZGAP	+				
ENTKL	−				
ECOSHR	+	ECOSHR	−	ECOSHR	+
LNWAGE	−	LNWAGE	−	LNWAGE	−
CR4	?	CR4	?		
				LNHERF	?
LCHERF	−	LCHERF		LCHERF	−
SML5	+	SML5	+	SML5	+
EMPGRO	+	EMPGRO		EMPGRO	+
LNVOL	+	LNVOL	+	LNVOL	+
GRDM	+	GRDM	+	GRDM	+
DCDM	−	DCDM	−	DCDM	+
UNEMP	+	UNEMP	−	UNEMP	−
EXTLAG	+			ENTLAG	+
		ENTLAG	+	EXTLAG	+
EX	+			EX	+
		EN	+	EN	+
MSC	−	MSC	+		

注：在 t 时：EN 为产业进入率；EX 为产业退出率；IDIVX 为产业多样化指数；RDIVX 为产业的区域多样化指数；SZGAP 为平均在位企业规模（除去新晋企业）与平均企业规模（企业规模低于产业最小有效规模）的比率；ENTKL 为产业中新晋企业的资本 – 劳动比率；ECOSHR 为产业在经济中所占份额的百分比；LNWAGE 为平均产业工资率；CR4 为产业四企业集中度比率；LCHERF 为产业集中度比率变化滞后值；LNHERF 为产业的赫芬达尔指数；SML5 为企业在产业中所占份额（企业员工数小于等于 5）；EMPGRO 为产业就业增长；LNVOL 为产业就业增长波动；GRDM 为 1 时该产业为成长型产业；DCDM 为 1 时该产业为衰退型产业；UNEMP 为经济中失业率；EXTLAG 为退出滞后值；ENTAG 为进入滞后值；MSC 为在位企业市场份额变化。

表 2   广义最小二乘法估算结果（含有和不含进入和退出滞后）

	广义最小二乘法——无滞后			广义最小二乘法——有滞后		
	EN	EX	MSC	EN	EX	MSC
IDIVX	− 30. 45	− 10. 99	− 18. 75	− 29. 09	− 10. 24	− 17. 97
	− 3. 36 ***	− 2. 68 ***	− 2. 97 ***	− 3. 17 ***	− 2. 56 ***	− 2. 8 ***
RDIVX	30. 21	− 8. 00	− 5. 51	30. 24	− 10. 77	− 5. 50
	4. 86 ***	− 4. 27 ***	− 1. 92	4. 78 ***	− 5. 3 ***	− 1. 83 *

续表

	广义最小二乘法——无滞后			广义最小二乘法——有滞后		
	EN	EX	MSC	EN	EX	MSC
SZGAP	−0.04			−0.04		
	−1.34			−1.33		
ENTKL	0.00			0.00		
	−9.38 ***			−9.61 ***		
ECOSHR	1.84	0.57	−0.18	1.82	0.42	−0.30
	6.93 ***	6.12 ***	−1.17	6.79 ***	4.32 ***	−1.8 *
LNWAGE	−8.19	−1.27	0.39	−8.03	−0.74	0.75
	−18.12 ***	−5.45 ***	1.17	−17.28 ***	−3.12 ***	2.17 **
CR4	0.04	0.00		0.04	0.00	
	4.5 ***	−0.46		4.2 ***	−0.23	
LNHERF			−0.82			−0.82
			−8.00 ***			−7.93 ***
LCHERF	0.00	0.00	0.00	0.00	0.00	0.00
	−1.55	0.19	0.84	−1.58	1.74 *	1.01
SML5	0.09	0.06	0.04	0.09	0.05	0.03
	12.42 ***	14.98 ***	5.74 ***	11.66 ***	13.49 ***	4.73 ***
EMPGRO	0.05	−0.01	0.03	0.05	−0.01	0.03
	6.21 ***	−3.56 ***	5.93 ***	6.21 ***	−3.28 ***	5.86 ***
LNVOL	2.24	0.24	2.46	2.29	0.08	2.37
	12.58 ***	2.56 ***	15.92 ***	12.75 ***	0.84	14.92 ***
GRDM	3.83	0.95	1.60	3.71	0.47	1.50
	7.36 ***	4.4 ***	4.59 ***	7.01 ***	2.15 ***	4.25 ***
DCDM	2.36	0.20	−0.50	−2.34	0.57	−0.40
	−5.9 ***	0.73	−1.16	−5.73 ***	2.26 **	−0.92
UNEMP	−0.26	−0.08	−0.73	−0.25	−0.04	−0.66
	−2.06 **	−1.13	−8.32 ***	−1.98 **	−0.66	−7.38 ***
ENTLAG					0.11	0.03
					9.77 ***	2.58 ***
EXTLAG					0.04	0.05
					1.39	2.44 **
CONS	90.43	19.76	13.18	88.36	13.43	8.52
	16.99 ***	7.15 ***	3.41 ***	16.03 ***	4.79 ***	2.1 **
Wald 检验 χ^2	1667.24	687.52	989.04	1647.77	840.36	994.6
最大似然估计	−4826.8	−5094.1	−5638.7	−4819.4	−5080.2	−5635.0
小组数量	290	319	319	290	319	319
观测量	1569	1908	1907	1569	1908	1907

注：每个变量的系数估计的第二行为 z 值；＊＊＊为显著性达1%；＊＊为显著性达5%；＊为显著性达10%。

表3　似无关回归 SUR、两阶段最小二乘法（2SLS）、三阶段最小二乘法（3SLS）

	SUR			2SLS			3SLS		
	EN	EX	MSC	EN	EX	MSC	EN	EX	MSC
IDIVX	-29.24	-12.5	-25.28	-13.32	-7.42	-27.83	-33.62	10.39	-15.67
	-2.01**	-1.64*	-1.96**	-0.23	-0.33	-1.46	-0.94	0.64	-0.97
RDIVX	24.85	-8.54	-11.04	12.68	-0.6	-10.81	9.44	1.85	-3.64
	3.11***	-2.1**	-1.59	0.22	-0.03	-0.92	0.48	0.19	-0.37
SZGAP	0			0			0		
	7.35***			5.44***			3.11**		
ENTKL	0			0			0		
	-2.5***			0.29			-0.45		
ECOSHR	1.94	0.45	0.42	0.8	0.11	0.64	1.63	-0.32	0.38
	4.72***	2.07**	1.07	0.74	0.23	1.13	1.56	-0.64	0.71
LNWAGE	-7.86	-1.3	0.18	-2.76	-0.94	-0.32	-3.39	-0.45	0.26
	-9.1***	-2.9***	0.23	-0.77	-0.6	-0.2	-1.54	-0.35	0.2
CR4	0.06	0.02		-0.03	0.04		-0.01	0.02	
	5.07***	3.4***		-0.51	1.83*		-0.29	1.34	
LNHERF			-0.44			-0.27			-0.29
			-2.11**			-0.68			-1.06
LCHERF	-0.02	0	-0.02	-0.02	0	-0.02	-0.04	0.01	-0.02
	-3.3***	0.27	-2.95***	-0.88	0.28	-1.56	-2.38**	2.04**	-2.5***
SML5	0.10	0.06	0.04	-0.03	0.02	0.06	0.03	0.23	0.01
	7.64***	7.76***	2.74***	-0.45	0.63	1.17	0.56	0.23	0.23
EMPGRO	0.03	-0.02	0.01	0.1	-0.03	0.01	0.1	-0.03	0.03
	4.67***	-4***	2.03**	1.29	-0.96	0.19	4.83***	-3.2***	2.8***
LNVOL	2.04	0.45	3.74	4.22	-1.89	3.93	7.13	-2.77	3.28
	6.37***	2.66	12.88***	1.64*	-1.41	6.32***	4.1***	-3.8***	7.81***
GRDM	3.42	0.33	1.85	3.72	-1.1	1.91	5.05	-1.46	1.74
	5.03***	0.93	3.02***	1.57	-0.86	2.07**	2.91***	-1.64*	2.1***
DCDM	-1.66	0.27	0.2	-2.08	0.02	0.52	-1.5	0.31	-0.19
	-2.03**	0.63	0.28	-0.97	0.02	0.51	-0.81	0.36	-0.21

续表

	SUR			2SLS			3SLS		
	EN	EX	MSC	EN	EX	MSC	EN	EX	MSC
UNEMP	0.19	-0.44	-1.22	0.42	0.44	-1.37	-0.84	0.61	-0.82
	0.64	-2.8***	-4.54***	0.39	0.91	-3***	-0.89	1.56	-2.3**
ENTLAG		0.11	-0.06		0.05	0.03		0.1	-0.08
		8.26***	-2.54		0.86	0.24		2.03**	-1.53
EXTLAG	0.15		0.09	-0.92		0.27	-0.22		0.07
	3.41***		2.17**	-2.09**		0.79	-0.94		0.79
EN					0.05	-0.04		0.11	-0.12
					0.39	-0.47		0.86	-0.88
EX				3.66		-0.56	2.7		0.81
				2.56***		-0.55	3.71***		2.59***
MSC				-1.12	0.71		-1.93	0.88	
				-1.4	2.02**		-4.0***	4.84***	
CONS	82.94	20.42	9.24	26.35	6.12	21.04	45.94	-1.08	6.85
	7.97***	3.71***	1.54	0.63	0.35	1.07	1.64*	-0.07	0.47
X^2	682.6	300.7	323.8	76.5***	3.3**	35.5***	198.3	116.9	537.1
R^2	0.3	0.16	0.17						
观测量	1585	1585	1585	1585	1585	1585	1585	1585	1585

注：每个变量系数估计的第二行为 t 值（SUR）和 z 值。*** 为显著性达 1%；** 为显著性达 5%；* 为显著性达 10%。

表4

变量描述和描述性统计

变量	描述	观测量	平均值	标准差	最小值	最大值
EN	进入率	2560	10.77	13.16	0	200
EX	退出率	2560	8.7	7.42	0	100
MSC	市场份额指数变化（不稳定指数）	2558	15.68	10.73	0	135.01
LCHERF	赫芬达尔指数变化（%）	2237	0.85	42.64	−94.54	814.37
ENTLAG	进入率的滞后值	2560	11.06	13.73	0	200
EXTLAG	退出率的滞后值	2560	8.65	7.18	0	100
SZGAP	平均在位企业规模（除去新晋企业）与平均企业规模规模低于产业最小有效规模）的比率	2534	15.45	471.91	1	21133
ENTKL	平均新晋企业的资本—劳动比率	2130	96888	2380384	2.17	1.05
CDR	成本—劣势比率	2534	0.2	0.13	0	0.88
MES	最小有效规模	2560	471	1919	0	22510
LNWAGE	每个企业每名员工的平均工资	2233	10.73	0.43	9.51	12.27
LNAVEMP	每个企业的平均就业	2559	3.13	1.39	0.41	10.01
LNAVNESTI	平均每个企业建立分公司的数量	2559	0.3	0.62	−0.69	5.41
IDIVX	平均每个企业的产业多样化指数	0.017	0.029	0	0.349	0.017
RDIVX	平均每个企业的区域多样化指数	2559	0.028	0.066	0	0.857
SML5	员工数小于等于5的小企业在产业中的份额（%）	2559	36.24	22.83	0	100
ECOSHR	产业占经济总量的份额	2559	0.29	0.61	0	6.61
HERF	赫芬达尔指数	2558	1470	2214	3	10000
CR4	四企业集中度比例	2559	43.44	31.31	0.96	100
EMPGRO	就业增长率（%）	2558	6.38	44.23	−93.41	1079.7 *
LNVOL	四年平均波动	2552	2.02	1.06	−1.48	5.93

注：2558个观测样本中有30个案例的增长率高于100。

表5

估计变量相关系数

	ENTRT	EXRET	MSC	IDIVX	RDIVX	SZGAP	ENTKL	ECOSHR	LNWAGE	CR4I	LNHERF	LCHERFI	SMLS	EMPGRO	LNVOL	GRDM	DCDM	UNEMP	ENTLAG
EXTRT	0.21	1																	
MSC	0.22	0.14	1																
IDIVX	0	-0.1	-0.07	1															
RDIVX	10.02	-0.13	-0.09	0.3	1														
SZGAP	0.19	-0.04	-0.04	10.21	0.27	1													
ENTKL	-0.03	0.05	0.04	-0.02	0.01	0	1												
ECOSHR	0.03	0.01	0.06	-0.08	0.05	0.03	-0.01	1											
LNWAGE	-0.29	-0.14	-0.04	-0.02	0.36	0	0.03	-0.08	1										
CR4	0.09	-0.01	0.06	0.23	0.37	0.06	0.06	-0.27	0.25	1									
LNHERF	0.07	-0.04	0.04	0.21	0.35	0.06	0.04	-0.38	0.25	0.93	1.00								
LCHERF	-0.05	0.01	-0.01	0.02	-0.01	0	0.02	-0.04	0.02	0.05	0.06	1							
SMLS	0.23	0.26	0.13	-0.2	-0.24	0.01	0.01	-0.06	-0.16	-0.34	-0.42	0.04	1						
EMPGRO	0.2	-0.03	0.16	-0.01	0.01	-0.01	0.16	-0.04	-0.01	0.11	0.09	-0.06	0.07	1					
LNVOL	0.3	0.12	0.31	0.11	0.04	-0.02	0.07	-0.25	-0.19	0.42	0.44	0.12	-0.04	0.24	1				
FRDM	0.23	0.13	0.20	-0.09	-0.02	-0.01	-0.01	-0.15	0.05	0.11	0.13	0.05	0.21	0.16	0.3	1			
DCDM	-0.12	-0.08	-0.07	0.13	0.08	0.07	-0.02	-0.01	0.01	0.2	0.23	0.02	-0.32	-0.13	-0.01	-0.19	1		
UNEMP	0.2	0	0.05	0.08	0.01	0.05	-0.02	0	-0.51	0.02	0.03	-0.02	-0.02	-0.04	0.23	0	0	1	
ENTLAG	0.43	0.31	0.11	-0.12	-0.09	-0.03	-0.03	0.04	-0.2	-0.02	-0.03	-0.1	0.27	0.07	0.2	0.22	-0.19	0.05	1
EXLAG	0.20	0.42	0.14	-0.13	-0.22	0.04	-0.04	0	-0.18	-0.09	-0.10	0.07	0.28	0.04	0.12	0.14	-0.13	0.02	0.33

参考文献

［1］ Agarwal, R. (1997). Survival of firms over the product life cycle. *Southern Economic Journal*, 63 (3), 571 – 584.

［2］ Agarwal, R. , & Audretsch, D. B. (2001). Does entry size matter? The impact of life cycle and technology on firm survival. *The Journal of Industrial Economics*, 49 (1), 21 – 43.

［3］ Agarwal, R. , & Gort, M. (1996). The evolution of markets and entry, exit and survival of firms. *The Review of Economics and Statistics*, 78 (3), 489 – 498.

［4］ Agarwal, R. , & Gort, M. (2002). Firm and product life cycles and firm survival. *American Economic Review*, 92 (2), 184 – 190.

［5］ Allen, B. T. (1981). Structure and stability in gasoline markets. *Journal of Economic Issues*, 15 (1), 73 – 94.

［6］ Audretsch, D. B. (1995). *Innovation and industry evolution.* Cambridge: MIT Press.

［7］ Audretsch, D. B. , & Acs, Z. J. (1990). The entrepreneurial regime, learning, and industry turbulence. *Small Business Economics*, 2 (2), 119 – 128.

［8］ Austin, J. S. , & Rosenbaum, D. I. (1991). The determinants of entry and exit rates into U. S. manufacturing industries. *Review of Industrial Organization*, 5 (2), 211 – 221.

［9］ Baldwin, J. R. (1998). *The dynamics of industrial competition: A North American perspective.* Cambridge University Press.

［10］ Baldwin, J. R. , & Gorecki, P. K. (1991). Firm entry and exit in the Canadian manufacturing sector. *Canadian Journal of Economics*, 26 (2), 1970 – 1982.

［11］ Baldwin, J. R. , & Gorecki, P. K. (1994). Concentration and mobility statistics in Canada's manufacturing sector. *Journal of Industrial Economics*, 42 (1), 93 – 104.

［12］ Baldwin, J. R. , & Rafiquzzaman, M. (1996). Selection and learning in the post-entry process. *The Canadian Journal of Economics*, 29 (2), S455 – S457.

［13］ Baltagi, B. H. (2005). *Econometric analysis of panel data.* 3rd: Wiley.

［14］ Baltagi, B. H. , & Li, Q. (1995). Testing AR (1) and MA (1) disturbances in and error component model with autocorrelated disturbances. *Journal of Econometrics*, 68 (1), 133 – 151.

［15］ Baptista, R. , & Karaoz, M. (2006). Turbulence in high-growth and declining industries. Mimeo, Center for Innovation Technology and Policy Research, INt,

Lisbon, 2006.

[16] Baumol, W. J., Panzar, J. C., & Willig, R. D. (1982). *Contestable markets and the theory of industry structure.* New York: Harcourt Brace.

[17] Beck, N. L., & Katz, J. N. (1995). What to do (and not to do) with time-series cross-section data. *American Political Science Review*, 89 (3), 634 – 647.

[18] Beesley, M. E., & Hamilton, R. T. (1984). Small firms'seedbed role and the concept of turbulence. *Journal of Industrial Economics*, 33 (2), 217 – 231.

[19] Berry, C. H. (1971). Corporate growth and diversification. *Journal of Law and Economics*, 14 (2), 371 – 383.

[20] Bloch, H. (1981). Determinants of the variance in market shares in Canadian manufacturing. *Journal of Industrial Economics*, 29 (4), 385 – 393.

[21] Bunch, D., & Smiley, R. (1992). Who deters entry? Evidence on the use of strategic entry deterrents. *Review of Economics and Statistic*, 74 (3), 509 – 521.

[22] Cable, J. R. (1997). Market share behavior and mobility: An analysis and time-series application. *Review of Economics and Statistics*, 79 (1), 136 – 141.

[23] Cameron, A. C., & Trivedi, P. K. (2005). *Microeconometrics: Methods and applications.* New York: Cambridge University Press.

[24] Caves, R. E. (1981). Diversification and seller concentration: Evidence from changes, 1963 – 1972. *Review of Economics and Statistics*, 63 (2), 289 – 293.

[25] Caves, R. E. (1998). Industrial organization and new findings on the turnover and mobility of firms. *Journal of Economic Literature*, 36 (4), 1947 – 1982.

[26] Caves, R. E., & Porter, M. (1976). Barriers to exit. In J. S. Bain, R. T. Masson, & D. Qualls (Eds.), *Essays in industrial organization in honor of Joe Bain* (pp. 39 – 70). Cambridge MA: Ballinger.

[27] Caves, R. E., & Porter, M. E. (1977). From entry barriers to mobility barriers: Conjectural decisions and contrived deterrence to new competition. *Quarterly Journal of Economics*, 91 (2), 241 – 261.

[28] Caves, R. E., & Porter, M. E. (1978). Market structure, oligopoly and the stability of market shares. *Journal of Industrial Economics*, 26 (4), 289 – 313.

[29] Caves, R. E., & Porter, M. E. (1980). The dynamics of changing in seller concentration. *Journal of Industrial Economics*, 29 (1), 1 – 15.

[30] Cook, R., & Weisberg, S. (1983). Diagnostics for heteroscedasticity in regression. *Biometrika*, 70 (1), 159 – 178.

[31] Curry, B., & George, K. D. (1983). Industrial concentration: A survey. *Journal of Industrial Economics*, 31 (3), 203 – 255.

[32] Davies, S. W., & Geroski, P. A. (1997). Changes in concentration, turbu-

lence, and the dynamics of market shares. *Review of Economics and Statistics*, 79 (3),
383 – 391.

[33] Duetsch, L. L. (1975). Structure, performance and the net rate of entry into
manufacturing industries. *Southern Economic Journal*, 41 (3), 450 – 456.

[34] Duetsch, L. L. (1984). Entry and the extent of multiplant operations. *Journal of
Industrial Economics*, 32 (4), 477 – 487.

[35] Dunne, P. , & Hughes, A. (1994). Age, size, growth and survival. *Journal
of Industrial Economics*, 42 (2), 115 – 140.

[36] Dunne, T. , & Roberts, M. J. (1991). Variation in producer turnover across
U. S manufacturing industries in entry and market contestability. In *Entry and Market contest-
ability, an International Comparison* (pp. 187 – 203). Blackwell.

[37] Eaton, B. C. , & Lipsey, R. G. (1980). Exit barriers are entry barriers: The
durability of capital as a barrier to entry. *Bell Journal of Economics*, 11 (2), 721 – 729.

[38] Eaton, B. C. , & Lipsey, R. G. (1981). Capital, commitment, and entry e-
quilibrium. *Bell Journal of Economics*, 12 (2), 593 – 604.

[39] Encaoua, D. , & Jacquemin, A. (1980). Degree of monopoly, indices of con-
centration and threat of entry. *International Economic Review*, 21 (1), 87 – 105.

[40] Ericson, R. , & Pakes, A. (1995). Markov-Perfect industry dynamics: A
framework for empirical work. *Review of Economic Studies*, 62 (1), 53 – 82.

[41] Evans, L. B. , & Siegfried, J. J. (1992). *Entry and exit in United States manu-
facturing industries from 1977 to 1982*. In David B. Audretsch, & John J. Siegfried (Eds.),
Empirical studies in industrial organization: Essays in honor of Leonard W. Weiss (pp. 253 –
273). Kluwer Publishers.

[42] Fotopoulos, G. , & Spence, N. (1998). Entry and exit from manufacturing in-
dustries: Symmetry, turbulence and simultaneity—Some empirical evidence from Greek man-
ufacturing industries, 1982 – 1988. *Applied Economics*, 30 (2), 245 – 262.

[43] Geroski, P. A. (1991). *Market dynamics and entry*. Oxford: Blackwell.

[44] Geroski, P. A. (1995). What do we know about entry? *International Journal of
Industrial Organization*, 13 (4), 421 – 440.

[45] Geroski, P. A. , & Pomroy, R. (1990). Innovation and the evolution of market
structure. *Journal of Industrial Economics*, 38 (3), 219 – 314.

[46] Geroski, P. A. , & Schwalbach, J. (Eds.). (1991). *Entry and market cont-
estability: An international comparison*. Oxford: Blackwell.

[47] Geroski, P. A. , Masson, R. , & Shaanan, J. (1987). Dynamic market mod-
els in industrial organization. *International Journal of Industrial Organization*, 5 (1),
93 – 100.

［48］Gorecki, P. K. (1980). The Determinants of foreign and domestic enterprise diversification in Canada: A Note. *Canadian Journal of Economics*, 13 (2), 329 – 339.

［49］Gort, M. (1963). Analysis of stability and change in market shares. *Journal of Political Economy*, 71 (1), 51 – 63.

［50］Gort, M., & Klepper, S. (1982). Time paths in the diffusion of product innovations. *Economic Journal*, 92 (367), 630 – 653.

［51］Grossman, G. M., & Helpman, E. (1991). *Innovation and growth in the global economy*. Cambridge: MIT Press.

［52］Hannan, J. T., & Freeman, J. (1989). *Organizational ecology*. Cambridge: Harvard University Press.

［53］Harrigan, K. R. (1981). Deterrents to divestiture. *Academy of Management Journal*, 24 (2), 306 – 323.

［54］Hopenhayn, H. (1992). Entry, exit, and firm dynamics in long run equilibrium. *Econometrica*, 60 (5), 1127 – 1150.

［55］Hymer, S., & Pashigian, P. (1962). Turnover of firms as a measure of market behavior. *Review of Economics and Statistics*, 44 (1), 82 – 87.

［56］Jovanovic, B. (1982). Selection and the evolution of industry. *Econometrica*, 50 (3), 649 – 670.

［57］Kessides, I. N. (1990). Market concentration, contestability, and sunk costs. *Review of Economics and Statistics*, 72 (4), 614 – 622.

［58］Khemani, R. S., & Shapiro, D. M. (1986). The determinants of new plant entry in Canada. *Applied Economics*, 18 (11), 1243 – 1257.

［59］Klepper, S., & Graddy, E. (1990). The Evolution of the new industries and the determinants of market structure. *Rand Journal of Economics*, 21 (1), 27 – 44.

［60］Klepper, S., & Miller, J. H. (1995). Entry, exit and shakeouts in the United States in new manufacturing products. *International Journal of Industrial Organization*, 13 (4), 567 – 591.

［61］Klepper, S., & Simons, K. L. (2005). Industry shakeouts and technological change. *International Journal of Industrial Organization*, 23 (1 – 2), 23 – 43.

［62］Lay, T. J. (2003). The determinants of and interaction between entry and exit in Taiwan's manufacturing. *Small Business Economics*, 20 (4), 319 – 334.

［63］Levy, D. (1985). Specifying the dynamics of industry concentration. *Journal of Industrial Economics*, 34 (1), 55 – 68.

［64］Marshall, A. (1920). *Principles of economics*. New York: Macmillan.

［65］Martin, S. (1979). Advertising, concentration, and profitability: The simultaneity problem. *Bell Journal of Economics*, 10 (2), 639 – 647.

[66] Mayer, W. J. , & Chappell, W. F. (1992). Determinants of entry and exit: An application of the compounded bivariate Poisson distribution to U. S. industries: 1972 – 1977. *Southern Economic Journal*, 58 (3), 770 – 778.

[67] Mazzucato, M. (2002). The PC industry: New economy or early life-cycle? *Review of Economic Dynamics*, 5 (2), 318 – 345.

[68] McGuckin, R. (1972). Entry, concentration change and the stability of market shares. *Southern Economic Journal*, 38 (3), 363 – 370.

[69] Muller, J. (1976). The impact of mergers on concentration: A study of eleven West German industries. *Journal of Industrial Economics*, 25 (2), 113 – 132.

[70] Orr, D. (1974). The determinants of entry: A study of the Canadian manufacturing industries. *Review of Economics and Statistics*, 56 (1), 58 – 66.

[71] Owen, N. (1971). Competition and structural change in unconcentrated industries. *Journal of Industrial Economics*, 19 (2), 133 – 147.

[72] Parks, R. (1967). Efficient estimation of a system of regression equations when disturbances are both serially and contemporaneously correlated. *Journal of American Statistical Association*, 62 (318), 500 – 509.

[73] Pashigian, P. (1969). The effect of market size on concentration. *International Economic Review*, 10 (3), 291 – 314.

[74] Rosenbaum, D. I. (1993). Profit entry and changes in concentration. *International Journal of Industrial Organization*, 11 (2), 185 – 203.

[75] Rosenbaum, D. , & Lamort, F. (1992). Entry, barriers, exit and sunk costs: An analysis. *Applied Economics*, 24 (3), 297 – 304.

[76] Scherer, F. M. (1979). The Causes and consequences of rising industrial concentration. *Journal of Law and Economics*, 22 (1), 191 – 208.

[77] Schwalbach, J. (1987). Entry by diversified firms into German industries. *International Journal Industrial Organization*, 5 (1), 43 – 49.

[78] Shapiro, D. , & Khemani, R. S. (1987). The determinants of entry and exit reconsidered. *International Journal of Industrial Organization*, 5 (1), 15 – 26.

[79] Siegfried, J. J. , & Evans, L. B. (1994). Empirical studies of entry and exit: A survey of the evidence. *Review of Industrial Organization*, 9 (2), 121 – 155.

[80] Strickland, A. D. , & Weiss, L. W. (1976). Advertising concentration cost margins. *Journal of Political Economy*, 84 (5), 1109 – 1121.

[81] Sutton, J. (1997). Gibrat's legacy. *Journal of Economic Literature*, 35 (1), 40 – 59.

[82] Thietart, R. A. , & Vivas, R. (1984). An empirical investigation of success strategies for businesses along the product life cycle. *Management Science*, 30 (12),

1405 - 1423.

[83] Vivarelli, M. (2004). Are all the potential entrepreneurs so good? *Small Business Economics*, 23 (1), 41 - 49.

[84] Vivarelli, M., & Audretsch, D. (1998). The link between the entry decision and post-entry performance: Evidence from Italy. *Industrial and Corporate Change*, 7 (3), 485 - 500.

[85] Von der Fehr, N. H. M. (1991). Domestic entry in Norwegian manufacturing industries. In P. Geroski & J. Schwalbach (Eds.), Entry and market contestability: *An international comparison*. Oxford: Basil Blackwell.

[86] Wooldridge, J. M. (2002). *Econometric analysis of cross section and panel Data*. Cambridge: The MIT Press.

合作竞争与共同创新：制造业和服务业的供应商表现是否不同？

Dina Pereira[①] João Leitão[②] Tessaleno Devezas[③]

摘要： 以往对合作申请的研究认为，合作申请的概念是企业间合作与竞争的混合体，旨在产生创新、净增值或经济效益。研究公司创新行为的重要性是为了根据这些合作关系对其专利强度行为进行深入分析，这一重要性也获得了一些企业家学者越来越多的关注。本文以创新的方式来解决这一问题，利用企业行为生成共同创新的产品和服务，揭示其创新绩效和针对开放创新的合作诉求动态。因此，我们分析了企业产生共同创新的决定因素：产生共同创新的能力，这种能力受到以推动企业创新为导向政策的影响、与科学利益相关者的合作以及发展产生和转移新产品的能力所起到的作用。为此，我们使用了一个由 3682 家制造企业和 1221 家服务企业组成的数据集，这些企业都参加了 2008 年欧盟创新调查（CIS）。这些数据分别对制造业和服务业企业进行概率分析，并根据企业的技术强度类别对每个部门进行概率分析。研究结果揭示了制造业和服务企业产生共同创新产品和服务的能力所带来的显著影响，这些影响体现在竞争企业和其他研发利益相关者之间的合作安排，以及公司将创新引入市场的能力上等。此外，本文还揭示，对于服务企业而言，无论是企业内部生产过程创新的影响还是内部研发活动的存在，都对于创造产生共同创新的能力具有重要意义。

关键词： 协同创新　协同竞争　外部研发　内部研发

一、引言

创新是企业与环境相互作用的结果，再由经济体系的吸收能力和机构促进创新的刺激力量进行调节。在这种背景下，政府可以通过两种方式来激励创新，即技术推动型导向（为了减少创新过程中的私人成本）和需求拉动型导向（通过采取旨在改善知识产权保护的措施，提高成功创新带来的私人回报）（Nemet，2009）。

作为促进创新的一种手段，企业和其他机构利用所谓的合作竞争，也就是竞争对手之间战略合作和竞争的混合物（Rusko，2011）。在处理新兴技术时，由于市场机会

---

① Dina Pereira，贝拉英特拉大学。
② João Leitão，贝拉英特拉大学。
③ Tessaleno Devezas，贝拉英特拉大学。

的不确定性，企业选择战略合作（Garrafo，2002）。从这个意义上说，增量创新和激进创新都可以在合作联盟得到发展。

由于知识流动（盗用风险）产生的风险，战略性地使用知识产权保护机制（如专利）已成为在私人和/或公共竞争对手之间建立合作竞争安排的重要工具。使用知识产权的另一个优势与通过战略性合作竞争而产生的共同创新的可能性有关，即利用专利作为技术地位和实力的信息源，从而为共同创新产品或服务确定一个成功的方向和市场定位。

本文旨在衡量参与合作安排的合作伙伴的创新强度对战略合作类型的影响，并确定一系列因素对制造商和服务公司产生共同创新产品/服务的能力的影响。这些影响受到旨在推动企业、科学利益相关者和竞争对手之间共同创新行为的政策影响。

它从不同于以往工作的视角，对早期研究进行了补充，加深了对基于合作竞争关系而产生共同创新过程的理解，特别是通过对比制造业和服务业企业的协同创新行为，为协同创新战略的实证文献作出了贡献。

几位作者分析了公司在处理新兴技术时对合作竞争的战略用途（Brandenburger 和 Nalebuff，1996；Gomes - Casseres，1996；Harbison 和 Pekar，1998）。其他人则将重点放在合作竞争的好处上（Bagshaw 和 Bagshaw，2001；Garraffo，2002；Chien 和 Peng 2005；Rusko，2011）。

以前的研究也致力于合作的原因，并提出了四种类型的合作竞争（Garraffo，2002）。其他作者则研究这些合作竞争之间的细微差别，如合作竞争的二元特征（Bengtsson 和 Kock，2003），这些特征被定义为两个公司在上游活动（如研究和开发）中合作时承诺的双边关系，如研究和开发（研发），购买原材料和加工以及多方面的合作，也在下游活动（分销、服务、产品开发和营销）中进行竞争（Luo，2004），这些关系被定义为多边关系，其特征是两个以上的竞争公司由于公共政策而承诺相互合作。

合作竞争中产生的机会主义行为的风险是分析的对象（Nieto 和 Santamaria，2007），也是合作竞争中的重要性，特别是在发展高科技产业的增量创新方面（Abernathy 和 Clark，1985；Fjelstad 等，2004；Ritala 和 Hurmelinna - Laukkanen，2009）。一些学者们得出这样一个结论：企业需要发展其吸收能力，以便从合作中获得关键成果（Escribano 等，2009；Bergek 和 Bruzelius，2010；Cohen 等，2000）。一些作者基于发明家级别的专利数据，与国际合作建立了合作伙伴关系（Bergek 和 Bruzelius，2010）。合作开发的技术模式与国际趋势交叉，也基于专利（Archambault，2002）。一组学者则研究了合作联盟中知识产权和知识所有权的适用性风险（Seung 和 Russo，1996；Rammer，2002；Blomqvist 等，2005；Dagnino 和 Rocco，2009；Escribano 等，2009）。

本文旨在利用 2008 年欧洲独联体调查提供的数据，分析企业产生共同创新产品/服务的能力的决定因素，并对公司的创新行为进行深入分析。

本文其余部分的结构如下：第二部分利用创新、合作竞争和专利方面的文献发展理论基础。第三部分介绍了实证方法。第四部分是关于分析、主要结果和讨论的内容。

最后，本文总结并提出政策制定者面临的局限性、影响以及从事以创新为导向的战略合作关系的从业者的指导方针。

二、概念框架

（一）创新：从概念到源头

创新能力是企业与外部环境相互作用的结果。这种能力受到学习经济系统动力学的影响，也受到激励支持创新的机构的力量的影响（Lundvall，1985，1988，1992，2007；Nelson，1993；Cooke 等，1997；Braczyk 和 Cooke，1998；Cooke 等，2000；Kaufmann 和 Todtling，2001；Silva 和 Leitao，2009a，b）。

Luo（2004）还指出，政策制定者在促进企业之间的合作关系以产生创新的过程中所扮演的发起者角色的重要性。因此，其他作者认为，有必要在制度专业化概念兴起的基础上，刺激能够促进能力建设的现代社会的公共政策，促进私人和公共奖励和政策的作用，以支持科学技术和创新（Conceiˆao 和 Heitor，2007）。

Laranja（2008）研究了技术基础设施的概念，即不同类型的公共、半公共和私营中心和研究机构的集合，作为制定技术政策和支持技术转让和创新结构的基础。一套旨在促进创业活动和知识型初创企业的公共政策的出现，促进一般的知识型活动和创新，被分析为经济增长和就业的关键（Leitao 和 Baptista，2009）。在企业成立之前，必须重新考虑公共政策，并将其导向创业和创新过程的早期阶段，即产生商业理念的阶段。

这一动态必须是一种联合努力，由公共支持机制和私人激励机制的有效组合加以支持，以便在不确定的环境中促进知识网络和技术人员流动（Heitor 和 Bravo，2010）。

按照这一思路，弗拉纳根等（2011）指出，创新政策制定者、政策分析师和学者对政策组合概念的产生、接受和使用，不同政策之间的相互作用和相互依赖性，从未来范围和焦点的角度来看，它们会影响未来创新范围和重点方面的政策成果。

另一个促进创新的机制是专利保护，它在静态模型中能够促进创新，但在序列模型中往往抑制互补创新（Bessen 和 Maskin，2009）。从这个意义上说，创新可以是连续的，即在先前的发明基础上相继创造出新的发明，或者是互补的，每个创新者都遵循不同的研究路径。

为了对创新型企业进行分类和标识，组织分类法有助于理解企业和部门创新模式的多样性（Pavitt，1984；Archibugi，2001）。

熊彼特（1934，1942）提出了两种不同的创新模式，即企业家模式和常规化模式。第一种模式主要是关于小型公司和新公司的创业活动和创造力。第二种模式是在大型公司和成熟企业的正式研发活动中产生创新。

Utterback 和 Abernathy（1975）在产品生命周期的各个阶段对新技术的生成进行了一些分类，因为他们知道，通过不断发展的公司，他们提出的竞争基础会从产品创新转向过程创新（Klepper，1997）的结论也支持这一观点。在诞生阶段，公司投资于产品差异化以便与他人竞争。随着市场的成熟，企业将重点转向加大对制造业和创新流程的投资。根据创新过程的三个不同阶段，即不协调阶段（竞争以产品绩效为基础）、细分阶段（产品创新率下降，生产过程需要彻底改变）和系统性阶段（产品和流程的创新减少，存在极高的依赖性），分别对产业创新过程和产品的创新进行了识别和划分，并与产业创新模式进行关联。

根据 Nelson 和 Winter（1977）以及 Dosi（1988）的研究，创新的分类是基于技术制度的概念，HNN 的行为受其使用的技术性质影响和决定。

Pavitt（1984）提出了创新企业结构特征和组织的分类，有助于区分不同行业的企业创新模式。因此，企业被分类为基于科学的、专业供应商、供应商主导的和规模密集型企业。这种分类有助于预测企业绩效的决定因素（如国际竞争力和创新绩效）（Jong 和 Marsili，2006）。

Abernathy 和 Clark（1985）将创新分为四类，即增量创新、成分创新、建筑创新和革命性创新。

Tushman 和 Anderson（1986）还研究了基于认知机制的创新分类法，他们区分了能力增强型和能力破坏型创新。

Dosi（1988）提出了技术制度的四个维度，即界定企业在创新过程中所能实现的边界：技术机会的水平和来源；从创新中获得经济利润的条件；在先进技术的基础上创造新的解决方案；与创新相关的知识基础的性质。

Pavitt（1998）主要研究了技术进步对成熟企业竞争力的影响。

McGahan（2004）还确定了使工业活动被淘汰的四个变革阶段，即激进、进步、创新和媒介。

此外，经合组织还根据其技术生产的强度对工业进行分类，通过指标（如研发强度和跨部门技术使用）来区分高科技和低技术工业（Hatzichronoglou，1997）。此外，这一分类开始将非技术层面，如无形投资和人力资本，作为生产要素（Peneder，2002）。

Ritala 和 Hurmelinna – Laukkanen（2009）认为，通过与竞争对手进行特定形式的合作（合作竞争），特别是在高科技行业，可以实现渐进式和激进式的创新。

（二）创新的需求拉动与技术推动

Nemet（2009）指出，各国政府必须制定若干政策来刺激创新。这能够在实施可以刺激投资和随后的技术改进的需求拉动政策来实现。

20 世纪 60 年代和 70 年代见证了一场关于技术变革的方向和速度是否受到市场需求变化或科学技术发展的强烈影响的辩论（Nemet，2009）。根据同一作者的观点，科学推动导向在基础科学先向应用研究和产品开发转移后向商业化转移的前提下，决定了科学进步的创新速度和方向。其中一个制约因素是由于科技与创新过程之间的关系具有长期的基础，从而增加了复杂性和不确定性。另一个制约因素是，技术推动导向将价格和经济变化对创新成果的影响降至最低。与技术推动模式相关的不同流派，有着不太确定的方向。

尽管这些方法认为科学的进步决定了创新的速度和方向，但它们也捍卫了技术系统在促进和指导创新方面相互关联的重要性（Frankel，1955）。另一些人则认为，现有的可开发技术机会与创新的速度和方向之间存在明显的关系（Rosenberg，1974；Nelson和Winter，1977；Klevorick，1995）。另外，也可以说，企业必须投资于研发，以便发展其吸收知识和利用机会的能力（Mowery，1983；Rosenberg和Birdzell，1990；Cohen和Levinthal，1990）。或者，企业可以利用部门之间的知识流动来克服技术系统中检测到的局限性（Rosenberg，1976，1994），甚至可以采用以科技推动为特征的顺序行为（Rothwell，2002）。

在需求拉动的方法中，创新的速度和方向是由需求驱动的。市场条件的变化，如生产成本、需求的地理范围、潜在需求或潜在的新市场的变化，是创新投资机会的主要驱动因素（Hicks，1932；Griliches，1957；Vernon，1966；Schmookler，1966，1979；Rosenberg，1976；Rothwell，2002）。在某些情况下，需求拉动式方法无法满足需求中的隐藏需求（Simon，1973）。这有助于解释渐进式创新，而不是激进创新（Mowery和Rosenberg，1979；Cohen 等，2000）。在某些情况下，它也不能满足隐藏在需求中的需求（Simon，1973）。此外，这种方法由于过于宽泛而无法发挥其作用（Mowery 和Rosenberg，1979；Scherer，1982；Kleinknecht，1990；Chidamber 和Kon，1994）。

技术推动型导向没有认识到市场状况，相反，需求拉动范例没有将技术能力列入考虑。虽然它们同时相互作用，但都需要解释创新（Arthur，2007）。

Nemet（2009）认为，在技术推动方法中，决策者可以通过实施降低创新过程中私人成本的措施来促进创新。他也坚持需求拉动型的观点，认为决策者也可以增加成功创新的私人收益。在这方面，尤其是在本文中感兴趣的是增加知识产权保护的措施。

（三）从合作竞争到共同创新

Rusko（2011）将合作竞争定义为企业间的合作与竞争的复合体。Luo 等（2007）认为，这一概念是 Raymond Noorda 在 20 世纪 80 年代提出的，并在 20 世纪 90 年代成为若干研究的主题，即二元竞合的问题（Bengtsson 和 Kock，2000，2003）或多层面竞合的问题（Amburgey 和 Rao，1996；Tsai，2002；Luo 和 Slotegraaf，2006）。

Brandenburger 和 Nalebuff（1996）认为竞合作为一种不同于竞争的商业运作方式，被那些在创新网络（如生物技术、信息和通信技术、电子和半导体行业）中处理新兴技术的公司战略性地使用。由于新兴技术领域在市场机会和技术发展方面存在高度的不确定性，这些行业的企业倾向于通过与竞争对手建立战略合作安排来管理不确定性，以便实现共享资源和降低风险（Garraffo，2002）。

从 Bagshaw 和 Bagshaw（2001）的观点来看，与竞争性安排相比，竞合可以为参与的公司带来更好的绩效，正如战略管理合作和竞争一样，这种关系可以通过合作伙伴和竞争对手的控制行为来发展。

Chien 和 Peng（2005）指出，组织间的关系演变为一种竞合的社会结构，成为合作和竞争的工具，在企业、战略业务单位、部门和任务组等多个层面发挥作用。它还可以用来制定企业市场战略，降低成本，提高企业竞争力和获得领先的市场地位。

Rusko（2011）认为，竞争对手参与战略合作安排的主要动机之一是基于创造更大的价值或利益，以提高经济绩效。Walley（2007）指出，竞合不仅给竞争对手带来额外的好处，也给客户带来额外的好处。

Garrafo（2002）认为，与竞争对手合作的决定通常有以下动机：（1）获得和/或交换新技术和补充知识；（2）进入新的市场；（3）影响和/或甚至控制技术标准。了解竞争对手之间竞合的动机对于更好地评估他们对技术发展和市场创造的承诺至关重要。因此，我们可以说，选择进行以技术开发为重点的合作项目，还是促进市场开发方面的合作项目，取决于合作伙伴的目的。

在这方面，Jong 和 Marsili（2006）提出了一种竞合安排的类型：（1）专利和知识的交流，其特点是对合作技术开发的承诺较低和在市场开发方面的合作力度较低；（2）合作研发活动，高度致力于合作技术开发，共同改善市场的努力有限；（3）建立新标准的战略联盟，由集中于市场开发的合作努力的高度承诺和对合作技术发展的低承诺所决定；（4）合作协议，使现有公司一体化，其特点是对合作技术发展的高度承诺和进入市场的巨大合作努力。这些类型的竞合安排决定了企业在市场上竞争中的能力，以及实施随着时间的推移而演变的 HNN 竞合的能力。当处理致力于激进创新、新标准定义或新融合技术的公司时，竞合是为了评估与激进创新相关的市场机会、制定新标准和/或通过融合技术整合现有公司。

Padula 和 Dagnino（2007）综合了两种主导范例：一方面，竞争范例低估了合作的积极相互依存的力量；另一方面，合作范例低估了合作的消极相互依存的好处。它属于一种双赢的战略方案，在共享共同利益的同时增加正和博弈。

Bengtsson 和 Kock（2003）将合作定义为一种二元关系，因为竞争与诸如分销、服务、产品开发和营销等产出活动相关。反过来，合作涉及如研发、采购、物流和原材料加工等输入活动。在这两者之间，也有一些中流活动，比如生产。

Luo（2004）引入四个战略领域，它们也是二元的，即使它们涉及政府或公共部门等其他代理。这些领域包括与全球竞争对手的竞合；与外国政府的竞合；与战略伙伴的竞合；以及跨国公司内部的竞合。与政府的竞合仍然是合作竞争，因为两个或两个以上的竞争公司可以在政府提供救助的背景下进行战略合作，或者响应政府为促进这种战略关系而采取的不同行动。

运用基于资源的企业观和博弈论的不同合作方式表明，与非竞争对手之间的简单合作相比，竞合安排可以产生更多的创新活动。对于 Brandenburger 和 Nalebuff（1996）、Dussauge 等（2000）和 Tether（2002）来说，竞争对手通过交换资源参与了一个为所有参与者创造价值的协作方案。几位作者指出，竞争对手之间合作的主要好处是创造了全新的产品（Tether，2002；Quintana-Garcia 和 Benavides-Velasco，2004）。

此外，Belderbos 等（2004）辩解，竞争对手之间的研发合作产生了增量效率收益。

相反，Nieto 和 san-maria（2007）认为，竞合不利于创新，因为它会促进机会主义行为的产生，并将竞争对手之间的信任降到最低。

Ritala 和 Hurmelinna-Laukkanen（2009）指出，竞合有助于发展现有产品和服务的增量创新，是产生新创新的有效模式，尤其是在高科技行业。

在创新项目中，不同公司之间会建立战略伙伴关系，以共享风险、成本和专业知识，这也已成为创新管理的一个重要模式，引起了学者和从业者的关注（Chesbrough，2003；Huston 和 Sakkab，2006）。这种模式导致在竞合中，资金来自于竞争对手在创新举措上的战略合作。实现更高的吸收能力，并与竞争伙伴形成合作计划，将加快尤其是在应对日益增长的创新时的合作和模仿的步伐，而此时的重点是强调保护的基础性（Ritala 和 Hurmelinna-Laukkanen，2009）。遵循这一思路，激进的创新会在竞争压力较小的情况下出现，因为市场更具有突发性，而差异化则因其新颖性而变得更容易。

Cohen 和 Walsh（2001）利用基于 HNN 吸收能力概念的框架研究了这一过程。这一概念指的是识别环境中有价值的知识，将其吸收并与现有的知识储备保持一致，最终在内部研发活动中加以利用，以实现成功的创新。

正如 Cohen 和 Levinthal（1989）中所辩护的那样，HNN 的知识库在创新和吸收的两方面都发挥着作用，因为它有吸收外部知识的倾向，这使投资于研发的动机产生了。Gambardella（1992）还指出，拥有更好的内部研发项目的公司更有能力去准备吸收外部科学信息。其他作者分析了人力资源管理的吸收能力在开发其建立的联盟方面的决定性作用（Arora 和 Gambardella，1994；Zahra 和 George，2002）。

Zahra 和 George（2002）分析了吸收能力作为动态能力的概念，建立了吸收能力的组成部分、前因、偶然事件和结果的模型。他们的模式是创新的，因为他们用获得取代了认识价值的成分，并重新定位了适当性制度的影响。此外，这些学者还将模型进行了扩展，提出了遵循同化成分、激活触发器和社会整合机制的转化概念，并将吸收能力划分为潜在吸收能力和已实现吸收能力。转变的过程使企业有能力在现有过程中发展变化，从而能够吸收新知识，并通过现有认知结构中的解释和理解来吸收新知识。

关于这一声明，Todorova 和 Dur 在 2007 年提出，当企业不能吸收知识资产时，它们就不能转换知识资产。此外，Zahra 和 George（2002）对潜在吸收能力和已实现吸收能力进行区分。潜在吸收能力是通过重新配置资源基础和部署能力来获取和吸收新的外部知识，而已实现吸收能力是通过开发新产品和过程来转换和利用新的外部知识。没有实现能力的潜在吸收能力不会对人力资源管理的竞争优势产生影响。

此外，作者还认为，激活触发因素、社会整合机制和适当性机制是关键的突发事件。社会一体化机制有助于降低同化和转变之间的障碍，提高吸收能力，并且会被所提出的模型理解为是一种涉及一系列组织程序（如社会互动）和过程的动态能力。学习和吸收的能力取决于重视外部知识的能力（Zahra 和 George，2002）。

适当性制度允许吸收能力与其结果之间的适度，从而产生竞争优势。因此，知识产权效率低并且易于复制的企业更容易在创新回报的分配上失败，从而给竞争对手提供了开放的空间。

Cockbum 和 Henderson（1998）指出，HNN 识别科学界知识流动的能力是由与科学界建立的密切联系决定的。它们还强调吸收能力在 HNN 的竞争优势中的重要作用，因为这种能力取决于其知识储备和资源。

George 和 Pradhu（2003）分析了企业吸收能力和国家吸收能力之间联系的重要性，从而促进创新。此外，Cassiman 和 Veugelers（2006）分析了依赖更基础的研发对内部和外部创新活动互补的积极影响，这可能代表了 HNN 的吸收能力。

根据 Rothaermel 和 Alexandre（2009）的研究，HNN 的吸收能力越强，它就越有能力充分利用技术采购的灵活性带来的好处。此外，识别和利用知识流动的能力因公司而异，导致作为竞争优势的利益不平等。这种吸收能力会根据人力资源管理在其产品、流程和人员中的现有知识储备而变化。作者还认为，吸收能力在知识产权更紧密和更动荡的知识部门中发挥着更决定性的作用，因此政府应制定政策，加强企业在高新技术产业的吸收能力和知识产权的保护。

Silva 和 Leitao（2009a，b）还探讨了与外部合作伙伴（包括大学和研究中心）建立不同类型关系的好处和作用，以刺激企业创新，从而实现产品创新。

Li（2011）考察了中国国有高科技企业的外部技术来源、吸收能力和创新能力，分析了决定企业创新能力的三种获取技术知识的投资类型，即内部研发、引进外国技术、购买国内技术。他得出的结论是，只有在进行内部研发的情况下，引进外国技术才能促进创新。然而，国内技术采购，如专利许可，对创新有着有利的直接影响。研究还发现，吸收能力是由外部知识的来源或性质决定的。

Kostopoulos 等（2011）探讨了吸收能力的作用，将其作为一种机制，识别并将外部知识流入转化为有形收益，同时也作为一种工具，实现更大的创新和滞后的财务绩效。作者认为，外部知识流入与吸收能力直接相关，与创新间接相关。

Vasudeva 和 Anand（2011）研究了技术不连贯的公司及其使用联盟投资组合来收集的知识流动。他们将吸收能力细分为纬度和纵向两部分。第一种是对多样化知识的运用，第二种是对远程知识的运用。他们的研究结果表明，一个具有中等纬度吸收能力（相当于其投资组合中的中等多样性）的公司，对知识的最佳利用有较高的倾向。

（四）竞合与产品的战略使用/服务于共同创新

根据 Smith（2005）的观点，一个产品或服务的创新可以通过专利加以保护，专利权是发明人与政府之间订立的合同，该合同使政府有权在限定的时间（20 年）内享有对技术发明的使用和实施垄断。要申请专利的发明必须证明是在现有技术中的一项不明显的技术进步。这为竞争对手提供了有限的保护，因为它使复制或模仿得到避免。专利制度被认为是促进创造新的有经济价值的知识和传播创新技术的最新技术的一个工具。

Macdonald（2004）认为专利被认为是实现创新目的的一种手段。在这种情况下，收集关于现有专利和申请的信息的公共记录可以作为进行技术监督和监测的重要工具，包括对类似或引用的专利授予的具有商业可行性的专利的数据。Chen 和 Chen（2011）指出，保护这些产品/服务创新的专利是人力资源管理的重要无形资产之一，从某种意义上说，它们可以为产品商业化带来额外的收入。专利数据库对于发明者绘制新技术和新产品的地图至关重要。

Griliches（1991）等、Chen 和 Chang（2010 a，b）认为，专利信息比财务报告中收集的研发信息提供更多的信息，而财务报告通常揭示的信息非常有限（Chen 和 Chang，2009，2010a、b）。同时，MacDonald（2004）指出，专利数据通过测量在特定技术领域的表现提供专利行为的信息。越来越多的企业使用专利信息不仅是为了监控竞争对手，而且是为了防止侵权。

Lai（2007）认为，专利分析能够提供有关技术创新及其发展的信息。这是一个至关重要的问题，尤其是对于那些旨在进行重大投资并在特定研发领域取得竞争地位的公司而言。从这个意义上说，选择战略合作对于追求可持续的竞争优势是很重要的。此外，近年来专利权已成为竞合战略中的一项重要工具，因为通过检测、预测和期盼竞争定位和业务范围的变化，可以获得关于技术地位和加强某一部门的具体信息。

Wang（2010）认为专利是技术信息的重要来源，因为90%的知识是以专利数据库的形式存在，而70%的知识通过专利文献进行传播。专利作为思想和技术资源的源泉，被认为是技术创新的杠杆。

Seymour（2008）和 Lee（2009）认为，专利信息可以从专利分布、竞争状况和发展等方面识别技术和商业化的趋势。同样的思路，Ernst（2003）认为专利信息能够在评估 HNN 绩效时补充财务数据，支持五个领域的技术管理：（1）支持研发投资决策；（2）研发活动中的人力资源和知识管理；（3）知识产权保护；（4）筛选和评价外部技术来源；（5）使专利组合的价值最大化。专利保护领域对实现竞争优势极为重要，因为它保护专利让其得到不被模仿和支持的内部使用。因此，专利组合的战略管理对于实现利益和获得竞争优势也很重要（Grindley 和 Teece，1997）。

Ernst（1998，1999）认为，专利信息是有价值的，因为它甚至为不需要披露研发数据的公司提供了研发方面的信息，这些信息可以在多个领域获得，比如业务部门、产品、技术领域和发明者。这使企业能够对竞争对手进行更准确的分析。此外，专利数据可以帮助企业发展和指导技术的轨迹，并监控企业的研发策略。专利统计数据还可以用来衡量从研发活动和产业发展中编纂的知识的成果（Grupp 和 Schmooch，1999；Somaya，2003；Aoki 和 Schiff，2008）。

专利信息的另一个重要方面是可以通过收集数据来分析竞争程度、进行技术跟踪和预测、识别重要发展、分析国际战略分析和检测侵权。它对于评估并购和技术合作的可行性也至关重要（Mogee，1991；Breitzman 和 Mogee，2002；Ma 和 Lee，2008）。

Bergek 和 Bruzelius（2010）也展现了将专利数据作为协作技术活动指标的兴趣。几个国家间发明家的联合表明存在着国际合作（Carayol 和 Roux，2007；Ma 和 Lee，2008）。此外，专利可以表明某一技术领域出现了国际趋势，进而有助于揭示以技术创新为导向的协作发展的演化路径（Archambault，2002）。

在竞合中，在联合研发活动中控制知识流动存在一定的风险，这是在面向竞争对手的创新活动的战略联盟能否取得成功的关键问题。当合作伙伴是直接竞争对手时，战略联盟的可适当性风险可能更高（Park 和 Russo，1996）。可采用的方法有两种，正式的和非正式的（Rammer，2002）。正式的方法是法律形式的保护，如专利、版权和商标，以防止他人使用 HNN 的专利和嵌入其中的知识，尽管允许竞争对手获得专利知识并从中学习。非正式的方法包括保密、复杂的设计和交付周期。

Blomqvist（2005）等认为，有必要使用正式的工具来规范不对称伙伴关系之间的协作，并保护知识资本。在这种情况下，知识产权被认为是知识竞争中的关键资产，在合作过程中出现了关于所有权的讨论。在规范合作模式时，无形资产的战略管理非常重要，以防止知识的错误使用。

正如 Dagnino 和 Rocco（2009）所提到的，当公共竞争对手和私人竞争对手，例如大学和行业合作伙伴之间，在知识生产的挑战性任务中有合作竞争时，可能出现两种关键情况：出版物的合作竞争和知识产权的合作竞争。为了克服这些问题，前几位作者提出了三种策略来缓解大学和行业之间的竞争压力，即对数据和联合专利进行排序和清理。第一种方法包括战略管理和先申请专利然后发布的顺序过程。第二种方法是删除不应公开的数据，以规避实施专利行为时的风险。第三种方法是专利过程中知识的协同实施、权利和义务的共享。企业通常认为这种竞合策略是不利的，为了使技术自由商业化，它们更倾向于专有权。

（五）研究假设

最近的研究把竞合看作是企业之间为了产生创新而进行的合作和竞争的混合物。此外，正如 Carayol 和 Roux（2007）以及 Ma 和 Lee（2008）所述，专利被用来建立公司与其利益相关者之间的合作技术关系。此外，竞争企业参与战略合作安排和合作活动的主要决定因素之一是创造增值或效益，以提高其经济绩效。

研究企业生产创新产品/服务的能力的决定因素，并根据竞合关系对企业创新强度行为进行深入分析已成为若干分析的目标。一些研究人员，例如 Brandenburger 和 Nalebuff（1996）、Dussauge（2000）和 Tether（2002），致力于研究公司创新能力和竞合安排之间的关系，以产生增值和提高生产力。

其他学者（Zahara 和 George，2002；Todorova 和 Durisin，2007；Rothaermel 和 Alexandre，2009；Kostopoulos 等，2011）进行了他们的研究，分析了在企业内部引入过程创新的影响，这些创新可以是在生产过程中，也可以是在组织结构中，包括研发定位，如培育开放的创新渠道和对 HNN 创新能力的吸收能力。因此：

假设 1　在企业内部引入流程创新，对企业产生共同创新产品的能力有积极而重大的影响。

企业投资于公司内部研发活动的积极和重大影响也是多项研究的主题，如 Cohen 和 Levinthal（1989）、Gambardella（1992）、Cassiman 和 Veugelers（2006）和 Li（2011）的

研究。这些作者指出，HNN 拥有内部研发项目，投资于 HNN 的基本研发强度以及提高其内部研发绩效的重要意义。在这个序列中，我们提出以下假设：

假设 2　公司内部研发活动的表现对公司产生共同创新产品的能力具有积极和显著的影响。

将创新引入市场也是几项研究的主题（Tether，2002；Quintana - Garcia 和 Benavides - Velasco，2004；Belderbos 等，2004；Ritala 和 Hurmelinna - Laukkanen，2009），这些因素对公司创新能力有显著影响。

据此，我们将假设 3 表述为：

假设 3　将创新引入市场对公司产生共同创新产品的能力有积极而重大的影响。

多位学者分析了在竞争公司之间为 HNN 在产品或服务方面创造创新能力，建立竞合安排的决定因素（Bradenburger 和 Nalebuff，1996；Bengtsson 和 Kock 2000，2003；Bagshaw 和 Bagshaw，2001；Garraffo，2002；Belderbos 等，2004；Chien 和 Peng，2005；Jong 和 Marsili，2006；Ritala 和 Hurmelinna - Laukkanen，2009；Rusko，2011；Vasudeva 和 Anand，2011）。因此，我们假设：

假设 4　公司与竞争公司之间建立的一套合作关系对公司生产共同创新产品的能力具有积极和重大的影响。

与科学界的关系对创造企业创新绩效至关重要，这一影响已引起一些研究人员的关注，如 Cockbum 和 Henderson（1998）、Li（2011）、Kostopoulos（2011）以及 Vasudeva 和 Anand（2011）。因此，我们提出假设 5：

假设 5　公司与其他研发利益相关者之间建立的一套合作申请关系，对公司产生共同创新产品的能力有着积极而重大的影响。

三、方法论

（一）数据集、方法和变量

本文利用 2008 年欧盟调查提供的数据，分析了企业生产共同创新产品和服务能力的决定因素。

可用的数据用于生产与制造和服务公司相关的两个样本。根据 NACE 的分类，第一个样本可以被分为两类，即高科技企业和低技术企业。第二个样本则被分为知识密集型服务企业和非知识密集型服务企业。概率模型用于评估自变量的概率，这些独立变量解释了从因式分解中得出的企业生产共同创新产品和服务能力的决定因素。

制造业企业样本中有 3682 家被调查者企业，考虑到分析中的所有企业，因为它们都是统计有效的。服务样本中有 1221 家被调查者公司，也考虑了分析中所有的公司，因此它们在统计上都是有效的。将制造业和服务业的样本提交，以估计与企业创新强度不同而决定因素相关的概率。在对制造样本进行分析时，我们还考虑了另外的自独立变量，即知识密集型企业和非知识密集型企业。

使用的因变量是产品/服务创新（1 表示实施了共同创新产品/服务创新的公司，0 表示其他情况），这是指采用共同创新行为，重新产生并引入市场或改进产品或服务的公司。关于其能力或潜力、易用性、零件或子系统，基于竞合安排。根据先前的研究，新产品的创造无论是否通过正式的知识边缘保护机制，也会被用来分析公司的创新能力（Tether，2002；Belderbos 等，2004；Quintana-Garcia 和 Benavides-Velasco，2004；Ritala 和 Hurmelinna-Laukkanen，2009）。

二进制因变量建议使用概率模型进行估计。根据 CIS 调查数据，以因变量作为衡量企业共同创新行为的指标，通过对不同类型企业支持创新行为的实证证据，揭示企业共同创新行为。

（二）描述性统计

在图 1 和图 2 中，我们给出了由 3682 家公司组成的制造企业数据集的一组描述性统计。从统计分析中得出的主要结论是，大约 88% 的企业是低技术企业，12% 是高技术企业。此外，93% 是大公司。

图 2 显示，近 37% 的企业已经开发了产品/服务创新，流程创新的作者百分比分布如下：30% 由企业独立开发；13% 由公司以合作方式支付，其余以其他形式支付。

如图 3 所示，近 29% 的企业在进行内部研发活动，约 14% 的企业在进行外部研发活动。大约 11% 的人获得了其他外部知识（以专利、版权和其他未受保护的知识的形式），18% 的人向市场介绍了一些新产品。

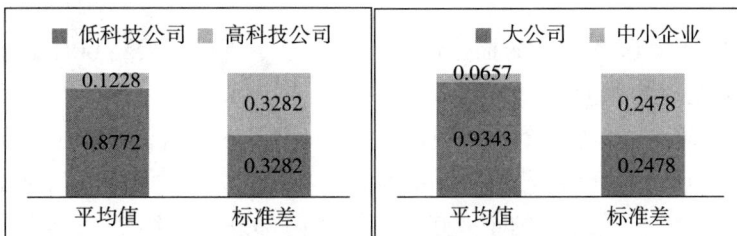

图 1　按样品的工艺强度和尺寸进行划分

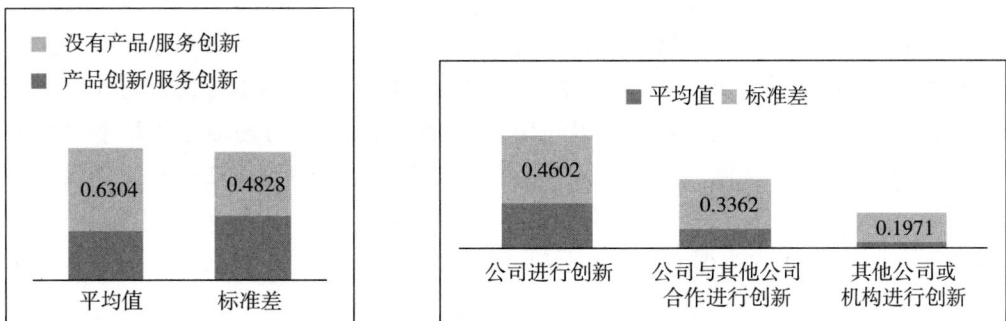

图 2　产品创新绩效与过程创新构成的制造样本

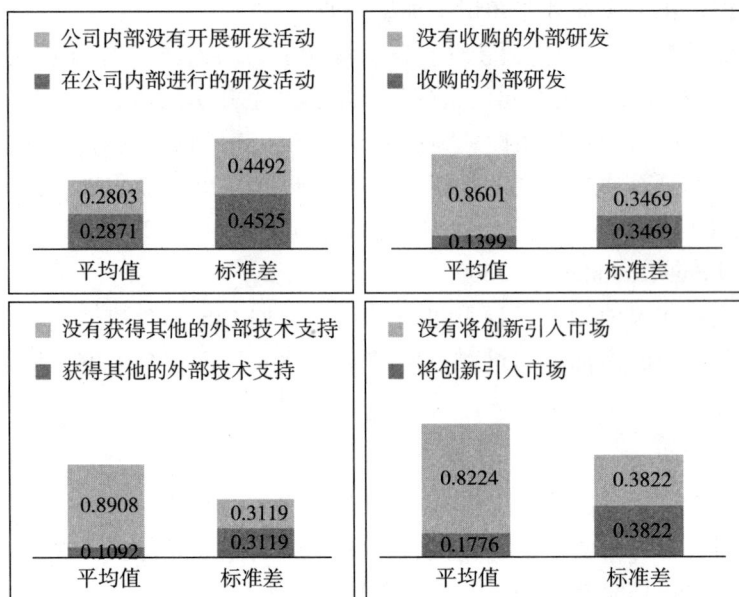

图 3　研发活动制造样品组成

如图 4 所示，近 19% 的受访者表示他们在研发活动中进行合作，首选的合作伙伴类型是公共合作伙伴（83%）。此外，只有 4% 与葡萄牙竞争对手合作，2% 与欧洲，1% 与美国。近 7% 与葡萄牙实验室合作，2% 与欧洲实验室合作，0.2% 与美国实验室合作。最后，约 7% 与葡萄牙的大学合作，10% 与欧洲的大学合作，0.1% 与美国的大学合作。

接下来是 1221 家服务公司的描述性统计。如图 5 所示，大约 60% 的企业是知识密集型企业，91% 是大型企业。

此外，图 6 显示，26% 的企业已经开发了产品/服务创新，流程创新的作者百分比分布如下：30% 由企业自己开发；16% 由本公司与其他公司合作，其余通过其他形式。

从图 7 可以看出，近 35% 的企业在研发活动内部进行，约 20% 的企业在研发活动外部进行。大约 17% 的人获得其他外部知识（如专利、版权和其他未受保护的知识），17% 的人将新产品/服务引入市场。

如图 8 所示，近 24% 的受访者表示他们在研发活动中进行合作，对私人或公共合作伙伴没有特殊的偏好。此外，与葡萄牙竞争对手的合作比例接近 8%，与欧洲竞争对手的合作比例为 3%，与美国竞争对手的合作比例接近 1%。与葡萄牙实验室合作的约占 4%，与欧洲实验室合作的约占 1%，与美国实验室合作的约占 0.08%。近 9% 与葡萄牙咨询公司合作，2% 与欧洲咨询公司合作，0.4% 与美国咨询公司合作。最后，10% 的公司与葡萄牙的大学合作，1% 与欧洲的大学合作，只有 0.7% 与美国的大学合作。

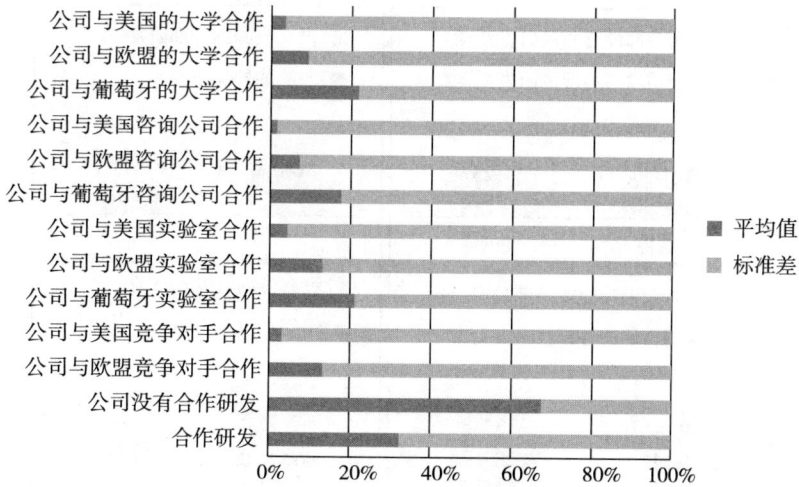

图 4　通过合作活动划分的制造业样本构成

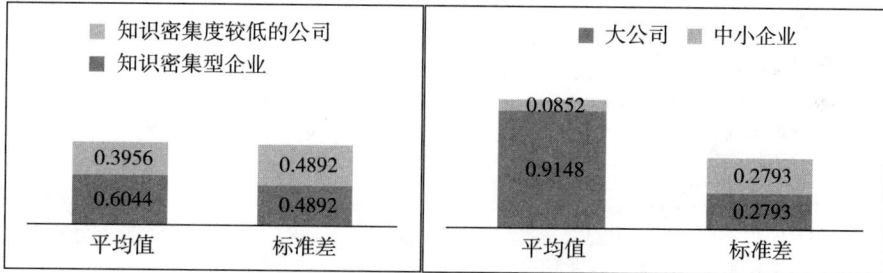

图 5　按工艺强度和尺寸划分的服务样品组成

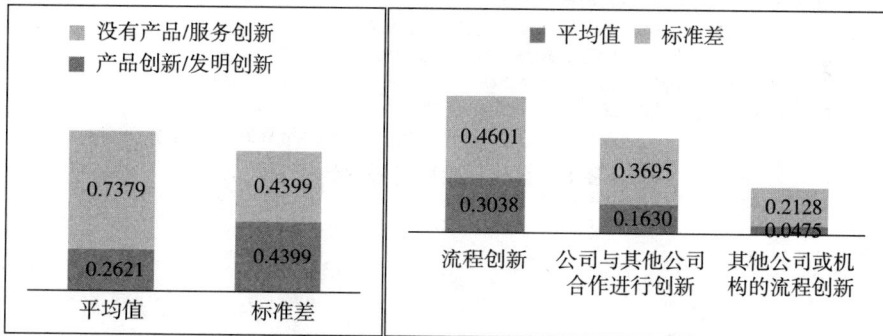

图 6　按产品创新绩效与流程创新划分的服务样本构成

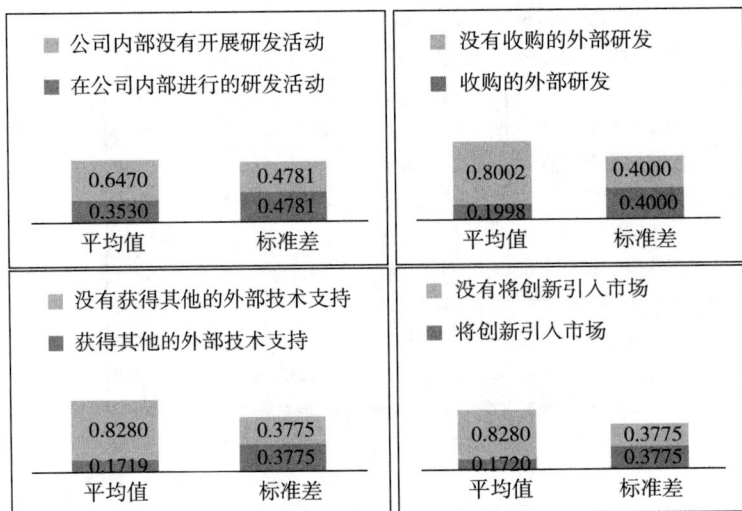

图 7　按研发活动划分的服务样本构成

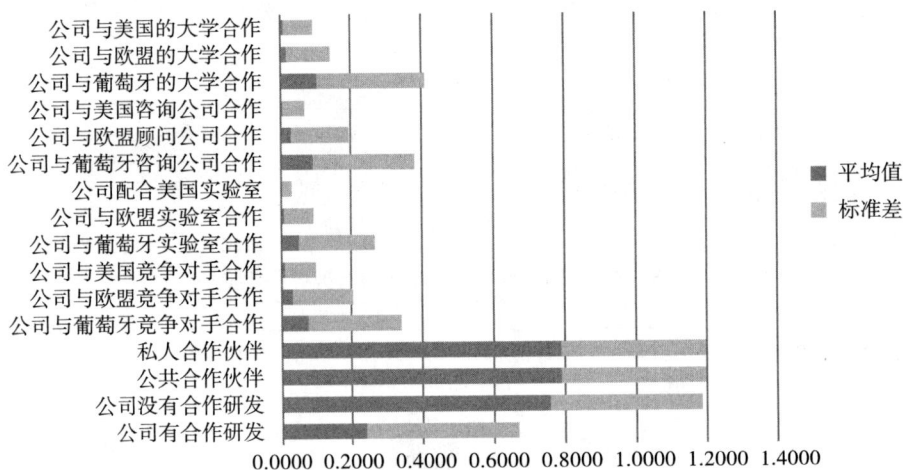

图 8　合作活动服务样本组成

四、实证结果

(一) 概率估计结果

概率回归分别对制造企业和服务企业进行。此外，在每个部门内，还根据企业的强度进行了两次单独的回归。这些组是基于 NACE 分类的低技术和高技术制造企业，以及知识密集型企业和低知识密集型企业的服务数据集。回归的结果详见表 1 和表 2。

关于制造业企业样本的概率回归结果，从"所有企业"一栏中，我们可以得出这样的结论，对于所分析的 3682 家公司，p 值为 0.0000 的可能卡方比率为 356.21，这说明我们的模型作为一个整体在统计学上是有意义的。也就是说，它比没有预测因子的模型更合适。

　　由表 1 的值可以看出，对企业产生共同创新产品或服务的能力产生负面和重大影响的两个决定因素是企业实施的创新过程以及企业或科学合作伙伴未获得外部研发服务。

　　此外，人力资源管理与葡萄牙和欧洲竞争对手的合作也因此产生了显著的影响，虽然这种影响是积极的。企业与葡萄牙和欧洲实验室以及葡萄牙大学的密切合作也产生了重大和积极的影响。

表 1　　　　　　　　　　　　　　　制造业企业概率回归结果

共同创新产品/服务	所有公司	低技术含量的企业	高科技公司
低科技公司	− 0.0576045	—	—
高科技公司			
大型企业	− 0.10673		—
中小型企业	—	0.0867604	0.6572347 *
产品创新和服务创新		0.071071	—
没有产品/服务创新	− 0.046014	—	0.151123
企业流程创新	− 0.1642524 ***	− 0.1398221	− 0.2718769
企业与其他企业合作进行流程创新	− 0.0801076	− 0.0461338	− 0.2116772
其他企业或机构的流程创新	− 0.0909556	− 0.1386163	0.2278046
在公司内部进行研发活动	− 0.0895601	− 0.1275257	0.2301739
没有在公司内部进行研发活动	− 0.0106024	− 0.0263119	− 0.0241219
没有外部研发的收购	− 0.165559 ***	0.182017 *	0.0541903
其他外部知识的获取	0.0669793	0.0361933	0.2378885
将创新引入市场	0.016341		0.5726169 ***
没有将创新引入市场	—	0.0411851	—
合作研发			− 0.1123371
公司没有在研发方面进行合作	− 0.1790235	− 0.2542488	
公共合作伙伴			− 0.095345
私营合作伙伴	− 0.2591099	− 0.3274853 **	
公司与竞争对手合作	0.5715775 ***	0.6294335 ***	0.333516
公司与欧盟的竞争对手合作	0.7269029 ***	0.5445594 **	
公司与美国的竞争对手合作	1.001694	2.222612 **	
公司与葡萄牙实验室合作	0.490596 ***	0.4872625 ***	0.6268807 *
公司与欧盟实验室合作	0.5615345 ***	0.5449852 ***	0.8529929
公司与美国的实验室合作	0.4544849	0.7596476	
公司与各高校在 PT 方面有良好的合作关系	0.7174335 ***	0.6918532 ***	0.7266951 *
与欧盟各大学建立了牢固的合作关系	0.510753	0.4389709	
公司与美国的大学合作	− 0.6025823	− 0.8155625	—

续表

共同创新产品/服务	所有公司	低技术含量的企业	高科技公司
实验结果	3682	3267	415
对数可能性	−2244.5439	−1954.1143	−264.63102
Pseudo R^2	0.0735	0.0676	0.0741

注：* 在 10% 时显著，** 在 5% 时显著，*** 在 1% 时显著。

表 1 的最后两列显示了不同技术强度的子样本的回归。

对于低技术制造企业样本的概率回归结果，我们可以得出结论：对于被分析的 3267 家企业，考虑到 p 值为 0.0000 的似然比卡方为 283.49，我们的模型整体上也具有统计学意义，即比没有预测因子的模型更适合。

表 2 服务神经网络的概率回归结果

共同创新产品/服务	所有公司	KIS 公司	LKIS 公司
更少的知识密集型企业	−0.0351267	—	—
大型企业	0.2917284 *	—	—
中小型企业	—	−0.024813	−0.71954 ***
企业流程创新	0.6788217 ***	0.6425258 ***	0.8003994 ***
企业与其他企业合作进行流程创新	0.4931047 ***	0.579551 ***	0.5354501 ***
其他企业或机构的流程创新	0.4324939 ***	0.314317	0.4787559
研发活动在公司内部展开	0.5340988 ***	0.4726756 ***	0.6925766 ***
没有在公司内部进行研发活动	−0.0772205	−0.1096384	—
外部研发的收购		0.2268566	
没有外部研发的收购	−0.2870978 ***	—	−0.0354656
其他外部知识的获取			0.3181008
将创新引入市场	0.5200406 ***		
没有将创新引入市场		−0.8073311 ***	0.0673119
公司没有在研发方面进行合作	−0.8041166 ***	−1.037318 ***	−0.5045445
公共合作伙伴	3.605851	0.7028044 ***	4.005418
私营合作伙伴	4.071048 ***	—	4.335834 ***
公司与竞争对手合作	−0.0816495	−0.326807	0.2739777
公司与欧盟竞争对手合作	0.5535745 *	1.375734 ***	0.7578617
公司与美国的竞争对手合作	−1.003039 **	−1.929241 ***	1.308725
公司与 PT 实验室合作	0.3690016	0.318485	0.9656868 *
公司与欧盟实验室合作	−1.708198 **	2.208943 ***	—
公司与葡萄牙顾问公司合作	−0.0796663	−0.0186786	0.1562392
公司与欧盟顾问公司合作	−0.2792368	−0.2461181	−0.4516517
公司与美国的顾问公司合作	1.132891	0.8281421	—

续表

共同创新产品/服务	所有公司	KIS 公司	LKIS 公司
公司与葡萄牙的大学有良好的合作关系	− 0.1740137	− 0.2204494	− 0.2928758
与欧盟各大学建立了牢固的合作关系	0.737306	1.217358 **	0.2346324
公司与美国的大学合作	− 0.5046289	− 0.12174	—
实验结果	1221	746	475
对数可能性	− 526.22295	− 318.34736	− 190.09896
Pseudo R^2	0.2453	0.2957	0.1907

注：* 在10%时显著，** 在5%时显著，*** 在1%时显著。

以高科技制造企业为例，其似然比卡方为42.38，p值为0.0003，我们的模型对所分析的415家公司也具有统计学意义。

在表1中，我们验证了对于低技术制造企业，企业不获得外部研发活动的事实对公司共同创新的产品或服务的重要性产生了负面和显著的影响（显著性为10%）。此外，与私人合作伙伴在研发活动中的合作对因变量也有积极和显著的影响（显著性为5%）。

解释企业产生共同创新产品或服务的创新能力的其他决定因素是HNN对与葡萄牙竞争对手、葡萄牙和欧洲实验室以及葡萄牙的大学合作的态度，这种影响是积极的和显著的（显著性为1%）。而对于欧洲和美国的竞争公司的影响也是显著的（显著性为5%）。

考虑到高科技制造企业的子集团，其规模在解释协同创新能力时显得尤为重要，即中小型高科技公司更可能对产品/服务创新产生积极和显著的影响（显著性为10%）。此外，创新对市场的引入对因变量（显著性为1%）有积极而显著的影响。公司与葡萄牙实验室和大学的合作对它们产生共同创新产品或服务的能力具有积极和显著的影响（显著性为10%）。

特别值得注意的是，高技术和低技术制造企业所得结果之间的主要差异。

企业本身或一组企业所进行的过程创新与所有企业的共同创新产品或服务之间存在着显著的关联性，但在其他子样本中没有显示出任何重要性。此外，所有公司样本中未获得外部研发服务的对于协同创新产品或服务具有显著的负向影响，但在低技术企业的子样本中，这对因变量有着显著的积极影响。

与葡萄牙和欧洲的竞争对手、实验室和葡萄牙的大学的合作活动始终显示与HNN在所有公司样本和低技术企业子样本共同创新能力之间的积极联系。此外，对于后一个子样本，与美国竞争对手的合作联盟也对HNN的共同创新能力产生了显著的负面影响。

对于低技术企业，合作伙伴类型的影响显著，但其与合作创新能力呈负相关。

最后，对于高科技企业，显示与企业产品/服务创新能力显著相关的变量与其他样本略有不同，即企业规模的积极意义，说明中小型企业更具有创新性、将创新引入市场以及与葡萄牙实验室和大学开展一系列的合作活动的能力。

关于表 2 中服务公司的概率回归结果，特别是所有公司专栏中的结果，我们可以得出的结论是，对于所分析的 1221 家公司，p 值为 0.0000 的似然比卡方为 356.21，这证实了我们的模型作为一个整体具有统计学意义，也就是说，它比没有预测因子的模型更适合。

对于所有服务企业的样本，我们可以得出这样的结论：作为一个大型企业，对企业创造共同创新产品或服务的能力有积极和显著的影响。

此外，知识密集型服务企业和非知识密集型服务企业单独或与其他企业合作引入流程创新，对企业产生共同创新产品或服务的能力具有积极和显著的影响（显著性为1%）。此外，对于所有服务公司的样本，其他机构引入流程创新对公司创造共同创新产品或服务的创新能力也具有积极和显著的影响（显著性为10%）。

企业在企业内部开展研发活动，并将创新引入市场，对因变量也有着显著的积极影响（显著性为1%）。

既没有获得外部研发活动，也没有在研发活动中合作的服务公司与该公司生产共同创新产品或服务的能力存在着负面（显著性为1%）联系。

私人合作伙伴的情况对因变量也有显著的正向影响（显著性为1%），欧洲竞争对手和欧洲大学是对共同创新产品或服务具有最大正向和显著影响的合作伙伴（显著性为10%）。

最后，与美国竞争对手和欧洲实验室的合作关系对公司产生共同创新的能力有显著但消极的影响（显著性为5%）。

最后两列显示了分解为服务子组 KIS 和 LKIS 的概率回归。考虑到 KIS 公司的子样本，共有 746 家公司，似然比卡方的值为 267.31，p 值为 0.0000，表明模型存在统计学意义。

对于这个子样本，无论是企业本身还是与其他人合作的企业，将流程创新引入企业，都与产生共同创新的能力（显著性为1%）呈现积极而显著的关联。此外，在企业内部进行的一系列研发活动对因变量也有正向的显著影响（显著性为1%）。

这种类型的企业并不向市场引进创新，而这一事实对产生共同创新产品或服务的能力（显著性为1%）产生了负面和显著的影响，使创新的产生与随后的市场引进之间产生了联系。

同样消极的是研发方面不存在合作关系对因变量的影响（显著性为1%），公共合作伙伴是合作关系中首选的合作伙伴类型，这种虚拟变量具有积极和显著的影响（1%）。

企业与欧洲竞争对手和大学之间的合作关系与企业产生共同创新的能力呈显著正相关（第一个显著性为1%，第二个显著性为5%）。

与美国竞争公司和欧洲实验室签订的一系列合作协议，对公司产生共同创新能力（无论是产品类型还是服务类型）产生了重大的消极影响。

在分析 LKIS 服务公司子样本时，在总共 475 家公司中，估计的似然比卡方值为 89.59，p 值为 0.0000，也表明该模型具有统计学意义。

在这个子样本中，中小企业的虚拟变量对企业创新能力具有显著的负向影响。此外，企业本身和/或与其他企业合作引入过程创新对企业产生产品和/或服务创新的能力具有积极和显著的影响（显著性为 1%）。

在公司内部进行的研发活动也显示与公司的共同创新产生积极而显著的关联（显著性为 1%）。对于知识密集程度较低的服务公司，私人合作伙伴对合作创新产品或服务表现出积极而显著的关联（显著性为 1%），在所有合作伙伴中，葡萄牙实验室对这些合作创新表现出积极且显著的影响（显著性为 10%）。

在比较所有公司和 KIS 以及 LKIS 公司的子样本的结果时，需要指出的主要考虑因素是，在公司中引入流程创新与公司在所有子样本中产生共同创新的能力具有积极和显著的关联。

此外，规模仅对所有公司的样本很重要，呈现大型企业变量的积极影响，而对于 LKIS 的子样本，则呈现了中小企业变量的消极影响。

在企业内部开展研发活动对企业在所有情况下产生协同创新的能力具有积极和显著的影响。

考虑到将创新引入市场这个因素，这对于所有公司样本的因变量具有正向和显著的影响，反之，不引入创新对 KIS 公司的因变量具有负向和显著的影响。

对于 KIS 公司来说，最重要的合伙人类型是公众型，这一虚拟变量对公司新产品/服务的产生具有积极和显著的影响。反过来，对于 LKIS 公司和所有公司的样本来说，最重要的是私人类型的合作伙伴，显示出与这一能力的积极和显著关联。

此外，欧盟竞争对手和欧盟大学对该公司为所有公司样本和 KIS 公司进行联合创新的能力具有积极和显著的影响。相反，美国竞争对手和欧盟实验室对所有公司和 KIS 公司样本的创新产生了负面而显著的影响。反之，对于 LKIS 子样本，唯一重要的合作是与葡萄牙实验室的合作，对此联合行动对因变量有积极和显著的影响。

（二）研究假设与讨论

考虑到制造业公司的样本和概率回归的结果，我们可以总结出，关于在企业中引入过程创新对人力资源管理产生共同创新能力的积极和显著影响的第一个假设，是可能的。在考虑所有公司的样本时，确认一个显著但消极的关联。因此，我们的第一个假设失败了。这与之前提到的研究一致（Zahara 和 George，2002；Todorova 和 Durisin，2007；Rothaermel 和 Alexandre，2009；Kostopoulos 等，2011）。

此外，考虑到第二个假设，表明在企业内部开展研发活动对其产生协同创新产品或服务的能力具有显著和积极的影响，我们的结论是，对于制造企业这并不特别重要，因此拒绝第二个假设。但这与以往学者的观点并不一致，如 Cohen 和 Levinthal（1989）、Gambardella（1992）、Cassiman 和 Veugelers（2006）以及 Li（2011）的分析。

此外，对于第三个假设提出的将创新引入市场对 HNN 后续产生协同创新能力的积极而显著的影响，我们可以指出，只有对高科技制造企业的子样本，这种效应才显示出积极的意义。所以我们不能拒绝第三个假设。在这里，我们与以前的学者们，如 Tether（2002）、Belderbos 等（2004）；Quintana - Garcia 和 Benavides - Velasco（2004）、Ritala 和 Hurmelinna - Laukkanen（2009）的观点一致。

第四个假设提出了与 HNN 竞争对手的合作关系集与其产生共同创新产品或服务的能力之间的积极而显著的关联。对于所有公司和低技术公司的样本，这种关系是积极和重要的，尤其是对于葡萄牙和欧洲的竞争对手，因此我们未能拒绝第四个假设。对于低技术公司，我们在考虑美国竞争对手时也发现了一个显著但消极的影响，这意味着在这种情况下，我们未能拒绝假设 4 中的部分结论，这与之前的研究一致，如 Bradenburger 和 Nalebuff（1996）、Bengtsson 和 Kock（2000，2003）、Bagshaw 和 Bagshaw（2001）、Garraffo（2002）、Belderbos 等（2004）、Chien 和 Peng（2005）；Jong 和 Marsili（2006）、Ritala 和 Hurmelinna - Laukkanen（2009）；Rusko（2011）；Vasudeva 和 Anand（2011）。

关于第五个假设表明，企业和其他研发利益相关者之间的合作关系对 HNN 产生共同创新产品或服务的能力具有积极和显著的影响，我们可以确认葡萄牙和欧洲实验室以及葡萄牙的大学在所有企业样本和低技术公司子样品中的积极和显著影响，导致我们无法拒绝假设五。此外，在分析高科技子样本时，我们可以证实这样的结果，因为葡萄牙实验室和葡萄牙的大学对因变量有积极和显著的影响。因此，我们也未能拒绝高科技制造公司的第五个假设，这与我们已经提及的几个研究，例如 Cockbum 和 Henderson（1998）、Li（2011）、Kostopoulos（2011）以及 Vasudeva 和 Anand（2011）保持一致。

考虑到服务公司的数据集，并考虑到 H1，我们提出了在公司中引入流程创新对其产生协同创新能力的积极而显著的影响，我们发现所有被分析的样本之间存在显著而积极的关联。因此，我们未能拒绝 H1。这些结果与那些倾向负相关的制造企业所获得的结果相矛盾。

考虑到 H2 提出的在企业内部开展研发活动对其产生产品/服务创新能力的显著和积极影响，我们确认了积极和显著的影响，未能拒绝 H2。这也不同于制造数据集，后者没有揭示这些变量之间的任何关联。

对于 H3，我们在考虑所有公司的样本时，证实了其积极而显著的影响。H3 认为，向市场引入创新对 H3 产生协同创新产品或服务的能力有积极而显著的影响，所以我们未能拒绝 H3。对于 KIS 和 LKIS 的子样本，没有观察到这种影响。该结果与制造型高新技术企业子样本的结果基本一致。

考虑到 H4 主张与人力资源管理的竞争对手建立的一套合作关系与其产生共同创新产品或服务的能力之间存在积极而显著的关联，我们对欧洲的竞争对手关系，即所有企业和 KIS 公司中的样本，获得了积极而显著的影响，导致无法拒绝 H4。此外，我们可以指出，美国和葡萄牙的竞合关系对 H4 产生共同创新的能力有着重大的负面影响，因此我们部分未能拒绝 H4。这些结果与之前的制造数据集的结果一致。

最后，对于 H5，我们提出企业和其他研发利益相关者之间的竞合关系对 H5 产生共同创新产品或服务的能力具有积极和显著的影响，我们确认欧洲大学对所有企业和 KIS 公司的样本具有积极和显著的影响，所以我们没有拒绝 H5。此外，我们还发现了竞合关系的一个显著但消极的影响，尤其是分析了欧洲实验室对所有公司样本和 KIS 子样本中因变量的影响。因此，我们也部分未能拒绝 H5 由于所有公司样本和 KIS 公司的子样本。

五、结束语

综上所述，强调三个样本回归之间的一些差异是很重要的。考虑到制造企业的因素，如在企业内部组织和程序中引入过程创新，以及内部研发活动的实践，这些因素不会影响企业产生共同创新的能力。

相反，对于服务公司的数据集来说，这两个因素对于公司创造共同创新产品或服务的创新能力，对于所有公司的样本以及对于 KIS 和 LKIS 公司来说，都是非常重要的。

对于将创新引入市场的虚拟变量来说，这仅仅揭示了高科技制造企业和整个服务企业数据集中显著和积极的影响。

此外，企业与竞争对手之间的竞合关系被视为企业在两个数据集中产生共同创新的能力产生了影响，但对于制造业公司而言，这一重要性是由于葡萄牙和欧洲竞争对手的联合行动以及仅针对服务公司的欧洲竞争对手的联合行动对因变量产生了积极和显著的影响。然而，对于高科技制造企业，这一影响并没有被观察到，对于 LKIS 服务企业也是如此。

考虑到企业与其他研发利益相关者之间竞合关系的影响，两个数据集之间的主要区别在于，与欧洲实验室和制造企业的合作申请协议，尤其是在处理所有公司的样本和低技术子样本对公司产生共同创新产品或服务的能力具有积极和显著的影响。相反，与欧洲实验室签订的合作申请协议对这一能力的显著影响被发现对服务公司是不利的，特别是对所有公司样本和 KIS 公司。此外，在制造企业数据集中，我们验证了葡萄牙的大学对企业产生共同创新能力的积极和显著影响。对于服务公司来说，积极和显著的影响也被发现了，但对于欧洲的大学而言，结果却不一样。

（一）政策和管理影响

由于公共政策在促进共同创新能力方面发挥着至关重要的作用，因此，政策制定者必须了解企业创造共同创新产品和服务能力的决定因素及其对创新绩效、净增加值和经济效益的影响。

就本文所产生的政策影响而言，建议应引导公共政策建立和巩固开放式创新流，在企业中培养专利战略，在企业之间、企业与科学院之间建立合作关系。整个社区，确保正式渠道和机制，以尽量降低可接受风险。

本文利用企业的创新能力，揭示企业的创新绩效和开放创新公共政策的互动动态，为创新政策导向的管理者提供理论依据，因为了解企业创新行为的一系列决定因素有助于制定指导方针，促进和妥善管理企业与其利益相关者之间的开放式创新工作流程，增强产生和向市场转移新的共同创新产品或服务的能力。

总而言之，这项分析的结果可能会为那些希望评估其组织、研发项目和专利方向的从业者（无论是企业还是合作利益相关者）提供有益的出发点。因此，本文可能会提高合作伙伴之间创新行为的有效性，即它们的专利绩效，以促进协同关系。此外，通过促进技术知识的提炼和编纂，如果没有关于可适当性风险的保护措施，合作伙伴之间的专利行为可能受到威胁。

对这种风险的预测可以提高技术转让流动的效率，从而刺激相关合作伙伴将其作为常规程序使用的防御机制的建立、扩散和管制。

（二）局限性与未来研究

本文的主要局限在于，在试图获取专利行为和其他知识产权（如版权和商标）的数据时，缺乏关于公司创新能力的数据。这也是本文中使用的数据库的主要局限性，即 2008 年欧洲独联体调查（European CIS Survey）关于企业知识产权绩效的数据库中不存在考虑关于专利、版权和其他知识产权的额外数据，因为唯一提及的创新产品或服务是由公司内部产生的，能够或不能通过知识产权正式机制得到保护的，是产品/服务创新的变量。

其他关于公司实施专利行为能力的重要信息不包括在调查中。此外，本文只涉及葡萄牙创新企业，这一样本在未来的研究中应该得以扩大，以考虑跨国差异。在这方面，未来的研究应该集中在激励企业从事专利实施项目的因素上，无论是合作专利实施计划、技术监控还是预测项目。因此，应分析芬兰的专利战略和特点，这些战略和特点会影响其的合作安排。

参考文献

［1］Abernathy，W.，& Clark，K.（1985）. Innovation：mapping the winds of creative destruction *Research Policy*，14，3 – 22.

［2］Agresti，A.（1996）. *An introduction to categorical data analysis*. New York：Wiley.

［3］Amburgey，T.，& Rao，H.（1996）. Organizational ecology：Past，present and future directions. *Academy of Management Journal*，39（5），1265 – 1286.

［4］Aoki，R.，& Schiff，A.（2008）. Promoting access to intellectual property：Patent pools，copyright collectives and clearinghouses. *R & D Management*，38，189 – 204.

［5］Archambault，E.（2002）. Methods for using patents in cross-country compari-

sons. Scientometrics, 54（1）, 15 – 30.

[6] Archibugi, D. （2001）. Pavitt's taxonomy sixteen years on: A review article. *Economic Innovation and New Technology*, 10, 415 – 425.

[7] Arora, A. , & Gambardella, A. （1994）. Evaluating technological information and utilizing it: Scientific knowledge, technological capability, and external linkages in biotechnology. *Journal of Economic Behavior and Organization*, 24, 91 – 114.

[8] Arthur, W. （2007）. The structure of invention. *Research* Policy, 36（2）, 274 – 287.

[9] Bagshaw, M. , & Bagshaw, C. （2001）. Co-opetition applied to training—A case study. *Industrial and Commercial Training*, 33（4/5）, 175 – 177.

[10] Belderbos, R. , M. , C. , & Lokshin, B. （2004）. Cooperative R & D and firm performance. *Research Policy*, 33, 1477 – 1492.

[11] Bengtsson, M. , & Kock, S. （2000）. Coopetition in business networks—To cooperate and compete simultaneously. *Industrial Marketing Management*, 29, 411 – 426.

[12] Bengtsson, M. , & Kock, S. （2003）. Tension in co-opetition. *Academy of Marketing Science Annual Conference*, May 28 – 31, Washington, DC.

[13] Bergek, A. , & Bruzelius, M. （2010）. Are patents with multiple inventors from different countries a good indicator of international R & D collaboration? The case of ABB. *Research Policy*, 39, 1321 – 1334.

[14] Bessen, J. , & Maskin, E. （2009）. Sequential innovation, patents, and imitation. *The RAND Journal of Economics*, 40 [4（Winter）], 611 – 635.

[15] Blomqvist, K. , Hurmelinna, P. , & Seppanen, R. （2005）. Playing the collaboration game right—Balancing trust and contracting. *Technovation*, 25, 497 – 504.

[16] Braczyk, H. , & Cooke, P. （1998）. *Heidenreich, Regional Innovation Systems*. London: UCL Press.

[17] Brandenburger, A. M. & Nalebuff, B. J. （1996）. Co-opetition. Currency, Doubleday, New York.

[18] Breitzman, A. , & Mogee, M. （2002）. The many applications of patent analysis. *Journal of Information Science*, 28（3）, 187 – 205.

[19] Carayol, N. , & Roux, P. （2007）. The strategic formation of intra-individual collaboration networks. Evidence form co-invention patterns. *Annales d'E'conomie et de Statistique*, 87/88, 275 – 301.

[20] Cassiman, B. , & Veugelers, R. （2006）. In search of complementarity in the innovation strategy: Internal R & D and external knowledge acquisition. *Management Science*, 52, 68 – 82.

[21] Chen, Y. , & Chang, K. （2009）. Using neural network to analyse the influ-

ence of the patent performance upon the market value of the US pharmaceutical companies. *Scientometrics*, 80 (3), 637 – 655.

[22] Chen, Y. , & Chang, K. (2010a). The nonlinear nature of the relationships between the patent traits and corporate performance. *Scientometrics*, 82 (1), 201 – 210.

[23] Chen, Y. , & Chang, K. (2010b). The relationship between a firm's patent quality and its market value—The case of US pharmaceutical industry. *Technological Forecasting & Social Change*, 77 (1), 20 – 33.

[24] Chen, Y. , & Chang, K. (2010c). Analyzing the nonlinear effects of firm size, profitability and employee productivity on patent citations of the US pharmaceutical companies by using artificial neural network. *Scientometrics*, 82 (1), 75 – 82.

[25] Chen, Y. , & Chen, B. (2011). Utilizing patent analysis to explore the cooperative competition relationship of the two LED companies: Nichia and Osram. *Technological Forecasting & Social Change*, 78, 294 – 302.

[26] Chesbrough, H. (2003). Open innovation: The new imperative for creating and profiting from technology, Boston.

[27] Chidamber, S. , & Kon, H. (1994). A research retrospective of innovation inception and success: The technology-push, demand-pull question. *International Journal of Technology Management*, 9 (1), 94 – 112.

[28] Chien, T. , & Peng, T. (2005). Competition and cooperation intensity in a network—A case study in Tawain simulator industry. *Journal of American Academy Business*, 7, 150 – 155.

[29] Cockburn, I. , & Henderson, R. (1998). Absorptive capacity, coauthoring behavior, and the organization of research in drug discovery. *The Journal of Industrial Economics*, 46 (2), 157 – 183.

[30] Cohen, W. , & Levinthal, D. (1989). Innovation and learning: The two faces of R & D. *Economic Journal*, 99, 569 – 596.

[31] Cohen, W. , & Levinthal, D. (1990) Absorptive capacity: A new perspective on learning and innovation. *Administrative Science Quarterly*, 35, 1, Special Issue: Technology, Organizations, and Innovation, March, 128 – 152.

[32] Cohen, W. , & Walsh, J. (2001). R & D spillovers, appropriability and R & D intensity: A survey based approach, the economical evaluation of technological change, June 15 – 16 1998, Georgetown University Conference Center Washington DC. , Editor R. Spivack.

[33] Cohen, W. , Nelson, R. , & Walsh, J. (2000). Protecting their intellectual assets: Appropriability conditions and why U. S. manufacturing firms patent (or not). *NBER Working Paper*, No. 7552.

［34］Conceicão, P. , & Heitor, M. （2007, January）. Diversity and integration of science and technology policies. *Technological Forecasting and Social Change*, 74 （1）, 1 – 7.

［35］Cooke, P. , Uranga, M. , & Etxebarria, G. （1997）. Regional innovation systems: Institutional and organizational dimensions. *Research Policy*, 26 （4 – 5）, 475 – 491.

［36］Cooke, P. , Boekholt, P. , & Todtling, F. （2000）. *The governance of innovation in Europe: Regional perspectives on global competitiveness.* London: Pinter.

［37］Dagnino, G. , & Rocco, E. （2009）. *Coopetition strategy: Theory, experiments and cases.* New York: Routledge.

［38］Dosi, G. （1988）. Sources, procedures and microeconomic effects of innovation. *Journal of Economic Literature*, 26 （3）, 1120 – 1171.

［39］Dussauge, P. , Garrette, B. , & Mitchell, W. （2000）. Learning from competing partners: Outcomes and durations of scale and link alliances in Europe, North America and Asia. *Strategic Management Journal*, 21, 99 – 126.

［40］Ernst, H. （1998）. Industrial research as a source of important patents. *Research Policy*, 27, 1 – 15.

［41］Ernst, H. （1999）. Patent portfolios for strategic R & D planning. *Journal of Engineering Technological Management*, 15, 279 – 308.

［42］Ernst, H. （2003）. Patent information for strategic technology management. *World Patent Information*, 25, 233 – 242.

［43］Escribano, A. , Fosfuri, A. , & Tribo', J. （2009）. Managing external knowledge flows: The moderating role of absorptive capacity. *Research Policy*, 38, 96 – 105.

［44］Ferrão, M. （2003）. *Introducão aos modelos de regressão multiníel em educacão.* Campinas: Komedi.

［45］Fjelstad, A. D. , Becerra, M. , & Narayanan, S. （2004）. Strategic action in network industries: Anempirical analysis of the European mobile phone industry. *Scandinavian Journal of Management*, 20, 173 – 196.

［46］Flanagan, K. , Kieron, E. , & Laranja, M. （2011, June）. Reconceptualising the 'policy mix' for innovation. *Research Policy*, 40 （5）, 702 – 713.

［47］Frankel, M. （1955, June）. Obsolescence and technological change in a maturing economy. *The American Economic Review*, 45 （3）, 296 – 319.

［48］Gambardella, A. （1992）. Competitive advantages from in-house basic research. *Research Policy*, 21, 391 – 407.

［49］Garraffo, F. （2002）. Types of coopetition to manage emerging technologies. *2nd Annual Conference, Innovative Research in Management*, Stockholm, Sweden.

［50］George, G. , & Prabhu, G. （2003）. Developmental financial institutions as technology policy instruments: Implications for innovation and entrepreneurship in emerging e-conomies. *Research Policy*, 32, 89 – 108.

[51] Godinho, M. (2003) Inovacãao: Conceitos e Perspectivas Fundamentais. In M. Rodrigues, A. Neves, & M. Godinho (Orgs.), Para uma Poltica de Inovacão em Portu-gal, Dom Quixote, Lisboa: Biblioteca de Economia & Empresa, 29 – 1.

[52] Gomes-Casseres, B. (1996). *The alliance revolution.* Cambridge, MA: Harvard University Press.

[53] Griliches, Z. (1957). Hybrid corn: An exploration in the economics of techno-logical change. *Econometrica*, 25 (4), 501 – 522.

[54] Griliches, Z. , Hall, B. , & Pakes, A. (1991). R & D, patents and market value revisited: Is there a second (technological opportunity) factor? *Economic Innovation New Technology*, 1 (3), 183 – 201.

[55] Grindley, P. , & Teece, D. (1997). Managing intellectual capital: Licensing and cross-licensing in semiconductors and electronics. *California Management Review*, 39, 8 – 41.

[56] Grupp, H. , & Schmooch, U. (1999). Patent statistics in the age of globaliza-tion: New legal procedures, new analytical methods, new economic interpretation. *Research Policy*, 28, 377 – 396.

[57] Harbison, K. , & Pekar, P. (1998). *Smart alliances.* San Francisco: Jossey-Bass.

[58] Hatzichronoglou, T. (1997). Revision of the high-technology sector and product classification. *OECD STI Working Paper Series* No. 1997/2, Paris.

[59] Heitor, M. , & Bravo, M. (2010, February). Portugal at the crossroads of change, facing the shock of the new: People, knowledge and ideas fostering the social fabric to facilitate the concentration of knowledge integrated communities. *Technological Forecasting and Social Change*, 77 (2), 218 – 247.

[60] Hicks, J. (1932). *The theory of wages.* London: MacMillan.

[61] Huston, L. , & Sakkab, N. (2006). Connect and develop. *Harvard Business Review*, 84 (3), 58 – 66.

[62] Jong, J. , & Marsili, O. (2006). The fruit flies of innovations: A taxonomy of innovative small firms. *Research Policy*, 35, 213 – 229.

[63] Kaufmann, A. , & Todtling, F. (2001). Science-industry interaction in the process of innovation: The importance of boundary-crossing between systems. *Research Policy*, 30, 791 – 804.

[64] Kleinknecht, A. (1990, August). Demand and innovation: Schmookler re-ex-amined. *Research Policy*, 19 (4), 387 – 394.

［65］ Klepper, S. （1997）. Industry life cycle. *Industrial and Corporate Change*, 6 （1）, 145 – 181.

［66］ Klevorick, A. K. （1995）. On the sources and significance of inter-industry differences in technological opportunities. *Research Policy*, 24 （2）, 185 – 205.

［67］ Kostopoulos, K. , Papalexandris, A. , Papachroni, M. , & Ioannou, G. （2011）. *Absorptive capacity, innovation, and financial performance.* In Press, Corrected Proof.

［68］ Lai, K. , Su, F. , Weng, C. , & Chen, C. （2007）. Co-opetition strategy from the patent analysis perspective: The case of the stent market. *International Journal of Innovation and Technology Management*, 4 （2）, 137 – 153.

［69］ Laranja, M. （2008, January）. The development of technology infrastructure in Portugal and the need to pull innovation using proactive intermediation policies. *Technovation*, 29 （1）, 23 – 34.

［70］ Lee, S. , Yoon, B. , & Park, Y. （2009）. An approach to discovering new technology opportunities: Keyword-based patent map approach. *Technovation*, 29, 481 – 497.

［71］ Leitão, J. , & Baptista, R. （2009）. Public policies for fostering entrepreneurship: *A European perspective*. London, New York: Springer.

［72］ Li, X. （2011）. Sources of external technology, absorptive capacity, and innovation capability in Chinese state-owned high-tech enterprises. *World Development*, 39 （7）, 1240 – 1248.

［73］ Lundvall, B. -A. （1985）. Product innovation and user-producer interaction. *Industrial Research*, No. 31, Aalborg: Aalborg University Press.

［74］ Lundvall, B. -A. （1988）. Innovation as an interactive process: From user-producer interaction to the national system of innovation. In G. Dosi, C. Freeman, R. Nelson, G. Silverberg, & L. Soete （Eds. ）, *Technical Change and Economic Theory*, Chap. 17 （pp. 349 – 369）. London: Pinter.

［75］ Lundvall, B. -A. （1992）. *National systems of innovation: Towards a theory of innovation and interactive learning.* London: Pinter.

［76］ Lundvall, B. -A. （2007）. National innovation systems—Analytical concept and development tool. *Industry and Innovation*, 14 （1）, 95 – 119.

［77］ Luo, Y. （2004）. *Coopetition in international business.* Denmark: Copenhagen Business School Press.

［78］ Luo, X. , & Slotegraaf, R. （2006）. Cross-functional coopetition: The simultaneous role of cooperation and competition within firms. *Journal of Marketing*, 70 （2）, 67 – 80.

[79] Luo, X. , Rindfleisch, A. , & Tse, D. K. (2007). Working with rivals: The impact of competitor alliances in financial performance. *Journal of Marketing Research*, 44, 73 – 83.

[80] Ma, Z. , & Lee, Y. (2008). Patent application and technological collaboration in inventive activities: 1980 – 2005. *Technovation*, 28 (6), 379 – 390.

[81] Macdonald, S. (2004). When means become ends: Considering the impact of patent strategy on innovation. *Information Economics and Policy*, 16 (1), 135 – 158.

[82] McCullagh, P. , & Nelder, J. (1989). *Generalized linear models* (2nd ed.). London: Chapman & Hall.

[83] McGahan, A. (2004). *How industries evolve: Principles for achieving and sustaining superior performance*. Boston. MA: Harvard Business School Press.

[84] Mogee, M. (1991). Using patent data for technology analysis and planning. *Research Technology Management*, 34 (4), 43 – 49.

[85] Mowery, D. (1983). The relationship between intrafirm and contractual forms of industrial research in American manufacturing 1900 – 1940. *Explorations in Economic History*, 20 (4), 351 – 374.

[86] Mowery, D. , & Rosenberg, N. (1979). The influence of market demand upon innovation: A critical review of some empirical studies. *Research Policy*, 8 (2), 102 – 153.

[87] Nelson, R. (1993). National systems of innovation: *A comparative analysis*. Oxford: Oxford University Press.

[88] Nelson, R. , & Winter, S. (1977). In search of a useful theory of innovation. *Research Policy*, 6 (1), 36 – 76.

[89] Nemet, G. (2009). Demand pull, technology push, and government-led incentives for non-incremental technical change. *Research Policy*, 38 (5), 700 – 709.

[90] Nieto, M. , & Santamaria, L. (2007). The importance of diverse collaborative networks for the novelty of product innovation. *Technovation*, 27 (6 – 7), 367 – 377.

[91] Padula, G. , & Dagnino, G. (2007). Untangling the rise of coopetition. *International Studies and Management & Organization*, 37 (2), 32 – 52.

[92] Park, S. , & Russo, M. (1996). When competition eclipses cooperation: An event history analysis of joint venture failure. *Management Science*, 42 (6), 875 – 890.

[93] Pavitt, K. (1984). Sectoral patterns of technological change: Towards a taxonomy and theory. *Research Policy*, 13 (6), 343 – 373.

[94] Pavitt, K. (1998). Technologies, products and organization in the innovating firm: What Adam Smith tells us and Joseph Schumpeter doesn't. *Industrial and Corporate Change*, 7 (3), 433 – 452.

[95] Peneder, M. (2002). Intangible investment and human resources. *Journal of Ev-*

olutionary Economics, 12 （1）, 107 – 134.

［96］ Quintana-Garcia, C. , & Benavides-Velasco, C. A. （2004）. Cooperation, competition, and innovative capability: A panel data of European dedicated biotechnology firms. *Technovation*, 24 （12）, 927 – 938.

［97］ Rammer, C. （2002）. Patente Und Marken Als Schutzmechanismen Für Innovationen. *Studien Zum Deutschen Innovationssystem*, 11 – 2003, Mannheim.

［98］ Ritala, P. , & Hurmelinna-Laukkanen, P. （2009）. What's in it for me? Creating and appropriating value in innovation-related coopetition. *Technovation*, 29 （12）, 819 – 828.

［99］ Rosenberg, N. （1974）. Science, invention and economic growth. *The Economic Journal*, 84 （333）, 90 – 108.

［100］ Rosenberg, N. （1976）. The direction of technological change: Inducement mechanisms and focusing devices. *Economic Development and Cultural Change*, 18, 1 – 24.

［101］ Rosenberg, N. （1994）. Exploring the black box: *Technology, economics and history*. Cambridge: Cambridge University Press.

［102］ Rosenberg, N. , & Birdzell Jr. , L. E. （1990）. Science, technology and the Western miracle. *Scientific American*, 263 （5）, 42 – 54.

［103］ Rothaermel, F. , & Alexandre, M. （2009）. Ambidexterity in technology sourcing: The moderatingrole of absorptive capacity. *Organization Science Archive*, 20 （4）, 759 – 780.

［104］ Rothwell, W. （2002）. Putting success into your succession planning. *Journal of Business Strategy*, 23 （3）, 32 – 37.

［105］ Rusko, R. （2011）. Exploring the concept of coopetition: A typology for the strategic moves of the Finnish forest industry. *Industrial Marketing Management*, 40 （2）, 311 – 320.

［106］ Scherer, F. （1982）. Inter-industry technology flows and productivity growth. *The Review of Economics and Statistics*, 64 （4）, 627 – 634.

［107］ Schmookler, J. （1966）. *Invention and economic growth*. Cambridge, MA: Harvard University Press.

［108］ Schmookler, J. （1979）. Fuentes econóicas de la actividad inventiva. In N. Rosenberg （org. ）. Econom a del cambio tecnolóico. Méico: *Fondo de Cultura Económica*, 107 – 125.

［109］ Schumpeter, J. （1934）. *The theory of economic development*. Cambridge, MA: Harvard Economic Studies.

［110］ Schumpeter, J. （1942）. *Capitalism, socialism and democracy*. New York: Harper & Row.

[111] Seung, P. , & Russo, M. (1996). When competition eclipses cooperation: An event history analysis of joint venture failure. *Management Science*, 42 (6), 875 – 890.

[112] Seymour, R. (2008). Platinum group metals patent analysis and mapping. *Platinum Metals Review*, 52 (4), 231 – 240.

[113] Silva, M. , & Leitão, J. (2009a). Reinforcing the entrepreneurial innovation capacity of industrial SMEs with networks. In J. Leitão & R. Baptista (Eds.), *Public policies for fostering entrepreneurship: A European perspective*. London, New York: Springer.

[114] Silva, M. , & Leitão, J. (2009b). Cooperation in innovation practices among firms in Portugal: Do external partners stimulate innovative advances? *International Journal of Entrepreneurship and Small Business*, 7 (4), 391 – 404.

[115] Simon, H. (1973). Does scientific discovery have a logic? *Philosophy of Science*, 40, 471 – 480.

[116] Skyrms, B. (2004). *The stag hunt and evolution of social structure*. Cambridge: Cambridge University Press.

[117] Smith, K. (2005). Measuring innovation. In J. Fagerberg, D. Mowery, & R. Nelson (Eds.), *The Oxford Handbook of Innovation* (pp. 148 – 179). Oxford: Oxford University Press.

[118] Somaya, D. (2003). Strategic determinants of decisions not to settle patent litigation. *Strategic Management Journal*, 24 (1), 17 – 38.

[119] Tether, B. S. (2002). Who co-operates for innovation, and why: An empirical analysis. *Research Policy*, 31 (6), 947 – 967.

[120] Todorova, G. , & Durisin, B. (2007). Absorptive capacity: Valuing a reconceptualization. *Academy of Management Review*, 32 (3), 774 – 786.

[121] Tsai, W. (2002). Social structure of coopetition within a multiunit organization, competition and intraorganizational knowledge sharing. *Organization Science*, 13 (2), 179 – 190.

[122] Tushman, M. , & Anderson, P. (1986). Technological discontinuities and organizational environments. *Administrative Science Quarterly*, 31 (3), 439 – 465.

[123] Utterback, J. , & Abernathy, W. (1975). A dynamic model of process and product innovation. *Omega*, 3 (6), 639 – 656.

[124] Vasudeva, G. , & Anand, J. (2011). Unpacking absorptive capacity: A study of knowledge utilization from alliance portfolio. *The Academy of Management Journal*, 54 (3), 611 – 623.

[125] Vernon, R. (1966). International investment and international trade in the product cycle. *The Quarterly Journal of Economics*, 80 (2), 190 – 207.

[126] Walley, K. (2007). Coopetition—An introduction to the subject and an agenda

for research. *International Studies of Management & Organization*, 37 (2), 11 – 31.

［127］Wang, X. (2010). Worldwide patent analysis and mapping of combine harvester innovation. *African Journal of Agricultural Research*, 5 (24), 3493 – 3499.

［128］Zahra, S. , & George, G. (2002). Absorptive capacity: A review, reconceptualization, and extension. *Academy of Management Review*, 27 (2), 185 – 203.